투 트랙 민주주의 2권
–제도정치와 운동정치의 병행 접근

조희연(曺喜昖)

서울대 사회학과를 졸업하고 연세대 사회학과에서 석사학위와 박사학위를 받았다. 미국 남가주대학교(USC), 대만 국립교통대학교, 일본 케이센대학교에 초빙되어 한국학 강의를 했다. 1990년부터 2014년 6월까지 성공회대 사회과학부 겸 NGO대학원 교수로 재직하였다. 교무처장, 기획처장, 시민사회복지대학원장, NGO대학원장, 민주주의연구소장, 민주자료관장 등을 역임하였다.

대학 외부에서, 민주화를 위한 전국교수협의회 상임의장, 학술단체협의회 상임대표, 한국비판사회학회 회장, 한국 사회운동과 정치연구회 회장, 『월간 사회평론』 편집기획주간 등을 역임하였다. 1988년 22개 진보적 인문사회과학연구단체의 연합체인 학술단체협의회 창립에 적극 참여했으며, 1994년 박원순 변호사(현 서울시장)와 함께 참여연대 창립에 주도적으로 나서기도 했다. 1999년 이재정 전 성공회대 총장(현 경기도교육감)과 함께, 시민운동가 재교육기관인 성공회대 NGO대학원을 설립하고 2007년 아시아 사회운동가 재교육과정으로서의 MAINS(아시아비정부기구학과정)를 설립하는 등 현재 성공회대의 진보적 정체성을 형성하는 데 주도적으로 참여하였다. 시사저널 700호 기념 시민운동가 대상 여론조사에서 '가장 영향력 있는 지식인'으로 선정되기도 했다.

2014년 6월 4일 지방자치단체선거에서 서울특별시 교육감으로 당선되어 '교육행정가'로서의 제2의 인생을 살고 있다.

주요 저서로 『계급과 빈곤』, 『한국 사회운동과 조직』, 『한국의 민주주의와 사회운동』, 『한국의 국가 · 민주주의 · 정치변동』, 『비정상성에 대한 저항에서 정상성에 대한 저항으로』, 『박정희와 개발독재시대』, 『민주주의좌파, 철수와 원순을 논하다』, 『동원된 근대화』(『朴正熙, 動員された 近代化: 韓國, 開發動員體制の二重性』이라는 제목으로 일본어로 번역됨) 등이 있다. 박현채 선생과 함께 편저한 『한국 사회구성체논쟁』(전 4권) 등 수많은 편저가 있다.

영어로 <Breaking the barrier: inter-asia reader on democratization and social movement>, <States of Democracy: Oligarchic Democracies and Asian Democratization>, <From Unity to Multiplicities: Social Movement Transformation and Democratization in Asia, A Reader to the Korean Society: Critical Perspective>을 편집하였다.

서강학술총서

087

투 트랙 민주주의 2권

–제도정치와 운동정치의 병행 접근

조희연 지음

서강대학교출판부

서강학술총서 087

투 트랙 민주주의 2권

제도정치와 운동정치의 병행 접근

초판 1쇄 발행 | 2016년 8월 26일
지 은 이 | 조희연
발 행 인 | 유기풍
편 집 인 | 우찬제
발 행 처 | 서강대학교출판부
등록 번호 | 1978년 9월 28일 제313-2002-170호

주 소 | 서울특별시 마포구 백범로 35번지
전 화 | (02) 705-8212
팩 스 | (02) 705-8612

ISBN 978-89-7273-316-4 94340
ISBN 978-89-7273-139-9(세트)

값 31,000원

* '서강학술총서'는 SK SUPEX 기금의 후원으로 제작됩니다.

책머리에

한국 민주주의의 정치사회학을 향해

이 책의 목적은 제도정치와 운동정치의 상호작용을 중심으로 한국 민주주의의 변화 과정을 설명하는 것이다. 한국 민주주의를 정당체계 기반의 제도정치 혹은 반대로 운동정치의 관점에서만 접근하는 일면적인 분석과 달리, 나는 이 책을 통해 제도정치와 운동정치의 상호관계 안에서 한국 민주주의의 변형 과정을 보다 통합적으로 설명할 수 있는 분석을 시도하고자 하였다. 이를 나는 '투 트랙 민주주의'라고 표현하였다.

제도정치와 운동정치는 모두 한국 민주주의의 일면이다. 제도정치 일면이나 운동정치 일면으로 한국 민주주의의 전체 차원을 환원하는 분석 일면주의와 구별하기 위해, 나는 나의 연구방법을 제도정치와 운동정치의 '병행 접근'(two track approach)이라고 표현하고 있다. 이런 병행 접근 방법을 전면화한 이유는 나의 연구가 제도정치 일면주의의 한계를 강조하는 과정에서 촉발된 또 다른 운동정치 일면주의로 나아가거나 혹은 그런 방향에서 해석되는 것에 대한 경계이자 지적 반성의 차원 또한 지닌다. 한국 민주주의의 민주적 변형 과정의 동력은 제도정치와 운동정치 양 측면 모두에서 나온다. 병행 접근의 방법은 이 양 측면을 보다 통일적으로 파악하기 위한 하나의 방법론이다. 동시에 이는 실천적인 요구에 대한 응답의 문제이기도 하다. 왜냐하면 제도정치와 운동정치 중 선택을 강요하는 제도정치와 운동정치의 허구적인 대립에 기반을 둔 오래된 이분법을 넘어서는 것이 지금 우리가 직면한 한국 민주주의의 위기를 넘어서는 과정에서 필요하기 때문이다.

이러한 병행 접근의 관점에서 볼 때, 근대 민주주의체제하에서 정치의 중심을 이루는 제도정치는 '인민의 정치'의 일부일 뿐이다. 근대 시민혁명은 자기 삶의 문제를 스스로 결정하고자 하는 '인민 주체의 정치'의 극히 일부만을 대의민주주의에서 공인되는 대표자 정치로 제도화했으며 나머지는 '비(非)정치'로 외부화 했다. 근대 시민혁명을 통하여 상층계급에 한정되던 정치가 인민에게 개방되고 인민이 정치의 주체가 되었지만, 반대로 인민이 위임한 대표자 정치가 정치의 전부가 되고 정작 인민 자신의 다양한 정치적 행위는 비정치가 되었다. 나의 시각에서 보면 제도정치의 경계 너머에 있는 인민 주체의 정치는 사회운동, 운동정치, 시민사회운동, 집단행동 등의 형태로 주변화된다. 이 책은 이런 의미에서 근대 민주주의 체제하에서 공인된 제도정치만 아니라 본래 인민정치의 일부인 운동정치의 상호작용 속에서 민주주의의 변화를 분석하고자 한다. 민주주의는 부단한 제도정치와 운동정치의 각축 속에서 변화해간다.

민주주의가 안정화되고 혹은 '정체'되어 있을 때에는 제도정치와 운동정치의 경계가 확고해지고 정치와 비정치의 구분이 명확해지게 된다. 그러나 민주주의가 한 단계 높은 단계로 이행하거나 역동적 변화에 돌입하면 그 양자 간의 경계가 약화된다. 제도정치는 운동정치에 의해 도전을 받게 되며 제도정치 내의 기성정당들 간의 타협적 공존은 해체된다. 제도정치와 운동정치 사이에 다양한 '경계정치'가 출현한다. 이에 맞서 제도정치, 특히 제도정치 내의 지배적 정당이나 집단들은 대중의 불만을 수렴하거나 그 인물을 수혈하는 방식으로 제도정치의 재안정화를 도모한다. 이것이 바로 근대 민주주의의 구성적 각축의 보편적 양상이다. 한국과 같이 민주주의의 역동적 변화를 경험하는 사회에서는 이러한 양상이 더욱 극적이고 지속적으로 출현하게 된다. 나는 병행 접근의 방법론에 서서, 기존의 정치나 민주주의의 역동성을 새롭게 조명하고자 한다. 그리고 우리가 경험해온 해방 이후의 극적 변화들을 단순히 한국 특유의 현상이 아니라, 보편적인 현상으로 독해하려 노력했다.

병행 접근의 방법론은 근대 대의민주주의에 대한 이중전망을 전제한다. 민주주의 정치의 상을 재구성하고 이를 실현하기 위해서는 현재 우리가 직면하고 있는 대의민주주의의 구조와 그 동학을 인민의 능동화를 위한 투쟁의 관점에서 파악할 수 있는 분석 체계의 구성이 필요하다. 대의민주주의는 민주주의의 한 유형일 뿐, 그 전체가 아니다. 민주주의를 구성하는 요소와 관계, 그리고 이를 접합하는 원리는 다양한 집단과 개인들의 투쟁과 실천이 응결된 하나의 역사적 구성물일 뿐이다. 따라서 대의민주주의를 민주주의 그 자체와 동일시하는 관점은 민주주의를 우리의 실천과 분리된 하나의 자연적 대상으로 인식하는 물화 과정의 산물일 뿐이다. 대의민주주의는 하나의 대상인 동시에 우리들의 실천을 매개로 작동하면서 우리들의 실천에 의해 재생산되는 실천의 산물이다. 따라서 대의민주주의는 인민의 능동적인 실천과 효과적인 개입을 통해 민주적인 변형이 가능하다. 그런데 대의민주주의와 민주주의 그 자체를 동일시하는 관점은 대의민주주의를 발생시킨 현재의 권력 체계와 질서에 대한 이런 민주적인 변형의 관점이 봉쇄되어 있다. 민주주의는 대의민주주의를 넘어 또 다른 민주주의로 나아갈 수 있다. 다시 말해 우리가 직면한 민주주의에 대항하는 또 다른 민주주의 투쟁이 가능하다.

그러나 반대로 현재 우리가 직면한 대의민주주의의 민주적 변형 과정을 대의민주주의에 대한 부정과 동일시하는 관점 또한 동일한 문제를 내포한다. 대의민주주의의 민주적인 변형 과정은 대의민주주의를 구성하는 요소와 관계, 그리고 원리들에 대한 완전한 부정이 아니라, 그 요소와 관계를 재구성하는 대안적인 원리의 창안을 통해 이루어진다. 대의민주주의는 이른바 '부르주아' 계급의 전체 사회에 대한 지배 구성의 내적 요소이지만, 대의민주주의의 구조와 그 동학은 인민들의 투쟁과 실천이 열려 있는 동시에 이를 통해 민주화되어 왔다. 비록 인민들의 대의민주주의의 민주화 투쟁이 대의민주주의를 발생시킨 전체사회의 권력 체계의 총체적인 변형 과정과 연결되지 않았다 하더라도, 민주주의의 민주화는 존재하는 모든 이를 위한 자유와 평등, 그리고 연대라는 보편 이념과 이에 기반을 둔 보편 권리 체계의 확장이 실현되어져 왔다. 대의민주주의와 인민의 일상생활 사이에 간극과 균열이 존재하더라도, 대의민주주의의 민주화는 바로 이런 간극과 균열에 직면하여 인민의 입장에서 민주주의의 입증을 향한 투쟁의 결과로 존재하는 것이다. 비록 불완전한 타협으로 민주주의가 제약된다 할지라도, 바로 이 타협 또한 인민의 민주주의 입증을 향한 투쟁을 통해 산출된 것인 동시에 인민의 일상생활 개선을 위한 조건이 된다.

대의민주주의는 민주주의의 물화된 형태가 아닌 것처럼, 민주주의의 완전한 부정이 아니다. 대의민주주의는 민주주의의 요소, 관계, 원리를 특정 형태로 구조화한 역사적 구성물로서, 민주주의를 통합하는 동시에 배제하는 이중구조를 통해 작동한다. 대의민주주의의 민주적인 변형은 대의민주주의 안에 통합된 민주주의의 요소를 현재의 맥락에서 재구성하는 동시에 그 외부로 추방된 민주주의의 요소와 다시 조우시켜, 현재 전체사회 권력체계의 민주적 변형을 지향하는 것이지, 통합의 차원에만 집중하거나 혹은 배제의 차원에만 집중하여 대의민주주의를 민주주의 정치와 분리하는 입장과는 구별되어야 한다. 곧 대의민주주의의 내부적인 변형과 대의민주주의 외부에서의 민주주의에 대한 대안적인 사회적 상상과 이를 구체화할 수 있는 민주주의 패러다임, 그리고 이를 구현할 수 있는 대항 규범과 제도의 창안 과정을 연결하는 과정이 우리가 직면한 민주주의에 대항하는 민주주의 투쟁의 변형주의이다. 이런 관점을 인민 주도의 민주적 변형주의라고 한다면, 이를 위한 출발점은 인민의 능동화라는 지향 안에서 대의민주주의의 구조와 그 동학을 위에서 언급한 민주주의 원리의 통합과 배제라는 이중구조의 관점에서 분석할 수 있는 대안의 접근을 발전시키는 것이다. 이런 대안의 접근은 인민의 능동화가 단지 대의민주주의 내부의 실천을 통해서만이 아니라, 동시에 대의민주주의 외부의 실천을 통해서만 이루어진 것이 아님을 보여줄 것이다. 인민의 능동화는 대의민주주의와 함께 대의민주주의에 대항하여, 대의민주주의를 넘어 나아가는 민주주의 정치의 실천을 통해 실현된다. 이것이 병행 접근론의 이중전망(dual perspective)이다.

이 책은 바로 이런 관점에서 2000년대 이후 작업해온 나의 연구 성과를 보완하고 재편성한 결과이다. 이 책의 이론적 프레임 관련 작업은 2006년『우리안의 보편성』에서부터 2011년《데모스: 급진민주주의리뷰》에 이르기까지 진행한, 민주주의에 대한 새로운 재해석의 프레임에 기초하고 있다. 또한 지난 수년간 여러 학자들과 진행한 논쟁도 중요한 기반이었다. 예컨대 최장집 교수와의 2007년 '진보논쟁'이나 '정당이냐 운동이냐'의 논쟁에서 나는 '정당 중심주의적 시각'에 대립하는 '사회운동 중심주의적 시각'을 구체화해보고자 했다. 이 책에서 나는 후자를 중심으로 하면서도 '제도정치와 운동정치의 병행 접근의 방법론'라는 이름으로 양자의 상호작용을 드러내는 식으로 분석 방법을 확장하고자 했다. 손호철 교수와 진행한 2009년 '체제논쟁'도 중요하다. 이 논쟁은 '경제주의 대 정치주의'의 대립, 구체적으로는 87년체제와 97년체제의 관계에 대한 시각의 대립을 중심으로 진행됐다. 나는 당시 내 입장을 출발점으로 하면서도, 손호철의 시각을 나의 분석안에 통합하고자 노력하였다. 따라서 다른 각도에서 본다면 이번 책은 논쟁 상대방의 합리적인 핵심을 수용할 수 있는 방법을 찾기 위한 모색의 결과라고 볼 수도 있다.

또한 이 책은 2000년대 이후 성공회대 민주주의 연구소를 통해 발간된 민주주의와 사회운동의 동학에 대한 일련의 연구들, 그리고 2012

년『민주주의 좌파, 철수와 원순을 논하다: 포스트민주화 시대의 정치혁신과 희망의 대안』에서 천착한 것의 종합이라고 할 수 있다. 위 연구들을 통해 공개된 일부 연구는 이번 책에 다시 통합되었다. 이 책은 또한 한국현대사에 대한 내 나름의 연작(連作)의 일부이다. 박정희 시대를 다룬『박정희 시대와 개발독재』와『동원된 근대화』에서 나는 60·70년대 개발독재시기를 주로 다루었다. 여기서는 이 시기를 포괄하면서도 주로 박정희 시대 이후 민주화 이행기를 다루고 있다.

이 책을 포함해 한국현대사를 포괄, 종합하는 방향에서 서술된 내 연작들은 기존 한국현대사 연구 경향에 대한 반성으로부터 출발했다. 이는 한국 학문세계의 '식민지성'에 대한 반성이기도 하다. 한국현대사 연구는 각각의 연구들이 파편화되어 있다. 한국 현실은 학문적 종주국에 해당하는 미국의 이론들에 의해서 의미를 갖는 것만 부각이 되고, 또한 그런 방향으로 의미가 부여된다. 우리 한국의 역사와 현실이 우리의 시각에서 일관되게 상호연관적으로 해석되고 서술되지 않는다. 이런 문제를 넘어서기 위해 나는 이 책에서 한국현대사를 통일적이고 총체적으로 파악할 수 있는 시각을 구성하기 위한 노력을 진행하였다.

한국의 민주화 과정의 역동성을 제도정치와 운동정치의 상호관계 속에서 파악하면서, 나는 몇 가지 요소에 초점을 맞추었다. 먼저 민주주의의 역동적 변화에서 민주화의 동학과 세계화의 동학이 어떻게 상호작용하는가이다. 이른바 87년체제의 핵심적인 특징을 나의 시각에서 보면, '민주화의 동학'이 작동하는 체제라고 할 수 있다. 반면에, 이른바 반독재민주정부의 집권기인 97년체제는 '세계화의 동학'이 한국사회에서 본격적으로 작용하게 된 체제라고 할 수 있다. 이런 점에서 민주화의 동학과 세계화의 동학이 어떻게 복합적으로 상호작용하는가 하는 것이 나의 중요한 관심사였다.

한국의 반독재세력은 사실 독재와의 저항에서는 동남아시아의 많은 나라들에 비해 상대적으로 성공한 나라라고 할 수 있다. 그러나 반독재세력은 역설적으로 집권세력이 되면서 세계화의 도전에 적절히 응전하지 못하고 패배해갔다고 할 수 있다. 이런 점에서 한국의 반독재자유주의 세력(우파와 좌파)이 세계화의 동학 속에서 어떻게 변화해 가는가는 중요한 질문이다. 예컨대 반독재자유주의 우파세력이 집권한 문민정부가 어떻게 친세계화 정책으로 나아가게 되며, 반독재자유주의 좌파세력이 집권을 한 국민정부가 외환 위기 극복과정에서 어떻게 신자유주의적 정책기조로 나아가게 되는 가의 문제이다. 이를 통해서 민주화의 동학과 세계화의 동학이 어떻게 복합적으로 작동하면서 87년 이후 한국 민주주의의 구성적 각축을 규정·구성하는가를 드러내고자 한 것이다.

다음으로, 한국적 특수성의 일반화라고 하는 문제의식이었다. 이 책에서 나는 '한국'의 민주화 과정이야말로, 제도정치와 사회운동의 역동적 상호과정을 보여주는 예외적이면서 일반적인 사례라고 규정하고 접근하였다(여기서는 사회운동이라는 개념 대신 '운동정치'라는 개념을 사용한다). 지난 수년간 나는 아시아 민주주의 및 민주화 과정에 대한 비교연구를 진행하였다. 나는 이 과정에서 서구 민주주의의 경험과 다른 한국 및 아시아적 경험을 '새로운 준거'로 하여 새로운 '한국적 이론화'를 추구해야 한다는 점을 절실하게 느꼈다. 어떤 의미에서 이 책은 한국 민주주의와 민주주의 투쟁을 단지 '아주 특수한 사례'가 아니라, 서구의 민주주의 경험이 드러내주지 못하는 어떤 일반적인 지식을 알려주는 사례로 해석하려는 시도이다.

근대 민주주의를 제도화된 정치(의회, 정당, 대표자 정치 등)로 파악하는 시각 자체가 서구 중심의 특수한 이론화를 전제로 한 것이라는 인식이 나의 출발점이다. 오히려 한국의 민주주의와 운동 경험을 일반론적으로 해석해 본다면, 근대 이후 서구의 민주주의의 역사조차도 한 번도 정당민주주의나 제도화된 정치로 일체화된 적이 없다. 정당 중심의 민주주의는 없다. 한국이 시민사회운동이나 운동정치의 역동성이 대단히 큰 사례라고 할 때, 그것은 아주 예외적인 사례이자 과도기적 사례가 아니라 그래서 빨리 서구적인 민주주의 모델로 회귀해야 하는 과제를 안고 있는 사례가 아니라, '후기' 최장집은 바로 '정당 중심의 민주주의'를 '보편적' 표준으로 생각하고 한국의 정치를 분석하였다고 나는 평가한다. 서구의 경험에 대한 기존의 해석이 적절히 드러내지 못했던 어떤 일반적 특징을 극적으로 드러내주는 사례라고 해석될 수 있다. 바로 이 점을 설명하기 위해 나는 투 트랙 민주주의라는 이름으로, 근대 이후 대의민주주의는 인민의 자기정치로서의 사회적 정치와 일체화된 적이 없고, 오히려 제도화된 정치와 정당정치 '외부'의 사회적 정치, 그 일부로서의 운동정치와의 역동적 상호작용 속에서 보아야 제대로 볼 수 있다는 점을 주장을 했다. 이러한 시도는 민주주의 이행론이나 공고화론이라고 하는 '일반론' 속에서 한국 민주주의의 특수성을 해소해 버리는 것이 아니라 이를 집중 조명해서 다루는 것을 의미하며, 더 나아가 역으로 이러한 특수성 속에서 기존 일반론 속에서 포착하지 못하는 어떤 '보편적' 측면들을 발굴하는 것이기도 하다.

하지만, 특수한 예외적 상황 속에서 '정당 중심의 민주주의'는 있다는 점도 언급해 두어야겠다. 지배적 정당들이 사회적 요구를 대거 수용하여 운동정치가 설 공간이 극도로 협소해지고 그 결과 정당정치와 비정치의 경계가 선명하게 존재하는 상황에서 이른바 정당 중심의 민주주의는 존재할 수 있다. 그것은-근대 속에 존재하는 어떤-통치가 정당 중심의 민주주의를 통해 안정화되는 경우일 것이다. 그러나 이러한 예외적 경우를 빼놓고 정당정치는-정당과 사회의 괴리만큼-언제나 운동정치의 도전을 받는다. 물론 사회적 정치와 운동정치가 후술하는 바와 같이 스스로를 '경계정치'로 확장시킬 수 있을 때, 정당정치와 사회적 정치 및 운동정치의 경계는 약화되며, 정당정치와 운동정치의 역동적 상호작용의 본래적 모습은 더욱 선명하게 드러날 수 있을 것이다. 우리의 현대정치 속의 예를 찾는다면 노무현 정부 시기가 가장 근접한 예가 될 것이다. 그만큼 노무현정부 시기는 민주주의의 '보편적' 모습이 잘 드러나는 시기이기도 하면서 전통적인 표현으로 하면-통치자의 진정성이 가장 극적으로 드러나는 시기이기도 하면서-통치의 안정성이 낮은 시기였다(이 점을 나는 두 개의 '사회적 내전'이라는 개념을 통해 드러내고자 했다).

다음으로, 이 책에서 나는 최장집의 〈민주화 이후 민주주의〉와 그의 일련의 저작들을 중요한 출발점으로 삼고, 그것을 계승하면서 그것을 넘어서고자 나름대로 노력했다. 나는 오랫동안 '한국 사회과학의 식민화'는 '상호 인용 및 상호 준거(self-referencing)'의 부재에서 연유한다고 생각해왔다. 미국이나 서구 이론의 적용 대상으로 한국 사례를 생각하는 한, 한국 사회과학의 전통은 존재할 수 없고, 우리끼리 인용하는 관행이 정착하지 않는 한, 한국 사회과학의 토착화는 어렵다. 나는, 일종의 '한국 정치사회학'의 '자기준거의 축적'이라는 점에서, 최장집의 『민주화 이후 민주주의』와 그의 일련의 저작들을 중요한 출발점으로 삼았다. 이미 '보통명사'가 될 정도로, 한국 민주주의와 현대사에 대한 그의 저작은 상당히 깊숙하게 정치사회학의 전통의 일부가 되고 있다. 일종의 '한국 정치사회학'의 '자기 준거의 축적'이라는 점에서 나는, 최장집을 출발점으로 하되, 그것을 비판적으로 검토하고 그것을 뛰어넘는 또 하나의 민주주의 연구 작업을 산출하는 것이 나의 또 다른 집필의도이다. 또한 나는 투 트랙 민주주의론을 진보적 민주주의론의 확장과 혁신으로 발전시키기 위해, 손호철의 논의를 또다른 비판적 계승의 대상으로 삼았다.

바라기는, 20~30년 후 한국 사회과학도가 현대 한국 민주주의를 논의할 때, 최장집도 비판하고 그를 비판적으로 서술하는 나의 저작도 비판 하는 식으로 '한국 민주주의에 대한 연구의 축적'이 이루어졌으면 하는 마음이다. 그럴 때라야 '서구 중심주의'를 넘어가는 것이 가능하리라.

사실 내 개인의 사고 또한 파편화된 인식들이었다. 그동안 내 자신도 역동적으로 변화하는 각축의 시공간에서 글을 쓰다 보니, 거시 역사적 흐름 속에서 미시적 사건들이나 경험을 해석하기 보다는, 그때그때의 미시적 시각에서 각각의 사건들의 의미를 해석하는 경우가 많았다. 이런 점에서 이 책은 나 스스로가 한국 민주주의의 구조와 전개과정을 일관되고 총체적으로 파악하기 위한 연구의 일환이라고 말할 수 있다. 시각(perspective)이란 입장은 이 책을 관통하는 나의 서술 방법과 관련된 것이기도 하다. 왜냐하면 나는 구체적인 역사 사실의 발견이나 이의 재해석보다는 우리에게 알려진, 역사와 사건들을 전제로, 이를 통일적으로 파악할 수 있는 하나의 시각으로 이 책을 서술했기 때문이다. 바로 이 때문에 나의 책은 한국 민주주의를 바라보는 또 다른 하나의 '시각'의 차원에서 독해되고 토론되기를 바란다. 나 또한 한국 현대사와 현대 한국 사회의 문제에 대한 보다 깊고 풍부한 경험 연구를 통해 이런 '시각'을 아래로부터 이론화할 수 있는 작업을 추후 진행하고 싶었으나, 현재 입장에서 이런 후속 연구를 할 수 있는 위치가 아니라는 사실이 이 방법론에 대한 하나의 변명이 되기를 바랄 뿐이다. 나는 책을 쓰면서 언제나 역사학적 연구와 사회과학적 연구의 긴장을 많이 느꼈다. 아무래도 사회과학은 분석적 개념을 사용하는 방식으로 작업을 하고, 역사학은 사실에 집중하는 식의 작업을 한다. 단지 이 책은 하나의 주제에 대한 실증적인 경험연구라기보다는, 일정한 역사적 사실들을 기반으로 하면서도 그것을 일관된 사회과학적 프레임으로 해석적으로 종합해 보고자 하는 작업이라고 말해 두어야 할 것 같다.

이 책은 11장으로 구성되어 있다. 이론적·개념적 논의를 하는 1장과 2장이 있다. 1장에서 나는 근대 민주주의, 제도정치와 운동정치, 한국 민주주의를 바라보는 여러 시각들을 검토한 후, 이 책의 분석적 프레임을 제출한다. 그런 이후 2장에서는 운동 혹은 운동정치의 위상을 분명히 하기 위한 논의를 한다.

이런 기초 위에서 3장에서부터 4장까지는 50년대와 60·70년대 개발독재시대를 다룬다. 3장에서는 50년대 극우반공분단체제와 60·70년대 개발독재체제하에서의 '민주주의의 구성적 각축'을 제도정치와 운동정치의 상호관계 속에서 다루었다. 4장은 50년대 비합법정치, 60년대의 재야, 광주꼬뮨 등을 통하여 제도정치와 운동정치의 경계가 각 시기에 따라 상이하게 수정되며 각축하는 과정을 다루었다.

5장에서 10장까지가 이 책의 핵심이라고 할 수 있는데, 민주화체제하에서의 제도정치와 운동정치의 상호작용을 통해 민주주의의 구성적 각축과정 혹은 변형과정을 다룬다. 11장에서는 이명박정부 이후의 이른바 '포스트민주화체제'를 다룬다.

민주화체제 분석에서는, 민주화체제 20년의 시기를 세 개의 경합국면으로 나누게 된다. 즉 87년 6월 민주항쟁으로부터 90년 3당 합당의 시기, 3당 합당 이후 97년까지의 시기, 다음으로 김대중·노무현정부라고 하는 반독재민주정부 시기에 민주주의의 구성적 각축이 어떻게 상이하게 전개되는지를 분석하게 된다.

1권에서는 제1경합국면과 제2경합국면까지를 다루고, 제3경합국면의 전반부인 김대중정부까지가 다루어진다. 2권에서는 제3경합국면의 후반부인 노무현정부 시기를 다룬다.

5장, 6장, 7장, 8장은 제1경합국면에서 제도정치와 운동정치의 상호작용을 중심으로 민주주의의 구성적 각축을 다룬다. 이어서 9장에서는 민주화체제하에서 동반되는 변화를 수동혁명적 민주화와 포스트개발자본주의로의 이행이라고 규정하고 이것이 운동정치에 어떤 변화를 동반하는가를 다룬다. 10장에서는 제도정치와 운동정치의 상호작용을, 제도정치를 감시하는 운동과 제도정치를 대체하고자 하는 '대체정당운동'으로 나누어 분석한다. 11장에서는 포스트민주화체제하에서 제도정치와 운동정치가 어떻게 상호작용하는지를 분석한다.

이 책의 핵심적인 분석 시기인 80년대 이후의 민주주의의 변화에 대해서 그 핵심적 논지를 독자 편의를 위해 서술해 보고자 한다. 1987년 6월 민주항쟁은 50년대 극우반공분단체제와 60년대 이후 개발독재체제하의 제도정치의 내적 균열이 극한으로 확대되면서, 민주화체제로의 이행을 강제한 결정적 사건이었다. 87년에 정점에 이른 80년대의 역동적 상황은 기존의 제도정치 내에서의 여러 정치세력들 간의 타협적 공존이 와해되고 제도정치와 비(非)정치로서의 운동정치의 경계가 해체된 상황을 의미한다. 여기서 민주화체제로 이행하면서 '위기의 제도정치'를 재구성하기 위한 구성적 각축이 시작된다. 그 출발이 바로 87년 6월 민주항쟁이고 그에 대응하는 사건이 6·29선언이었다. 이로써 제1경합국면이 시작된다.

이 경합국면은 90년 1월 22일 '3당 합당'을 전기로 해서 2차 경합국면으로 이행하게 된다. 제1경합국면에서, 제도정치 내의 지배적 정치세력은 기존 제도정치의 지형 자체를 유지하면서도 70년대 이후 '배제'된 반독재중도자유주의 세력(김영삼 및 김대중으로 상징됨)의 통합을 통해 제도정치를 재안정화시키고자 하였다. 그 결과는 직선제의 부활 및 상대적인 자유선거의 부활 등의 경로를 통해 이루어진 민선군부정부로서의 노태우정부의 등장과 88년 4.26총선이었다. 그러나 반독재중도자유주의 세력을 '주변집단'으로 머물게 하면서, '위기의 제도정치'를 재안정화시키고자 했던 시도는 실패로 돌아가게 된다. 노태우정부 초기 실행된 북방정책 등 파격적인 정책들도 군부세력을 중심집단으로 유지하는 조건에선 제도정치의 안정화를 이루어낼 수 없었다. 여기서 3당 합당이라고 하는 '파격적인' 전환이 시도되었다. 이는 반독재중도자유주의 세력를 중심으로 초대하는 방식으로 제도정치의 재편을 시도한 것이었다. 3당 합당은 3당 합당세력을 중심으로 재구성하면서, 반독재중도자유주의 세력의 급진파를 주변집단으로 배치하는 제도정치의 재안정화 프로젝트였다. 그리고 이 프로젝트는 일정한 '성공'을 거두었다. 이 프로젝트에 따라 국가와 시민사회의 관계, 제도정치와 운동정치의 관계가 재규정되었고, 이를 통해 민주화체제하의 제도정치는 일정한 안정성을 확보할 수 있었다. 이 조건에서 민주화체제하의 제2경합국면으로 이행하게 된다.

제2경합국면에서 운동정치는 제1경합국면을 통해 구성된 제도정치의 경계를 극복하는 데 일정한 한계를 노출했다. 91년 5월 투쟁이 80년대 투쟁의 전투성을 뛰어넘는 분신과 같은 급진적 전투성을 드러냈음에도, 결국은 3당 합당 질서를 균열시키지 못하고 '실패'로 끝났던 것이 이를 상징한다. 역설적으로 이 제2경합국면에서의 제도정치의 불안정과 위기는 3당 합당 세력이 재집권에 성공한 이후에 도래했다. 문민정부가 추진한 '세계화 정책'의 파괴적 결과가 대중의 역동적 진출과 운동정치 재활성화의 조건이 되었던 것이다. 하나회 해체, 금융실명제의 실시, 공직자 재산 공개 등과 같은 문민정부 이후 일련의 개혁들은 3당 합당 질서의 정당성과 대중 기반을 강화하였다. 운동정치는 이를 충분히 균열시킬 수 없었다. 그러나 문민정부가 OECD 가입을 매개로 국정지표로서 '세계화'를 설정하고 경제개방화정책 등을 추진하면서 과거와는 다른 위기의 양상이 출현하였다. 3당 합당 기반의 제도정치 균열을 잉태한 것은 바로 이 위기였다. 그리고 이 위기가 제3경합국면의 조건이 되었다.

제3경합국면은 기존 제도정치의 주변적 집단이었던 반독재자유주의 세력의 급진파(DJ로 상징)가 정부를 구성하는 것이 계기가 되었다. 이것은 제1경합국면, 제2경합국면에서의 제도정치 내의 지배집단 대 주변집단의 관계를 역전시켰다. 제2경합국면에서 그랬던 것처럼, 제3경합국면이 민주화체제의 균열이자 포스트민주화체제로의 이행의 전기가 된 것은 역설적으로 보수적 운동정치와 급진적 운동정치의 도전에 의해서가 아니었다. 그것은 한편으론 87년 이후 민주화체제의 의제들이 일정 수준 이상으로 실현됨으로써 나타난 '성공의 위기'와, 다른 한편으론 외환 위기 극복과정에서 반독재중도자유주의 세력 급진파가 수용한 개방화 정책과 친세계화 정책의 파괴적 결과로 나타난 '실패의 위기'를 통해서였다. 전자와 관련해서, 김대중정부와 노무현정부는 민주화체제의 주요 의제들을 정책의제로 전환시켜 이를 실현해냈다. 국가인권위원회 신설, 각종 과거청산, 각종 악법들의 개폐 등이 그 예이다.

그런데 민주화체제하에서 민주주의 헤게모니 블록의 내적 균열이 나타나게 되었다. 반독재중도자유주의 세력과 대중의 결합은 이완되었고, 그 균열의 공간에서 보수 세력들의 능동화와 이들이 주도하는 '시민사회의 보수적 활성화'가 확대되었다. 후자와 관련해서, 김대중정부와 노무현정부는 김영삼정부의 친세계화 정책, 더 나아가 80년대 이래의 개방화정책, 민영화정책, 친시장정책의 기조를 수용하면서, 경제활성화를 위한 이른바 신자유주의적 구조개혁에 나서게 되었다. 이것은 경로의존적인 방식으로 경제적 · 사회적 양극화를 확대하게 되었고, 반독재민주정부에 대한 보수적 이반과는 별개로 진보적 이반을 촉진하게 되었다. 그 결과 신보수정부의 등장과 함께 민주화체제는 포스트 민주화체제로 이행하게 된다.

돌아보면 이 책은 여전히 부족한 점이 많지만 지난 수년 동안의 나의 '도피'의 성과물인 셈이다. 지난 수년 간 가능하면 서울의 일상적 삶으로부터 부단히 도피해서 집필과 연구의 시간을 가지려고 노력했다. 안식년 기간에 대만과 일본에 있었고, 국내에 있는 동안에는 여름과 겨울 제주도로 '도피'했다. 2013년까지 제주대학교의 국제교류회관은 나의 집필실이었다. 그래서 그나마 바쁜 일상으로부터 벗어나 집필의 시간을 가질 수 있었다.

2014년 전반기 나의 삶의 궤적이 크게 바뀌었다. 2014년 6월 4일 지자체 선거에서 서울시 교육감에 출마하고 당선된 것이다. 사실 교육감 선거에 나서기 전에 많이 망설였다. 그 망설임 속에는 이 책을 더욱 완성된 내용으로 내놓고자 하는 의욕, 나아가 내가 구상하고 있는 일련의 저작들을 완성하고 싶은 마음도 있었다. 그러나 나는 '학자 조희연'을 마감하고 '교육행정가 조희연'으로 살아야 하는 처지가 되었다. 이제 이 책을 더욱 완성도 높은 책으로 만드는 작업 자체가 시간적으로 불가능하게 되었다. 그래서 부끄럽지만 현 상태로 책을 냄으로써 이것을 사회과학계의 자산으로 편입시키고 내가 의도했던 작업은 이제 동료들과 후학들에게 이월하기로 마음을 먹었다. 동료와 후학들이 나를 비판하면서, 학문을 전진시키기를 바란다. 한 가지 더 바란다면, 이 책이 현대사를 다루는 정치학, 사회학 등 사회과학 연구자 및 역사학 등 인문학 연구자들에 의해 읽혀지기를 소망하지만, 더 나아가 매일 단편적인 일에 매몰되어서 활동하고 있지만 거시적인 관점에서 바람직한 발전방향을 고민하는 많은 국회의원이나 시의원 등 정치인, 정당인, 시민사회 활동가, 노동운동가 등에게도–비록 학술적인 언어로 쓰여졌기는 하지만–지적인 도움이 되기를 바란다. 한국사회와 정치가 너무 역동적이기 때문에, 우리는 너무 매순간의 미시적 역동성에 집중하고 있는 것이 아닌가 생각한다.

한 가지, 이 책을 읽는 독자들에게 당부하고 싶은 것이 있다. 이 책에 담겨진 내용을 현재의 교육감의 입장이나 정책 방향, 이념적 지향과 동일시하거나 연관시키지 말기를 바란다는 것이다. 교육감이 되기 전 학자로서 쓴 글을 현재의 교육감으로서의 조희연의 사고와 분리할 수 있는 것은 아니지만(물론 나는 교육감으로서 담당하는 교육행정과 교육감으로서 내가 내리는 결정들을 과거의 비판적 인식틀에서 어떻게 평가하고 자리매김할 것인가 하는 성찰적 관점을 견지하려고 노력하고 있다), 그렇다고 학자시절의 사고와 생각을 그대로 교육감 조희연에 투사해서 동일시하지는 말아주기를 바란다. '제2인생'을 사는 '교육행정가 조희연'과 제1인생의 '학자 조희연' 간에 많은 차이가 있음을 이해해 주시기를 바란다. 교육감 출마 이전 이미 서강대출판부와 계약을 한 바가 있어, 이를 마무리 짓는 것이 도리라고 생각했다. 또한 한국 사회과학 공동체에 대한 '학자 조희연'의 작은 기여라고 생각하며, 용기를 내어 출판을 결심했다는 점도 밝혀 두고 싶다.

이 책 속에는 다른 프레임 하에서이지만, 이전 나의 저작 속에 있는 내용들도 많이 포함되어 있다. 한 가지 말해 두어야 할 것은 초고와 이 책 사이에는 차이가 많다. 초고는 새로운 연구물을 낸다는 점을 목표로 하고 있었지만, 이 책은 그것을 기초로 하면서도 나의 다른 연구들을 종합해서 최근의 일련의 연구를 통해서 하고자 했던 작업을 종합적으로 드러내는 것을 지향한다. 그래서 중복도 무릅쓰게 되었고, 한 권의 초고가 현재와 같이 두 권의 책으로 바뀌었다. 현대사를 민주주의의 관점에서 총체적으로 보여주고자 하는 이 책의 목표를 달성하기 위해, 이전의 나의 논문이나 책에서 일정 부분이 별도의 인용 없이 삽입된 부분이 있다. '자기표절'이라고 비판하지 않으시기를 바란다.

노력형 인간과 천재형 인간이 있다면 아무래도 나는 전자에 속하는 듯 하다. 자랑이라기보다는 나의 부족함을 말하는 것이다. 우리 아버지, 어머니가 나에게 조금만 더 명석한 두뇌를 남겨주셨으면 하는 '불효스러운 원망'을 했던 적도 있다. 그러나 부족한 것을 어쩌랴. 내 능력의 최대치가 여기까지인 것을!

이 책을 쓰면서 동료들과 후배, 제자들의 도움이 컸다. 무엇보다도 급진민주주의 연구모임의 성원들과의 긴 대화들, 성공회대 사회학과 및 NGO대학원생들과의 수업에서의 토론에 많은 도움을 받았음을 기록해 두지 않을 수 없다. 많은 이름들을 다 열거해야 하지만, 무언의 감사를 전하는 것으로 하고자 한다. 나아가 사회과학부 동료 교수들과도 콜로키움을 통해서 지혜를 빌리기도 했다는 점을 말하고 싶다. 그리고 이 책의 큰 틀과 서술에서 장훈교의 도움이 컸다. 그는 나의 제자이기도 하지만 나의 한계를 뛰어넘는 통찰력과 학문적 능력을 보유한 내가 많이 배우는 나의 스승이기도 하다. 학교를 떠난 이후 초고 전체 원고를 그에게 맡겨 완성 하도록 요청했고 그는 특유의 성실함으로 초고를 완성본으로 만들어 주었다. 이 자리를 빌어서 고마움을 전하고 싶다. 초고를 정성스럽게 체크하고 수정해 준 나의 제자이자 학문동료들인 손우정, 김재민, 정경윤, 조철민, 정규식, 김연수, 추진환 등에게도 깊은 감사를 전하고 싶다. 아울러 성공회대 민주주의연구소와 민주자료관을 10년 이상 함께 해 온 오유석, 조형연, 김정훈 박사 등과의 '한국 및 아시아 민주주의' 공동연구와 토론은 이 책의 곳곳에 스며들어 있다. 이 자리를 빌어 10년 이상의 지적인 빚에 대해 감사할 뿐이다.

날개의 사진은 양수리 두물머리에서 유기농지 철거에 반대하는 농민들의 투쟁이 한창이던 2012년, 민교협 교수들과 함께 성원방문하였을 때 서강대 손호철 교수가 찍어준 사진이다. 이 자리를 빌어 역시 감사를 드린다.

이 책은 맺음말이 상당히 길다. 두 권에 이르는 방대한 분량 때문에 독자들의 쉬운 이해를 위해, 상당히 자세하게 요약을 담았기 때문이다. 이를 미리 밝혀 둔다. 일반적인 독자라면 맺음말만 읽어도 전체 책의 내용을 파악할 수 있을 것으로 기대한다. 이 책이, 부족한 대로 한국 민주주의와 정치 및 운동에 대한 한국적 이론화의 작은 밑거름이 되기를 바래본다.

2016. 2.

조희연

일러두기

이 책에는 기존에 발표된 아래의 글들 중 일부를 참조하거나 그 내용 일부를 인용 · 변형하여 본 책의 문제 설정에 맞추어 재구성한 부분이 존재한다. 이 책 자체가 나의 기존 연구에 기초해서 만들어진 것이기 때문에, 나의 연구 역사에 의존하는 과정은 피할 수 없었다. 다만 기존 나의 책이나 논문과 이 책의 다른 점이 존재한다면, 연구 과정에서 지난 글을 단순히 반복해서 발표하는 것이 아니라 나의 글을 해체하여 나의 현재 관점 및 문제의식과 다시 접합하여 나의 연구초점을 보다 정확하게 표현할 수 있는 방법을 찾는 방향으로 지난 연구들을 활용했다는 점이다. 본문에 직접 인용되거나 혹은 간접 인용 혹은 원고 자체를 다시 가져와 재구성한 원고나 책은 아래와 같다. "장외(場外)정치, 운동정치와 '정치의 경계 허물기'–비합법 전위조직, 재야운동, 낙선운동, 광주꼬뮨"(신정완 · 조희연 외, 2006, 『우리안의 보편성』, 한울, 2006), "민주항쟁 이후 사회운동 변화와 그 특성–4가지 측면을 중심으로"(『한국시민사회운동 15년사, 1987–2002』, 시민의 신문, 2004), 민주주의 좌파, 철수와 원순을 논하다』(한울아카데미, 2012), "'87년체제', '97년체제'와 민주개혁운동의 전환적 위기"(김종엽 편, 『87년체제론』, 창작과비평사, 2009), "체제논쟁과 헤게모니전략–손호철의 97년체제론에 대한 비판적 개입"(〈맑스주의 연구〉 15호, 6권 3호, 2009년 가을호, 2009), "'외재하는 적'에서 '내재하는 적'과의 각축으로–한국 민주주의의 구성적 각축과정에 대한 일 연구"(〈계간 경제와 사회〉 86호, 2010년 여름호), "'거대한 운동'으로의 수렴에서 '차이의 운동들'로의 분화 – 민주화 과정에서의 사회운동의 변화과정에 대한 연구"(조희연 · 김동춘 · 오유석 편, 2010, 『거대한 운동에서 차이의 운동들로 – 한국 민주화와 분화하는 사회운동들』, 한울아카데미), "정치사회적 담론의 구조 변화와 민주주의의 동학– 한국현대사 속에서의 지배담론과 저항담론의 상호작용을 중심으로"(조희연 편, 한국의 정치사회적 지배담론과 민주주의동학, 함께읽는책, 2003), "87년 이후의 '수동혁명'적 민주화와 시민운동의 구조적 성격"(맑스코뮤날레 조직위원회, 『지구화시대 맑스의 현재성 2』, 문화과학사, 2003), "민주주의이행과 과거청산"(조희연 편, 『국가폭력, 민주주의 투쟁, 그리고 희생』, 함께읽는책, 2012), "한국적 '급진민주주의론'의 개념적 · 이론적 재구축을 위한 일 연구"(〈데모스 – 급진민주주의 리뷰〉, 1호, 데모스미디어, 2011).

목 차

투 트랙 민주주의 1권
–제도정치와 운동정치의 병행 접근

8장

민주화체제의 제3경합국면(2): 노무현정부 하에서의 각축

8장

민주화체제의 제3경합국면(2): 노무현정부 하에서의 각축

한국 민주주의의 구성적 각축에서 1997년 반독재야당정부의 출현은 대단히 중요한 전기였다. 왜냐하면 제2경합국면에서 기존의 지배블록에 의해 시도된 3당 합당과 문민정부라는 혁신전략이 안정화의 경로로 가지 않고, 새로운 균열과 위기를 둘러싼 각축국면으로 이행하면서 이것이 반독재민주정부의 성립으로 이어졌기 때문이다. 노무현정부의 등장으로 개혁자유주의 세력이 주도하는 두 번째 반독재민주정부 시대가 열린다. 이는 보수 세력에겐 '잃어버린 10년'으로 규정된 중기 집권 상실의 국면인 동시에, 개혁자유주의 세력에겐 한국 민주주의를 '패권적 보수정당 질서'를 넘어 '보수 대 중도자유주의' 정당질서로 변형할 가능성이 열린 국면의 등장이었다.

참여정부 기간은 제도정치와 사회적 정치의 병행 각축과정이 매우 치열하게 전 기간을 통해서 전개된 시기였다. 보수세력(보수적 제도정치세력, 보수적 국가관료, 자본권력, 보수적 시민사회)의 위기의식으로 인하여, 제도정치 내의 타협적 공존 자체가 어려운 상황이 조성되었기 때문이었다. 사회적 정치의 역동화로 제도정치의 지형이 변화되면서, 타협적 공존이 균열된다. 탈권력의 위기의식을 갖는 보수적 제도정치세력–사회적 정치세력이 대중과 사회를 저항적으로 동원하기 위해서 노력하는 구도가 지속되었다. 다른 이야기로 하면, 노무현정부의 시기는 줄곧 정치적 위기와 긴장, 각축의 시기였다. 이 점에서 참여정부는 김대중정부와도 확연히 구별된다. 그래서 노무현정부의 시기는 제도정치를 포함하는 시민사회와 운동정치의 항상적인 '내전'상태, 즉 제도정치와 사회적 정치의 투 트랙에서 치열한 각축이 있었다. 그렇다면 참여정부 하에서 이러한 제도정치와 사회적 정치의 투 트랙의 각축이 어떻게 전개되었는가를 보기로 하자. 이를 위해서 두 개의 소시기로 나누었다. 첫 번째 소시기는 2004년 총선 이후 4대 개혁입법투쟁까지의 시기이며, 두 번째 소시기는 2005년 이후 참여정부 말기까지이다.

1. 노무현정부 초기의 각축 국면: 제도정치와 사회적 정치의 '내전'적 각축의 항상화

대선에서 노무현 후보는 자신의 지지기반의 취약성을 만회하기 위하여 정몽준과 후보단일화를 추진하였다. 그러나 정몽준이 선거 막판에 노무현 지지를 철회함으로써, 상대적으로 국민정부와 같이 DJP연합과 같은 제약은 없었다. 또한 노무현 후보가 민주당 내의 비주류적 성격을 가지고 있었기 때문에, 보다 자유로운 입장에서 더욱 강력한 정치적 개혁주의를 지향하고 있었다. 김대중 세력과 노무현 세력은 기본적으로 개혁자유주의 좌파세력이라고 할 수 있다. 국민의정부와 참여정부는 이런 점에서 반독재자유주의 좌파세력이 주도하는 정부이다. 단지 독재에 저항하면서 형성된 '저항적' 자유주의 세력 내부에서도 김대중 세력은 '주류'적 자유주의 좌파세력이라고 한다면, 참여정부 주도세력은 '비주류'적인 자유주의 좌파세력이라고 할 수 있다. 이 점은 참여정부의 주도집단에 독특한 비주류적 급진성이 존재하는 기반이 되며, 나아가 반독재민주주의 운동에 내재한 네 번째 측면, 즉 사회적·문화적 급진주의의 일정한 요소들이 참여정부를 통해 분출되게 만들었다. 비주류적인 급진성은 김대중정부가 실현했던 수준의 민주개혁적 정치를 넘어서서 한 단계 높은 '비타협적인 민주개혁적 정치'를 추진하도록 만들었다.

1) 초기의 개혁정책

참여정부의 비타협적인 민주개혁 정치는 몇 가지로 나타났다. 첫째, 과감한 '탈권위' 정책이었다. 2003년 2월 25일 출범한 참여정부는 과거 권위주의적 국가통치 방식을 '탈권위주의화'하기 위해 다양하게 시도했다. 권위적 정치문화에 익숙해져 있는 검사들과의 대화도 추진하였고, 검사 독립에 대한 의지를 갖고 검찰에 '자율권'과 책임을 부여하기 위한 정책도 추진하였다. 즉 집권세력이 자신의 정치적 목적을 위해 검찰을 권력 도구화하는 오랜 관행으로부터 과감하게 탈피하고자 했다. 나아가 전체적으로 권위주의적 정부운영 방식으로부터 과감한 탈피를 시도하였다(이것은 물론 리더십과 권위 부재라는 비판도 제기되게 만들었다). 기존의 당－정 관계를 민주화한다는 목표 아래 당권 포기 등도 실시하였다. 이는－제왕적 대통령제라고 표현되는－대통령이 당권을 통제하고 당 공천에 독점적 영향력을 행사하는 관행이 전환되는 계기가 되었다. 또 정부 민주화의 차원에서 '국무위원 인사청문회' 같은 제도도 도입되었다. 노무현정부의 공적으로 환원될 수는 없지만, 정당 명부식 비례대표제도 도입되었다. 여성할당제가 확대되어 비례대표의 1/2이 여성으로 공천하는 제도가 도입되었다. 그 결과 2004년 총선에서 여성의원의 비중도 10%대 수준으로 급증하게 되고, 진보정당인 민주노동당도 원내에 진출할 수 있게 되었다. 이러한 정치적 개혁주의의 지향은 인사에서 극명하게 드러났다. 즉 상대적으로 젊은 인사들을 정부 각료 수준에 대거 발탁한 것이다. 그 안엔 강금실 같은 여성 변호사나 천정배와 같은 진보적 법조인이자 정치인의 등용 또한 포함되었다.

둘째, 언론과 권력의 공생관계를 폐기하고자 했다. 노무현정부는 조중동 등 보수언론과 타협하지 않고 지속적인 긴장관계를 유지했다. 그는 최대 신문인 '조선일보와 인터뷰하지 않은 최초의 대통령'이라고 말해질 정도였다. 해방 이후의 전 시기를 거쳐서, 언론과 대통령이 이런 수준의 긴장을 견지한 예가 없었다. 이는 노무현정부의 '헤게모니 전략'의 부재라는 부정적 요소도 내장하고 있는 것이기도 하지만, 반대로 노무현정부의 '정치적 개혁주의'의 정체성을 분명하게 드러내는 것이기도 했다.

셋째, '과거청산' 분야에서도 상당히 폭넓은 정책들이 실시되었다. 이는 참여정부의 최대 치적 중 하나였다. 과거청산은 독재 하에서의 '국가범죄'를 청산하는 작업을 넘어서서, 친일청산, 동학농민참가자의 명예회복, 한국전쟁기와 해방공간에서의 과거청산 작업으로까지 확대되었다. 참여정부 후반기까지를 포괄한다면, 군·검·경·국정원·사법부 등 '억압적 국가기구'들에도 과거청산 기구들이 설치되어 과거의 국가범죄적인 사건들에 대한 청산작업과 사죄, 피해자 보상 등의 작업이 이루어지게 되었다. 제주 4·3항쟁과정에서 희생 당한 인민에 대해 정부 차원의 공식사과가 이루어졌고, 대통령이 직접 4 · 3추모제에 참가하였다. 이는 중요한 하나의 상징적인 사례라고 하겠다.

넷째, 무엇보다도 참여정부가 이전의 정부와 크게 정책적으로 다른 것은, 김대중정부 시대의 지역 '등권론'을 넘어서서, 보다 적극적으로 지방분권 작업과 지역불평등의 '균형화'를 위한 파격적인 정책적 노력을 진행했다는 점이다. 참여정부는 국민들과 함께하는 민주주의, 더불어 사는 균형 발전 사회, 평화와 번영의 동북아시아 시대라는 3대 국정지표를 제시할 정도로 균형 발전에 대한 의지를 표방하였다. 이는 대선공약이기도 하였지만, 실제 대단히 중요한 정책적 과제였다. 수도권 집중에 따른 폐해를 막기 위해선 국가균형발전을 추구해야 한다고 주장하면서, 수도 이전을 추진하였다. 그러나 이 수도이전은 보수정당의 반대와 보수적 사회세력의 전면적인 반대로 성취되지 못하였다. 헌법재판소는 2004년 10월 21일 '관습법'이라는 이름으로 수도이전 정책에 대해 '위헌판결'을 내렸다. 수도이전의 실패를 만회하기 위해, 국가균형발전특별법, 신행정수도건설특별법, 지방분권특별법 등 국토균형

발전 3대 특별법이 제정되었다. 더 나아가 공공기관의 지방 이전을 추진하였고, 이를 위한 혁신도시 건설을 추진하였다.

이 국토균형발전을 위한 일련의 정책으로 정치적 각축 구도에도 일정한 변화가 발생하였다. 기존의 지역주의 구도를 타파하고자 했던 노무현의 등장과 노무현정부가 지방분권 및 국토균형발전정책을 적극적으로 추진하게 되면서, 88년 총선 이후의 지역주의적 정당질서가 일정하게 균열되는 효과가 나타난 것이다. 이는 분권의 정치, 균형발전의 정치가 참여정부 하에서 중요한 균열로 출현함을 의미하였다. 기본적으로 제도정당들의 지역주의 정당화는 기존의 반독재대 독재의 전선의 균열, 반독재민주주의 블록의 균열에 기반을 두고 있었다. 그런데 노무현의 등장은 반독재를 계승하는 민주개혁을 '중앙(서울) 집중 대 지방분권'이라고 하는 구도로 전환하면서, 그 정당성의 기반을 확장시켰다. 흥미로운 것은 이 과정에서, 3당 합당을 통해서 부산경남의 정치적 지지가 친독재적 지향으로 변화되었다고 한다면, 노무현의 등장을 통해서 부산경남의 진보개혁적인 정치적 지향이 부분적으로 지역주의로부터 일정하게 이탈하였다는 사실이다. 이는 '독재를 계승하는 보수 대 반독재를 계승하는 진보개혁'에서 후자의 지역대중적 기반을 부분적으로 복원·확장한다는 의미가 있었다. 또한 이는 반독재를 계승하는 민주개혁 민주주의 블록의 시민사회적 기반을—비록 지역주의적 균열선을 해체하지는 못하지만—강화하는 성격을 띠고 있었다(더구나 그의 죽음은 이러한 지방분권이라는 것을 '역전 불가능한' 강력한 담론으로 만들었다고 생각된다). 물론 이는 '새로운 지역개발주의'라는 프레임을 완전히 벗어난 것은 아니었다는 점에서 한계를 갖는다. 하지만, 지역적 시민사회와 지역 주민이 '정치화'되는 중요한 계기가 되었다.

2) 보수의 격렬한 저항과 타협적 공존의 와해

참여정부의 비타협적인 민주개혁적 정치는 한나라당과의 대립을 더욱 촉발시켰다. 통상 신정부 출범 이후 1년 동안 여당-야당-주류 언론 간에 일정한 '밀월'이 존재하는 것을 감안할 때, 이는 이례적인 것이었다. 제1야당인 한나라당의 저항은 격렬할 뿐만 아니라, 이른바 맹목적인 '발목잡기'로도 나타났다. 이로 인해 김두관 장관의 국회해임건의안이 가결되고, 윤성식 감사원장 후보자의 임명이 부결되었다. 여기에 총무비서관 최도술의 SK비자금 사건 연루 등 측근 비리사건이 터지면서 노무현정부에 대한 보수의 저항은 더욱 강력해졌다. 노무현 대통령의 언행은 보수의 저항이 국민 전체 의지의 하락으로 연결되는 매개 요소가 되었다. 조중동과 같은 보수언론이 대통령의 '실수'를 침소봉대하기 위해 대기상태에 있음에도 불구하고, 노무현 대통령은 많은 실언을 했다. 보수언론을 이런 실언을 계기로 대중의 불신을 촉발하기 위한 시도를 지속적으로 전개하였다. 그 예 중 하나가 바로 '그 놈의 헌법' 발언이다. 수도이전 문제가 헌법재판소로 넘어가자, 노무현 대통령이 위의 발언을 한 것이 문제였다. 전시작전지휘권의 반환을 둘러싼 갈등 국면에선, 전직 군 장성들에 대해 '별 달고 거들먹거리지 말라'고 발언해 더욱 격렬한 반발을 초래한 적도 있었다. 2003년 미국 방문과정에서는 이른바 '수용소 발언'을 한 적도 있었다. 노대통령의 '미숙한 언행'을 계기로, 보수언론들은 노무현 대통령과 정부를 '희화화'하였다. 그 결과 정책 추진의 대중적 지지기반은 붕괴되었다. 이것은 노무현정부 세력의 '비주류적' 성격이 갖는-긍정성 이면의-부정적 측면이 발현된 것이라고 할 수 있다. 부정적 측면의 핵심은 일종의 '통치의 미덕'의 부재라고 말할 수 있다. 비타협적이기는 했지만, 갈등을 포괄하는 헤게모니전략이 부재했던 것이다.

이처럼 노무현 세력과 한나라당 사이의 갈등이 격렬해지면서, 2003년 후반과 2004년 초반 참여정부가 추진하는 정책을 둘러싸고 제도정치 내의 타협적 공존이 불가능하게 되었다. 이 타협적 공존은 구독재적 보수 세력과 개혁자유주의적 세력과의 공존이기도 하지만, 개혁자유주의 세력 내부의 호남의 개혁주의에 기반을 둔 구 민주당계와 노무현의 비타협적·정치적 개혁주의 혹은 전국적 개혁주의를 상징하는 노무현계의 타협적 공존을 말하는 것이기도 하다. 이것은 일차적으로 2003년 10월 11일 노무현 대통령의 재신임 발언으로 나타났다.

보수의 격렬한 저항 외에, 이러한 균열이 확대된 것은 여러 가지 요인들이 복합되었다. 첫째, 반독재개혁자유주의 세력 내부에서 김대중정부 주도세력과 신생 집권세력 간의 균열이 강화되었다. 그 직접적인 계기는 '대북 송금' 특검이었다. 2000년 남북정상회담 전에 김대중정부가 북한에 대해 1억 달러를 지원한 것이 폭로되면서, 김대중의 측근인 박지원이 SK 등 대기업에서 자금 1억 원 수수 및 대북 불법 송금 등의 혐의로 특별검사에 의해 수사를 받게 되었다. 최종적으로 2006년 징역 3년형을 선고받았다. 이 사건으로 민주당 내에서 김대중정부에 관련된 호남 출신 의원들(즉 구주류)과 노무현을 지지하는 신개혁세력들(신 주류)과 갈등이 격화되었다. 이 갈등을 다른 각도에서 본다면,

김대중의 민주당을 뛰어넘어 전국적 개혁정당으로 도약해 보고자 하는 참여정부의 갈등이란 축도 있었다. 그런데 흥미로운 것은, 3당 합당보다도 더 격렬한 갈등과 균열이 출현하였다는 것이다.

이와 함께, 제도정치 내의 타협적 공존을 위협한 요인 중의 하나는, 노무현정부가 민주주의 블록의 급진적 진영에 반하는 정책들을 추진하였다는 점이다. 그 대표적인 것이 2003년 3월 20일 이라크 파병이었다. 미국이 이라크를 침공하고 한국을 비롯한 동맹국에 파병을 요청하자 그는 "국익을 위해 파병해야 한다"라고 말하면서, 이라크 파병이 국익을 위한 '전략적 선택'이라고 정당화하였다. 2003년 2월에는 한국고속철도(KTX) 천성산 터널을 반대하는 지율스님 등 환경운동의 반대가 시작되었고 이는 초기 노무현정부와 환경운동의 갈등요인이 되었다. 2001년 김대중 말기에 진행된 새만금 매립 면허 취소 소송 및 투쟁이 시작되었다. 새만금의 마지막 마무리 공사가 2003년에 진행되면서 이에 대한 전면적인 투쟁이 시민사회운동에 의해 진행되었다. 이 새만금 간척반대운동은 단순 반대운동의 차원을 넘어 '생명평화운동'의 차원으로까지 확대되었고, 이 과정에서 생명과 평화를 염원하는 성직자들의 '삼보일배' 운동이 출현한 바 있다. 이 사업 역시 노무현정부와 환경운동의 긴장을 강화하는 요인이 되었다.

이런 여러 균열요인이 작용하는 조건 하에서, 노무현적 개혁주의와 동맹을 맺은 열린우리당이 정치부패 근절과 보수정치로부터의 탈피를 창당목표로 내걸면서 2003년 11월 11일 출범하였다. 이는 2004년 총선 국면에서 민주당의 개혁적 재구성을 지향하는 시도를 포함하고 있었지만, 민주당의 실질적인 분당이기도 했다. 그리하여 민주당

다수의 반대에 직면하였다. 2004년 3월 12일 '노무현 대통령 탄핵' 사건이 발생했다. 대통령이 '공직선거 및 선거부정방지법'이 정한 중립의무 및 헌법을 위반했다는 명분으로 국회로부터 대한민국 헌정 사상 최초로 대통령직 재임 중 탄핵 소추를 당해 권한이 정지된 것이다. 탄핵안은 열린우리당 의원들이 의회 단상을 점거하고 저항하는 가운데, 국회 경호권 발동 하에 한나라당, 새천년 민주당, 자유민주연합 소속 의원 등 195명이 투표를 실시하여, 193명 찬성, 2명 반대로 가결되었다. 2003년~2004년 자유주의 세력의 분열은 어떻게 규정될 수 있을 것인가? 이전의 주류에 비해 비타협적인 민주개혁적 정치(정치적 개혁주의)를 지향하는 비주류 자유주의 분파가 새로운 헤게모니 분파로 등장했지만, 비헤게모니적 방식으로 비타협적인 정치적 개혁주의 정책을 추진함으로써 분열이 발생했다는 것이 나의 분석이다.

2. 탄핵, 탄핵 반대 투쟁과 탄핵 이후의 좌익적 돌파: '보수의 의회 독점' 해체

제도정치 내의 갈등이 타협을 통해 관리될 수 없는 상황이 발생하면, 제도정치는 이 갈등 자체를 소멸시키는 과정으로 전개된다. 제도정치를 통해 갈등을 관리하고 이를 통해 갈등을 잠정적으로 봉합할 수 있는 정치적인 타협의 가능성이 희박해지면서, 갈등이 제도정치 그 자체의 파괴를 지향하는 적대 수준으로 발전하였다. 곧 제도정치를 구성하는 정치정당 간 경쟁체계가 정치적 경쟁을 넘어선 일종의 군사적 상황정의와 유사한 '내전'의 원리를 통해 작동하기 시작한다. 참여정부 시기에 발생한 대통령 탄핵 사건은 제도정치의 공간이 정치의 원리가 아닌 내전의 원리를 통해 구성되는 과정을 보여주는 대표적인 예이다. 동시에 탄핵사건이야말로 제도정치가 폐쇄적 공간이 아니며 사회적 정치의 일부로서 제도정치와 사회적 정치가 병행적으로 상호작용한다는 것을 잘 보여주는 것이라고 생각한다. 이는 제도정치 내의 여러 정당들 간의 관계가 사회적 정치의 기대와 현저히 괴리되는 경우 대중의 분노를 일부로 하는 사회적 정치의 개입을 통하여 제도정치 내의 재정렬이 일어나는 사건이라고 할 수 있다.

1) 보수적 내전과 진보적 내전

정당 간의 투쟁, 곧 제도정치 내부 투쟁은 사회적 정치 투쟁의 일부이다. 이런 견지에서 볼 때, 노무현정부 하에서의 두 가지 사건은 각각 다른 의미에서 제도정치 내의 각축이 사회적 정치투쟁, 즉 사회적 내전으로 발전한 대표적인 것이라고 할 수 있다. 첫째는 탄핵 반대 투쟁이고, 둘째는 4대 개혁입법을 둘러싼 전쟁이다. 전자는 '진보적 내전'이라고 할 수 있고, 후자는 '보수적 내전'이라고 할 수 있다. 이것은 사실 통상적인 선거민주주의 틀 내에서의 갈등이지만, 혁명적 갈등이라고 하는 것도 이런 갈등이 더욱 극적으로 전개된 형태라고 볼 수 있다. 즉 기존의 제도화된 통치와 정치의 질서에 대해서 대중들(넓은 의미에서의 사회)이 내전적 저항을 하는 상황이 바로 혁명적 갈등의 상황이라고 할 수 있다. 제도화된 정치형태(특히 근대)는 '정치를 통한 지배의 재생산'의 기제의 일부이기 때문에, 지배의 재생산을 가능하게 하는 방식으로 정치가 작동하지 않을 때 전사회가 역동화되는 내전적 갈등을 경험하게 되는 것이다.

탄핵 반대 투쟁은 제도정치세력들이 사회의 정치적 상황과 괴리된 정치적 결정을 하게 되자, 이것이 곧 사회적 내전이 되어 그것을 사회적 정치가 좌절시킨 사건이라고 할 수 있다. 4대 개혁입법은 제도정치 내에서 진보적 정치세력이 주도하는 개혁을 보수적 사회-정치세력들이 보수적 내전의 방식으로 좌절시킨 사건이다. 이 두 사건은 정당은 사회적 내전의 일부 기구이지, 전부가 아니라고 하는 점을 새삼 일깨워 주고 있다. 그래서 이 두 사건은 성격이 다르지만, 사회적 정치가 제도정치에 개입하고 제도정치의 결정을 좌절시킨 사례라고 할 수 있다.

(1) 탄핵 반대투쟁: 진보적 내전

노무현정부는 반독재개혁자유주의 세력의 비타협적인 비주류세력에 기반을 두고 있었다. 김대중정부의 주도세력이 오랜 동안 야당에서 기존의 질서에서 순치되면서 일정하게 '타협적' 경향을 가지고 있었던 반면에, 노무현 세력은 기본적으로 야당 내부에서도 '이단'적 성격을 가지고 있었다고 할 수 있다. 이런 특성이 노무현정부의 출범 이후 '기존 질서(establishment)'와 현저한 갈등을 겪게 만든 내적 요인이 되었다. 또한 갈등을 포괄하는 헤게모니 전략을 실현시키지 못하여, 다른 세력과의 타협적 공존에도 실패하였다. 2003년 민주당에서 열린우리당이 분리되어 나옴으로써 기존의 야당진영 내부에서도 통일적인 지지를 받을 수 없었다. 탄핵은 이런 구도 하에서, 한나라당에 야당의 일부 퇴행적 분파가 결합하는 식으로 진행되었다.

탄핵이 가결되자, 민주진보진영은 전면적으로 탄핵무효투쟁을 전개하기 시작하였다. 이를 위해 '탄핵무효 부패정치 척결을 위한 범국민행동'(약칭 탄핵무효 국민행동)이 결성되었다. 이 조직이 주도하는 탄핵 반대 촛불집회가 3월 한 달 동안 전국에서 지속되었다. 3월 13일에는 10만여 명의 인파가 촛불집회에 참여하기도 했다. 탄핵을 반대하는 국민적 여론이 광범위하게 형성되면서, 이어지는 4월 15일 총선에서 열린우리당이 원내 과반수 정당이 되었다. 5월 14일 헌법재판소가 노무현 대통령 탄핵 심판 사건을 기각하여 탄핵은 무효화되었다.

① 탄핵국면의 성격－한국 민주주의 최저선의 침범에 대한 국민적 저항

탄핵국면이란 2004년 3월부터 5월 14일까지 국회에서 탄핵이 가결된 이후의 국민적 저항이 표출되고 있는 국면을 지칭한다. 탄핵이 국민들에게 무리 없이 수용되었더라면, 그것은 탄핵국면이 되지는 않았을 것이다. 그런 점에서 탄핵정국은 국회 다수세력의 대통령 탄핵가결과 그에 대한 국민적 저항으로 구성되는 정국이라고 할 수 있다. 이것은 사회적 정치가 제도정치의 결정에 반대하여 일종의 '사회적 내전'을 전개한 국면이라고 할 수 있다. 그것이 사회적 내전이 되었던 것은, 탄핵이 '선거 민주주의의 규칙'에 대한 도전으로 정의되었기 때문이다. 곧 탄핵이 '87년 6월 민주항쟁이 설정한 일종의' 민주주의의 최저선(bottom line)을 침범하는 행위로, 국민 내부에서 공감을 획득한 것이다. 87년 이후 제도로서의 민주주의가 제대로 기능하지 못할 때, 혹은 민주주의가 위기에 처했을 때마다 '거리정치'로 상징되는 국민적 저항이 나타났다. 이는 제도정치의 변화를 위한 사회적 정치의 동력이 87년 이후에도 유지 지속되고 있었음을 말한다.

탄핵정국을 구성하는 두 가지 기본적 측면이 있다. 그것은 첫째 '보수세력의 의회 독점'이라는 객관적 조건이며, 다른 하나는 촛불시위로 상징되는 바와 같은 제도정치 내의 사건으로서의 탄핵에 대한 국민적 저항, 즉 사회적 정치의 역동화이다. 먼저 탄핵이라는 결과는, 탄핵을 감행할 수 있는 의회 내 보수세력이 다수세력으로 존재하고 있기 때문에 가능한 일이었다. 탄핵가결은 의회 내 보수세력의 연합에 의해서 가능한 일이었다. 물론 민주당을 단순히 보수세력으로 규정하는 것은 일면적일 수 있다. 그러나 구(舊) 민주당(분당 이전)의 보수적 요소와 개혁적 요소가 분당(分黨)으로 분리되면서, 보수적 요소가 한나라당과 연합함으로써 탄핵을 감행하였다는 점에서 이런 분석이 가능하다. 물론 의회보수세력의 지배적 분파는 한나라당으로 상징되는 구 집권당이다.

보수세력의 의회 독점은 미완의 6월 항쟁을 상징하는 것이다. 즉 민주항쟁을 통해서 군부독재정권을 타도하였음에도 불구하고, 그 독재정권의 집권당이 여전히 의회다수세력으로 존재하는 상황이 극복되지 않은 상태로 지난 16여 년이 경과하였다. 87년 이후 사회적 민주화가 급속하게 진행되었음에도 불구하고 보수세력의 의회 독점이라고 하는 미완의 정치적 민주화 과제가 존재하게 된 것이다. 이에 따라 국회가 상당히 민주화되어 갔음에도 불구하고, 지속적으로 정치개혁이 쟁점이 될 수밖에 없었다. 실질적인 의회권력관계의 변화가 수반되지 않은 데서 연유하는 것이었다. 돌이켜 보면, 노태우정부 및 김영삼정부는 과거의 권위주의 세력이 변형된 형태로 행정부 권력을 가지고 있는 상태를 의미한다. 이에 반해 국민정부는 의회권력은 여전히 보수파의 수중에 있으나 행정부 권력이 반독재야당세력에 의해 점유된 것을 의미한다. 이런 관점에서 본다면, 행정부 권력관계와 의회권력관계의 불일치가 탄핵을 가져오게 한 근본적인 원인이 된다.

탄핵정국을 구성하는 또 다른 측면은 촛불시위로 상징되는 국민적 저항이다. 국민적 저항은 87년 6월 민주항쟁으로 조성된 한국 민주주의의 마지노선 혹은 최저선(bottom line)을 보수세력이 탄핵을 통해 침범·부정함으로써 촉발되었다고 할 수 있다. 이러한 최저선의 침범이 국민적 분노를 촉발하였던 것이다. 이 계기를 통해 87년 6월 민주항쟁이 마련해 준 민주주의의 최저선이 단순히 80년대를 성인(成人)으로서 경험한 세대뿐만이 아니라 20·30대까지도 공유하고 있음을 확인시켜줬다.

결국 보수세력의 탄핵 시도가 제도정치에게 허용된 경합의 범위를 넘어섰다는 판단을 다수 대중들이 내린 것이다. 대중들의 정치적 재반격이 총선을 통해 분출되었다. 53년체제의 성립 이후 지속되어져 온 '보수의 의회 독점'이 2004년 총선에서 균열되는 사건이 발생한 것이다. 이것은 흥미로운 것이다. 즉 사회적 정치에 의해서 실현된 제도정치의 질서가 제도정치 내부 세력에 의해서 위협받는다고 느낄 때, 사회적 정치가 역동화되면서 제도정치를 변화시키는 식으로 분출 표현된다고 볼 수 있기 때문이다. 이는 사회적 정치가 이미 획득된 제도정치의 성과를 '방어'하기 위한 '제도정치의 재사회화' 과정이라고 말할 수 있다.

② 공론 영역의 왜곡과 대안적 소통－탄핵정국의 매개적 요인

탄핵정국은 분명 정치적 보수세력의 의회 독점과 탄핵에 대한 국민적 저항으로 촉발된 것이기는 하지만, 이것이 촛불시위와 같은 국민적 탄핵 반대운동으로 전개되는 데에는 또 다른 매개요인들이 필요했다. 어떤 이는 탄핵사건을 가리켜서 '정치적 보수세력의 자살골'이라고 표현하였다. 이것은 제도정치 내의 보수적 세력들에 대한 사회적 정치의 거대한 진보적 저항이 촉발되었기 때문이다. 탄핵사건은 사실 제도정치의 '지형' 전환의 계기가 되었다. 탄핵으로 인하여, 사회적 정치의 거대한 역동화가 촉발되고 그것이 제도정치의 진보적 재편의 계기가 된 것이었다. 그렇다면 어떻게 이렇게 역전적 계기가 주어졌을까? 일종의 정치적 자살골에 해당하는 행위를 왜 정치적 보수세력이 독점적 지위를 점하고 있는 의회에서 감행하였는가? 나는 그 핵심 요인으로 다음과 같은 두 가지가 중요하다고 본다. 하나는 보수세력의 강렬한 위기의식을 기반으로 출현한 보수세력의 능동화 현상이고, 다른 하나는 보수세력이 탄핵이란 수단을 선택하도록 몰고 나간 왜곡된 여론구조이다.

먼저 보수세력의 위기의식과 능동화를 이해하기 위해서는 87년 이후의 정치적 변동을 이해할 필요가 있다. 80년대 반독재민주화운동의 국민적 전개과정, 그리고 그 정점으로서의 87년 6월 민주항쟁은－정치세력들 간의 관계의 측면에서 보면－권위주의시대의 집권세력인 보수적 정치세력의 약화과정이며, 반독재민주화세력(중도자유주의적 정치사회세력과 진보적 정치사회세력)의 성장과 부상의 과정이었다. 그러나 이런 경향은 87년 6·29선언과 12월 대선을 거치면서 변화하게 된다. 87년 6월 민주항쟁은 독재체제를 종식시킨 사건이었으나 동시에 독재세력의 변형된 지배의 출발점이 되는 사건이기도 하였다. 양김의 분열로 인하여 반독재세력의 도덕적 정당성과 국민적 지지가 약화되고 이어서 12월 대선에서의 군부세력의 재집권으로 인하여 끝없이 추락하던 보수세력은 추락을 멈추었다. 끝없이 부상하던 반독 재민주세력도 성장을 멈추면서, 양 세력간의 교착상태가 조성되게 된다. 나는 이를 '헤게모니의 교착'이라고 표현한다. 이것이 표출된 것이 지역주의 정치질서였다.

이 지역주의를 우선으로 하여 보수적 정치세력은 추락을 멈추고, 자신의 변형적 지배를 유지하기 위해 노력하게 된다. 또한 반독재야당세력은 야당의 지위로서 그러한 변형된 지배 속에서 진행되는 민주개혁의 불철저성을 비판하는 지위에 놓이게 된다. 이러한 교착의 시기는 10여 년이나 이어졌다. 97년 야당정부의 성립, 국민정부의 성립은 바로 이러한 교착의 균열과 새로운 해체를 의미한다. 교착상태가 균열되면서 보수세력의 위치 재조정, 곧 민주화 이후 교착국면으로 멈추어 있던 하락이 나타나게 된 것이다. 이에 반해 반독재야당세력은 집권당에 이를 정도로 성장을 하게 된다.

보수세력의 위기의식은 바로 이러한 국면에서 나타났다. '잃어버린 5년'이라 불린 국민의정부 시절은 보수세력에게 크나큰 상실감을 가져다 주었고, 위기의식을 증폭시키게 된다. 이는 대립을 불러왔다.

그런데 이런 대립은 김대중정부 시기에는 상대적으로 덜 격렬하게 표출되었다. 그러나 노무현정부에서 이러한 과정이 격렬하고 속도가 빠르게 진행되었다. 이는 역설적으로, 김대중정부가 구정치-지역주의와 부패정치-로부터 상대적으로 덜 자유로웠기 때문이다. 노무현정부의 집권은 과거의 유산과 보다 더 단절적인 상태에서 진행되었다. 이 때문에 구정치의 유산에서 보다 더 자유로웠다. 즉 대립을 억제할 내부 장벽이 약했다.

이 새로운 국면에서 보수세력의 위기의식은 이전에 비해 대단히 크게 증폭되었다. 과거 잃어버린 5년에 더하여 또 다가오는 5년이란 조건이 위기의식을 더욱 증폭시킨 것이다. 이 때문에 국민의정부보다 격렬한 형태의 '보수의 능동화'가 나타나게 된다. 곧 권력을 박탈당했다는 인식과 상황정의가 보다 적극적으로 보수세력이 의사를 표현하고 격렬하게 행동하도록 만든 것이다. 3·1절 집회와 8·15집회에서 보수세력과 개혁·진보세력이 동시에 집회를 여는 것이 이를 상징한다. 보수세력이 거리로 나선 것이다.

그러나 위기의식만으로 탄핵이 이루어지지는 않는다. 여기에 새로운 요인이 결합한다. 공론 영역의 왜곡이다. 의회 보수세력이 보수적 언론(미디어 보수세력)이 형성해놓은 왜곡된 여론에 기초하여, 탄핵을 하면 국민적 지지를 받을 것으로 생각하고 탄핵을 감행하였다고 나는 판단한다. 공론 영역의 구조화된 보수적 왜곡이 보수와 국민의 결합 강도를 현실보다 증폭시켜 표출시킴으로써, 보수가 보다 공격적인 행위를 선택하도록 만든 것이다. 공론 영역에서 중요한 역할을 담당하는 것은 언론이다. 나는 이러한 공론 영역의 왜곡이 정치적 보수세력으로 하여금 탄핵과 같은 자충수를 두도록 하는 판단을 하였다고 생각한다.

사실 언론은 87년 이후의 민주개혁의 세례를 받지 못한 최후의 성역으로 남아 있다. 언론 자신이 보수세력의 중요한 일부로서 전반적인 위기의식를 보수세력과 공유해 왔다. 이는 보수언론 또한 보수의 위기에 대응하여 공격적 대응화의 전략을 택했다는 것을 의미한다. 여기서 미디어 보수세력의 능동화는 통상적으로 집권 초기 1년여 동안 존재하는 정부-언론의 밀월관계마저도 포기하도록 만들었다. 적극적으로 부정적인 능동적 보도를 통해서 정부여론에 영향을 미치고자 하는 행태가 표출된 것이다. 즉 보다 적극적으로 자신들의 정치적 지향에 상응하는 방식으로 왜곡된 보도를 하게 된다. 보수적 언론은 능동적으로 부정적인 보도를 통해서 여론을 보수적인 방향으로 동원하게 된다. 때로는 의회 보수세력과 미디어 보수세력은 파트너십을 형성하여, 여론의 보수적 동원을 위해서 협력하기도 한다. 예컨대 의회 보수세력이 제기한 쟁점을-그 사실 여부와는 관계없이-확대보도하는 방식으로 미디어 보수세력이 협력하거나, 미디어 보수세력이 제기한 쟁점을 의회 보수세력이 정치쟁점화하는 방식으로 상호협력하는 것이 그 예가 될 것이다.

주지하다시피 국민정부 이후 집권 개혁세력에 대한 다양한 진보적 비판이 제기되었다. 미디어 보수세력은 이러한 진보적 비판까지도 여론의 왜곡을 위한 자원으로 동원한다. 국민정부나 참여정부의 개혁의 불철저성과 한계성을 비판하고 그것의 진보화를 촉구하는 비판조차도 집권세력의 비판에 활용하면서 부정적인 여론을 확대하는 방향으로 접합한 것이다.

이와 같은 구도에서 보수적 미디어의 왜곡된 보도를 통해서 형성되는 여론은 실제의 여론과 상당한 괴리를 가질 수밖에 없다. 의회보수세력은 미디어 보수세력에 의해 확장된 왜곡된 여론을 '실제의 여론'으로 간주하고, 탄핵과 같은 선택으로 나아가게 된다. 심지어 의회보수세력은 미디어 보수세력의 탄핵추동 보도에 고무되었다고까지 표현할 수도 있다. 사실 우리 사회의 미디어보수세력이나 사회적인 보수세력은 일찍부터 선거의 결과를 인정하지 않고, 탄핵의 당위성을 역설해왔다. 핵심은 비판으로서 탄핵을 거론하는 것과 실제로 탄핵을 결행하는 것은 차이가 있다는 것이다. 탄핵은 분명 국회 내의 정치적 보수세력이 감행한 사건이지만 그것이 가능하게 된 것은 미디어보수세력에 의해 여론이 왜곡되었다는 것이고 그 왜곡된 여론을 실제의 여론으로 간주한 과잉공세가 바로 탄핵으로 나타났다는 것이다. 이런 점에서 탄핵사건이 나타나게 된 데에는, 우리 사회의 공론 영역의 왜곡성이 중요한 요인이었다.

공론 영역의 주요 기구들인 보수적 신문언론들이 시민사회의 여론분포보다 자신들의 '정치적' 입장에서 지속적으로 보도를 함으로써, 공론 영역에서 시민사회의 여론이 '정상적'으로 표현될 수 있는 가능성이 적어지게 된다. 예컨대 200년 6·15정상회담에 대해서 퍼주기라던가 각종 비판들이 존재하였다. 그러나 현재는 이에 대한 비판들이 거의 없다. 이는 당시에 보수언론들과 의회보수세력들의 '정략'적 판단에 의해서 6·15정상회담이 쟁점화되었으나, 퇴임 이후에는 쟁점화할 필요를 전혀 느끼지 않았기 때문이다. 현 단계 한국의 공론 영역은 보수적 신문언론과 의회보수세력에 의해 특정방향으로 왜곡되어 있다.

탄핵 당일 정치권에서는 '의회주의와 민주주의의 승리'라는 평가와 '민주주의의 학살'이라는 두 견해가 대립하였다. 그러나 하룻밤이 지난 후, 국민들은 이를 '민주주의의 학살'로 수용했다. 조선·동아일보 등 보수적 신문언론의 '능동적인' 부정적 보도에도 불구하고 어떻게 국민들이 정반대의 방향으로 나아갈 수 있었는가? 이는 매우 흥미로운 문제이다. 이에는 여러 요인이 작동하였다. 우리 사회의 인터넷 등을 통한 대안적 소통이 확장되고 있었다는 점이 중요하다. 지난 1년 동안의 미디어 보수세력의 부정적인 보도에도 불구하고 사이버 공간을 중심으로 그에 반하는 반대정보들이 소통되고 반대의 해석들이 유통되는 사이버통로가 존재하다. 이 때문에 탄핵과 같은 극단적인 선택에 대항하여 그것이 분노로 끝나지 않고 국민적 행동으로 발전할 수 있었다.

이런 점에서, 반독재민주정부 성립의 긍정적 효과 중의 하나는 앞서도 서술한 바와 같이 대중의 공포로부터의 해방과 사이버 행동주의의 확대이다. 현대 시민사회의 비판적 역동성을 구성하는 중요한 근거가 바로 이러한 네티즌들의 대안적 소통이라고 할 수 있다. 최근 집회에서 인터넷 동호회 깃발들이 정치적 집회에서 발견된 것도 이런 점에서 의미 있는 현상이다. 사실 개인주의와 냉소라는 일반적 특성을 가지고 있는 네티즌들이 민주주의의 위기 국면에서 소통과 참여의 주체로 전환된다는 것은 한국의 민주주의와 사이버 소통의 독특한 관계를 보여주는 대목이라고 할 수 있다. 이상의 논의를 도해하면 다음과 같다.

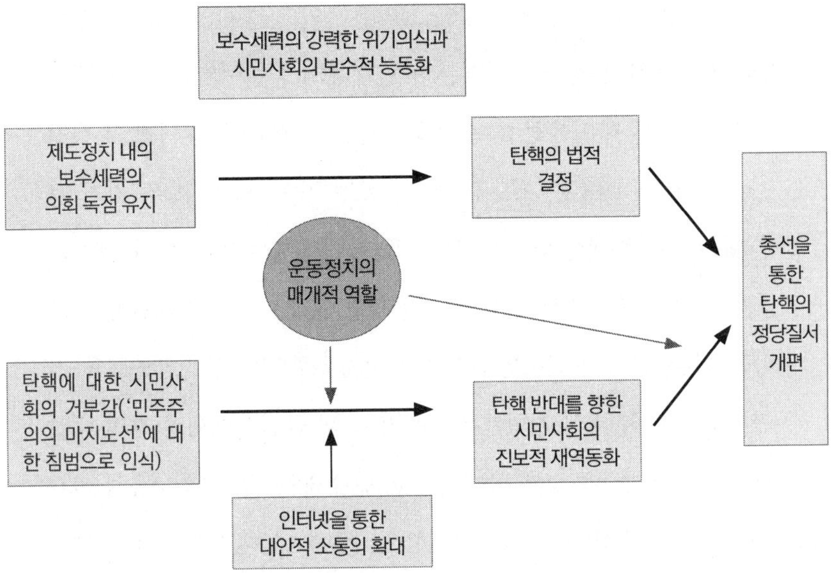

③ 노무현정부를 둘러싼 두 가지 전선 – 탄핵정국의 복합성

그런데 탄핵정국에서 사회적 정치의 역동화에는 또 다른 요인이 있었다. 반독재민주정부 하에서 균열된 민주주의 블록이 재봉합된 것이다. 제도정치 내의 보수적 블록에 대한 제도정치 내의 개혁적 블록+사회적 정치의 동맹구조가 복원된 것이다. 2004년의 탄핵에 대한 국민적 저항에는 87년 6월 민주항쟁과는 다른 복합성이 존재한다. 두 개의 전선론은 이런 복합성을 파악하는 데 유용할 수 있다. 즉 국민정부와 참여정부 하에서는 두 개의 전선이 공존하고 있다. 하나는 수구보수정치세력과 중도자유주의적 개혁세력 간의 대립전선이며, 다른 하나는 중도자유주의적 개혁세력 대 진보적 개혁세력 간의 대립전선이다.

반독재민주정부는 이중적 성격을 가지고 있다는 점을 지적하였다. 이를 나는 '민주개혁적 정치와 신자유주의적 경제의 모순적 결합' 체제라고 규정하였다. 97년체제는 87년체제의 실현이자 '연속'의 체제인 동시에, 다른 한편에선 87년체제의 새로운 전환이고 '역전'의 성격을 가지고 있다. 이것은 제도정치와 운동정치를 둘러싸고 두 가지 균열과 대치선이 존재함을 의미한다. 즉 한편에서는 '민주주의 블록의 구성원으로서' 구 독재적 보수세력 및 정당에 대립하는 연대관계가 존재하고, 다른 한편에서는 민주정부의 신자유주의적 정책기조를 둘러싼 민주주의 블록 내의 개혁자유주의 세력 대 급진진보세력 간의 대립관계이다. 반독재민주정부 하에서는 87년체제의 '실현'에 부응하는(87년의 과제가 점차 실현된다는 것을 의미한다) 전자의 연대관계가 점차 약화되고, 97년체제의 새로운 모순의 확대에 부응하여 후자의 대립관계가 점차 강화되어 갔다. 그러나 민주주의 블록의 일부 퇴행적 분파와 구 독재적 보수세력의 연합에 의해서 탄핵사건이 발생하여 후자의 갈등을 부차화시키고, 다시 전자의 연대관계를 복원하면서 국민들이 적극적 지지를 회복하는 사건이었다.

노무현정부를 돌이켜 보면, 이라크 파병문제를 둘러싸고 시민사회세력이 노무현정부를 탄핵해야겠다고 이야기한 적도 있었다. 반면에 수구보수세력은 노무현정부의 개혁정책을 비판하면서 탄핵이야기를 꺼냈다. 이라크 파병문제, 수용소 발언 등 미국에서의 친미적 발언, 노동자 손배소·가압류 문제를 둘러싼 노동자 분신문제, 비정규직 문제, 새만금 문제 등을 둘러싸고 시민운동세력이나 민중운동세력 내에서는 노무현정부의 개혁성에 의문을 제기하면서 여러 차원에서 다양한 비판과 저항을 행하여 왔다. 반대로 보수세력은 3·1절 집회나

8·15집회 등을 통해서 친미주의와 보수주의의 입장에서 노무현정부를 비판하면서 다양한 비판과 저항을 행하여 왔다. 이것은 국민정부 이후 나타나고 있는 새로운 현상이다. 물론 노무현 대통령의 리더십 스타일이나 언행, 국정운영의 미숙함 등과 같이 수구보수세력과 진보적·급진적 세력 모두 공히 비판적이었던 사안들도 존재한다.

이런 점을 고려할 때, 87년 6월 민주항쟁 이후, 특별히 국민정부 이후 개혁을 둘러싼 두 개의 전선이 공존하고 있다고 생각된다. 하나는 반개혁적 수구보수세력과 개혁세력 간의 대립전선이며 다른 하나는 개혁세력 대 그 개혁의 한계성과 불철저성을 비판하는 급진진보적 혹은 진보적·급진적 세력 간의 대립전선이다.[1] 이 두 가지 전선은 다른 차원에서 존재하지만 특정 국면에서 합류하거나 중첩된다. 탄핵은 첫 번째 전선을 중심으로, 두 가지 전선이 합류하는 양상으로 나타났다. 사실 이는 일반 민주주의가 극대로 위협을 받게 될 때 일반민주주의를 옹호하기 위한 투쟁에 급진진보적 혹은 진보적·급진적 세력들이 연대해 온 통일전선론적 맥락에서도 자연스러운 현상이라고 할 수 있다. 이와 같은 두 가지 전선의 존재는 탄핵정국이 87년 6월 민주항쟁이 설정해 준 민주주의의 마지노선의 침범에 대한 저항으로 출현하였지만, 단순히 탄핵정국을 87년 6월 민주항쟁의 회복으로만 규정할 수 없도록 만드는 요인이 된다.

---

1 사실 이러한 이중적 전선은 보편적인 것이기도 하다. 예컨대 시민혁명기에 구 왕당파적 수구보수세력 대 자유주의적·부르주아적 개혁세력의 대립이 존재하였고 다른 한편에서는 자유주의적·부르주아적 개혁세력 대 프롤레타리아적·민중적 저항세력 간의 대립이 존재하였던 것이다.

탄핵정국에서의 국민적 저항은 노무현 대통령이나 열린우리당을 최대의 정치적 수혜자로 만들었다. 80년대 전두환 정권 시절 치열한 반독재민주화운동의 최대의 정치적 수혜자가 김대중과 김영삼이었던 점을 상기할 수 있을 것이다. 그러나 저항블록 내부에는 노무현 지지세력도 존재하지만 진보적인 노무현 반대세력도 강력하게 존재하고 있는 것이 사실이다.

<table>
<tr><th colspan="2"></th><th>보수세력</th><th>중도자유주의 세력</th><th>진보적·급진적 세력</th></tr>
<tr><td rowspan="2">민주주의적 개혁을 기준으로 한 구분</td><td>지역주의·부패를 중심으로 하는 구분</td><td>수구세력</td><td>자유주의적 개혁세력</td><td>진보적 개혁세력</td></tr>
<tr><td>이라크 파병과 같은 쟁점을 중심으로 하는 기준</td><td>보수적 친파병세력</td><td>자유주의적 친파병세력</td><td>반파병세력</td></tr>
<tr><td colspan="2" rowspan="2">세계화(신자유주의정책 등)를 둘러싼 개혁을 중심으로 하는 구분</td><td>수구적 보수세력</td><td>자유주의적 보수세력</td><td>진보세력</td></tr>
<tr><td>보수적 친세계화 세력</td><td>자유주의적 친세계화세력</td><td>반세계화 진보세력</td></tr>
</table>

진보적·급진적 세력의 입장에서 보면, 노무현적 개혁세력—이는 나는 중도자유주의적 개혁세력이라고 본다—은 지역주의나 부패 문제를 둘러싼 쟁점에 대해서는 수구보수세력에 비해서 분명히 '개혁'세력인 것은 분명하다. 그러나 다른 쟁점들의 영역에선 그렇지 않다. 예컨대 이라크 파병문제를 둘러싸고는 노무현적 개혁세력, 즉 중도자유주의적 개혁세력은 한나라당과 똑같이 친파병세력이었고, 실제 한나라당과 연합하였다고 할 수 있다. 더 큰 흐름에서 보면 세계화와 관련된 정책에서도 노무현적 개혁세력과 보수세력의 차이보다는, 노무현적

개혁세력 대 진보적·급진적 세력의 차이가 더 크다고 할 수 있다. 예컨대 보수세력이 제한된 개혁마저도 거부하면서 신자유주의정책을 추진하고자 하는 데 반하여, 중도자유주의 개혁세력은 제한된 개혁정책이나 사회보장정책을 수반하면서 신자유주의정책을 추진하는 차이가 있을 뿐이다. 이는 87년 이후의 과정이 '민주화와 세계화의 이중적 과정'으로 전개되고 있는 현실에서 중요한 문제가 된다. 왜냐하면 이른바 '민주세력'이 친세계화 정책이나 개방화 정책 등 이른바 신자유주의적 정책의 적극적인 추진자가 되는 것이기 때문이다. 세계화와 신자유주의를 둘러싼 쟁점에 대해서는, 보수세력과 중도자유주의 세력이 동질성을 갖게 된다. 이런 쟁점을 중심으로 본다면, 노무현적 개혁세력은—수구적 보수세력과 구별하여 자유주의적 보수세력인 셈이다.

탄핵정국에는 그런 점에서 두 가지 성격이 있다. 첫째는 제도정치 내의 보수적 블록에 대항하여 민주주의 블록이 제기한 거대한 내전의 성격이 있다. 둘째는 민주주의 블록 내의 개혁자유주의적 진영과 급진진보진영의 하위 균열이다. 이것이 2004년 4월 총선에서 열린우리당이 다수당으로 전환되는 것과 동시에 민주노동당이 원내 3당으로 약진하는 계기가 된 이유였다. 따라서 촛불시위와 탄핵무효를 향한 국민적 저항을 단순히 노무현정부 지지운동만으로 협애화하여 해석해서는 안된다. 오히려 수구보수세력에 공세를 받는 노무현정부를 지원하면서도, 노무현정부의 한계를 지적하고 이러한 한계를 국민적 저항을 매개로 넘어서려는 운동이었다.

(2) 4개 개혁입법: 보수적 내전

2004년 4월 총선 이후 열린우리당이 의회다수당이 되고 민주노동당은 원내 제3당이 되는 상황이 창출되었다. 이 조건에서 4대 개혁입법(국가보안법, 사립학교법, 과거사법, 언론관련법)이 추진되었다. 탄핵 반대투쟁이 진보적 내전이었다고 한다면, 4대 개혁입법 투쟁은 보수적 내전이었다고 할 수 있다. 즉 탄핵 반대투쟁은 제도정치 내의 반동적 의사결정에 대해서 사회적 정치가 전면적으로 대항한 진보적 내전이었다면, 4대 개혁입법 반대 투쟁은 2004년 총선 이후의 제도정치의 진보적 결정시도에 대해서 보수적인 사회적 정치가 이를 무력화하기 위한 보수적 내전의 성격이었다.

이 4가지 개혁입법은 '2차적 개혁의제'라고 할 수 있는, 상대적으로 높은 수준의 민주개혁 의제들이었다. 이것은 사실 보수적 정치세력 및 사회세력의 존재론적 기반을 일정하게 균열시키는 성격을 지니고 있었고, 그만큼 격렬한 저항을 조직화하였다.

특히 국보법이 대립의 중심에 있었다. 노대통령은 국보법을 '박물관에 보내야 할 유물'로 규정하고 폐지를 요구하였다. 국가보안법 폐지는 87년체제를 규정하고 있었던 '53년체제'의 근본 법제적 프레임을 혁파하는 중대한 의제였다. 기본적으로 61년체제는 53년체제의 반공주의적·반북주의적 프레임을 계승하면서 유지되어 온 체제였고, 87년의 6월 민주항쟁은 이러한 53년체제의 제약을 대중적으로 돌파하지 못하고 있었다. 따라서 국가보안법의 철폐는 '제도정치의 지형' 자체를 전환하는 의미를 담고 있었다.

과거청산법은 진실·화해를 위한 과거사 정리기본법(2005년 5월 3일 시행)을 핵심적으로 지칭한다. 이 법은 일제 강점기 또는 그 직전의 항일독립운동, 한국전쟁 전후 시기의 민간인 학살사건, 해방 이후부터 권위주의 정권 하에서 이루어진 공권력에 의한 인권 침해 사건 등을 진실규명을 하기 위한 법이었다. 이 법은 기존에 특수 주제영역별로 이루어진 과거청산을 종합적으로 수행하기 위한 것이었는데, 국회 심의과정에서 보수적 야당의 주장으로, 해방 이후 대한민국의 정통성을 부정하는 테러나 폭력 사건 등에 대해서도 조사가 이루어지게 되었다.

의문사 진상규명특별법의 개정안은 99년 제정된 '의문사 진상규명에 관한 특별법'에 대한 경과조치를 규정하는 것으로서, 의문사위원회가 진상규명이 어렵다고 결정한 사건과 기각된 사건 중에서 새로운 증거가 첨부된 사건에 대해서 새롭게 진상규명을 신청할 수 있게 한 것이었다.

군 의문사 진상규명 등에 관한 법률(2005년 6월 29일 시행)은 군인으로서 복무하다가 의문의 사망을 한 사례들에 대해서 진실을 규명하고 적절한 조치를 취하기 위한 법이다. 반독재민주화운동과 관련하여 발생한 의문사 사건에 대해서는 99년 제정된 '의문사 진상규명에 관한 특별법'에 의해서 일정한 진실 규명 노력이 있었으나 군 의문사에 대해서는 별도의 조치가 없었기 때문에, 이를 가능하게 하기 위한 법이었다. 상대적으로 과거청산법은 높은 국민적 지지를 받고 있었다.

과거청산과 관련된 법이 과거 구 독재적 보수세력의 정체성의 가치에 도전하는 것이라고 보수세력은 인식하였다. 왜냐하면 현존 보수세력의 조상들이 호국영웅이나 반공영웅으로 미화되고 있었기 때문이다. 이들의 반민주주의적 성격이나 친일적 성격, 혹은 억압적 성격을 드러내는 과거청산 작업은 곧 보수세력 자신들의 정체성을 와해시킬 수 있다고 판단한 것이다. 사립학교법은 보수세력의 중심적 분파를 이루는 종교사학들의 폐쇄적 의사결정 구조에 투명성과 공공성을 제고하는 의미를 가지고 있었다. 그런데 종교사학들은 이것을 자신들의 기득권에 대한 침해, 종교적 정체성에 대한 도전, 사학의 자율성에 대한 도전으로 규정하고 저항을 조직화하였다. 사립학교법은 학교법인 이사 중 3분의 1과 감사 2인 중 1인을 교수회, 교사회, 학부모회, 학생회 등 사학구성단위들이 협의하여 선임하는 개방형 이사로의 전환을 그 골자로 하고 있었다. 이를 위해 학교 법인 이사 정수를 7인 이상에서 9인 이상으로 확대하고, 또한 친인척 이사 비율을 3분의 1에서 4분의 1로 축소하는 내용을 담고 있었다. 이후 국회를 통과하면서 제정된 최종 법안은, 학교법인 이사 정수 7명 중 4분의 1 이상을 학교운영위원회나 대학평의원회가 2배수로 추천하는 이른바 '개방형 이사'로 채우도록 했으며, 이사장은 학교장이나 다른 학교법인 이사장을 겸직할 수 없도록 규정했다.

언론관계법은 신문법, 방송법, 언론 중재 및 피해구제법 등 3개 법안을 의미한다. 이는 기본적으로 소수의 독점적인 보수언론에 의해 장악되어 있는 공론장을 개방하고 주변적 매체에게 공적 지원을 하는 의미를 담고 있었다. 여기서 신문법이 특히 보수 신문언론의 격렬한 저항을 받았다. 왜냐하면 이 법이 신문사 최대주주 및 그 일가의 소유지분에 상한선을 부여하면서, 시장점유율을 제한하는 것을 목표로 했기 때문이었다. 신문법은 시장 지배적 사업자에 대한 공정거래법상 규제를 도입하는 것을 핵심하고 있었다. 하지만 원안에 있던 신문지면에서 광고 비율 50% 제한은 도입하지 않기로 했으며, 편집위원회·편집규약·독자권익위원회 설치도 의무조항이 아닌 권고조항으로 변경됐다. 광고비율 제한과 편집위원회 등의 설치에 있어 열린우리당이 양보하는 대신, 한나라당은 신문·방송의 겸영을 허용하지 않는다는 것에 상호합의했다. 또한 공동배달제를 위하여 공사의 형태를 띤 '특수법인' 신문유통공사를 설립하는 것을 규정했다. 언론관계법에는 신문법뿐만 아니라 '언론중재 및 피해구제법' 등을 포함하였다. 보수언론들은, 이와 같은 일련의 개혁을 보수언론의 기반을 균열시키기 위한 정치 행위로 파악하였다.

열린우리당은 한편에서는 보수적 한나라당의 격렬한 저항을 받고, 다른 한편에서는 진보적 민주주의 블록과 진보정당에 의해서 더욱 급진적인 주장의 수용을 요구받는 위치에 놓이게 되었다. 4대 개혁입법이 상당히 높은 민주개혁적 정치의제였던 만큼 보수의 격렬한 저항이 출현하였다. 그래서 탄핵국면은 4대 개혁입법과 그에 반대하는 보수의 투쟁국면으로 전환되었다. 사립학교법과 국보법 개혁 문제를 보수언론들은 시장경제와 국가안보에 반하는 것처럼 비판했고, 보수세력은 내전적 총궐기를 했다. 당시 한나라당은 이를 '4대 국론 분열법'으로 규정하기도 했다. 특히 한나라당은 국보법 폐지를 막기 위해 국회 법제사법위원회 회의장을 10여 일간 점거하기도 했다. 또한 한나라당은 시민사회와 운동정치 내의 보수적 사회세력과 결합하면서 이에 저항하였다. 나아가 이의 위헌성을 지적하면서 헌법재판소에 위헌

판결을 청구하고 국보법 폐지 반대를 위한 사회적 투쟁을 조직하였다. 이것은 단지 한나라당과 관련 미디어나 단체뿐만 아니라, 전 보수적 사회세력 일반의 투쟁으로 확대되었다. 예컨대 국가원로회의의 구성원들이 이를 반대하였으며, 각종 보수적 사회단체들도 이 반대에 합류하였다. 보수를 표방하는 단체들이 '인터넷 범국민 구국협의회'를 결성하고 사이버전을 선포하기도 했다.

물론 4대 개혁입법을 추동하기 위한 시민사회단체와 일반 시민들의 적극적인 지지 투쟁도 전개되었다. 국가보안법 폐지 국민농성단은 매일 저녁 보안법 폐지를 위해 촛불행사를 벌였다. 또한 국가보안법 폐지 국민연대, 언론개혁국민행동, 민주적 사립학교법 개정과 부패사학 척결을 위한 국민운동본부, 올바른 과거청산을 위한 범국민회의원 등도 촛불시위 등 각종 지원 투쟁을 조직하였다. 하지만 이 과정에서 노무현정부의 전략적 미숙도 있었다. 국가보안법과 사립학교법에 대한 보수언론의 대대적 '선동'적 보도와 대중의 우려에도 불구하고 이를 극복해 가는 섬세한 전략이 부족하였던 것이다.

보수세력의 내전적 총동원 저항이 강화되자, 이번에는 열린우리당 내부가 강온진영으로 분열되기 시작하였다. 국가보안법 개혁의 문제를 중심으로 본다면, 온건파는 '대체입법론'을 주장하고 '폐지'를 강경파가 주도하는 형국이 된 것이다. 더구나 이 시기에 민주노동당은 '개혁 공조 파기' 선언을 했기 때문에, 진보정당과의 연대도 어려운 상황이었다. 제2경합국면에서 진보가 제도정치 내의 보수의 이니시어티브에 반대하는 사회적 정치를 전개하는 구도였다고 하면, 이제 제3경합국면에서는 보수가 제도정치 내의 진보의 이니시어티브에 반대하는 사회적 정치를 전개하는 구도가 출현하였던 것이다. 당연히 이 과정에서 보수적 제도정당–보수적 시민사회–보수적 운동조직들로 연결되는 보수적 블록이 작동했다. 급진개혁을 추진한다고 간주되는 자유주의 좌파정당에 대항하여, 제도정치 내의 각축이 아니라, 보수정당이 '사회운동정당'이 되고, 보수적 시민사회와 운동이 '보수적인 경계정치'를 행하는 형국이 조성된 것이다. 물론 이것은 진보적 사회운동정당이나 경계정치 현상과는 다르다. 결국 2004년 4대 개혁입법 중 핵심적인 국가보안법 철폐 시도는 거의 '사회적 내전' 수준에 이르는 격렬한 투쟁을 동반한 우익의 반대와 제도정치 내의 반독재개혁자유주의 세력의 분열 속에서 좌절되었다.

다른 법안들은 원래의 안에서 현저히 후퇴한 형태로 통과되었다. 특히 사립학교법은 완화된 형태로 통과되었다. 당초 사학법인 대표들은 사학법이 통과될 경우 '학교를 자진 폐쇄하고 헌법재판소에 위헌심판을 낼 것'이라고 위협하기도 했다. 사학법의 경우, 보수적 종교사학들이 이를 법으로 인정하지 않고 집단적으로 사보타주하는 전략도 취하였다. 한나라당과 보수 종교사학은 '사학법 무효 투쟁'이라는 이름으로 17대 국회 출범 후에 기독교 재단들과 등원 거부 장외투쟁에 나섰다. 일부는 공익이사를 실질적으로는 기존 종교사학 이사회와 입장을 같이하는 인사로 임명하는 방식을 통해, 법의 집행과정에서 이를 사문화하는 전략을 선택하였다. 결국 2007년 7월 4일에 종교사학의 권한을 확대하는 방향으로 재개정이 이루어졌다.

이 4대 개혁 법안은 노무현정부와 열린우리당의 개혁성을 상징하는 법안들이었는데, 이것이 좌절되면서 그들의 개혁 정체성에 의구심이 확대되었다. 이에 국정장악력이 현저히 완화되고 열린우리당의 내부 균열이 확대됨으로써, 이후 노무현정부의 후반의 정치적 기반을 균열시키는 계기가 되었다. 또한 진보정당과 진보사회 세력은 이 실패를 '반개혁적이고 타협적인' 열린우리당의 책임으로 비판하였는데, 이는 열린우리당의 민주주의 블록 내부에서의 리더십을 크게 약화되는 결과를 낳았다.

4대개혁입법은 기본적으로 집권세력 자체가 운동의 요구를 받아 기존 제도정치 지형의 우측 경계와 좌측 경계를 재조정하려고 하는 시도였다고 할 수 있다. 기존의 좌측 경계의 법적 장치를 폐지하고자 한 것이 국가보안법 폐지였다. 이에 대해 우파적 세력들이 지형의 좌측 경계가 더 좌측으로 확대되는 것을 저지하기 위해서(혹은 우측 경계가 해체되는 것을 저지하기 위해서) 거대한 투쟁을 하였고 이는 거의 '사회적 내전'에 가까운 양상으로 전개되었다.

2) 탄핵 이후의 '좌익적 돌파' 시도와 그 실패

제도정치와 사회적 정치의 상호관계는 사회에 따라 다르다. 아시아 민주화 과정에도 현직 대통령 탄핵은 몇 차례 있었다. 1999년 인도네시아의 하비비에 대한 탄핵 시도, 2001년 필리핀 에스트라다에 대한 탄핵 시도 등이 그 예이다. 그러나 흥미로운 것은 이 두 나라에서는 기득권적 보수 세력에 의해 탄핵이 성공했는데, 한국에서는 이러한 탄핵 시도가 오히려 기득권적 보수 세력의 현저한 약화로 귀결되었다는 것이다. 대만의 천수이벤 정부도 탄핵을 받았으나 성사되지 않았다.

이런 차이는 바로 제도정치가 시민사회와 운동을 동원하고 역규정하는 사회와 오히려 시민사회와 운동정치가 제도정치에 대한 폭넓은 개입력을 가지고 있는 사회의 차이라고 할 수 있다. 통상 제도정치가 시민사회를 자기 방식대로 동원하는 구조로 정당정치가 작동한다. 정당들이 안정적이고 사회적 기반을 가질수록 이러한 현상은 강하게 나타날 수 있다. 그러나 탄핵은 제도정치 내의 여러 정당들이 기존의 의석배분을 기초로 합종연횡 하여 자기 방식대로 시민사회가 설정한 '민주주의의 마지노선 혹은 최저선(bottom line)'을 침범・부정하는 상황에서, 운동정치가 시민사회의 이반과 실망을 동원하여 제도정치의-그러한 침범을 감행할 수 있는-구성 자체를 전복시킨 사례라고 할 수 있다.

주지하다시피 탄핵은 민주당과 열린우리당이 분열되어 있는 상황에서, 2004년 3월 12일 민주당과 한나라당이 연합해서 추진한 것이었다. 찬성 193표와 반대 2표였다. 이로써 노무현의 대통령 직무가 정지되고, 고건 국무총리가 직무 권한 대행의 역할을 맡았다. 반독재개혁 자유주의 세력(민주당)의 분열과 수도권 이전 등을 둘러싼 구보수 세력의 저항에 의해서 촉발된 것이었다. 핵심 근거는 대통령이 선거중립의무 위반이 있음에도 불구하고 이를 위반했으며, 선거법 위반에 대해서도 사과하지 않았다는 것이었다. 그런데 16대 국회에서 탄핵을 주도했던 주류 정당들 곧 민주당과 한나라당은 여론의 역풍에 휩싸였고, 5월 14일 헌법재판소에서 소추안을 기각하면서 노무현은 대통령 직무에 복귀하였다.

탄핵 반대운동이 전개되는 속에서 2002년 4월 총선이 치러졌다. 그 결과 총선이 탄핵 찬성과 탄핵 반대의 거대한 대치선 안에서 치러진 것이다. 선거 결과 한나라당은 121석, 새천년민주당은 9석, 열린우리당은 152석, 자유민주연합은 4석, 민주노동당은 10석을 획득했다. 여기서 우리는 사회적 정치(시민사회와 운동정치)가 역동화 되면서 만들어진 제도정치의 획기적 재편의 사례를 보게 된다. 탄핵 반대투쟁의 열기 속에서(탄핵 반대라는 민주주의적 담론의 헤게모니적 영향 속에서), 민주주의 블록이 새롭게 역동화되었다. 이에 근거해 제도정치의 보수 의회 독점을 일거에 변경시켜 낼 수 있었던 것이다. 탄핵은 제도정치권 내의 주류정당들 간의 타협적 공모에 의해서 이루어진 것이었지만, 탄핵 반대운동을 통해서 사회적 정치가 역동화됨으로써(시민사회의 진보화와 운동정치의 능동화), 제도정치 내에서의 역류를 저지함은 물론 이것을 계기로 제도정치 내의 진보적 재편을 성취해 내는 식으로 발전하였던 것이다. 물론 2008년 총선까지 고려한다면, 보수의 의회 독점의 균열에도 불구하고 후속 각축이 치열하게 전개된다는 것을 알 수 있다. 이것은 다시 보수가 다수당이 되는 상황으로 고착화될 수도 있고, 아니면 다원적인 경쟁구도가 안착할 수도 있을 것이다. 하지만 여기서 주목되는 것은 탄핵 반대투쟁을 통해서 '보수의 의회 독점'이 균열되었다는 것이다. 2004년 총선을 통해 53년체제의 성립 이후 지속되어져 온 '보수의 의회 독점'이 균열되었기 때문이다. 97년 대선에서 김대중 후보의 당선이 국가권력 담당세력으로서 반독재민주세력이 진입하는 것을 의미하였다면, 2004년 4월 총선에서는 오랜 동안의 '의회의 보수 독점'이 깨지게 된 것이다. 이런 조건에서, 반독재민주화운동의 급진분파인 급진민주주의 세력에게도 제도정치에 진출할 수 있는 공간이 주어졌다. 즉 민주노동당이 10석의 의석을 갖는 원내 제3당이 된 것이다.

그러나 나는 탄핵 이후 '좌익적 돌파' 국면이 실패로 돌아가는 것이 더욱 중요한 사안이라고 생각한다. '보수의 의회 독점'이 균열된 이후에, 역으로 개혁자유주의 세력이 주도하는 '타협적 공존'의 지형(개혁자유주의 세력이 다수파로 존재하는 다원적 경쟁구도)을 만들 수 있을 것인가 하는 각축이 전개된다. 이 과정에서 기존의 지형을 규정하는 법질서의 타파가 쟁점으로 부상되었다. 참여정부는 4대 개혁입법(국가보안법, 사립학교법, 과거사법, 언론관련법)을 정하고 시급히 개폐하기로 결정했다. 이는 그동안 시민사회에서 요구되었던 의제들 중에서 상당히 높은 수준의 의제들이었다. 예컨대 국가보안법 철폐는 구지배세력과 신지배세력의 각축의 '지형'을 바꿀 수 있는 중대한 것이었다. 이는 앞서의 표현에 따르면 1차적 개혁의제를 넘어 2차적 개혁의제라고 할 수 있다. 87년 투쟁에서 '전제'하고 있었던 '지형'을 변화시키기 위한 오랜 투쟁의 과제들이었기 때문이다. 2000년 6 · 15를 징검다리로 하여, 남북대결질서를 법제적으로 보장하고 있는 국보법에 대한 폐지는 한국민주주의의 구성적 각축의 근본지형 자체를 바꾸는 의미를 담고 있었다. 이는 87년 이후 급진적 운동의 요구를 정책화하는 의미를 담고 있었다.

내각의 진용도 열린우리당 이해찬 의원을 책임총리에, 정동영 전 열린우리당 의장을 통일부 장관에, 김근태 원내대표를 보건복지부 장관에 각각 임명하며, 보다 본격적인 개혁 드라이브를 추진하고자 했다.

그러나 4대 개혁입법이 상당히 높은 민주개혁적 정치의제였던 만큼 보수의 격렬한 저항이 출현하였다. 그래서 탄핵국면은 4대 개혁입법과 그에 반대하는 보수의 투쟁국면으로 전환되었다. 4대 개혁입법 투쟁은 사회적 내전으로 전환되었고, 이 사회적 내전에서 보수가 4대 개혁입법에서 중요한 국가보안법의 폐지를 좌절시켰다. 그리고 사립학교법은 제도정치 내의 정당들 간의 타협에 의해서 가결되었으나, 보수적인 사회적 정치 내의 강경그룹(종교 사학 등)이 비토전략을 구사함으로써 사립학교법을 실질적으로 무력화시켰다. 보수가 제도정치 내의 각축을 사회적 내전으로 확산시킴으로써 '승리'할 수 있었던 것이다. 나는 이를 '2004년 12월의 좌절'이라고 부르고 싶다.

3) 다른 경로에 대한 상상

2004년 격돌에서 국가보안법 폐지는 87년체제의 높은 상향발전이 53년체제에 내포된 한계지점을 돌파할 수 있을 것인가 하는 문제라고 할 수 있었다. 여기서 '다른 경로에 대한 상상'을 해보자. 기존 제도정치의 '지형' 자체를 변화시키는 좌익적 돌파가 성공하여 제도정치, 운동, 시민사회의 새로운 각축의 '지형'이 출현하는 것이다. 이로써 구독재적 보수세력이 주도하는 '타협적 공존'의 제도정치지형을 '개혁자유주의 세력이 주도하는 타협적 공존'의 지형으로 전환하는 것이 가능할 수도 있었을 것이다. 한나라당의 위기의식이 최고조에 다다랐던 시기가 바로 이 시기이다. 나아가 탄핵 반대투쟁과 총선 승리 이후, 이를 배경으로 시민사회의 풀뿌리 보수주의를 변형하는 한 단계 더 높은 개혁으로 가져갈 수도 있었을 것이다. 이렇게 되면, 반독재개혁자유주의 세력이 주도하는 상대적으로 '긴 안정기'를 거칠 수도 있었을 것이다. 그러나 그렇지 못했다. 여기에는 구조적 요인도 있지만, 노무현정부의 전략적 한계가 강하게 존재하였다. 탄핵 반대투쟁과정에서 시민사회의 진보적 역동성이 제고되고 더 높은 개혁적 재편을 바라는 대중적 요구가 강렬하게 표출되었음에도 불구하고, 이를 기반으로 하는 제도정치의 지형 형성으로 나아가지 못한 것이다.

오히려 좌익적 돌파에 실패한 노무현정부는 스스로의 정치적 기반이 균열되자, '우익적 돌파'의 전략을 시도하였다. 그것의 한 시도가 '대연정'이고 FTA 추진이었다. 그러나 대연정은 사실 시도되지도 못하고 단지 구상으로 언급된 것뿐이다. 대연정의 대상이 되는 보수적 정치세력, 즉 한나라당의 강한 반대로 시도 자체도 못하였기 때문이다. FTA는 민주주의 블록이 친FTA진영과 반FTA진영으로 극단적으로 분열하는 계기가 되어, 노무현정부의 정치적 기반 자체를 균열시켰다. 4대 개혁입법 등이 제도정치의 '지형' 자체를 변화시킴으로써 제도정치, 운동, 시민사회의 새로운 변화를 도모하고자 하는 것이었다고 한다면, 대연정은 기존의 지형을 전제로 하여 기존 질서 내에서의 타협적 공존을 지향하는 것이라고 할 수 있다. 여기서 흥미로운 것은, 제도정치 내의 진보적 집단은 지형을 타개함으로써 자신의 지지를 확대할 수 있으며, 보수정당은 기존의 지형을 유지함으로써 자신의 지지를 유지할 수 있다는 것이다. 이런 점에서 대연정론은 부조응의 성격을 가진 전략이었다고 할 수 있다.

3. 민주주의 블록의 균열과 반독재민주정부의 위기

노무현정부의 제2소시기는 반독재민주정부로서의 노무현정부의 대중적 기반이 균열되고 이명박 후보가 2007년 대선에서 승리하기까지 치열한 각축과정이 전개되는 시기이다. 이 과정을 경유하여 87년 민주화체제의 제4경합국면으로 나아가는 제도정치와 운동정치의 관계 변화가 발생하게 된다. 제4경합국면으로의 이행을 촉발하는 균열과 위기는 제1경합국면과 제2경합국면과는 상이하다. 87년 이후 노무현정부 때까지는 기존의 제도정치−운동−시민사회를 가로지르는 반독재민주주의 블록이 유지되었다. 그로 인해 제도정치 내의 반독재민주세력이 대중적인 시민사회적 기반을 가지고 동시에 운동과의 동맹구조 하에서 독재적 보수세력을 압박하는 것이 가능했다. 그러나 이제는 그것이 균열되어, 민주주의의 구성적 각축의 지형이 변화한다.

그람시는 정당과 대중의 관계에 대해서, "사회계급들(집단들)은 역사적 생장의 어떤 시점에서 자신들의 전통적인 정당들로부터 멀어진다. 다시 말하여 전통적인 정당들은 기존의 특정한 조직형태, 그리고 그 정당을 구성하고 대표하며 이끌어 온 기존의 인물들을 가지고는 더 이상 자신들의 계급(또는 계급 중의 어떤 분파)의 표현으로서 인정받을 수 없다는 점이다. 이러한 위기가 발생하면 상황은 즉각 미묘하고도 위험스럽게 된다"(그람시, 1999: 245)고 말한 바 있다. 4차 경합국면으로의 이행은 반독재민주정부의 위기로 일차적으로 표현되었지만, 이는 동시에 반독재민주주의 블록의 균열, 그 일부로서 반독재개혁자유주의 세력의 민주주의 블록 내에서의 헤게모니의 위기를 포함하는 것이었다. 이것은 대단히 역설적인 것이다. 왜냐하면 87년체제하에서 한국 민주주의 발전의 구성적 각축과정에서 진보적 추동력을 담지했던 민주주의 블록이 바로 그것이 일부를 구성했던 반독재개혁자유주의 세력의 집권 시기에 균열된 것이기 때문이다. 그것도 특히 비타협적인 정치적 개혁주의를 견지하는 자유주의 좌파정부 하에서 나타난 것이다.

그렇다면 헤게모니적인 민주주의 블록이 해체되는 것은 어떤 과정과 이유를 통해서인가? 이를 나는 민주화체제의 '전환적 위기'로 이해한다. 제3경합국면은 반독재민주세력이 집권세력이 되어서 저항세력으로서 주장하였던 일련의 민주개혁을 실현하고 동시에 세계화의 새로운 도전에 직면하여 신자유주의적 기조로 전환해 가는 국면이다. 앞서 나는 반독재민주정부 시기(이른바 97년체제)는 이중성을 가지고 있음을 지적하였다. 87년체제의 전환적 위기요인은 87년체제와 97년체제의 상호관계, 구체적으론 민주화의 동학과 세계화의 동학이 결합되면서 반독재민주주의 세력이 어떻게 응전하는가하는 문제와 연관되어 있다. 민주화체제가 보장하였던 민주주의 블록의 헤게모니적 지위는 균열되고 민주화체제에 전환적 위기가 조성되는 데에는 두 가지 요인이 있었다.

1) 민주개혁의 수평적 확산의 성과와 그 한계

첫째, 민주화체제하에서 추진되던 민주개혁의 수평적 확산이 한계에 봉착함으로써 나타나는 위기이고, 둘째는 민주개혁의 내적인 한계에서 비롯되는 위기라고 할 수 있다. 이러한 위기 요인은 87년체제가 전제했던 민주주의라는 시대정신 혹은 반독재민주세력, 나아가 그것을 일부로 하는 민주주의 블록의 '헤게모니'의 위기라고 할 수 있다. 민주개혁이라고 할 때 그것은 개발독재 하에서 고착화된 독재적 질서의 민주주의적 질서로의 전환을 의미한다. 이때 개발독재 하에서 고착화된 질서의 민주개혁은 국가민주화, 국가-사회관계의 민주화, 국가-경제관계의 민주화 등을 포함하는 과정이다. 국가민주화에는 국가기구와 국가요원들의 교체, 국가운영양식의 민주화 등이 포함된다. 국가-사회관계의 민주화는, 시민사회에 대한 억압의 해소, 행정화된 시민사회의 자율화 등이 포함된다. 국가-경제관계의 민주화는 독재하에서의 각종 유착관계의 청산과 재벌민주화, 시장의 민주화, 시장에 대한 관치적 통제의 극복과 자율확대 등이 포함된다.

수평적 확산이 한계에 봉착한다는 것은, 먼저 국민적 합의가 광범하게 존재하는 개혁이 종결되고 민주개혁의 '경계'가 치열한 갈등의 대상이 되는 것이다. 87년체제하에서 시대적 과제로 주어졌던 민주개혁의 내용과 87년 6월 민주항쟁이나 반독재민주화 투쟁 속에 직접적으로 정식화되어 요구되었던 '국민적 합의'사항들이 있다. 그리고 반독재민주화 투쟁이 '해석적' 확장을 통해서 새롭게 급진적으로 확장해 가야 할 사항들이 존재한다. 이를 둘러싼 긴장과 갈등을 이해하는 데는 민주개혁의 '1차적 합의영역'과 '2차적 개혁 의제영역'을 구분해 보는 것도 하나의 방법일 것이다. 전자는 누구나 쉽게 공감하면서, 반독재투쟁과정에서 자연스럽게 국민적 합의사항이 된 주제들이어서 개혁을 추동하기가 용이하고 또한 보수세력의 저항도 치열하지 않은-보수세력도 동의하지 않을 수 없는-의제들이라고 할 수 있다. 전자를 1차적 개혁의제라고 한다면, 후자는 2차적 개혁의제라고 할 수 있다. 물론 사안에 따라서는 후자가 더욱 본질적인 이슈일 수 있다. 전자로는 기본적인 정치적·시민적 권리, 예컨대 언론의 자유, 양심수 석방 등과 검찰과 국정원 개혁, 한국은행 독립 등과 같은 이슈를 들 수 있을 것이다. 후자로는 국보법 폐지, 일제고사를 보지 않을 권리, 양심적 병역거부 허용, 수도이전 등의 이슈를 들 수 있다.

노무현정부 하에서의 새로운 경합국면으로의 이행은, 국민적 합의가 광범하게 존재하는 1차적인 개혁의제들을 중심으로 한 민주개혁이 일정하게 진전되고, 나아가 2차적 개혁의제들을 중심으로 한 민주개혁을 운동정치가 추동해 가는 과정에서 보수세력과의 갈등이 고조됨으로써 나타났다. 노무현정부의 위기는 반부패나 재벌개혁 등과 같이 민주개혁의 국민적 합의가 상대적으로 용이한 영역이 소멸해 가면서 나타나는 위기이다. 그런 점에서 당시의 위기는 개혁부재의 위기라기보다, 개혁의 '심화'를 둘러싼 위기라고 할 수 있다. 이것이 포스트민주화국면으로의 이행의 한 측면을 구성한다. 2차적 개혁의제들의 경우 그 자체가 국민적 갈등의 '경계' 위에 있다. 예컨대 친일파 재산몰수와 같은 과거청산의제나 국가보안법 철폐 같은 이슈들을 들 수 있다. 이러한 2차적 개혁의제들은 보수세력과 민주세력의 각축이 치열한 영역이라고 할 수 있다. 민주개혁에 저항하는 보수세력의 입장에서는 2차 개혁의제가 국민적 합의를 넘는 개혁의 '과잉'인 반면, 민주세력은 이를 민주개혁의 '철저화' 혹은 확대로 이해하게 된다.

또한 2차적 개혁영역은 보수언론이 정략적으로 쟁점화하기 용이한 영역이라고 할 수 있다.[2] 실제로 보수세력의 저항은–다른 여러 가지 요인들과 결합되었지만–행정수도 이전을 좌절시켰다. 나아가 국보법 철폐를 좌절시켰고, 그것도 열린우리당 자체의 내적 분열을 수반하는 형태를 띠었다(이것은 개혁주체 내부에 폭넓은 합의가 존재하지 않는다는 것을 의미한다). 국가보안법은 53년체제의 핵심적인 제도적 프레임이라고 할 수 있고 그런 의미에서 국가보안법 폐지는 87년체제의 민주개혁이 확산됨으로써 53년체제의 균열에까지 이를 것인가 그렇지 못할 것인가 하는 시금석이 되는 이슈였다. '2004년 12월의 좌절'은 87년체제의 민주개혁이 53년체제의 한계를 뛰어넘지 못했으며 또한 국회 다수당이 된 한국의 반독재개혁자유주의정당이 주도하는 민주개혁의 한계를 동시에 보여주는 것이다.

민주개혁이 한계에 봉착함으로써 발생한 위기는, 이처럼 국민적 합의가 광범위하게 존재하는 1차적 개혁의제 영역을 넘어 2차적 개혁의제로 이행하면서 나타나는 위기라고 할 수 있다. 이런 점에서 한국

---

2 이 점에서 반독재중도자유주의 집권세력의 헤게모니 균열이 발생하게 된다. 이 때문에 한편에서는 비타협적 대결의 자세도 필요하지만 설득적 능력을 동반하는 정치력도 요구된다. 민주개혁 영역의 급진적 확장에서는, 민주노동당을 비롯한 제도권 진보정치세력이 선도할 수 있는 영역이 존재하는 셈이다. 민주노동당이나 진보신당과 같은 제도권 진보정치세력은 자유주의 세력의 한계를 비판하면서 정책적 선도를 해야 하는 과제를 안게 되었다. 진보적 개혁세력이 민주개혁의 심화와 확장이라는 점에서 자유주의적 개혁세력에 대해 이니시어티브를 발휘할 수 있는 것이다. 이런 점에서 보면, 자유주의적 개혁세력과 급진적 개혁세력이 분기하는 지점이 존재한다. 전자가 보수세력을 주변화하고 포섭하면서 새로운 헤게모니 세력으로 재정립해야 하는 과제를 안고 있다면, 후자는 새로운 의제지형을 만들고 급진적이면서도 국민적인 새로운 개혁의제를 가지고 국민적 개혁세력으로 부상하는 것이 될 것이다.

사회는 87년 이후 시대정신으로 존재해온 민주개혁이 일종의 '성공의 위기'에 봉착한 것이라고 할 수 있다.

(1) 사회운동이 추동한 민주개혁운동의 '의도하지 않은' 효과

민주주의 블록의 헤게모니 위기와 균열은 운동정치 내부에서도 그 원인을 찾을 수 있다. 먼저 87년체제하에서 민중운동과 시민운동은 아래로부터 다양한 민주개혁운동을 추동했다. 이것은 민주개혁의 수평적 확산의 동력이었다. 그런데 1차적 개혁의제를 둘러싼 운동에서 그리고 2차적 개혁의제를 둘러싼 운동에서 민주주의 블록의 헤게모니를 균열시키는 많은 '의도하지 않은' 결과들이 발생하였다. 어떤 요인들은 불가피한 것도 있고 어떤 것은 보수적 미디어에 의해서 부정적인 방향으로 증폭된 것도 있다. 예컨대 2005년 추진된 맥아더동상 철거운동 같은 것도 예로 들 수 있다. 맥아더동상 철거운동을 통하여 우리 사회의 친미적 의식과 '관습적 인식'을 쟁점화하려는 노력은 충분히 긍정적이다. 그러나 이러한 의제들은 앞서 서술한 바와 같은 2차적 개혁의제에 속한다고 할 수 있고 1차적 개혁의제를 추동하는 것과는 다른 훨씬 격렬한 쟁점이 된다.

이를 1993년 문익환 목사의 방북과 비교하면 흥미롭다. 문익환 목사의 방북처럼 특정 단계의 인식을 뛰어넘는 선도적 행동은 곧바로 권력의 탄압에 직면하게 된다. 그리고 사실 권력의 탄압에 대항하는 과정 속에서 투쟁의 선도성과 대중성의 괴리가 극복되어간다는 특징이 있다. 즉 문익환 목사의 구속과 그에 반대하는 투쟁과정 자체에 대중에 대한 새로운 동의 창출과 '계몽'의 과정이 내포되어 있었던 것이다. 더구나 권력의 탄압은 저항의 도덕성을 일정하게 담보해 주기 때문이다.

그런 점에서, 1차적 개혁의제의 경우는 87년 6월 민주항쟁 속에 그 해결의 당위성이 내재해 있었다고 할 수 있고, 기득권의 저항을 극복해 가는 운동정치의 투쟁 확대가 중요한 해결의 관건이었다. 그러나 2차적 개혁의제의 경우에는 해결의 장애물이 시민사회 자체에, 그리고 시민들의 의식 속에 내재해 왔다. 이 때문에 운동의 전략이 결과적인 목표의 성취 자체보다는 그것이 가능해지는 국민적 의식화와 새로운 진보적 의식을 형성해 내는 것이 중요하다. 2차적 개혁의제를 '대중적·국민적' 합의 의제로 만들어 가는 '헤게모니적 실천'의 부재는 개별 사안의 '전투'에서는 성공하지만, 보수와 민주진보의 헤게모니 경쟁이라는 큰 '전쟁'에서는 역으로 민주진보 세력의 헤게모니를 약화시키는 결과를 가져오는 경우도 있다. 이러한 '의도하지 않은' 결과는 운동의 발전과정에서 어떤 점에서는 불가피하며 더욱 확대된다.

또한 민주화가 되고 '민주정부'가 들어서면서 보수와 진보의 투쟁이 '탄압하는 권력 대 탄압을 뚫고 대의를 위해서 투쟁하는 운동'의 구도로만 인식되지 않는다. 노무현정부 하에서 2차적 개혁의제들의 경우 그 자체가 바로 노무현정부에 대한 저항으로 나타났고 노무현정부의 대중적 지지를 균열시키는 식으로 작용했다. 또한 87년체제의 전환적 위기와 민주주의 블록(민주진보세력)의 헤게모니 위기는 과거 반독재세력의 독점물이었던 '권력과 명예, 돈'을 반독재세력도 향유하는 상황으로 변하면서 강화되었다. 반독재민주세력을 대표하는 '재야'세력이 제도정치권에 광범위하게 진입하는 현상, 국민정부와 참여정부로 이어지는 민주정부하에서 국가권력의 최상층이 민주세력에 의해서 충원되는 현상, 낙선운동의 주역이었던 시민사회운동의 지도자 중의 일부가 정부 및 정당에 진출하는 현상, 민주화운동명예회복관련법이나 광주민주화유공자법 등에 의하여 반독재민주세력의 희생에 대한 물질적·상징적 보상이 주어지는 현상 등이 어우러지면서, 자기희생과 헌신의 운동으로서의 민주진보운동의 이미지가 퇴색해가게 된 것이다. 과거청산도 그것이 일정 측면에서는 '의도하지 않게' 민주화운동 희생자들에게 '훈장'을 달아주는 식으로 인식되기도 하였다.[3] 물론 이러한 현상들은 사실 민주화 과정에서 당연히 실현되어야 하고 쟁취해야 할 과제이다. 그러나 이러한 과정 자체가 '의도하지 않은 결과'를 발생시킨 것이다. 여기에 보수언론이 이러한 현상들을 부정적인 방향으로 규정하고 쟁점화한다. 보수담론이 때로 국민적 담론으로 부상하면서, 반독재민주화운동의 헌신과 희생 속에서 축적되었던 민주진보세력의 도덕성을 공격한 것이다.

하지만 이런 의도하지 않은 결과를 상쇄하는 보완적 노력들과 민주진보세력의 도덕성을 새롭게 창출하는 새로운 자기희생적인 실천들은 결여되었다. 이에 민주진보세력에 대한 부정적인 인식이-일부에서나마-고착화되는 현상이 나타나게 된다. 여기에 간간히 터져 나오

3 민주화운동명예회복 및 과거청산 과정의 이러한 측면은 사실 이미 쟁점화된 바 있다. '동의대사태'로 투옥되고 제적된 학생들이 민주화운동가로 명예 회복되는 것이나 광주민주화운동 관련자가 국가유공자가 되고 5·18묘역이 국립묘지가 되는 것에 대하여, 문부식이 '기억의 국가화'라는 견지에서 비판하였고 이를 둘러싼 논쟁이 전개된 바 있다(문부식, 2002, 삼인; 조희연, 2002b). 문부식 시인의 문제 제기와 논쟁은 과거청산의 '의도하지 않은' 민주세력의 헤게모니 균열효과와 관련해서도 파악될 필요가 있겠다.

는 노조지도자들의 이른바 '수뢰'사건들이나 2011년 현대자동차 노조가 노조원들의 자녀를 '우선채용'한다고 하는 식의 '집단이기주의'적 현상, 민주노조운동 내부의 갈등도 민주진보세력의 도덕적 이미지를 균열시키는 계기로 작용하였다. 이러한 사건들은 국민적 과제를 위하여 자기를 희생하는 노동운동의 이미지 혹은 국가권력의 폭압의 최전선에서 헌신적인 투쟁을 통해서 자신의 계급적 이해를 실현해 갈 뿐 아니라 국민적 권리를 증진시켜 가는 '국민적' 세력으로서의 노동운동의 이미지를 약화시키면서 새로운 부정적 이미지–예컨대 노동조합운동 지도부가 권력화될 수 있고 이권에 개입할 수 있는 권력화된 행위자가 될 수 있다고 하는 이미지–를 보수미디어가 확산시킬 수 있는 계기를 제공하였다.

87년체제하에서의 민주개혁과 사회진보의 구성적 일부를 이루는 하나의 현상, 예컨대 화이트칼라 노조를 포함한 조직노동운동의 성장, 그것에 기초한 대기업 부문에서의 강력한 교섭력 등이 그 자체로는 신자유주의적 공세 속에서 자신의 이해를 보호하고 방어하는 것이었다. 그런데 '이해가 방어된 부문'과 그렇지 않은 부문의 괴리가 커져 가게 되면서 역으로 민주개혁운동의 주도세력이 신빈곤층과 신주변적 노동자층에게는–보수적 기득권층과 동일하게–기득권층으로 인식되는 '의도하지 않은' 결과가 나타난 것도 하나의 예가 될 것이다.

특히 조직부문 노조 일부의 돌출된 타락 사례에 대해서, 그리고 전반적으로 대기업 노동자들의 조직적 투쟁에 의한 고임금이나 혹은 '저임금'으로의 하락'의 저지성과를 노무현정부는 '노조 이기주의'로 비판하는 입장을 취하였다. 이는 노무현정부가 대기업노조의 그런 이미

지와 거리를 두려는 시도였을지는 모르지만, 자신을 창출한 대중적 기반인 노조와의 '사회적 거리'(김동춘)를 확대하는 계기로 작용하였고, 그결과 노무현정부와 노동운동의 기반을 축소시켰다.

이와 같은 여러 가지 요인들이 87년체제의 전환적 위기를 구성하는 운동정치의 내부적 요인들이라고 할 수 있다.

(2) 민주개혁의 성과가 '주어진' 것으로 인식

민주개혁의 수평적 확산이 한계에 봉착할 때, 민주정부의 위기로 이어진다. 왜냐하면 민주정부에 의해서 '어렵게 진행된' 개혁 자체도 민중들은 '주어진'(given) 것으로 인식하기 때문이다. 국민들은 '성취된' 개혁에 만족하지 않고 언제나 한층 높은 개혁을 요구하게 된다. 이는 87년체제의 전환적 위기가 87년체제가 안고 있는 과제가 일정하게 성취된 데서 비롯된다는 것을 의미한다.

민주개혁을 추진하는 집권세력의 입장에서는 '어렵게 진행된' 민주개혁의 성과로 자신을 정당화하고자 한다. 하지만 대중들은 곧바로 이러한 성과들을 주어진 것으로 받아들이게 되고 이러한 성과만으로 민주정부에 자발적 정당성을 부여하지 않는다. 이는 독재에 대립하는 민주주의의 '일상화'를 의미한다. 마치 개발독재시대에 농촌배후지 생활과의 비교에서 만족을 얻던 '여공'(女工)이 도시산업생활을 '주어진' 것으로 수용하면서 저항의 주체로 변형된 과정과 유사하다. 독재정권은 이런 여공들의 요구를 수용하지 못해 위기를 촉발시켰다.[4]

---

4 여기서 나는 '주체적' 관점에서 87년체제의 위기 요인을 접근하고 있기 때문에, 민주개

민주개혁적 의제의 일정한 실현은 역설적으로 민주개혁적 의제의 '절박성'을 약화시킴으로써 진보적 대중의 소극화 혹은 탈능동화를 촉진하였다. 민주개혁의 진전에 따른 일종의 '성공의 위기'(조희연, 2009g)라고 할 수 있다. 민주개혁적 의제를 중심으로 하는 진보적 대중의 동원화가 어렵게 되는 상황이 출현하게 된 것이다. 이것을 '진보적 시민사회의 수동화'('진보개혁적 대중의 수동화')라고 표현할 수 있다. 이는 민주주의 블록의 헤게모니적인 지위를 이완시키는 계기가 된다.

(3) 집권세력의 국정운영 상의 문제점들: '저항의 미덕'과 '통치의 미덕'

민주개혁주체들의 국정운영과정은 민주개혁 성공의 위기를 증폭시켰다. 이러한 문제로는 집권세력화된 반독재민주세력들의 국정운영 상의 오류와 부패, 행정적 미숙 등이 거론될 수 있다. 물론 이런 문제점이 국민정부와 참여정부에서는 다르게 표현되고 있기는 하다. 즉 국민정부의 집권세력은 오랫동안 독재적 구질서 속에서 일종의 부패의 공생구조에—주변적이기는 하지만—몸담고 있었기 때문에, 국정운영

혁의 굴절과 위기의 중요한 요인을 이루는 기타 여러 요인들을 충분히 언급하지 못하고 있다. 즉 공론장을 왜곡시키고 보다 직접적으로는 '국민들의 여론' 자체를 왜곡시킴으로써 개혁을 굴절시키고 있는 반개혁적·계급적인 미디어의 문제—제한된 개혁정책 자체도—나 그 개혁성을 약화·굴절시키는 방향으로 작동하는 관료집단의 문제 등도 예로 들 수 있다. 반개혁적 미디어의 문제는 상대적으로 쟁점화가 되었으나, 관료집단의 개혁문제는 핵심적인 개혁의제임에도 불구하고 상대적으로 쟁점화되지 못했다. 또한 보수적 관료집단의 '현실론'을 뛰어넘어 개혁적 정책을 '실현 가능한' 정책으로 관철시킬 수 있는 정책역량의 취약성 등도 들 수 있을 것이다. 이러한 여러 가지 민주개혁 자체의 수평적 확산과정에서 나타나는 문제점들이 위기적 상황을 조성하였다고 생각된다.

상의 문제는 부패사건 같은 형태로 표현되었다. 국민정부의 국정운영 과정에서의 각종 부패사건들이 이를 말해준다. 이와 달리 참여정부는 상대적으로 과거와 단절되어 성립하였기 때문에 국민정부의 부패사건 같은 형태보다는, 행정적 오류나 절차적 오류, 행정미숙, 국정운영의 미숙, 정책적 구체성의 결여 등의 형태로 나타나는 경우가 상대적으로 많았다.

또 다른 문제는 이른바 민주정부 주도세력 – 개혁자유주의 세력 – 에게 '통치의 미덕'이 없다는 것이다. 특히 참여정부의 정책추진과정에서의 비(非)헤게모니적 행태들, 일종의 미숙성, 원숙함의 부재 등도 위기를 촉진하는 요인이 된다. 2000년 집권 초 미국 방문기간 동안에 나온 이른바 '수용소'에 관한 발언(미국이 없었다면 아마 자신이 수용소에 있을 것이라고 하는 발언), 재신임 논란이나 대연정 제안 등에서 이러한 측면들이 표출된다고 생각된다. 이른바 노 대통령의 '미숙한 언행'은 보수적 언론들이 정부를 '희화화'하는 계기를 제공함으로써 반독재 민주세력의 신뢰성을 하락시키는 경우도 많았다. 국정운영과정에서 나타나는 이른바 '아마추어적' 행태들은 진정성의 발로로 해석할 수도 있겠지만, 반대로 미숙성의 발현이라고 규정될 수 있다. 물론 보수언론이 참여정부의 개혁위기를 증폭시킨 지점도 있지만, 참여정부의 후반 위기적 상황은 보수언론의 여론왜곡 등으로만 환원될 수 없는 여러 요인들에 의해 촉진되었다.

이런 점에서 참여정부 주도세력들은 저항의 미덕과 통치의 미덕을 혼동하는 면이 많았다. 참여정부 주도세력의 성격을 구조적으로 본다면, 반독재민주세력 내부의 자유주의적 분파들, 그중에서 비타협적인 개혁자유주의 분파라고 할 수 있다. 즉 반독재개혁자유주의 세력이 저항세력에서 집권세력으로 전환한 셈인데, 여기서 국가운영세력으로서의 한계들이 결합되면서 위기적 상황이 가속화되었다. 이는 통치자의 위치에서도 '저항의 미덕'을 보존하고 견지한다는 것의 긍정성도 있지만, 다른 한편에선 저항의 미덕을 넘는 통치의 미덕이 부재한다고 볼 수도 있다.

이런 비(非)헤게모니적 행태들이 민주개혁의 1차적 개혁의제에서 2차적 개혁의제로 이행하는 과정에서 위기를 증폭시켰다. 행정수도 이전의 위헌 판결은 기본적으로 헌법재판소의 구성에 내재된 한국 사회의 권력관계를 반영하는 것이기는 하지만, 여러 지점에서 위헌판결을 막으면서 행정수도 이전을 추진할 수 있는 '헤게모니적 돌파'의 가능성도 있었다. 행정수도의 이전을 둘러싼 과정에서 다양한 가능성들이 있었음에도 불구하고, 지방분권화라는 대의(大儀)의 정당성에만 집착한 나머지 2차적 합의영역을 구성하기 위한 설득의 노력이 부족했다. 이런 점에서 보면, 참여정부는 국민적 합의의 경계 외부에 존재하는 중간층대중들을 새로운 합의지대로 이동시키기 위한 '통치의 미덕'을 발휘하는 데 실패하였다. 한마디로 국정운영의 미숙성과 통치의 미덕 부재가 이러한 점을 촉진시킨 것이다. 그 결과 반독재민주세력에 공감하였던 많은 중간층들이 이탈하며, 참여정부의 사회적 기반을 약화시켰던 것이다.

통치의 미덕과 저항의 미덕의 차이를 언급하기 위해서는 단서가 필요하다. 여기서 내가 이야기하고자 하는 것은 타협적으로 통치해야 한다는 것이 아니라, 개혁자유주의 정부의 상대적으로 개혁적인 요소와 시민사회(혹은 국민적 개혁요구)의 역동성을 결합시키는 방식의 통치 기술이 필요하다는 것이다. 참여정부는 이런 통치기술을 통해 제도정치의 공간을 확장하고, 제도정치 내의 보수적 저항이 '국민화'를 막는 방식으로 나갔어야 했다. 사실 그러한 요소들을 보수적 미디어와 지식인담론은 '민중주의'나 조합주의라는 식으로 공격했지만, 나는 오히려 제도정치 내의 보수적 저항을 넘어서기 위해서는 시민사회 및 운동정치와 분리되는 것이 아니라 강력하게 결합하는 것이 필요했다고 본다. 어떤 의미에서 통치의 미덕을 발휘하지 못함으로써, 제도정치공간에서의 보수적 저항과 시민사회 내의 보수적 저항이 결합하는 공간을 제공하였던 것이다.

2) 민주개혁 자체의 내재적 한계

민주개혁 자체의 내재적 한계란, 민주개혁을 추진하는 주체의 현실적 · 인식적 · 계급적 한계를 말한다. 이것은 세 가지 측면에서 조명할 수 있는데, 우선 정치적 자유주의 세력의 신자유주의화라고 하는 현상이다("neoliberalization of political liberals with anti-dictatorship background"). 반독재민주세력이 세계화의 도전 속에서 독재세력과 다른 경로를 가지 못하고, 친신자유주의적 정책기조로 경도되는 것을 의미한다. 그 결과 나는 노무현정부가 비타협적인 민주정치적 개혁('비타협적인 정치적 개혁주의')과 '취약한 사회경제적 개혁주의'가 결합된 정부였다고 본다.

(1) 정치적 자유주의와 신자유주의의 결합

97년 외환 위기 이후 위기 극복이라는 이름으로 반독재민주정부로서의 김대중정부는 개방화의 프레임을 전면적으로 수용하였다. 이는 독재에 저항했던 반독재개혁자유주의 좌파세력이 독재세력과 유사한 개발프레임과 개방프레임, 이른바 '신자유주의적 프레임'을 수용하는 것을 의미하였다. 물론 그것은 국가주의적 개발주의 패러다임은 아니고 이제 세계화 시대의 시장주도성과 개방화에 기초한 개발주의적 패러다임이다. 김대중정부가 외환 위기 극복이라는 명분 하에서 채택한 신자유주의적 정책기조는 '경로의존적'인 방식으로 노무현정부에서도 관철되었다. 그런 기조의 대표정책이 한미FTA 추진이었다. 87년체제하에서 시대적 과제가 된 민주개혁을 담지 하는 반독재민주세력이 정작 집권세력이 된 이후에는 국가 프레임과 신자유주의적 개발주의 프레임에 갇혀서, 87년체제의 급진적인 사회경제적 가능성은 정작 주변화되어 버린 것이다.

이러한 변화는 이제 한국 민주주의를 구성하는 정치적·사회적 세력관계를 규정하는 물적 조건이 국내의 자본권력과 시장권력의 문제가 아니라, 지구적 연관 속에서 그 구성적 일부로서 작동하는 자본권력과 시장권력에 의해서 영향을 받게 되었음을 의미한다. 97년 외환 위기와 민주정부의 개방화 전략 수용은 이제 '신자유주의적 지구화'의 흐름이 외부의 흐름이 아니라 국내적인 '동학'이 된다는 것이다. 당연히 그러한 신자유주의적 지구화의 동학이 '내부화'되면서 양극화, 실업, 고용불안정 등도 폭넓게 출현하게 되었다. 이는 역설적으로 반독재중도자유주의 세력(이는 반독재세력을 상징한다)이 담지 하는 '민주주의' 그 자체에 대한 대중들의 실망과 좌절을 만들어 내었고, 신보수정부가 '선진화'라는 담론으로 그들의 좌절과 분노를 전유·접합하게 되었다.

(2) 신자유주의적 지구화와 한국 사회의 계급적 양극화

87년 이후 국가민주화의 진전에도 불구하고 한국 자본주의의 가혹한 축적구조는 규율되지 않은 채로 작동하였다. 이 상태에서 97년 경제위기와 이른바 지구화의 신자유주의적 영향에 매개되면서, 한국 사회의 양극 분해와 시민사회의 계급적 양극화가 촉진되었다. 이러한 양극화는 한국 사회의 투기적 질서가 규율되지 않음으로 해서 더욱 가속화되었다. 또한 한국 사회는 산업자본이나 금융자본의 운동에 의해서 주어지는 계급적 양극화뿐만 아니라, 토지 및 주택 등 부동산소유 및 부동산 거래시장에서의 불평등한 지위를 통하여 계급적 차이가 증폭되고 고착화되는 상황에 놓여 있다. 이는 인플레이션과 같은 생산외적인 투기적 요소를 성장의 중요한 동력으로 삼았던 초기 산업화단계에서 형성된 한국 자본주의의 천민성이 지구화시대에도 변형된 형태로 재생산되었음을 의미한다. 87년 이후 한편에선 과거 독재질서의 유산을 개혁하기 위한 시장부문의 다양한 규제 개혁이 이루어졌다. 또 한편에서는 그보다 더 빠른 속도로 우리 사회의 계급 양극화가 진행되었다. 자본부문은 정경유착 등의 문제에 대한 개혁을 강요당하면서도, 동시에 국제경쟁력 강화와 자율이라는 민주화시대의 새로운 담론들에

도움을 받으면서 더 빠른 속도로 자신을 강화한다. 이에 따라 한국 사회에서 자본의 논리와 힘, 그 경제적 힘과 담론의 힘은 더욱 강화되었다고 할 수 있다.

결국 국가권력의 민주화 속도에 비해 시장권력의 강화속도는 훨씬 빨랐다. 자본 내에서 과점적 우위를 누리고 있던 삼성은 97년 경제위기를 거치면서 거의 독점적 지위를 갖게 되었고, 이러한 시장에서의 독점적 지위를 근거로 하여 국가권력에 대해 강력한 영향을 미칠 수 있게 되었다. 또한 시장권력이 강화되어 정부의 사회정책이나 경제정책의 '상대적 진보화'를 저지하는 힘은 커졌을 뿐만 아니라, 시장권력의 강화에 따라 시민사회의 계급적 양극화는 더욱 진전되어 왔다. 역설적이지만 한국 사회는 전두환 정권때보다도 훨씬 계급적으로 양극화되었다. 비정규직 노동자의 입장이나 도시빈민의 입장에서 민주화란 도대체 무슨 의미를 갖는가를 반문하지 않을 수 없게 된 것이다. 이것은 민주개혁이라는 이름으로 반독재민주정부를 지지하고 그것에 기대를 걸었던 많은 대중들의 정치적 이반을 낳고, 나아가서는 민주주의를 회의하게 만들었다.

(3) 자영업자의 몰락과 비정규직의 확산

한국의 자본권력과 시장권력의 강화에 따라서 대중의 삶의 더욱 많은 영역이 '식민화'되었다. 특히 독점적 대자본은 이전의 자영업자나 중소상공업자의 영역이었던 영역들을 자신들의 새로운 지배영역으로 포섭하게 된다. 이것은 새로운 균열과 갈등을 촉발하게 된다.

대자본이 중소 자영업 영역에 진출하는 동시에 개방화의 위기로 인해, 자영업자의 생존 기반은 더욱 열악해졌다. 중소자영업자들은 양극 분해되었다. SSM, 대형백화점 등 대형 유통업체들이 확산되면서 재래 시장 상인이나 소형 슈퍼의 기반이 붕괴된 것이 대표적인 예라고 할 수 있다. 그럼에도 한국 자영업자 비율이 매우 높은 것은, 자영업자가 부단히 양극 분해되고 몰락하지만 또한 부단히 재충원되기 때문이다. 적은 자본으로 진입할 수 있으므로 우리 주위에서도 매일 보듯이 소규모 상점이 나타났다 사라지고 하는 현상이 반복되고 있다.

전반적인 신자유주의적 구조조정이 광범위하게 진행되면서 이러한 변화의 모순이 가장 첨예하게 나타난 집단은 연령적으로는 20·30대이고, 고용관계로는 비정규직 노동자 집단이라고 할 수 있다. 앞서 서술한 대로 비정규직화는 노동조합운동을 분열시키면서 그들의 문제를 제도정치의 장에서 주변화된다. 자영업자의 문제는 그것이 고용의 특성상 '개인문제'로 치부되면서, 제도정치의 장에서 공적인 이슈가 되지 않는다. 자영업자들의 경우, 노무현정부의 출현에 기대를 걸었던 집단이다. 그러나 이들은 노무현정부 이후 오히려 더 열악한 상황에 직면하게 되면서, 노무현정부로부터 정치적으로 이탈한다. 그 결과 노무현정부의 정치적 기반을 약하게 만들었다. 이들의 정치성이 기존정당에 대한 비판으로까지 확장되는 것은 이명박정부 하에서였다.

이런 조건은 87년체제라고 하는 민주화체제의 계급동맹적 기초가 균열되었음을 의미한다. 그것은 자연스럽게 민주주의 블록이라고 하는 정치동맹의 내적 균열을 초래하게 되었다. 바꾸어서 말한다면, 민주주의를 정착시켜 가는 과정에서, 민주주의가 계급계층적 차이를 가로질러 '이해의 공통성'을 형성하는 데 실패했다고 말할 수 있다.

(4) 적극적인 사회정책의 부재에 말미암은 위기적 요인

문제는 참여정부가 이러한 한국경제의 신자유주의적 전환에서 파생되는 모순에 대응하는 적극적인 사회정책을 구사하지 못함으로써 위기가 더욱 확대되었다는 점이다. 물론 김대중정부 하에서의 복지 확대를 포함하여 참여정부에서 대중의 사회경제적 삶의 파괴성을 보완하기 위한 노력이 이루어지지 않은 것이 아니다. 노무현정부시기에 사회정책에서 진전이 전혀 없었다고 판단하는 것은 사실에 부응하지 않는다. 노무현정부 하에서 사회복지예산이 이전 정부에 비해서 현저하게 증가하였고, '2030 프로젝트'의 경우 30년에 이르는 중장기적인 사회복지 예산의 증가를 포함하고 있었다. 그러나 참여정부 하에서 발생하는 사회경제적 양극화와 노동 불안정화의 속도와 범위 확장에 비해서, 이를 상쇄할 정도의 사회복지 확충은 이루지 못하였다고 평가할 수 있다. 그 결과 민주정부와 대중의 기대 간의 역설적인 괴리가 확대되었다.

3) 노무현정부에서의 갈등의 격화 원인

이러한 과정은 크게 보면, 김대중정부 이후 지속되는 과정이라고 할 수 있다. 그런데 노무현정부 하에서 이것은 더욱 심각한 정치적 쟁점이 되었다. 먼저 가장 중요한 것은 김대중정부에서부터 광범위하게 실시되기 시작한 신자유주의적 정책기조의 파괴적 결과들이 대중들의 삶에서 표면화되는 데 시간이 필요했고, 노무현정부에 들어와서 더욱 현실적으로 제기되기 시작했다는 것이다. 노무현정부는 이러한 파괴적 결과를 상쇄하고 뛰어넘는 폭넓은 사회경제적 정책을 시행하지 못했다는 데 문제가 있다고 보는 것이 정확할 것이다. 비정규직의 문제 같은 것이 대표적인 예가 될 것이다.

나는 김대중정부 하에서의 국가기구의 일정한 '다원화'가 노무현 후보의 승리를 가능하게 하였다고 본다. 그러나 역설적으로 김대중정부로부터 전면화되기 시작한 개방화와 민영화, 시장자율화 등 일련의 이른바 친세계화적인 신자유주의정책이 가져오는 파괴적 결과가 노무현정부의 위기를 가속화하였다. 전자가 노무현정부에 대한 김대중정부의 '공'이라고 한다면, 후자는 '과'라고 하겠다. 이에 노무현정부의 제한된 복지확대 정책에도 불구하고 노무현을 지지했던 진보개혁적 대중의 기대와 현실 간에는 커다란 괴리가 발생하게 되었다. 더구나 김대중정부에 비해서 노무현정부에 대한 대중의 기대수준이 높기 때문에, 그것은 더 큰 실망으로 나타났던 것이다.

그러나 무엇보다 노무현의 '독특한 캐릭터 정치'의 영향이 컸다. 그의 '극적' 캐릭터는 4대 개혁입법 추진이라고 하는 '좌익적 돌파'에서, FTA 추진이라고 하는 '우익적 돌파'로 전환하는 과정에서도 극적으로 드러났다. 대선경쟁에서 그의 승리가 '극적'이었던 만큼, 노무현정부의 전 과정이 '극적'이었고, 그의 죽음도 역시 '극적'이었다. 그의 극적인 정치행위 양식이 부여하는 정책실행전략이 정책을 둘러싼 각축을 더욱 첨예하게 만들었다. 이는 김대중의 '점진전략'과 구별된다. 참여정부의 전 과정은 '사회적 내전'의 과정이었다고 해도 과언이 아니다. 이것은 참여정부가 보수세력과의 정체성의 차이를 부각시키는 전략으로 나아갔지, 헤게모니 전략의 관점에 대한 고민이 없었다고 할 수 있다. 나는 헤게모니전략의 핵심은 자기 지지대중의 획득에도 있지만, 반대로 적대적 집단의 '중립화'와 '견인'에도 있다고 생각한다. 그러나 그는 '정체성의 정치'에 집중하였지, '적대세력의 비적대화'라고 하는 헤게모니 전략을 구사하지는 못했다. 이는 앞서 서술한 '통치의 미덕의 부재'의 다른 표현이기도 하다. 김대중정부 시기에도 보수세력의 반발과 급진세력의 도전이라고 하는 '협공'이 존재하였지만, 보수세력의 일부와 급진세력의 도전 일부를 '비적대화'하는 과정을 통해 자신의 대중적 기반을 유지할 수 있었다. 그러나 참여정부에선 오히려 적대세력이 더욱 적대적이 되면서 '사회적 내전'이 더 강화되는 계기가 되었다.

이러한 적대적 관계의 확대는 노무현정부와 보수언론의 관계에서 분명하게 드러난다. 노무현정부에 대립하는 주류 보수언론들은 경제력 집중과 분배구조의 악화를 지속적으로 정치적 쟁점으로 만들어갔다. 이 점에서 '조중동의 진보적 효과'가 있는 것이다. 즉 노무현정부에 대립하는 보수언론의 입장에서는-자신의 정치적 입장과 다르지만-노무현정부의 '실정'을 부각시키기 위하여 분배구조의 악화 문제를 제기한 것이다. 이런 보수언론의 행위가 노무현정부를 실패한 정부로 보이도록 만들었다. 동시에 대중들의 불만을 정치화시키는 계기가 되었다. 이것은 이후 이명박정부의 출범에 대한 진보적 기대를 촉발하는 근거가 되었다. 물론 이것은 노무현정부를 '붕괴'시키는 데에는 주효했지만, 이명박정부의 사회경제적 정책에 대한 비판의 근거로 전환된다. 사회경제적 정책의 실패 때문에 비판을 받았던 노무현정부를 비판하면서 출현한 이명박정부가 바로 그 사회경제적 실패를 넘어서는 정책을 보여주어야 하는 '부메랑 효과'에 대면하게 되었던 것이다. 이것이 친기업적인 이명박정부에서 복지담론이 부상하는 한 이유이기도 했다.

물론 자본진영의 사보타주와 제약이 참여정부 정책 범위를 제약하였다. 김대중정부에서는 외환 위기로 인해 경제의 구조조정의 역할을 반독재민주정부의 국가가 담당하는 특수국면이었다. 그러나 그 위기를 통하여 구조조정을 완료한 자본이 이제 자본의 새로운 확장기조를 본격화하게 되었다. 국가-자본 간의 관계에서도 자본권력의 강화로 인하여, 국가정책에 대한 제약의 힘도 더욱 커졌다. 이처럼 김대중정부 후반기와 노무현정부 하의 국가-자본-정치의 관계는 매우 달랐다. 모순은 더욱 현실화되고 정부의 경제정책은 더욱 제약되었다. 사회경제적 정책이 더욱 왜소화되지 않을 수 없었던 것이다.

4. 시민사회의 갈등적 분화

이상에서 87년체제의 전환적 위기의 요인에 대해서 설명하였다. 이는 민주주의 블록의 헤게모니가 균열된 구조적 요인의 배경에 해당한다. 그렇다면 제도정치와 사회적 정치의 상호작용을 규정했던 민주주의 블록의 헤게모니적 존재 상황이 구체적으로 어떻게 변화해 가는가를 살펴보기로 하자. 이는 아래의 그림에서 보는 것과 같은 경로를 거친다. 곧 시민사회의 갈등적 분화, 운동정치 내의 형상 변화, 반독재개혁자유주의가 주도하는 제도정치 질서의 균열이란 과정을 거쳐, 다음 단계로 이행하게 된다.

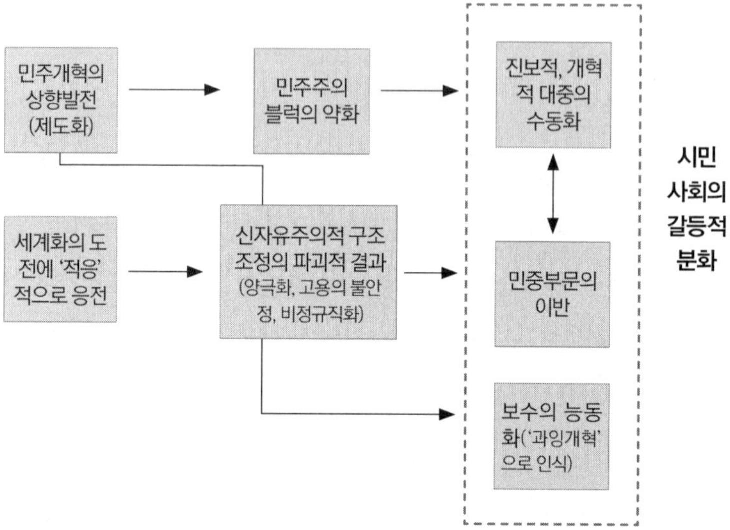

민주주의 블록의 균열은 민주주의 블록의 시민사회 내에서의 헤게모니적 지위의 균열, 사회운동 영역에서 민주개혁운동의 헤게모니적 지위의 균열과 상호관계의 변화, 제도정치영역에서 반독재리버럴의 대표성의 위기 등으로 나타나게 된다. 중요한 점은 민주주의 블록의 균열과 위기는 '자체 균열'의 성격이 있다는 것이다. 흥미로운 점은 독재 블록의 와해와 민주주의 블록의 와해 과정의 유사성이다. 박정희 체제가 사실은 반독재민주화운동에 의한 저항에 의해서 붕괴한 성격도 있지만, 헤게모니의 균열과 도덕적 자체 붕괴의 성격이 있다(조희연, 2007a). 마찬가지로, 제3경합국면은 반독재세력이 국가권력 담당세력으로 주도하는 국면이지만, 바로 그 국면을 경과하면서 정작 민주주의 블록의 내부 균열과 헤게모니의 균열이 나타나면서 신보수정부의

등장으로 이어진 국면이다.

1) 시민사회의 갈등적 분화

첫째, 제3경합국면에서 제4경합국면으로 전환되면서, 시민사회 내에서의 반독재민주주의의 헤게모니가 약화되고 새로운 균열과 갈등적 분화에 직면했다. 87년 이전의 '시민사회의 저항적 활성화'는 87년 이후 '시민사회의 주체적 활성화'의 양상으로 전환되었다. 그런데 이제 그 양상이 '시민사회의 갈등적 분화' 양상으로 변화하게 된다. 최장집의 표현 대로 하면, '국가에 반하는 시민사회'에서 '시민사회 대 시민사회'의 대립구도로 전환되게 되었다는 것이다. 민주개혁의 이러한 위기에 대응하여 나타나는 여러 가지 현상들 가운데 가장 직접적인 것으로는 '보수의 능동화'를 들 수 있다. 개발독재시기에는 관변단체들은 물론 '능동적'으로 활동하였다. 그러나 그것은 동원의 성격이 강하였다. 대중의 자발성과 결합되었다고 하는 새마을운동조차도 최고 책임자가 내무부 장관인 구조였기 때문이다. 군부독재가 대중적 기반을 상실해 가면서 사회적 보수세력들의 이러한 능동성은 상실되고 '보수의 수동화'라고 표현할 수 있는 현상이 출현했었다. 기본적으로 보수적 사회세력은 '위로부터의 동원'에 익숙한 구조로 인하여, 내가 이 책에서 이야기하는 '사회적 정치의 역동화에 기초해 제도정치의 지형 변화'를 지향하는 '선거 민주주의 하의 새로운 정치양식'에 익숙하지 않았다. 더구나 87년 이후의 민주개혁 국면에서 보수세력은 민주개혁이라는 시대정신에 압도되어서 더욱 수동화 될 수밖에 없었다.

그러나 민주개혁 국면에서 포스트민주개혁 국면으로 이행해 가면서 보수세력의 능동화가 나타난다. 민주개혁의 한계 봉착, 그리고 민주정부 하에서 진행된 신자유주의적 구조조정의 파괴적 결과들로 인해 대중의 불만이 확대되었다. 이런 조건은 보수적 시민사회의 정치공간이 확장될 수 있는 조건이 되었다. 더구나 권력을 상실하였다는 위기의식은 적극적으로 보수를 동원하여, 보수의 메시지를 전체사회에 전달하려는 집단행동을 촉발시키는 계기가 되었다. 이로써 시민사회는 더욱더 갈등적 분화의 과정을 겪게 된다. 이러한 보수의 능동화는 시민사회에 대한 국가의 억압과 통제가 민주개혁 과정에서 완화되면서 더욱 촉진되었다. 저항적 시민사회의 저항효과가 보수세력의 '자유'확대에도 '보편적으로' 적용되는 셈이다. 민주개혁의 위기에 대응하는 '보수의 능동화'는 민주개혁을 둘러싼 갈등을 보다 더 치열하게 만들었다.

흥미로운 것은 보수세력이 처해 있는 야당적 지위, 민주개혁의 전진과 한계 모두에서 발생하는 문제점을 계기로 보수의 능동화가 전개되고 있다는 점이다. 이 과정에서 '비판자'의 지위가 제공하는 '도덕성'의 차원도 보수세력이 보유하게 되었다. 보수세력은 첫째의 위기 요인(민주개혁의 수평적 확산이 한계지점에 도달함으로써 나타나는 위기)과 관련해서는, 현재 민주개혁을 '과잉'이라고 공격했다. 둘째의 위기 요인(개혁의 신자유주의화에 따르는 위기)과 관련해서는 과거 개발독재를 현재의 시점에서 복원하려는 활동으로 나타난다. 곧 개발독재를 긍정적으로 평가하는 동시에, 각종 정책들이 더욱 적극적으로 신자유주의 방향으로 나아가도록 추동한다. 전자의 차원에서 발생한 보수세력의 능동화는 민주개혁의 확산과 심화를 저지하는 집단적 저항으로 나타나고 있으며, 두 번째 위기와 관련해서는 민주개혁의 정책들을 더욱더 시장의 '자율'에 치중케 하거나 국가의 친기업적인 정책 구사 혹은 국제경쟁력 강화를 위한 개방의 확대를 주문하는 형태로 나타났다.

이러한 보수의 능동화과정에서, 87년 이후 민주주의 내지는 민주개혁이라는 시대정신에 압도당해서 쟁점화되지 못했던 쟁점들도 제기된다. 민주개혁의 위기와 진통 속에서 87년 이후 민주진보담론에 의해서 주변화되었던 쟁점들이, 이제 부각될 수 있는 '정치적이고 도덕적인' 공간이 출현한 것이다. 박정희시대 재평가 논란 같은 지적 쟁투가 대표적이라고 할 수 있다. 이것이 바로 과거의 보수세력의 저항과 구별되는 점이다. 즉 과거 보수세력의 저항은 구질서의 유지를 위한 퇴행적 성격이 강했던 데 반해, 김대중정부에 이어 노무현정부 하에서의 보수적 저항은 민주세력의 국정운영의 문제점－권력집단으로서의 문제점－을 '전향적으로' 비판하면서, 현재의 민주개혁의 한계지점에 대한 신보수적 대안을 중심으로 공세를 취하는 형상으로 출현하였다. 또한 보수 시민사회의 능동화는 강화된 자본권력의 시민사회 침투와 지원에 의해서도 촉진되었다.

2) 두 개의 대치선: 진보개혁적 대중의 수동화와 이반

보수가 능동화되는 데 반하여, 진보개혁적 대중은 수동화되었다. 앞서 민주개혁의 일정한 성공적 진전은 진보개혁적 대중의 수동화를 동반한다는 점을 지적하였다. 또한 신자유주의적 프레임의 수용과 그것의 파괴적 결과에 대응하는 사회정책의 상쇄적 보완이 적절히 이루어지지 못함으로써 그 파괴적 결과가 대중들의 삶에 노정되게 되자, 노무현정부를 지지했던 진보개혁적 대중의 수동화, 더 나아가 이반이 확대되었다. 이것은 일종의 '진보적 이반'이라고 할 수 있다. 시민사회 내에서 헤게모니 지위를 갖는 민주주의 블록이 그 내부에서 균열에 직면한 것이다. 이렇게 보면, 97년체제하에서는 두 가지 사회적 내전이 공존하고 있었다고 말할 수 있다. 한편에서는 반독재자유주의 정부의 제한된 정책마저도 사회경제적 급진주의 혹은 급진적 정치개혁으로 인식하는 보수세력이 전개하는 반독재자유주의 정부에 대항하는 '보수적 내전'이 존재하고 있다. 또 다른 편엔 진보 내전의 전선이 존재한다. 97년 이후 신자유주의적 개방화 기조의 전면적인 도입으로, 사회경제적 차원에서 다양한 부작용들—고용의 불안정화와 비정규화, 소득 분배구조의 악화, 자영업자층의 몰락 등—이 출현하였다. 이에 저항하는 다양한 사회경제적 하위 주체들의 저항이 나타나게 되었고, 이것이 '진보적 내전'을 창출하게 되었다. 이렇게 사회적 내전이 격화되게 되면, 민주주의적 제도정치의 역할이 축소되게 된다. 제도정치를 통하여 사회적 갈등들이 수렴되는 것이 아니라, 사회적 갈등을 수렴하지 못하는 제도정치에 대한 불신과 이반이 나타나게 된다. 이러한 불신과 이반은 운동정치의 중요한 기반이 된다. 이런 점에서 97년체제하에서 좌우 운동정치가 확대될 수 있는 대중적 기반은 확대되었다.

그러나 기존의 제도정치를 뛰어넘는 반신자유주의적인 급진적 경향들은 한국의 뿌리깊은 반공주의와 사회적 보수주의에 제약되면서 확대되지 않았다. 이와 달리 한국적인 의미에서 새로운 보수의 사회적 저항이 출현하였고, 이들이 대중들의 불신과 이반을 전유하기 위해 노력하게 된다. 그것이 이른바 뉴라이트의 등장이다. 이러한 시민사회의 갈등적 분화는 반독재의 국민화 과정에서 형성된 '국가에 반하는 시민사회'(최장집, 2005) 구도의 종결을 의미한다. 사회적 내전이 격화되지 않고, 제도정치를 통해서 수렴·가공되는 것이야말로 바로 '민주주의적 정치를 통한 지배의 재생산'이라고 하는 목표에 부응하는 것이다. 그러나 바로 이러한 점에서의 위기가 출현하게 되었던 것이다.

이러한 변화는 민주주의라는 과제를 중심으로 결합되어 있었던 반독재자유주의 정치세력과 진보적·개혁적 대중들의 분리를 가져왔다. 민주주의를 지향하고 그것을 담지한다고 인식되었던 반독재민주정부 집권세력이 신자유주의적 개방화로 나타나는 사회경제적 문제들에 대해 적극적으로 응전하지 못하게 되면서, 대중들에게 민주주의의 의미가 다시금 주변화되거나 탈(脫)의미화 되었다. 즉 자신의 삶을 고통스럽게 하는 자본주의의 현실에 대해서 민주주의는 아무런 의미를 갖지 못하는 것으로 체험 되었다. 민주주의 블록의 헤게모니화란 민주주의라는 가치와 담론을 중심으로 그 민주주의를 주창하고 담지하는 세력(제도정치세력 및 운동정치세력)에 대한 도덕적 지지가 존재한다는 것을 의미한다. 흥미로운 것은 50년대 안보 지상주의 하에서 그리고 60·70년대 근대화 담론 속에서 반민주주의 세력이라고 규정되는 세력에 의해 민주주의가 탈의미화되었다고 한다면, 이제 그러한 반독재민주주의 세력과 대결하였던 친(親)민주주의 세력에 의해서－의도하지 않은 효과라고 하더라도－민주주의가 탈의미화 되었다는 것이다. 최장집(2006)의 표현을 빈다면, "한국의 민주정부는 급진적 신자유주의의 발전으로 인하여 민주주의의 기반 자체를 허무는 위험지역에 접근"(144)

하였던 것이다. 이것은 민주주의 담론을 자신의 정당성의 기반으로 두고 있는 반독재민주세력(자유주의 세력)들의 정치적 주도권을 약화시켰다. 그리고 이명박정부의 출현에서 상징되듯 보수세력이 정치적 주도권을 다시 장악하는 결과로 나타났다.[5]

따라서 이명박정부의 등장을 설명하면서 그 원인을 '시민사회의 보수화'로 돌리는 접근은 일면적이라고 할 수 있다. 왜냐하면 반독재 중도개혁 자유주의정부에 대한 높은 사회경제적 기대가 좌절된 데 따른 진보개혁 대중의 이반이란 속성이 존재하기 때문이다. 실제로 이후 이명박정부 하에서의 다양한 요구의 분출은 바로 이처럼 반독재자유주의정부의 '기대 배반'으로 인한 이반이 결코 보수적인 방향으로의 변화만은 아님을 잘 드러내 주고 있다. 결국 보수적 이반과 진보적 이반이 양면적으로 존재하고, 이것이 이명박정부 이후 어떠한 것이 지배적인 것이 될 것인가를 둘러싸고 각축이 존재한다고 할 수 있다.

5. 운동정치 내에서의 헤게모니 지형의 변화

헤게모니 블록이 해체되면서, 시민사회의 갈등적 분화가 출현하게 되고 이에 운동영역도 새로운 상황과 직면한다. 민주주의 블록의

5 손낙구(2010)가 『대한민국의 정치사회지도』에서 뉴타운 등 현행 도시 재개발정책이 민주당으로 상징되는 중도자유주의정당의 지지자들을 해체시키고 몰아내는 효과를 가졌다고 분석한 것처럼, 반독재세력의 개방화 정책과 친신자유주의적 경쟁정책의 수용은 역설적으로 자신들의 지지대중들의 사회경제적 기반을 균열시킴으로써 스스로의 정치적 지지기반을 해체하는 것과 유사하다.

해체과정은 시민사회의 형상 변화, 그 결과 사회운동영역의 형상 변화로 나타난다. 87년체제에 고정되어 있던 운동질서가 변화하는 것이다. 이상의 문제점은 기본적으로 반독재자유주의 세력이 국가권력 담당세력이 됨으로써 나타나는 딜레마로부터 나온다.

민주주의 블록 내에서 연대관계에 있었던 반독재자유주의 정치세력이 국가권력담당 세력이 되자 그들의 행위와 전략에 '안보와 치안의 논리', '국민경제의 신자유주의적 운영논리', 즉 지배의 논리가 내재화되었다. 이에 사회운동과 긴장관계가 조성되었다. 균열이 확대된 것이다. 반독재자유주의 세력은 혁명 아닌 선거로 집권했다. 혁명이라고 하는 것은 기존의 국가와 경제의 운영논리 자체를 혁파하는 것을 의미한다. 그러나 선거정치로 집권하는 경우, 기본적으로 기존 체제의 운영원리를 담지하지 않으면 안 되기 때문이다. 여기서 바로 딜레마가 발생한다. 원론적으로 정당은 국가장치의 일부이다. 독재에서 민주주의로의 이행은 체제가 민주주의적 제도정치를 통해서 재생산되는 과정이다. 집권당은 체제 유지의 역할을 수행하게 된다. 랑시에르적 표현으로 하면 '치안'이라는 목표가 정당 내부에 삽입되는 것이다. 이것이 이른바 쉐보르스키가 이야기하는 '선거사회주의의 딜레마'가 발생하는 이유이다. 심지어 사회주의정당조차도 선거의 동학에 의해서 더 많은 표를 얻기 위한 전략의 포로가 되어가게 되는 것이다. 한국에서는 이것이 반독재자유주의 좌파세력의 '국가화'에 따른 딜레마로 표현된다.

자유주의 우파정부는 기본적으로 구 국가세력과 동맹한 것(3당 합당)이므로 용이하게 이러한 국가논리를 자기논리화 할 수 있다. 저항세력으로서 집권한 반독재개혁자유주의 좌파세력은 다른 방식으로 이러한 딜레마에 직면하게 된다. 국민정부는 외환 위기 극복이라는 이름으로 이러한 국가논리의 딜레마에 포획되었으며, 비타협적인 정치적 개혁주의를 담지한 참여정부 역시 이러한 논리로부터 벗어날 수 없었다. 아니 그것 때문에 딜레마가 더 심해졌다. 참여정부의 FTA를 강력하게 추진은 세계화의 동학에 문민정부가 적응하는 것과 본질적으로 동일한 것이었다. 또한 참여정부가 안보와 치안의 논리를 담지하게 되면서 노동운동과의 대결 지점도 확대되어 갔던 것이다.

반독재개혁자유주의 정부와 – 민주주의 블록의 일부를 구성하는 – 진보개혁적 운동정치의 대립이 심화된 사건이 2003년 이라크 파병이었다. 운동단체들은 '이라크 파병공동행동'을 구성하여 이라크 파병 반대와 궁극적으로는 참여정부 반대 캠페인을 대대적으로 벌였다. 그러나 이 이라크 파병반대 투쟁은 탄핵이라고 하는 더 거대한 '보수적 반동'의 흐름을 막기 위한 투쟁 속에서 참여정부와 연대관계로 돌입하게 되었다. 그런데 참여정부는 4대 개혁입법이 좌절하고 난 이후에 반대로 '우익적 선회'를 하게 되었다. 그 일환으로 2006년부터 한미FTA를 본격적으로 추진하게 된다. 물론 한미FTA는 이미 2004년 12월 경부터 검토와 협의에 들어갔던 것이었다. 그것이 공식화된 것이 2006년 초였다.

FTA 추진에 대해서는 보수는 찬성하고, 진보는 반대했다. 노무현과 열린우리당으로 상징되는 반독재중도자유주의 집권세력이 시민운동과 민중운동을 포괄하는 사회운동진영 전체와 대립하는 형국이 되었다. 당연히 민주주의 블록이 전면적으로 분열하고, 민주정부과 민주주의

운동 진영이 대립하게 되었다. 탄핵 반대 투쟁은 바로 사회운동 진영이 보수적 제도정치 세력에 대응하는 전면적인 사회적 전쟁을 통해 노무현과 열린우리당을 구출하고 강화한 것이다. 그러나 이제 관계가 역전되었다. 물론 이러한 민주주의 블록의 균열은 해체라고 단정할 수는 없다. 왜냐하면 이명박정부에 대립하는 과정에서 이러한 균열이 일정하게 상쇄되면서, 공통의 적에 대항하는 최소연대가 복원되기 때문이다. 이것은 정치사회적 차원에서 존재하는 여러 가지 균열과 대립의 상호관계가 변화된 것을 의미하였다. 즉 문민정부 때까지는 민주주의 블록이 다른 균열을 억제하는 지배적 지위를 차지할 수 있었다. 왜냐하면 독재세력, 보수세력, 독재의 유산이라고 하는 '공통의 적'이 존재하였기 때문이었다. 그러나 이제-반독재자유주의 정부와 운동간의 연대성을 만들어 내는-그러한 공통의 적 구성에 실패하면서, 민주주의 블록 내의 균열이 수면위로 부상하게 되었던 것이다.

97년체제는 87년체제하에서 사회운동이 대면하던 의제들이 부분적으로 해결되는 동시에 새로운 운동의제들이 출현하는 과정이었다. 한국 자본주의가 신자유주의적 자본주의로 전환되고, 자본권력과 시장권력이 대중들의 삶의 더 많은 부분들을 식민화하여, 제도정치가 거기서 발생하는 모순들을 흡수하지 못하는 상황에서 운동정치가 민주화 이후 민주주의 정치에서 행하는 역할은 더욱 확대될 가능성이 있었다. 민주주의 블록 내의 운동정치 내의 균열 양상을 각 운동별로 살펴보기로 하다. 운동정치의 두 조직적 주체에는 민중운동과 시민운동이 있다. 민중운동은 개발독재체제 속에서 정치적·조직적 측면으로 급성장한 운동이라고 한다면, 시민운동은 87년체제가 부여한 자율 공간

속에서 새롭게 출현한 상대적으로 온건한 개혁자유주의적 운동이라고 할 수 있다. 97년체제하에서 이러한 운동들이, 자신이 급성장한 체제적 조건, 그리고 그 속에서 구조화된 특유한 작동 양식의 변화를 요구받게 되었다고 할 수 있다.

1) 시민운동에 대한 이중적 도전

87년체제하에서 민주개혁 민주주의 운동의 중요한 일부–대중의 차원에서는 '국민적' 성격을 갖는 것으로 인식되는–를 구성하는 시민운동은 97년 체제에서 새로운 조건에 처하게 되었다. 보수적 사회운동은 시민운동의 '정치적 중립성'을 공격하면서 자신의 운동을 펼쳤다. 민주개혁의 일환으로 정부의 가버넌스 구조가 개방되면서 시민운동 인사들이 대거 가버넌스 구조에 참여하게 되자 이는 역으로 '참여정부 2중대' 논란을 초래하였다. 특히 보수언론은 이러한 점을 집중적으로 부각시키면서 시민운동의 '국민적' 위상을 약화시키고자 하였다. 시민운동은 뉴라이트나 관변단체와 달리 민주정부와 자신을 동일시하지 않았다. 시민운동은 한편에서는–보수세력에 대항하는–개혁자유주의 정부의 민주개혁을 지원·촉구하는 활동을 했으며, 다른 한편에서는 이라크 파병이나 FTA정책 반대운동에서 처럼 개혁자유주의 정부의 한계를 비판하는 역할을 했다.

97년체제의 이중성이 시민운동에게는 이중적인 딜레마로 나타나게 되었다. 먼저 반독재개혁자유주의 세력이 국가권력 담당세력이 되어 한 단계 높은 민주개혁적 정치를 실현하는 과정이 시민운동에게

'선택'의 딜레마를 부여했다. 국가화의 딜레마는 반독재 개혁자유 세력이 국가권력 담당세력이 됨으로써 생겨나는 딜레마였다. 이와달리 시민운동이 국가권력에 참여할 것인가 말 것인가라는 선택 문제의 딜레마가 나타난 것이다. 그 결과 참여를 통해 시민운동의 의제와 인물이 포섭(co－optationo)되는 현상이 나타났다. 시민운동의 상대적으로 급진적이지 않은 의제들 상당 부분이 정부의 정책의제로 수용되었다. 개혁자유주의적 성격을 띠는 시민운동은 개혁자유주의 정부인 노무현정부의 '동맹' 관계로 투영되었다. 2000년 낙천낙선운동 같은 경우 부패한 제도정치인 일반을 비판하고 감시하는 운동이었지만, 그것의 최대의 정치적 수혜자는 상대적으로 반독재개혁자유주의정당이었기 때문이다. 이것이 비판의 대상이 되기도 했다. 뉴라이트조직들은 대표적 시민운동조직인 참여연대에 대하여 '신관변화'되었을 뿐만 아니라, 많은 지도적 인물들이 참여정부에 '포섭'되었다고 비판하기도 했다.

또한 87년체제하에서 시민운동조직들은 특수한 의제를 다루는 '전문화된 시민운동'으로서도 자기발전을 했지만, 퇴행적 제도정치가 담지 못하는 사회의 요구를 대변하는 '대의의 대행'기관으로서의 성격을 동시에 보유하고 있었다. 그 정점에 2000년 낙천낙선운동이 존재한다. 그러나 반독재자유주의 세력이 집권세력이 됨으로써 이러한 정치적 시민운동의 선도적 역할은 상당히 축소되었다. 더 나아가 97년체제의 또 다른 성격은 시민운동의 또 다른 도전과제가 되었다. 반독재자유주의 정부의 신자유주의화와 그것에 따른 사회경제적 모순이 가져오는 도전이다. 시민운동은 주로 정치적 의제들(예컨대 투명성이나 정당개혁)에 집중해 왔기 때문에, 신자유주의적 경제의 전면화에 따르는 새로운 이슈들(예컨대 비정규직 이슈)을 포괄하는 데 상대적으로 지체되었다. 이것이 시민운동을 민중운동이 이념적으로 비판하는 계기가 되었고, 민중운동과 시민운동사이의 긴장으로도 나타났다.

이러한 긴장은 반독재자유주의 정부의 이중적 정책으로 더욱 확대되었다. 반독재자유주의 정부의 경우, 친시민운동적 성격과 반노동운동적(혹은 非친노동운동적) 성격이 공존하고 있었다. 상대적으로 체제내적인 개혁의제를 다루는 시민운동에 대해서는 대단히 우호적 태도를 견지한 반면, 사회경제적 문제에 저항하며 사회경제적 권리를 쟁취하려는 노동운동에 대해서는 억압적 전략을 기본으로 했다. 물론 과거 독재적 보수정권과는 달리, 반독재 자유주의 정부는 '중립적 태도'를 견지하고자 노력하였다. 또한 사회적 안전망을 확충하는 방식으로 사회정책을 통한 보완을 시도하기도 했지만, 조직화된 노동운동의 전투에 대해서는 기본적으로 억압적 정책기조를 견지하였다고 말할 수 있다. 반독재자유주의 정부와 시민운동 사이엔 상대적으로 우호적인 관계가 지속된 반면, 노동운동과는 상대적으로 대립적인 관계가 지속되었다. 이런 차이가 시민운동과 민중운동 간의 균열로도 나타났다.

이런 긴장 속에서, 시민운동이 점차 반신자유주의적 기조를 담지해 가게 된다. 이에 반독재개혁자유주의 제도정치 세력과 동맹관계에 있던 시민운동이 노무현정부와 비판적인 관계로 변화해 갔다. 노무현정부 후반이 되면, 개혁적 시민운동 또한, 노무현정부의 사회경제적 개혁주의의 취약성을 문제 삼는 방향으로 나아가게 되었다. 운동정치 내에서 시민운동이 다중적인 도전에 직면하는 것 자체가, 민주주의 블록의 내적 균열을 상징하는 것이라고 할 수 있다.

2) 뉴라이트의 등장과 보수적 '경계정치'

운동정치를 통해 표출되는 민주주의 블록의 균열 중 가장 대표적인 상황은 시민사회에서의 보수의 능동화를 기반으로 출현한 뉴라이트조직의 활성화이다. 보수의 능동화가 만일 과거 독재 하의 국가조합주의적 동원방식으로 활성화되었다면, 영향력은 제한되었을 것이다. 그러나 뉴라이트와 같이 새로운 담론과 참여인물을 갖는 새로운 보수적 운동들이 출현하였다. 뉴라이트는 사회세력으로서의 '전향파 보수'라고 할 수 있다. 기본적으로 국가조합주의적 조직들은 '관변단체'여서 정당성이 취약했던 데 반하여, 뉴라이트조직들의 주요 인물은 과거 반독재민주주의 운동이나 민주개혁 민주주의 운동, 급진적 운동에 참여했던 사람들이었다. 그렇기 때문에 이들은 도덕적 정당성의 결여로 비난받을 필요도 없었다. 이들은 오히려 민중운동 내 통일민족주의적 세력(NL)의 '북한 인권 경시'나 '종북(從北)' 혹은 '친북(親北)'적 경향을 비판하면서 자신을 정당화하였다. 또한 이들은 구 라이트세력과 함께, 반독재개혁자유주의 세력의 '실정'과 '과잉개혁'을 비판하는 운동을 전개하였다.

뉴라이트와 같은 새로운 조직들의 '선도투'를 매개로 보수가 새롭게 능동화되었다. 과거 국가권력의 정치적 지원과 경제적 특혜 속에서 작동하던 관변단체(보수적 사회단체)도 보수언론의 지원을 받으면서, '저항적'으로 활성화된다. 이들 '전향파 보수'세력은 보수언론과 동맹하면서, 반독재개혁자유주의정부와 '동맹'관계에 있던 시민운동의 '국민적' 운동으로서의 위상에 도전하였다. 그들과 시민사회 내에서 헤게모니 쟁투를 전개한 것이다. 그동안 민주정부 10년 동안, 대체로 시민운동은 새로운 운동이자, '정치성'으로부터 거리를 둔 '국민적' 운동으로 인식되어져 왔다. 그러나 보수적 운동들과 시민사회, 보수언론은 시민운동의 '정치성'을 문제 삼는 방향으로 나아갔다. 운동정치 영역에서 진보 시민운동의 헤게모니에 도전하면서, 뉴라이트는 반독재자유주의 좌파세력이 주도하는 제도정치의 지형을 변화시키기 위한 각축을 전개하였다.

어떤 의미에서 운동정치 영역에서 민주주의 블록이 균열되면서 민주개혁 민주주의 세력의 헤게모니와 쟁투하는 새로운 보수적 운동이 출현한 것이었다. 이것 자체가 사회운동 영역에서 민주주의 세력의 헤게모니의 균열을 표상하는 것이라고 할 수 있다. 이는 구 독재적 보수세력이 주도하는 제도정치에 대항하여 진보개혁적 사회적 정치가 능동화되었던 것과는 정반대로, 반독재개혁자유주의 좌파세력이 주도하는 제도정치에 대항하여 보수적인 사회적 정치가 활성화되는 것을 의미하였다. 반독재개혁자유주의 정부 말기에 보수정당이 '운동정당'화하고 보수적 사회운동이 '경계정치'적 역할을 하는 상황이 나타나게 된 것이다.

이러한 뉴라이트를 포함하는 보수적 사회운동이 중도개혁자유주의 세력이 주도하는 제도정치에 대한 시민사회의 잠재적 저항성을 보수제도정치와의 연대역량으로 전환하고, '반정치적 정치성'으로 전환하는(이것은 개혁정치에 대한 반정치성이다) 역할을 담당한 셈이었다. 역설적으로 민주주의 블록의 균열 속에서, 보수세력들 사이에서 제도정치와 운동정치의 연계가 나타났다고 말할 수 있다.

3) 민중운동 도전

민주주의 블록의 균열이 가장 극적으로 드러난 곳이 민주정부와 민중운동, 특히 노동운동과의 관계였다. 민주개혁적 정치와 신자유주의적 경제 기조의 모순적 결합이 민주정부와 노동운동 간의 균열 확대와 노동운동 내부의 균열 확대로 나타났다.

먼저 반독재민주정부 하에서 중도개혁자유주의 좌파정부와 노동운동의 '적대적' 대립이 확대되었다. 민주주의 블록의 공통성 기반은 점차 무력화해 갔다. 즉 반독재개혁자유주의 정부가 전반적인 친기업적인 정책기조로 전환하고, 자본이 주도하는 신자유주의적 구조조정을 법적으로 허용하고 그를 제약하지 못함으로써 양극화, 고용불안, 노동시장 유연화와 분절화, 민영화, 사내 하청 도입 등 간접고용 확대 등 새로운 문제가 분출했다. 노무현정부와 조직적 노동운동 간의 관계는 점점 더 대립적인 관계로 전환되어갔다. 민주주의 블록이란 반독재개혁자유주의 세력과 민중운동 간에도 일정한 민주주의적 공통성이 존재한다는 것인데, 그것이 해체되어 민주주의 블록이 균열된 것이다.

물론 민중운동 내부에도 상이한 측면이 존재한다. 민중운동 내의 통일민족주의적 흐름(민족해방파)과 사회경제적 급진주의(평등파)는 반독재자유주의정부와 상이한 관계를 형성하고 있었다. 흥미롭게도 6·15정상회담과 노무현 대통령의 2007년 10·4 남북정상회담으로 개혁자유주의 세력과 운동정치의 급진민족주의적 분파는 연대기조를 유지했던 반면에, 사회경제적 급진주의와는 첨예한 갈등을 겪었다. 민주주의 블록 내부에서의 균열이 민족주의적 이슈 라인을 따라서가 아니라 사회경제적 이슈 라인을 따라서 전개된 것이다. 그런데 이러한 균열에도 불구하고 이른바 '신자유주의적 통치성', 즉 신자유주의적 논리가 불가피한 것으로 수용되는 대중들의 실리적인 보수성으로 인하여, 사회경제적 이슈를 둘러싼 투쟁이 국민적 저항으로 발전하지는 못했다. 또한 반독재민주정부의 '민주개혁적 정치 추진체'로서의 정당성이 신자유주의적 구조의 일차적 피해집단인 노동자들의 정치화를 제약하는 것은 물론, 피해집단의 투쟁이 국민적 투쟁이 되는 것을 제약했다. 이 점에서는 이명박정부가 오히려 노동 정치화에선 유리한 조건이 된다고 말할 수 있다. 왜냐하면 신자유주의적 경제와 신보수적 정치가 결합할 때 오히려 그 균열의 정치화가 용이해지기 때문이다. 이것이 사실 남한 변혁운동의 최대의 병목지점이다. NL은 기본적으로 반제민족해방운동이라고 하는 식민지 시대와 신식민지 상황에서의 구조적 조건을 배경으로 한 것인 반면에, PD는 식민지 자본주의 혹은 신식민지 자본주의 발전의 모순에 대응하는 변혁적 흐름이었다. 신자유주의적 지구화의 흐름 속에서 PD적 흐름이 충분히 강화되지 못하였다고 말할 수 있다.

다음으로 우리는 신자유주의적 구조조정의 효과가 노동자계급 내부에 분절화를 가져온다는 점에 주목할 필요가 있다. 즉 노동자계급 내부에서 대기업부문과 중소기업 부문, 정규직 부문과 비정규직 부문 간의 차이 등 이해관계의 분화가 확대되었다. 이런 식으로 민주주의 블록 내의 균열이 단지 제도정치 세력과 민중운동 간에만이 아니라, 노동운동 내부에서도 발생했다.[6] 이를 극명하게 보여주는 것이 노

---

6 민주노총의 조직화된 대기업노조의 경우, 비정규직 노동자나 중소기업 노동자와 이해

조의 조직률 상황이다. 노조의 조직 상황은 대기업 부문과 중소기업 부문, 정규직 부문과 비정규직 부문이 현저하고 상이하다. 아래 표에서 보는 바와 같이 사업체 규모별 노동조합률을 보게 되면, 300인 이상의 대기업에서는 42.4%의 조직률을 보이고 있다. 그러나 30인 미만은 0.2%, 30~99인은 2.9%에 불과한 것으로 나타나고 있다. 정규직과 비정규직의 노조 조직률을 비교한 아래 표를 보게 되면, 정규직 전체는 15~17%대를 유지하고 있으나, 비정규직은 3~4%대를 유지하고 있다.

표 1. 사업체 규모별 노동조합 조직률(2009)

(단위: 명, %)

	30인 미만	30-99	100-299	300+
임금노동자	9,602,000	3,361,000	1,646,000	1,946,000
조합원	22,548	98,080	210,046	825,659
조직률	0.2	2.9	12.8	42.4

자료: 노동부

관계를 달리하게 되었고, 이는 87년체제하에서의 노동조합운동의 성과로 쟁취되었다. 이른바 전투적 노조주의는 대기업 노조로 하여금 높은 수준의 임금조건과 노동조건을 획득하는 계기를 부여하였다. 이러한 변화는 일부 대기업 노조에서 '타협적인' 노조 지도부가 등장하는 원인이 되기도 하였다. 이 시기에 KT나 현대자동차 노조에서 온건 노조 지도부가 등장한 것이 그 예가 될 수 있다. 이러한 현상은 어떤 의미에서 글로벌한 신자유주의적 조건 속에서의 자본-국가 대 노동의 관계를 전제할 때, 불가피한 점이 있다. 조직력을 바탕으로 상당한 특혜를 향유하는 노조가 전투적 노조주의를 지속하기는 쉽지 않기 때문이다. 서구에서 2차 대전 이후의 노동당 정부 하에서 노동조합운동의 전투성이 약화되는 것도 유사한 현상이다. 그 결과 대기업 조직노조를 중심으로 하는 민주노조운동과 비정규직 노동운동의 긴장 같은 것이나 이주노동자 운동이 민주노조운동의 지원 하에서 성장하기보다는 '독자적 성장'을 해야 하는 상황도 그 예가 될 것이다.

표 2. 정규-비정규 노조 가입률 변화(2007~2010)

	2007. 3	2008. 3	2009. 3	2010. 3
전체	11.3	12.1	12.7	12.0
정규직	15.2	16.4	17.4	16.3
비정규직	4.7	4.2	3.4	3.1

자료: 통계청, 《경제활동인구 부가조사》, 각 연도

바로 이것이 운동정치, 특히 민중운동, 그 중에서도 노동운동 내부의 변화를 잘 말해 주는 것이다. 즉 민주개혁적 정치의 효과로 대기업 정규직 노동운동의 조직적 발전은 상당한 수준에 이르렀다. 하지만 일차적으로 중소기업은 경제적으로 대단히 어려운 조건에 있기 때문에(한국 대기업의 착취적 구조를 생각해 보자), 노조의 존립 자체가 대단히 어려운 상황에 직면한 것이다. 사내 하청, 파견 근로 등 자본에 의한 노동시장의 분절화 전략도 중소기업의 노조 조직화를 어렵게 한다. 넓은 의미에서 신자유주의적 구조조정이 노조의 조직화 자체를 제약하는 효과로 나타난다.

이러한 분화에는 여러 가지 요인이 작용하였다. 먼저 90년대 이후 노조운동의 성장은 주로 대기업 노조의 성장에 기반하고 있었다. 이것이 중소기업을 기반으로 하는 한국노총에 비해 민주노총이 성장한 이유이다. 그런데 외환 위기 이후 고용불안정이나 경영불안정이 가장 집중적으로 표현되는 영역이 바로 중소기업이었다. 일종의 '다산다사형(多産多死型)' 현상이 중소기업에서 집중적으로 나타나고, 이러한 기업에서는 노조의 조직 자체도 어려웠다. 노조를 만든다고 하더라도, 독자노조로서의 재생산이 기업규모의 중소규모성 때문에 어려웠다. 즉 민주노총은 대기업 기반으로 구성되어 있고, 모순이 응축되어 나타나는 중소기업 단위에선 노조의 기반 자체가 와해되거나 불안정한 상황에 직면한 것이다.

또한 여기에 "산업구조의 변화로 노조 조직률이 높았던 제조업, 광업, 공공부문이 축소되고 노조 조직률이 낮거나 노조를 조직하기 어려운 서비스업을 중심으로 고용이 늘어나면서 노조 조직률이 낮아"(배규식 외, 2008: 51－52)지게 된다는 점을 구조적 요인으로 지적할 수 있다. 다른 또 하나의 요소를 꼽자면, 산별노조로의 전환은 지체되는 상황에서 중소기업 조직화의 지체와 기반 붕괴가 전체 조직률의 하락으로 나타나게 된다고 말할 수 있다. 물론 당연히 경제규모의 팽창에 따라 전체 고용규모 자체가 확대되기 때문에 조직률이 하락하는 이유도 있다.[7]

또한 자본이 보다 적극적으로 노동시장의 분할전략을 구사하고 이를 민주정부가 효과적으로 제약하지 못하게 되면서, 노조 자체의 존재기반 자체가 붕괴되었다. 자본의 분할 전략은 노무현정부 하에서도 규

7 각 산업별로는 "1993년 기준으로 노조 조직률에서 높은 비중을 차지했던 제조업의 근로자수는 12.3% 줄어들었는데 노조 조합원수는 32만 6,311명이 줄어들어 41.%나 감소했다. 제조업의 근로자수 감소 비율보다 훨씬 더 큰 폭으로 노조 조합원수가 감소한 것이다. 둘째, 높은 조합원 비중을 차지했던 운수통신업에서는 근로자수가 51.3%가 늘었으나 조합원수는 오히려 19.9% 줄어들었다. 셋째, 조합원 비중이 높았던 금융보험업에서는 외환 위기 동안 구조조정을 거치면서 근로자수가 19.1% 줄어들었고 노조조합원수는 25.1% 감소했다. 1993년과 2005년 사이에 조합원수가 가장 많이 늘어난 산업이 기타서비스업인데, 여기에서는 근로자수는 64.9% 늘어난 반면, 조합원수는 24만 7,467명씩이나 늘어 조직률은 300.4%나 증가했다. 여기에서 이렇게 조합원수가 급격하게 늘어난 것은 교원노조의 합법화에 따른 조합원 약 9만 명 증가와 다른 공공부문 및 일부 서비스부문의 노조 조직화에서 기인된 것으로 생각된다"(배규식 외, 2008: 5).

제되지 않고 지속적으로 확대 적용되었던 것이다. 더 많은 대중들이 조직화가 어려운 비정규직 부문, 자영적인 특수고용부문, 변형 자영부문으로 내몰렸다. 그래서 한편에서는 노조가 부단히 생성되면서도 다른 한편에서는 부단히 해소되고, 동시에 새로운 고용 확대가 이루어지면서도 그것이 조직화로는 이어지지 않는 역설적인 현실이 지속되었다. 국민정부의 출범에 대응하는 자본의 통치전략의 고도화가 노무현 정부를 거치면서 더욱 본격화된 것이다.

다음으로 이러한 노동자계급 내부의 '분절화'는 '악순환의 고리'가 되어 반독재민주정부의 신자유주의적 전환과 그 결과에 대해서 일관된 대응전선을 형성할 수 없게 하고, 그것이 그러한 정부정책기조가 그대로 지속되게 만드는 요인으로 작용했다. 내 논지에서 볼 때, 아래로부터의 운동정치적 압력이 없는 한, 반독재개혁자유주의 세력이 주도하는 제도정치 자체도 자본권력과 시장권력의 제한에 의해서 포획되어 작동하게 된다. 주지하다시피 민중운동의 중요한 구성 부분을 이루는 민주노조운동은 대기업의 조직화된 노동자들을 주된 기반으로 하고 있었다. 87년체제하의 호조건 속에서 대기업 노동조합은 아래로부터의 투쟁을 통하여 상당히 좋은 노동조건과 고용조건, 임금을 획득할 수 있었다. 97년체제하에서도 자신의 조직력으로 신자유주의화에 따르는 자본의 공세를 일정하게 방어할 수 있었다. 반면에 비정규직 노동조합은 '단결권'과 '단체행동권' 자체를 향유하지 못하고 '고용' 자체의 지속을 위해서 투쟁하는 형국이었다. 조직화 자체도 제약을 받았다. 앞서도 언급한 것처럼, 파견근로, 비정규직 고용, 사내하청 등의 다양한 기제를 통하여 자본은 노동시장 자체를 분절화시킴으로써 노조의 조직화를 제도적으로 억제하고자 하였다. 이런 상황에서 상대적으로 좋은 조건에 놓인 조직부문, 특히 대기업 부문의 노동조합운동에서는 투쟁노선보다는 실리주의적 노선이 확대되었다. 산별로의 전환과 같은 조직적 돌파를 통해 자신의 협소한 이해를 넘는 연대전략으로 나아가야 함에도 불구하고 대기업 이기주의에 빠지는 경우가 많았다. 이렇게 자본의 전략과 국가의 '방임'으로 초래된 노동현실은 노동자의 이해의 분화를 낳고, 그러한 분화가 자본과 국가의 기존정책의 지속을 가능하게 하는 악순환이 나타났다는 것이다.

이러한 역설적 상황은, 반독재나 민주개혁을 추동하는 민주주의 블록이 그 자체로 유지될 수 없음을 드러낸 것이었다. 민주개혁적 정치의 추진이 어느 집단에게는 '기득권적 이해'의 방어기제가 된 방면, 또 다른 노동계급에겐 민주개혁 정치가 신자유주의의 전면화를 불러옴으로 인해 불평등과 차별을 강화하는 기제가 된 것이다. 이런 구조는 당연히 정치적 균열을 만든다. 이런 점에서 역설적으로 반독재민주정부 시기를 거치면서, 민주주의가 보장한 자유로운 시민과 국민의 공통성이 해체되어 간다.

6. 제도정치 내의 균열

이와 같은 시민사회와 운동정치 내의 균열 확대를 기반으로 민주주의 블록의 균열과 위기는 최종적으로 제도정치의 균열 확대로 나타나게 되었다. 시민사회와 사회운동 수준에서 민주주의 블록이 균열된다고 하는 것은, 87년체제 제도정치 하에서 헤게모니적 지위를 가지고 있던 반독재개혁자유주의 세력의 주도성이 균열된다는 것이다. 이를 '반독재개혁자유주의정당의 내부·외부-헤게모니의 균열'이라는 식으로 규정할 수 있겠다. '내부-헤게모니'는 제도정치 내에서 저항적 사회운동의 대표성을 반독재개혁자유주의 세력이 보유하고 있었다는 것을 의미하는데, 이러한 관계에 도전이 나타나게 된다. 다음으로 외부-헤게모니라고 하는 것은 민주주의 블록을 대표한 반독재개혁자유주의 정당(세력)이 시민사회 내의 개혁적 대중에게 헤게모니적 지위를 가지는 것인데(민주주의를 진전시키기 위해서 정치적으로 지지하지 않으면 안 되는 관계), 균열이 나타난다.

1) 제도정치 내부-헤게모니의 와해

하나의 제도정치의 형상이 안정적으로 재생산된다고 할 때, 그 의미는 제도정치 내의 지배적 정당과 주변적 정당 간의 타협적 공존과, 제도정치와 비정치의 경계의 상대적인 고정화이다(정치에 대한 제도정치의 독점권). 바로 이런 두 가지 점에 있어서 제도정치의 거대한 균열이 출현하고 있었다. 앞서 패권적 보수정당 주도 하에서 보수정당과 중도자유주의정당의 공존이 실패로 돌아가면서 새로운 구성적 각축이 시작되었던 것처럼, 이제 중도 개혁자유주의정당의 주도 하에서의-보수 정당과 중도자유주의정당의-타협적 공존이 불가능하게 된 것이다. 이러한 제도정치의 위기적 양상은 정치와 비정치의 고정화, 제도정치의 비정치로부터의 분리와 고정화라고 하는 현상 역시 해체되는 식으로 나타났다. 시민사회의 보수의 능동화 등에 의한 시민사회의 새로운 변화, 반독재민주주의 블록의 해체적 균열 등은 이미 제도정치의 고정 경계와 안정성을 담보할 수 없도록 만들었다. 이는 '정치를 통한 지배의 재생산'이라는 민주주의 정치의 일반적 기능이 효과적으로 작동하지 않게 된 것을 의미한다. 이로써 새로운 민주주의의 구성적 각축이 시작된다.

나의 시각에서 볼 때, 97년체제는 87년체제하에서 미완의 과제로 남겨졌던 것(예컨대 반독재세력의 집권 등)의 실현과정이면서 동시에 87년체제가 구성해 낸 민주주의의 해체적 재구성의 과정이었다. 97년체제를 경과하면서 87년체제하에서의 운동과 정치의 존재 양상은 이미 새로운 도전적 변화를 경험하고 있었다. 87년체제는 기본적으로 반독재자유주의 정치세력이 저항진영에서 헤게모니적 지위를 갖는 '하위체제'를 내장하고 있었다. 민주화체제(87년체제)에서 포스트민주화체제로의 이행이라고 하는 것이 제도정치에 대해 갖는 핵심적 의미는 '반독재중도자유주의정당'의 헤게모니가 현저하게 약화된다는 점이다. 1987년 6월 민주항쟁으로 민주주의가 국민적 '시대정신'이 된 이후, 민주주의적 개혁을 향한 국민정치, 특히 그 일부로서의 야당 정치의 중심에는 언제나 민주당, 신민당, 열린우리당으로 상징되는-민주화운동의 '정통성'을 갖는-반독재중도개혁자유주의정당이 존재하였다. 그러나 이러한 정당들의 단일 리더십, 혹은 정치적 주도성이 현저하게 약화된 것이다.

그러나 97년체제하의 헤게모니 세력이라고 할 수 있는 반독재자유주의가 97년체제하에서의 문제들에 응전하지 못함으로써 그 헤게모니가 균열된 것이다. 이것은 반독재자유주의가 헤게모니적 지위를 가지고 있던 '국민정치적 공간'에서 공백을 발생시켰다. 2008년체제의 성립 이후 국민정치적 공간의 헤게모니를 둘러싼 각축이 출현하는 것도 이 때문이다. 여기서 흥미로운 것은, 97년체제의 신자유주의적 성격이 그를 주도한 반독재자유주의 세력의 정치적 기반을 파괴할 정도로 쟁점화되는 것은 역설적으로 97년체제하에서의 대중의 주체화(민주개혁적 정치의 진전의 긍정적 효과)가 진전되었다는 점을 보여주기 때문이다. 97년체제하에서 더욱 주체화된 대중은 반독재자유주의 세력이 전면화한 신자유주의적 경제의 파괴적 결과에 대면하게 되자 더욱 더 적극적으로 반독재 자유주의 정부를 비판하고 지지를 철회하는 식으로 나아가게 되었다. 이 점은 이명박정부의 등장을 단순히 탈정치화로 볼 수 없음을 말하고, 이명박정부 이후의 상황을 해석하는 데도 중요한 기준이 된다. 이런 점에서 2008년체제의 등장은 "87년체제의 핵심원리로서의 민주주의를 사회경제적 차원으로 급진적으로 확장해 내지 못한 개혁·진보세력에 대한 대중의 복수"(조희연, 2009d)라고 표현될 수 있다. 이것은 이후 MB정부의 대중적 기반 균열에도 연관된다.

이러한 점은 2004년 총선 이후 열린우리당의 기반이 급속히 붕괴하는 형태로 나타났다. 2004년 4월 총선에서 열린우리당이 다수당이 된 이후인 6월 5일 제4회 4개 광역단체와 19개 기초단체에서 실시된 지자체 선거에서 열린우리당은 참패했다. 한나라당은 3개 광역단체장을, 민주당은 전남지사 선거에서, 열린우리당은 한 곳도 승리하지 못하였다. 심지어, 2004년의 총선 구도 자체도 변화해 갔다. 2005년 4월 30일 국회의원 재보선에서 5곳을 한나라당이 석권함으로써 여소야대

구도가 바뀐 것이다. 열린우리당은 152석에서 146석이 되었고, 한나라당은 121석에서 125석으로 늘어났다. 반독재개혁자유주의 세력의 의회다수세력으로서의 지위조차도 약화되어 가고 있었다. 이후 2006년 5월 31일 실시된 제4회 전국 동시 지방선거에서, 한나라당은 16개 중 12개를 승리하였으며, 열린우리당은 전북 지사만, 민주당은 전남과 광주에서 당선자를 냈다. 한나라당은 서울 25개 구청장을 석권했으며, 전국 155곳에서 승리를 했으나, 열린우리당은 19석에서만 당선자를 냈고, 민주당은 20곳에서 당선되었다. 이러한 현상은 앞서 서술한 2004년 후반 4대 개혁입법이 좌절됨으로써 제도정치와 시민사회의 지형 자체를 바꾸려는 노력이 실패하고 개혁자유주의 세력 주도의 제도정치 내의 타협적 공존을 끌어내려는 전략의 부재에서 초래된 것이었다.

2) 제도정치 외부 급진운동정치세력과의 분리

반독재개혁자유주의 세력의 헤게모니 균열로 민주주의 블록의 정치적 대표성을 그들이 독점할 수 없었다. 제3경합국면 속에서 급진정치세력(민주노동당 등)과 반독재개혁자유주의 세력의 분리가 진행되었다. 반독재민주정부 이전까지, '비판적 지지'라는 민중운동 다수파의 전략에서 볼 수 있는 것처럼, 민주주의 블록에 대한 제도정치 내에서의 대표성은 독점적으로 반독재개혁자유주의정당이 보유하고 있었다. 사실 1997년 대선에서도 민중운동의 다수파(전국연합)는 '정책연합' 형태로 김대중에 대한 비판적 지지전략을 선택하였다. 그러나 민주정부하에서 제도정치와 운동 간의 연대관계도 변화했다. 즉 민중운동 내부의 다수파인 민족주의 계열이 반독재개혁자유주의에 대한 '비판적 지지'의 입장에서 '독자적 정치세력화'의 기조로 전환하였다. 이미 사회경제적 급진주의의 입장에서는 이미 민주화의 시발 시점(87년)에서부터 독자적 정치세력화의 실천을 행해 왔었다. 그런데 이 흐름에 민족주의계열이 동참하게 된 것이다. 1997년 국민승리21에서부터 이런 흐름이 나타났고, 2000년 4월 총선에서는 민주노동당이 민족주의 계열과 해방파의 연대운동으로 등장했다. 제도정치의 장에서 물론 완전한 수평적 경쟁은 아니지만, 민주주의 블록 혹은 진보의 대표성에 대한 경쟁을 반독재개혁자유주의정당과 급진진보정당이 하게 된 것이다.

2007년 초 '진보논쟁'에서 핵심의제가 '(노무현정부 하에서의) 민주주의의 위기'였는데, 이 자체가 노무현정부의 대중적 기반의 균열을 상징한다. 제1, 제2경합국면이 기본적으로 반독재적 진보세력이 저항세력으로 존재하고 구 독재적 보수세력이 지배세력으로 존재하는 지형위에서 전개되었다고 한다면, 제3경합국면은 반독재세력의 일부인 자유주의 좌파세력이 국가권력 담당세력이 되는 지형 위에서 전개된다. 제1, 제2경합 국면에서의 민주주의의 구성적 각축은 기본적으로 민주주의 블록이 헤게모니적으로 존재하는 조건 위에 서 있었으나, 제3경합국면은 바로 그 민주주의 블록의 헤게모니적 성격이 균열되면서 새로운 지형으로 이동했다고 할 수 있다.

1997년 선거와 2002 선거에서 반독재개혁자유주의적인 후보는 단순히 제도정치 내의 역동성에 의해서만이 아니라 제도정치-사회운동-시민사회를 가로지르는 연대성을 통해서, 특히 제도정치를 압박하는 시민사회와 사회운동의 동력을 배경으로 승리할 수 있었다. 그러나 이러한 형상이 해체된 상황이 바로 2007년 선거였고, 이는 이명박 후보의 '압승'으로 나타나게 된다.

2007년 12월 대선에서 이명박 한나라당 후보는 1149만 표(48.67%), 정동영 대통합민주신당 후보 617만 4,681표(26.14%), 이회창 무소속 후보 355만 9,963표(15.07%), 문국현 창조한국당 후보 137만 5,498표(5.82%), 권영길 민주노동당 후보 71만 2,121표(3.01%), 이인제 민주당 후보 16만 708표(0.68%)를 얻었다. 이명박과 이회창은 보수계 후보라고 할 수 있으며 정동영과 문국현 후보는 중도(개혁)자유주의 계열 후보라고 할 수 있다. 이명박 후보는 2위 정 후보보다 531만 7,708표를 더 얻어 민주화 투쟁으로 1987년 직선제가 부활된 이후 최다 표차 기록을 세웠다. 이명박 후보의 당선으로 한나라당은 1997년과 2002년 대선 두 차례 패배 뒤 10년 만에 정권 탈환에 성공했으며, 권력의 중심 축은 진보 진영에서 보수 진영으로 옮겨가게 됐다.

2002년 대선에서 중요한 것은 이명박 후보가 보수의 동원에 성공했다는 측면보다도, 정동영 후보가 2002년 선거에서 노무현 후보를 지지했던 유권자조차도 동원하는 데 현저히 실패했다는 점이다. 즉 정동영 후보는 16대 대선에서 민주진영 후보로서 노무현 후보가 얻은 12,014만 표에 비해 584만 표를 적게 얻은 셈이었다. 거의 1/2로 지지가 하락하였다. 이는 제도정치-운동-시민사회를 가로지르는 연대가 현저히 약화되었고, 반독재개혁자유주의 정치세력의 헤게모니가 현저히 균열된 것의 한 표출 현상이라고 할 수 있다. 이러한 헤게모니의 상실의 반대현상으로 보수후보는 제도정치-운동-시민사회를 가로지르는 연대성을 강화되면서 후보의 흠결에도 불구하고 지지표의 동원에 성공했다.

3) 다양한 이반들의 우익적인 헤게모니적 접합

하나의 체제가 균열되면 기존의 체제에의 의해서 규율되었던 대중들의 다양한 요구와 이해, 지향들이 표출된다. 이러한 것들이 어떤 경로로 정치화할 것인가엔 다양한 가능성이 존재한다. 여기서 '우익적인 헤게모니적 접합'이 지배적인 것이 되는가 '좌익적인 헤게모니적 접합'이 지배적인 것이 되는가에 따라서 상이한 경로를 밟게 된다. 이명박 후보의 대통령 당선으로 계기지워지는 신보수정부의 성립은, 다양한 이반들과 대중들의–모순적이기까지 하는–다양한 요구와 이해들이 보수세력들에 의한 '우익적인 헤게모니적 접합'이 성공함으로써 가능했다고 할 수 있다.[8] 08년체제와 이명박정부의 등장은 바로 이러한 상반적인 이해와 요구에 기초한, 다양한 이반들을–모순적인–'선진화'로 상징되는 '신보수적 프로젝트'로 접합함으로써 가능하였다. 이명박정부는 60·70년대 개발독재체제와의 연속성과 단절성을 동시에 갖고 있는 신보수정부 혹은 신우파정부(조희연, 2008a)의 성격을 띤다.[9]

8 지지표의 추이를 보면 이를 확연하게 알 수 있다. 예컨대 2002년 대선에서 노무현 후보에 대한 지지표는 1,201만 표였다. 반면에 2007년 대선에서 정동영에 대한 지지표는 617만 표였고, 이명박 후보의 지지표는 1,149만 표였다. 기본적으로 노무현 후보를 지지했던 대중들의 광범한 이탈을 볼 수 있다. 노무현의 적극적 지지층의 이완과 중간 지대의 대중들이 이명박 후보에 의해서 견인되었다고 볼 수 있다.

9 민주정부 하에서 경제위기 상황 속에서 반독재민주정부에 기대를 걸었던 보수적 대중들은 민주정부의 제한된 사회경제적 정책 등–종부세의 부과나 금산 분리 등 기존의 진보적 정책의 고수 등–마저도 좌파정책이라고 하는 식의 인식–보수적 미디어에 의해 촉진되면서–을 갖게 되면서 일찍부터 이반되어 갔다. 여기에 반독재자유주의 세력은 스스로가 단행한 신자유주의적 개방 그 자체가 가져오는 구조적 효과와 제약–양극화의 진전 등–및 사회경제적 개혁에 대한 보수세력의 계급적 저항, 스스로의 계급적 한계에 의해서, 그 스스로의 대중적 기반을 상실해 가게 되었다. 진보적 대중은 97년체제의 부

이명박정부는 노무현정부 하에서의 다양한 실망들과 대중들의 이반(離反)들을 이명박을 새로운 상징적 아이콘으로 하는 보수세력이 '(의사)헤게모니적 접합'을 성공적으로 수행함으로써 성립하였다. 2002년에 계급계층, 지역, 세대를 가로지르는 여러 가지 흐름들이 노무현이라는 상징적 아이콘으로 수렴되었다고 한다면, 2007년에는 이명박이라는 코드로 노무현정부로부터 이반한 다양한 이반들이—'신보수적' 프로젝트에 의해서 전유되면서—수렴되었다고 할 수 있다.

이러한 접합에서 선진화나 '공동체 자유주의' 같은 담론은 일종의 '빈 기표(empty sifnifier)'로서 작용하였다. 민주주의 담론이 다양한 개인이나 세력에게 다양하고 상이한 소망들을 담는 그릇이었듯이, 선진화는 그 모호성과 추상성으로 노무현정부로부터 실망하고 이반한 대중들의 다양한 요구들—진보적 요구까지 포함하여—을 일정하게 보수가 전유하는 계기로 작용하였다.

정적 측면에, 보수적 대중은 97년체제의 긍정적 측면에 저항하는 식으로 정치화되었다고 할 수 있다. 보수언론은 민주개혁적 정치의 진전에 대해서는 과잉개혁이라는 이름으로 우파와 연대하여 민주정부를 비판하고, 신자유주의적 경제의 전면화에 대해서는 그 정책 자체는 동조하면서도 그것이 가져오는 대중들의 삶에서의 파괴적 결과를 비판하면서—좌파와 '연대'하여—'양극화'와 소득 분배 악화 등으로 공격하게 된다.

[보론 1]

한국의 자유주의 세력, 아시아 자유주의 세력, 그리고 파퓰리즘

노무현정부는 87년 이후의 민주화 도정에서 독특한 성격을 갖는다. 노무현정부를 포괄적으로 이해하기 위해서는 국내적 시각뿐만 아니라 비교사회적 시각이 필요하다. 나는 김대중정부와 노무현정부를 반독재중도자유주의(liberal)정부로 규정하였다.

민주화의 도정에서 그 민주화의 질, 그 정치적·사회경제적 질은 개별 나라에서 반독재자유주의 세력의 정치적 성격과 사회경제적 성격이 어떠한가에 달려 있다. 정치적 측면에서 정치적 타협주의를 지향하는가 정치적 개혁주의를 지향하는가의 차이가 있을 수 있으며, 사회경제적 측면에서 사회경제적 보수주의를 지향하는가 사회경제적 진보주의를 지향하는가의 차이가 있을 수 있다. 정치적 타협주의적 지향은 특별히 반독재자유주의 세력이 구 독재적 보수세력과 타협적 관계를 형성하는 것에서 잘 나타난다. 이처럼 정치적 성격과 사회경제적 성격을 교차시키게 되면 A, B, C, D의 4가지 유형이 나오게 된다. 예컨대 한국이나 대만의 경우, 반독재자유주의 세력이 정치적 개혁주의의 성격을 띠는 유형라고 한다면, 필리핀이나 인도네시아의 경우 정치적 타협주의의 성격을 띠는 유형이라고 할 수 있다.

표. 반독재자유주의 세력의 정치적 · 사회경제적 성격

		반독재적 자유주의 세력 간의 정치적 성격	
		정치적 타협주의 (독재적 보수세력과의 타협적 관계)	정치적 개혁주의
반독재적 자유주의 세력의 사회경제적 성격	사회경제적 보수주의 (구 체제의 경제적 지향 공유)	A	B
	사회경제적 진보주의	C	D

사실 민주화가 시작된 이후 독재적 보수세력과 반독재자유주의 정치세력이 어떤 현실적 존재 형태를 취하느냐 하는 것은 개별 나라의 정치 제도적 형태에 따라서 다를 수 있다. 예컨대 한국과 같은 경우 강력한 '양당제'적인 흐름이 강력하게 형성되어 있다. 그러나 의원내각제적 형식을 취하는 나라의 경우 다수의 정당이 경쟁하고 군소정당이 분립해 있게 된다.

또한 이른바 '변형주의'적 동학이 어떻게 전개되는가에 따라 정치적 대립의 성격도 달라질 수 있다. 예컨대 한국에서의 90년 3당 합당과 같이 구 독재적 보수세력이 반독재자유주의 세력의 일부와 결합하게 되면, 두 세력 간의 경계가 모호해질 수도 있다. 이럴 경우 각각의 내부는 단일한 구성을 보이는 것이 아니라, 혼성(混成)적 구성을 보이게 된다. 민주화 이후 정치적 대립은 독재적 보수세력과 반독재적 자유주의 세력들이 다양하게 합종연횡하면서 타협적인 성격이 지배적이 될 수도 있고 그렇지 않을 수도 있다.[10]

1. 정치적 신과두제와 포스트과두제

나는 정치적 민주화의 유형적 성격을 규정하기 위하여 다음과 같은 구별을 도입한다. 구 독재적 보수세력의 독점적 지위가 민주화 이후에도 여전히 지속되는 '정치적 신과두제(新寡頭制, neo-oligarchy) 유형이 그 하나이고, 구 독재적 보수세력의 독점적 지위가 일정하게 균열되면서 독재적 보수세력과 반독재자유주의 세력 간의 상대적으로 '다원적인' 경쟁관계가 정착한 '포스트과두제(post-oligarchy)' 유형이 그것이다.

정치적 신과두제 하에서는 구 독재적 보수세력의 힘이 강고하고 반대로 반독재자유주의 세력의 자립성과 사회성이 약하다. 이 때문에

10 독재적 보수세력 대 반독재세력의 관계에서 중요한 대립적 관계를 형성하는 이슈는 일반적으로 부패문제이다. 오랜 집권 기간 동안 독재적 보수세력이 여러 기득권적인 이해를 공유하는–그리고 그것도 부패한 수단을 통해서–'이익동맹'을 형성하기 때문에, 반독재자유주의 세력은 상대적으로 부패의 문제로 보수세력을 공격하기가 쉽고, 그만큼 부패문제를 중심으로 독재 대 반독재의 경계가 분명할 수도 있다. 그러나 민주화 과정에서 반독재자유주의 세력이 제도권에 진입하게 되고 집권세력까지 됨으로써 부패문제를 중심으로 하는 선명한 대결관계는 약화되게 된다. 부패문제는 그 자체가 국민적 이슈이기 때문에, 정치적 갈등에서 갈등하는 일방이 부패에 연루된 경우 그 일방은 방어적 지위에 놓이게 된다. 태국의 탁신, 대만의 천수이볜, 필리핀의 에스트라다, 한국의 김대중정부 등 다양한 신생 민주정부들이 부패로 시련을 겪었고 반대진영이 능동화되는 계기를 부여하였다.

구 독재적 보수세력과 반독재자유주의 세력 간에 타협적인 관계가 나타나게 된다. 이것은 반독재자유주의 세력이 정치적 타협주의를 기본 전략으로 함을 의미한다. 그 결과 과거의 정치적 과두질서가 일정하게 유지되고 구 독점적 과두세력이 새로운 선거 민주주의 내에서 자신들의 강력한 독점적 지위를 재생산할 수 있게 된다.

반면에 포스트과두제 하에서는 독재적 보수세력의 과두적 지위가 일정하게 균열되고,[11] 반독재자유주의 세력의 대중적·정치적 기반이 강화된다. 독재적 보수세력과 반독재자유주의 세력 간의 대립적 관계가 존속하고 그 결과 민주주의 정치 내부에서 두 세력 간의 '다원적 경쟁'구도가 성립한다. 그 과정에서 반독재자유주의 세력에 의한 반독재민주정부가 출현하기도 한다. 이 구도 하에서 반독재자유주의 세력은 상대적으로 정치적 개혁주의의 지향을 보인다.

2. 사회경제적 차원에서의 대립 구도

사회경제적 차원에선 반독재자유주의 세력의 지향을 사회경제적

11 정치적 측면에서, 신과두제냐 아니냐의 중요한 경계는 구 독점적 보수세력의 국가기구 장악, 특히 군부나 공안적 국가기구에서 얼마나 중요하게 존재하느냐의 문제와 연관되어 있다. 예컨대 군부가 비록 정치의 전면에서 물러났지만 비공식적 권력을 가지거나 비토권력을 가질 수 있으며 이것이 제도적·비제도적으로 작동할 수도 있다. 한국의 경우 공안기관 내에-각 기구 간의 차이는 있지만-다원적 구조가 정착되어 있다. 즉 구 독재적 인맥과 민주화 과정에서 새롭게 유입된 인맥이 공존하고 있다. 어떤 의미에서 공안기관이 특정 정치적 분파에게만 유리하게 탈법적 권력을 행사하는 경우, 구 보수적 분파와 신민주적 분파가 서로 견제하는 역할을 할 수도 있다.

보수주의와 사회경제적 진보주의로 나누어 볼 수 있다. 전자의 경우 사회경제적 정책지향이라는 점에서 보면 반독재자유주의 세력이 구 독재적 보수세력과 근접하게 된다. 반대로 후자의 경우 반독재자유주의 세력이 사회경제적 (급진)진보세력과 근접하게 된다. 또한 전자는 반독재자유주의 세력이 독재적 보수세력과 사회경제적 정책지향에서 크게 차이가 없는 경우라고 할 수 있으며, 후자는 상대적으로 큰 차이가 있는 경우를 들 수 있다.

민주화가 진행되면서 사회경제적 하위주체들(약자집단들)이 독재하에서 억압되었던 다양한 요구와 이해를 표출하게 되는데, 이것은 반독재자유주의에 의해서 수용·담지되거나 아니면 (급진)진보 정치세력에 의해서 담지될 수 있다. 전자의 경우는 반독재중도자유주의의 사회적 성격이 강화되는 문제로, 후자는 급진진보 정치세력이 새로운 민주주의적 정치공간에 진입할 수 있느냐의 문제로 나타난다.

민주화 이행이 궁극적으로 정치의 장에서 총화(總和)된다고 할 때, 사회경제적 하위주체들의 요구가 구 독점적 기득권 세력의 저항을 넘어 실현되기 위해서는 사회경제적 진보주의가 민주주의적 공간 내에서 담지되고 추구되어야 한다. 만일 사회경제적 하위주체들의 투쟁이 강화되고, 그들의 요구가 헤게모니적 위치를 갖게 된다면 그것은 강력한 사회적 요구로서 정치적 공간에 투여될 것이다. 이때 반독재자유주의 세력은 단순히 정치적 민주화에만 머무르지 않고, 사회경제적 진보주의를 담지하는 사회경제적 민주화 지향의 세력이 된다. 즉 중도자유주의 세력의 사회성이 강화되는 것이다.

반대로 특정 상황에서는, 반독재자유주의 세력이 '샌드위치' 상황을 맞을 수도 있다. 즉 독재적 보수세력과의 대결에서는 일정한 대중적 기반을 가졌지만, 민주화 이후의 사회경제적 요구에 제대로 부응하지 못함으로써 그 대중적 기반이 축소되는 상황이다. 필리핀 등 동남아시아의 많은 민주화 국가에서는 반독재자유주의 세력이 구 독재적 보수세력으로부터 자립하여 충분한 대중적 기반을 갖지도 못하고, 사회경제적 진보주의를 담지하지도 못해 대중적 지지를 상실하는 경우가 많다. 이것이 많은 민주화 사례에서 나타나는 반독재자유주의 정부의 위기의 구조적 성격이다.

아시아의 많은 나라들에서 신자유주의적 지구화는 이러한 반독재중도자유주의의 사회성을 탈각시키는 방향으로 작동하게 된다. 일종의 중도자유주의의 '탈사회화' 현상이 나타나는 것이다. 이는 반독재자유주의 정치세력이 정치적 민주화의 허들은 통과했지만, 사회경제적 허들은 통과하지 못한 것을 의미한다.

또 다른 경로는 사회경제적 하위주체들의 요구를 급진적으로 반영하는 (급진)진보 정치세력이 제도정치에 진입함으로써 사회경제적 진보주의를 담지하고 추동하는 것이다. 한국의 경우 민주노동당과 같은 형태의 급진정당이 비례대표제에 의해 원내에 진입한 경우를 들 수 있다. 대만 같은 경우는 사회경제적 요구를 대변하는 정당이나 세력이 원내 의석에 진입하지도 못하고, 동시에 반독재자유주의정당 또한 사회경제적 요구를 대의하지 못한 상황이 출현했다.

3. 신자유주의적 지구화의 맥락 속에서의 반독재자유주의 세력의 성격 변화

신자유주의적 지구화의 영향 속에서 반독재자유주의 세력이 어떻게 변화하는지에는 두 가지 가능성이 있겠다. 첫째는 반독재자유주의 세력이 점차 사회경제적 보수주의로 경도되면서, 구 독재적 보수세력의 패러다임에 재복속하게 되는 경우이다. 둘째는 반독재자유주의 세력의 사회성이 강화되어 그들이 사회경제적 진보주의를 담지하는 세력으로 변화하는 경우이다.

전자와 후자의 경우 모두 사회경제적 급진주의를 지향하는 (급진)진보세력이 제도정치에 진입하는가에 영향을 받을 수 있다. 만일 사회경제적 급진세력이 제도정치에 진입하여 사회경제적 진보주의의 요구와 이해를 반영한다면, 이런 상황은 반독재중도자유주의 세력들에게도 정치적인 위협이 된다. 급진진보주의 정당과 경쟁하기 위해 사회경제적 하위주체들의 요구와 이해를 수렴하려고 노력하는 과정에서, 반독재자유주의 세력의 사회성이 강화될 수 있기 때문이다. 반대로 사회경제적 급진세력이 진입하지 못하는 경우 반독재중도자유주의 세력이 사회경제적 하위주체들의 요구와 이해를 독점적으로 대표하게 되는데, 이 경우 사회경제적 보수주의로 경도되는 경우와 사회경제적 진보주의로 경도되는 경우가 있을 수 있다.

4. 정치적 자유화와 경제적 자유화

헌팅턴(S. Huntington)은 민주화의 제2의 물결과 제3의 물결을 구분하였다. 민주화의 제2의 물결은 2차 대전 이후의 현상이라고 할 수 있다. 60년대 이후 역류(reverse wave)를 경험하기까지, 제2물결의 시기는 전후의 부흥과 미국의 헤게모니체제와의 제약 속에서 전개되었다. 민주화의 제2의 물결은 반제민족해방투쟁 등을 통해서 형성해 온 아래로부터의 민주주의를 향한 역량과 냉전의 격화 및 미국 헤게모니체제의 영향 속에서 새롭게 주어지는 글로벌한 제약 조건 속에서 다양한 양상으로 나타났다.[12]

이에 반해 민주화의 제3의 물결은 60·70년대를 통하여 진전된 아래로부터의 민중들의 민주주의 투쟁에 의해서 독재체제가 종결되고 민주주의로의 이행이 본격화된 국면이다. 그러나 그 이후 신자유주의적 지구화라고 하는 새로운 제약 조건과 직면하였다.

신자유주의적 지구화로 촉발되는 새로운 갈등에 의해 각 나라의 민주주의는 상이한 경로로 전개되었다. 이 과정에서 신자유주의적 지구화는 개별 국가의 사회경제적 진보주의를 약화시키면서 사회경제적 보수주의를 강화시키는 방향으로 작동하고 있다. 그것은 신자유주의적 지구화가 자본권력, 시장권력, 기업권력의 강화요인으로 작동했기 때문이다.

---

12 이 시기에는 한편에서 국민국가의 독립과 민주주의의 실현이라고 하는 방향에서 변동이 일어나고 있었음에도 불구하고 다른 한편에서 냉전과 국민국가 내에서의 새로운 갈등—인종 갈등, 계급 갈등 등—속에서 각 나라가 상이한 경로를 밟았다.

이러한 현상을 이해하기 위해서는, 독재에 대한 저항 속에 성장하고 있었던 두 가지 자유를 구별해야 한다. 현재의 현상은 자유를 향한 두 요구 간에 존재하는 긴장 및 갈등과 연관되어 있다. 즉 개발독재에 저항하면서 민주주의를 요구하는 반독재민주화운동 속에는 두 가지 모순되는 요구가 내재되어 있었다. 하나는 '무소불능'의 힘을 가진 개발독재적 국가로부터 시민사회와 민중부문의 자유와 자율을 요구하는 것이며, 다른 하나는 개발독재에서 국가적 지원을 받으면서－나아가 국가－자본 동맹 하에서－성장해 오던 자본과 국가가 시장자율과 기업자율을 요구하는 것이다. 전자를 '정치적 자유화'의 요구라고 한다면, 다른 하나는 '경제적 자유화'의 요구이다. 여기서 경제적 자유화는 개방화, 자율화, 시장화, 노동시장 유연화, 민영화 등으로 상징되는 탈국가적 시장자율을 의미한다. 시민사회와 민중부문은 민주주의를 국가의 억압으로부터의 탈피와 개인의 자유, 자율 증진, 나아가 경제적 평등화, 사회적 차별 극복 등으로 이해하는 반면에, 자본과 시장부문은 민주주의를 '자율'과 '관치경제', 경제에 대한 국가통제의 극복으로 해석하는 것이다. 이 두 가지 요구는 모순적이며 긴장관계를 가지고 있다.

그러나 통상적으로 독재가 붕괴한 이후 구 독재체제의 '민주적 개혁'이 부각되면서 후자보다는 전자가 지배적인 성격으로 존재한다. 즉 구 독재 하에서 정경유착으로 성장한 대기업이나 천민적 시장에 대한 합리적 개혁 등이 문제가 되고, 다양한 사회경제적 하위주체들의 평등 요구가 중요하게 된다. 한국에서도 87년 이후 구 독재적 독점질서의 민주화와 그로부터의 시민사회의 자율화를 지향하는 다양한 운동들이 시민운동이라는 이름으로 전개되었다. 정치개혁, 정당개혁, 국가관료 개혁, 반부패, 정경유착 극복 등 다양한 '정치적 자유화'와 관련된 의제들이 부각된다.

그러나 신자유주의적 지구화, 혹은 그것을 내부화하는 어떤 계기들－대표적으로 97년의 경제위기가 이러한 예이다－에 의해서 점차 후자의 의미가 부각되었다. 더구나 구 독재적인 보수세력과 독점적 지위를 갖는 기득권 세력은 미디어 소유주로 존재하거나 그에 대한 영향력이 강하기 때문에, 자신들의 미디어 수단을 활용하여 민주주의를 자본의 자율성 강화 방향으로 유도한다.

그래서 반독재자유주의 세력들이 집권한 이후에는 구 독재적 독점질서의 개혁이라는 면에서는 일치하면서도, 개방화, 시장화, 자율화 등의 방향을 둘러싸고 갈등과 분화가 나타나게 된다. 즉 신자유주의적 지구화의 영향 속에서 전개되는 민주화의 경제개혁에 있어 '신자유주의적 시장개혁'의 방향과 사회민주주의적·급진적 개혁의 방향이 각축하게 된 것이다. 그러나 대부분의 민주화 국가에서 반독재자유주의 세력의 경제개혁 방향이 전자로 경도되면서, 사회경제적 개혁을 둘러싼 각축의 성격이 변화하게 된다.

이 과정에서 반독재자유주의 세력은 신자유주의적 자유주의 세력과 시장규제적 '사회적 자유주의'세력으로 분화한다. 자유주의 세력 내부에서 후자가 얼마나 강하냐 하는 것이 신자유주의적 지구화와 결합되어 진행되는 민주화 속에서, 신자유주의를 상쇄하거나 보완하는 사회경제적 정책을 선택할 수 있느냐를 결정하게 될 것이다. 신자유주의적 지구화의 국제적 조건은 이들이 정치적 측면에서는 구 독재적 보수세력과 대립하지만, 사회경제적 측면에선 차별성을 갖지 못하게 하는 제약요인으로 작용하게 된다.

신자유주의적 지구화의 압도적인 영향과 제약 속에서 심지어 사회경제적 급진세력들도 시장규제적 급진세력과 더욱 근본주의적 입장을 취하는 반(反)신자유주의적 급진세력으로 분화될 수 있다. 예컨대 한국의 민주노동당 내에서도 성장을 고민하고 그것에 대한 대안을 모색하려는 노력이 나타나는 것도 이러한 현상의 반영이라고 할 수 있다. 이러한 내부 분화를 포함하면서도 급진진보세력이 얼마나 제도정치에 진입할 수 있는가 그리고 강력한 기반을 형성할 수 있는가가 사회경제적 진보주의가 민주화 과정에서 어떻게 구현되는가를 결정하게 된다. 이를 도식화해 보면 아래와 같다.

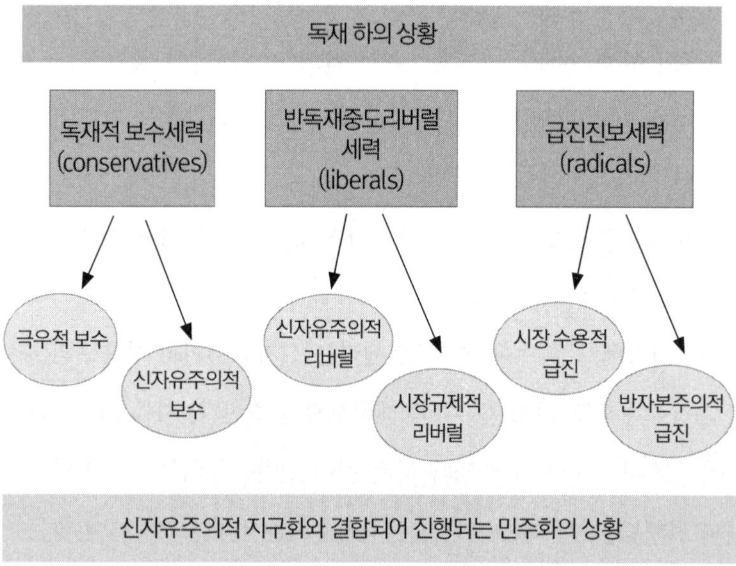

5. 동아시아 경제위기의 영향

신자유주의적 지구화의 영향이 민주화의 경로, 나아가 반독재자유주의 세력의 사회경제적 지향에 보다 직접적으로 영향을 미치게 되는 계기는 바로 97년 동아시아 경제위기였다.

민영화, 개방화, 탈규제 등으로 상징되는 신자유주의적 정책은 독재에서 민주화로 이행하면서 혹은 그 이전부터 이미 정부에 의해 채택되고 추구되었다. 그런데 97년 경제위기는 민주화 과정에서 결정적인 영향을 미쳤다. 즉 97년 경제위기는 더욱 전면적으로 신자유주의적 정책들이 내부화되는 계기가 되었다.

구체적으로 아시아의 여러 나라들이 97년 경제위기에 직면하게 되면서 신자유주의적 지구화의 영향으로 국내적으로는 신자유주의적 구조조정–민영화, 탈규제, 유연화 등–과 대외적으로는 개방화의 정책기조를 내부화한다.

즉 자본과 시장 주도의 질서를 촉진하는 지향과 나아가 대외적 개방경제로의 기조를 촉진하는 지향이 전면화된다. 경제위기가 개별사회에서 미치는 영향은 개별 사회의 조건에 따라 상이하였다.

물론 97년 경제위기는 한편으론 아시아의 많은 나라에서 정치적 자유화와 정치적 민주화를 촉진하는 효과를 가져왔다. 97년의 경제위기는 아시아의 많은 나라에서 구 정치세력과 경제엘리트들의 부패와 무능을 전면화시켰고 이에 따라 정치개혁의 이슈를 국민적 이슈로 부각시켰다. 그로 인해 구 독재적 보수세력의 힘은 약화되었고, 일부 나라에서는 독재체제의 붕괴로 혹은 일부 나라에서는 정권 교체 등이 발생했다.[13] 이는 구 독재적 보수세력 및 독점적 기득권 세력의 저항에 의해서 제약되었던 정치적 자유화가 경제위기를 계기로 오히려 전면화되었다는 것을 의미하였다. 필리핀에서도 경제위기 이후 에스트라다 정부가 등장하였고 태국에서는 지지부진하던 헌법개정 등의 논의가 촉진되면서 97년 헌법이 등장하는 계기가 되었다. 한국에서는 구 독재적 보수세력의 무능이 부각되면서 50년 만에 야당정부로서의 김대중정부가 수립되는 계기가 주어졌다. 말레이시아 같은 경우는 97년 경제위기가 정치개혁의 추동력으로 작용하는 것을 차단하면서 통일말레이국민조직(UMNO: United Malays National Organizations)의 집권을 지속할 수 있었다.

반면에 경제위기는 신자유주의적 지구화가 단순한 외적 조건을 넘어, 국가 내부의 경제정책을 규정하는 내부적 힘과 정책으로 전환되는 계기였다. 97년 경제위기 이후 아시아의 나라들에서는 민영화, 탈규제, 시장자율적 구조조정, 국내시장의 대대적인 개방화 등의 조치가 취해졌다. 이는 국내적인 구 독점적 기득권 세력과 사회경제적 하위주

13 그런데 각 사회의 내부적인 정치적·사회적 갈등상황에 따라서 상이한 결과가 나타나게 된다(이에 대해서는 박사명 편, 2005). 아래의 표는 다양한 경고를 보여주게 된다.

	97년 경제위기 전후의 정치변동
인도네시아	하비비 정부의 와히드 정부로의 변화, 거국내각의 구성, 정치개혁의 추동
태국	차왈릿(Chavalit) 정부에서 추언(Chuan) 정부로 변화, 신자유주의적 정책, 정치개혁의 추진과 그것에 대한 민족주의적·민중주의적 응전으로서의 탁신 정부의 등장(2001년)
필리핀	라모스 정부에서 빈민층을 대변한다고 하는 에스트라다 정부로의 변화
말레이시아	반IMF 정책으로 민족주의적 정서를 동원하면서 정치적 위기의 억압과 관리
한국	50년 동안의 독재적 보수정권시대에서 '민주정권'으로의 전환, 경제위기 극복전략으로서의 친IMF정책의 전면수용 및 신자유주의적 개방화와 구조개혁
대만	경제위기의 타격이 상대적으로 적음

체들의 사회적 각축과 다양한 정치세력들 간의 각축에 영향을 직접적으로 미치게 되었다. 이 과정에서 말레이시아의 마하티르는 반IMF적인-어떤 의미에서는 당면한 신자유주의적 정책들-정책을 선택하는 방향으로 나아갔고, 한국의 김대중정부 같은 경우는 친IMF적인 정책들-외환시장의 전면개방 등-을 취하는 방향으로 나아갔다. 이것은 신자유주의적 지구화라고 하는 국제적인 객관적 조건이 국민국가에 내부화되는 방식에 따라서, 그리고 객관적 조건을 국내세력들이 전유하는 방식에 따라서 상이한 효과가 발생함을 말한다.

신자유주의적 지구화가 내부화되면서 나타나게 되는 중요한 영향 중의 하나는, 반독재자유주의 세력이 경제위기 극복이라는 이름으로 사회경제적 보수주의에 경도되고, 신자유주의적 개방화와 시장 주도 경제로의 이행을 주도하는 세력으로 변화하게 된다는 점이다. 곧 내부화된 신자유주의적 지구화는 반독재자유주의 세력의 사회경제적 진보주의의 경로를 봉쇄하면서 그들의 탈사회화를 촉진하는 힘으로 작용하였다.

6. 한국에서의 반독재자유주의 세력의 정치적 성격과 사회경제적 성격

이러한 논의를 배경으로 한국의 반독재자유주의 세력을 아시아의 자유주의 세력과 비교한다면, 한국의 반독재자유주의 세력은 상대적으로 비타협적인 정치적 개혁주의를 담지하고 있었다고 할 수 있다.

그러나 반대로 사회경제적 진보주의를 체현하지 못하였다고 규정할 수 있다.

1) 강력한 정치적 개혁주의

앞서의 유형에 따르면 한국에서는 반독재적 자유주의 세력이 구독재적 보수세력과의 관계에서 정치적 타협주의보다는 정치적 개혁주의의 지향을 상대적으로 강력하게 견지하였다. 어떤 의미에서 노무현 전 대통령의 '죽음'이 상징하는 것도 바로 독재적 보수세력과 '화해'할 수 없는 비타협적인 정치적 개혁주의라고 생각한다. 물론 이런 비타협성은 한국의 87년 6월 민주항쟁과 광주항쟁 같은 아래로부터의 희생과 투쟁이 제도정치 세력에게 강제하는 것이라고도 할 수 있다.

한국에서 반독재자유주의 세력은 물론 타협적인 영역도 많았지만—아래로부터의 민중운동과 시민운동의 민주개혁운동의 압박 속에서—독재적 보수세력과 비타협적인 대결의 자세를 계속 견지하였다. 그래서 독재적 보수세력 대 반독재적 자유주의(+반독재적 급진민주주의 세력)의 대립구도가 상당히 선명하게 독재 하에서, 그리고 민주화의 과정에서 지속적으로 존재했다. 이것이 정당의 성격에도 그대로 투영되었기 때문에, 97년 김대중정부의 성립—이른바 DJP연합에 의해서 복잡화되고 있지만—을 반독재민주정부의 성립이라고 규정할 수 있었던 것이다.

90년대 이후 일련의 민주개혁 성과들도 이런 속에서 이해할 수 있다. 90년대 이후 진행된 일련의 반민주 악법들의 개폐, 국가인권위원회의 성립, 정보공개법이나 부패방지법의 제정, 헌법재판소의 설립, 지방분권의 진전 등 많은 정치개혁적 의제들은 한국의 반독재자유주의 세력이 아시아의 많은 자유주의 세력에 비해서 정치적 개혁주의에 기초한 저항과 통치를 수행하였다는 점을 보여준다.

2) 한국의 정치적 대립은 지역주의를 제외하고는 상대적으로 선명

이와 달리 많은 아시아의 나라에서 반독재보수세력과 반독재자유주의 세력 간의 관계는 대단히 많이 혼합되어 있다. 사실 독재 하에서의 독재 대 반독재의 전선이 '정치적 이데올로기'를 경계로 하여 선명하게 구성되어 있는 경우는 드물다. 왜냐하면 인종적 갈등, 종족적 갈등, 지역적 갈등, 종교적 갈등, 기타 다양한 역사적·문화적 요인들의 영향으로 인하여 대립이 대단히 복잡하게 구성되어 있기 때문이다. 예컨대 대만의 경우 대만 국민당(KMP)과 민진당(DPP) 간의 대립은 중국 본토인과 대만 토착민이라고 하는 종족적 대립, 중국과의 통일이냐 대만 독립이냐는 국민국가의 성격을 둘러싼 근원적인 대립 등의 성격이 혼종되어 있어, 매우 복잡하다.

또한 앞서 서술하였듯이, 많은 아시아의 민주화 국가들에서 독재적 보수세력과 반독재자유주의 세력의 경계가 모호해질 정도로 후자의 자립성과 비타협성은 취약하다. 이는 필리핀의 아로요 정부가 구 군부독재세력과의 유착을 통해, 자신의 권력을 유지하는 것에서 상징적으로 드러난다. 이런 점에서 한국은 '포스트과두제'적 유형 중에서도 상대적으로 반독재자유주의 세력의 비타협적인 정치적 개혁주의가 강한 국가로 분류할 수 있다.

사실 이러한 독재적 보수세력 대 반독재세력 간의 대립의 선명성은 독재 하에서의 운동의 전개과정, 지배권력과 민중의 관계의 변화에 따라서 규정된다.

돌이켜 보면, 독재 후반기에 독재의 정치적 기반이 균열되어 가면서 독재세력 내부에서도 타협적 정책들을 구사하고자 시도하였다. 85년경 '이민우의 내각제 시도'도 그러한 예라고 할 수 있었다. 이때 양김으로 대표되는 반독재자유주의 세력은 이를 기각하고, 87년 6월 민주항쟁으로 가는 아래로부터의 반독재민중항쟁의 경로를 선택하였다.

문제는 독재적 보수세력과의 관계에서 형성된 그러한 선명성이 반독재민주정부의 수립까지 지속적으로 이어지는가 하는 것이다. 한국에서도 이러한 선명성이 약화되는 여러 계기가 있었다. 아마도 그 첫 번째의 사례는 87년 양김 분열 이후의 지역주의의 구도의 등장일 것이다. 87년 양김의 분열로 인하여, 87년 이전의 선명한 '독재 대 반독재'의 대립 구도는 '지역주의적 대결'에 의해 '복잡화'된 구도로 변화되었다. 독재 하에서도 곧 80년대 '민주화추진협의회(민추협)' 등에서도 김영삼과 김대중의 대결 구도가 일정한 지역적 대립 구도와 결합되어 있었던 것이 사실이다. 그러나 지역갈등은 독재 대 반독재의 구도를 압도하기보다는 부차화된 지위를 점하고 있었다. 둘째는 90년 3당 합당 같은 것이다. 이것은 독재 하에서 독재적 보수세력과 반독재자유주의 세력 간에 존재하던 선명한 대치선을 약화시키게 된다. 3당 합당은 구독재적 보수정당 내부에 '민주파'를 출현시키는 계기가 되었고, 이후 이명박정부와 같은 '신보수정부'의 출현의 기반이 되는 사건이기도 했다.

3) 반독재자유주의 세력의 사회경제적 성격을 규정하는 3가지 요인

반독재자유주의 세력의 성격을 조명함에 있어 우리는 그 사회경제적 성격을 분석하지 않을 수 없다. 앞서 나는 사회경제적 보수주의와 사회경제적 진보주의를 구분한 바 있다. 한국의 반독재자유주의 세력은 신자유주의적 지구화의 영향 속에서 전개된 민주개혁의 각축과정에서 사회경제적 진보주의로 나아가지 못하고 사회경제적 보수주의에 머무르게 되었다고 나는 생각하다.

신자유주의적 지구화와 결합된 민주화의 맥락에서 반독재자유주의 세력의 사회경제적 성격을 규정하는 3가지의 요인을 생각할 수 있다. 그 첫째는 사회경제적 진보주의의 제약하는 자본권력(과 보수적 사회권력)의 힘이고, 그 둘째는 신자유주의적 지구화의 내부화 효과이며, 그 셋째는 반독재자유주의 정치주체들의 전략적 능력을 들 수 있다.

먼저 한국경제의 성장과정에서 강화된 자본권력은 반독재자유주의 세력의 사회경제적 진보주의를 제약하는 거대함 힘으로 작용하게 되었다. 개발독재(혹은 종속적 파시즘)에 의해서 주도된 자본주의화 과정이 진전되면서 개발독재국가의 '하위파트너'로 성장한 자본권력이 이제 '제 발로 서서' 한국의 경제를 지배하게 된 것이다. 독재 하에서 사회경제적 진보주의는 군부독재에 의해 폭압적으로 억압되었다고 한다면, 이제 독자적인 물적 기반을 확보한 자본권력이 다양한 방식으로 국가를 제약하는 힘으로 작용하고 있다. 이러한 과정은 이미 80년대 이후, 심지어 87년 이후 노동의 도전 속에서도 지속적으로 확대·강화되어 왔다. 이제 자본권력은 시장을 통한 자율적인 방식으로 사회경제적 진보주의가 전면화하는 것을 제약한다.

이러한 방식은 여러 가지가 있을 수 있는데, 그중 하나의 방법은 자본이 후원하는 다양한 '이데올로기적 기구들'(예컨대 친자본 싱크탱크나 보수적 미디어)이 시장자율이나 탈규제 같은 담론들을 국민적 담론으로 만드는 방식이다. 또 다른 방법의 하나는 반독재민주화운동을 배경으로 제도정치인이 된 386정치인들을 '삼성장학생'으로 만드는 방식으로, 반독재자유주의 세력의 사회경제적 성격을 제한하였다.

둘째는 신자유주의적 지구화의 흐름을 내부화하는 방식이다. 97년 동아시아의 경제위기는 다양한 방식으로 개별 국가들에서 개방화와 시장중심적 질서를 강화하는 데 기여를 하였다.

사회에 따라 신자유주의적 지구화라고 하는 '공통의 조건'이 어떻게 해석되고 전유되는가는 대단히 다르다. 즉 '내부화'가 다를 수 있다. 포스트과두제적 유형의 사회인 한국 같은 경우에서도 친미적 사고가 강력하고 개발독재적 산업과 과정에서 형성된 '근대화론'적 인식이 강하기 때문에, 개발독재 시기에 일면적으로 서구적 산업화 모델을 수용하고자 했던 것처럼 신자유주의적 모델을 적극적으로 모방·수용하고자 하는 경향이 강하게 나타난다. 이에 신자유주의적 지구화의 효과 속에서 개방화, 자율화, 시장화, 민영화 등 워싱턴 컨센서스로 표현되는 정책들이 절대우월한 것으로 인식되고 수용될 수 있었다. 이는 정치적 포스트과두제 유형에 포괄할 수 있는 한국의 지리정치학적 위치, 곧 냉전의 첨예한 대립지점인 동(북)아시아에 위치하고 있는 것과도 연관이 되어 있다.

한국(대만과 함께)은 전 세계 지역 중에서 친미적 세계관이 상대적으로 성공적으로 착근한 동아시아의 대표적인 사례라고 할 수 있다.[14] 치열한 냉전의 전장(戰場)이었던 동(북)아시아에서 대만과 한국은 각각 중국과 북한의 공산화로부터의 '위협'과 직면했다. 미국과 서방 자유진영은 바로 이런 위협으로부터 해당 국가의 안보를 보호하는 나라였다. 더구나 분단(分斷)으로 인하여 대만과 남한이 상대적으로 동질적인 극우적 공간이 되었기 때문에, 60년대 이후 미국식의 근대화 전략에 가장 적극적으로 부응했다. 또한 90년대 이후 워싱턴 컨센서스에 기초한 신자유주의적 정책들—친세계화적인 개방정책과 내부적인 시장화 정책들—이 가장 열정적으로 수용되고 환호되었던 나라들이 되었다. 이것은 훨씬 '근본주의적'인 신자유주의적 정책들이 한국에서 추구된다는 것을 의미한다. 예컨대 앞서 지적하였듯이 97년 외환 위기 당시 아시아의 권위주의적 지도자인 말레이시아의 마하티르는 IMF의 권고에

14 친미주의의 성공적인 착근은 공산주의와의 치열한 대결의 공간이었던 동북아시아의 조건에 의해 크게 도움을 받았다고 할 수 있다. 한국, 대만, 홍콩, 싱가포르 등의 '4마리 용'이 포진하는 지역이 바로 동아시아였다는 점은, 공산주의와 치열한 대결의 공간에서 미국의 전후 패러다임이 가장 패권적이고 헤게모니적으로 관철된 공간이 관철되고 미국이 추동하는 친미주의적인 모방적 전략이 총력적으로 추진되고 그 과정에서 지적 식민주의가 강화되었음을 보여준다. '4마리 용' 중에서도, 한국과 대만은 미국의 아시아에서의 대공 봉쇄전략에 의하여 그 생존이 확보되었기 때문에 미국에 대한 지적, 정신적 일체감은 여타 나라에 비하여 상대적으로 강하였다고 할 수 있다. '혈맹'(血盟)이라는 단어가 하나의 '합의'처럼 사용되는 것도 바로 이러한 지적·정신적 조건에 기인한다고 하겠다(조희연, 2006b).

반하는 고정환율제의 도입 등 반IMF적 정책을 선택했다. 반면에, 아시아의 반독재야당 지도자 중에서 가장 진보적이라고 할 수 있는 김대중은 IMF의 권고에 가장 잘 부응하는 정책들–금융시장, 자본시장, 주식시장의 전면적인 개방, 고금리 정책 등–을 선택하였다.[15]

사실 개방화와 민영화, 시장자율화 등으로 상징되는 신자유주의적 정책들은 사실 80년대부터 추구되었다. 그러나 군부독재정권들은 자신의 정치적 약점 때문에 오히려 적극적인 신자유주의적 정책을 선택할 수 없었던 반면에, 정치적 정당성을 갖는 민주정부들에서 오히려 보다 적극적인 친신자유주의적 정책들을 추구하였다는 점은 역설적이다. 93년 김영삼정부 하에서 세계화 정책들이 본격적으로 전면화되기 시작했으며 김대중정부 하에서 외환 위기 극복이라는 명분으로 자본시장, 금융시장의 전면 개방 등 본격적인 신자유주의적 정책이 내부화되기 시작했다. 또한 정치개혁에 있어 상대적으로 전투적인 지향을 갖고 있는 노무현정부–민주정부 2기 혹은 문민정부 3기–에서 한미FTA를 보다 적극적으로 추구하는 결과가 나타나기도 했다.[16]

대만과 한국에서–특히 한국에서 더욱 강력하게–신자유주의적

15 한국과 같이 IMF 등 국제금융기구의 제언이 신비화되어 수용되는 구조 하에서는 IMF의 권고사항을 수용하지 않는 것이 '역적'으로 비난받는 분위기가 조성되었다. 반면에 말레이시아는 마하티르가 권위주의적 지도자임에도 불구하고 이슬람권의 강력한 반미주의적 분위기, 이슬람근본주의정당의 도전에 의해서 마하티라를 고정환율제의 도입 등 반IMF적인 경제위기 대응전략을 선택하였다. 이것은 신자유주의적 지구화라는 국제적 제약조건이 개별 국가에 수용되는 것이 매개적 요인들에 의해서 상이할 수 있음을 알려준다.

16 대만의 천수이벤 정부 역시 보다 전면적인 개방화, 탈규제, 통신, 전기 등 주요 국영기업들의 민영화, 시장자율의 증대, 금융시장의 확대된 개방 등 보다 확대된 신자유주의적 정책들을 선택하고 시행하였다.

정책들이 추구될 수 있었던 것은 자본 내부의 헤게모니 구성 때문이기도 했다. 즉 한국과 대만의 경우는 개발독재 하에서 성장한 대자본이 보다 적극적으로 개방화와 자율화 등의 정책을 추구하여 전지구적 자본 축적 과정에 대응하고자 하였기 때문이다. 특별히 삼성, 현대 등 한국의 대자본들은 이미 국민국가적 경계를 넘는 광범한 해외 진출을 하고 있었기 때문에, 97년 경제위기를 매개로 하여 한국 경제가 전면적인 개방경제로 나아가는 것을 추동하였다. 구제금융의 대가로 IMF가 요구하는 일련의 '워싱턴 컨센서스'적 정책들–탈규제화, 금융시장 등의 전면적인 개방화, 고금리 정책 등과 결합된 시장 중심적 구조조정 등–이 대자본의 이해관계와 일치했던 것이다. 이는 김대중정부의 외환 위기 극복 노력과 맞물리면서 성공적으로 현실화되었다. 동남아시아의 여러 나라들에서는 일부 대자본들이 글로벌 자본 축적을 추구하지만, 이들이 자본 내부에서 헤게모니를 갖는 것은 아니기 때문에 다수의 자본들은 민족주의적 담론에 의존하는 방식으로 신자유주의적 지구화에 대응하게 된 경우가 있었다. 여기서 우리는 신자유주의적 지구화의 효과가 상이한 물적·이데올로기적 조건에 따라서 상이한 결과로 내부화 된다고 말할 수 있다.

한국 사회가 이른바 '97년체제' 하에서 신자유주의적 자본주의로 이행했다고 할 때 그 신자유주의의 의미는 무엇일까? 개방화를 통해서 글로벌 자본주의 질서에 더욱 유기적으로 편입되고 이로써 한국자본주의의 재생산과정이 국내적인 자본권력(과 그것을 지원하는 개발독재국가권력)만에 의해서가 아니라 외국 자본에 의해서 더욱 깊숙이 통제·지배되는 상태로 이행하게 된 것을 의미한다. 김대중정부 하에서 IMF 경제위기극복이라는 이름으로 진행된 금융시장의 개방 및 자본시장의 개방 등이 이러한 전환의 결정적 계기였음은 두말할 나위가 없다.

사실 김대중정부 하에서의 개방경제로의 이행은 이후 '경로의존적'인 방식으로 노무현정부 하에서도 그 기조가 지속되도록 영향을 미쳤다.

반독재자유주의 세력의 사회경제적 기조가 사회성을 강화하는 방향으로 나아가지 못하고 신자유주의적 기조로 정착하게 된 것은 왜일까? 한편에서는 개발독재를 통하여 자본의 힘이 한국 사회를 좌우하는 독자적인 힘으로 성장했기 때문이고, 다른 한편에서는 국내적인 자본권력에 기초한 자본주도적인 시장체제가 97년 위기를 계기로 개방화 체제로 이행하게 되면서 더욱 강화되었기 때문이다.[17] 한국의 반독재자유주의 세력이 정치적 개혁주의를 통하여 포스트과두제적 유형을 실현했음에도 불구하고, 신자유주의적 지구화와 결합된 민주화의 맥락 속에서 사회경제적 진보주의를 상실하는 방향으로 나아간 것이다.[18]

---

17 이러한 개방화적 구조로 전환되면서, 자본주의의 변혁이 이전에는 일국적이었다고 한다면, 이제 글로벌한 자본의 힘의 제약을 극복하지 않는 한 그러한 일국적인 변혁은 이제 가능하지 않은 현실로 변화하게 된 것이다. 개방화 구조는 변혁적 사고에서도 변화의 전기를 동반한다.

18 반독재자유주의 세력이나 그들이 집권하는 민주정부에 대한 신자유주의화 지구화의 이러한 제약 효과는 구조결정론적인 것으로 파악될 필요는 없다. 반독재민주화 과정에서 얼마나 사회경제적 진보주의를 담지하는 세력들이 강한가, 반독재중도리버럴 세력의 사회경제적 진보성이 얼마나 강한가 하는 주체적 요인들이 작용할 수 있다. 또한 더 나아가 민주화 이후 확장된 민주주의적 정치공간에서의 각축의 결과에 영향을 받는다. 상대적으로 정치적 신과두제와 달리 정치적 포스트-과두제 하에서는 다양한 시각들이 공개적 각축을 벌일 수 있는 공간이 크다고 할 수 있다. 정치적 신과두제 하에서는

4) 사회경제적 개혁의 2측면

물론 반독재자유주의 세력(혹은 민주정부)이 사회경제적 보수주의로 경도되었다고 하는 것이, 아무런 사회경제적 개혁을 하지 않았다는 것을 의미하는 것은 아니다. 내가 볼 때, 사회경제적 개혁은 사실 정치개혁의 연장선상에서 수행할 수 있는 개혁의 영역과 그것과 구별되는 '반신자유주의'적인 독립적이고 사회경제적 개혁의 영역으로 나누어 볼 수 있다.

한국의 반독재세력, 반독재민주정부는 전자와 관련하여 일정한 개혁을 수행하였다. 출자총액제도 제한, 재벌의 문어발식 경영에 대한 견제, 금산 분리, 98년 국민기초생활보장법의 실시, 98년 경제위기의 극복과정에서의 각종 실업극복 지원정책들, 재벌의 경제적 독점을 완화하는 '벤처지원정책', 서울 및 수도권의 경제적 집중을 완화하고자 하는 지방분권과 관련된 경제정책들, 사회복지 예산의 확대 등 다양한 노력들을 경주한 것이 사실이다.

그러나 후자와 관련된 '반신자유주의'적이고 독립적인 사회경제적 영역에서는 대단히 제한적이었다. 특히 개방화 정책과 관련해서는, 과

반신자유주의적인 목소리가 상대적으로 주변화될 가능성이 크다. 그러나 포스트-과두제적 사회에서는 상대적으로 공간이 크다. 그러나 거기에도 극단적인 친신자유주적 담론에서부터 사회경제적 개혁담론과 결합된 개혁개방자율화정책의 수용, 공화주의적 요소가 가미된 완충된 친신자유주의적 담론, 급진적인 반신자유주의담론이 나타날 수 있다. 각축의 공간이 커진다고 할 수 있으며 이러한 각축 과정에서 신자유주의적 정책이 어떤 함의에서 어떤 질적 성격을 가지면서 구현되는가 하는 것은 상이할 수 있다. 아주 극단적인 형태의 신자유주의적인 정책이 추구되는 나라도 있으며, 상대적으로 내부적인 사회적 요구들과 신자유주의적 정책들이 절충되면서 진행되는 경우도 있다.

거 반독재적 보수세력과 동일한 경제패러다임을 공유하고 있었다. 한국경제의 활로를 개척하기 위한 개방화 촉진 정책, 금융시장의 활성화 정책, 노동시장 유연화 정책, 기업에 대한 각종 규제 완화 정책, FTA 확대 정책 등은 90년대 이후 독재적 보수세력이 주도한 정부의 정책과 연속선상에 있었다.

국내적인 사회경제적 정책에서 정치개혁의 일환으로 추진된 각종 사회경제적 정책들은 일정한 성과이기는 하였지만, 신자유주의적 지구화가 새롭게 동반하는 파괴적인 영향들—예컨대 양극화나 소득 분배의 악화, 비정규직, 실업 등의 증가, 자영업자층의 불안정화 등—을 상쇄할 수 있을 정도로 확대되지는 못하였다. 결과적으로 정치개혁의 연장으로 추진된 각종 사회경제적 개혁정책은 그 의미가 퇴색하였고, 사회경제적으로 불철저한 세력으로 인식되게 되었다.

여기서 흥미로운 것은 민주화 과정에서 출현한 반독재자유주의 세력이 새로운 도전으로서의 신자유주의적 지구화에 대응하여, 스스로가 사회경제적 진보주의를 견지하고 관철할 수 있는가 하는 것이다. 예컨대 개방화의 도전은 반독재민주화운동의 과정에서 반독재세력에게 주어지지 않았던 도전이었다. 반독재자유주의 세력의 저항성과 진보성은 기본적으로 독재 대 반독재의 대립이 세계화의 영향이 전면화되지 않은 초기 산업화의 모순에 대응하는 것이었고, 이 점에서 지구화의 모순에 대응하는 형태는 반독재세력에게 하나의 공백이라고 말할 수 있다. 이런 점에서 한국의 반독재자유주의 세력은 반독재민주화운동에서 쟁점화되지 않았던 사회경제적 정책영역에서 독재적 보수세력과의 차이는 매우 적었다고 말할 수 있다.

신자유주의적 지구화의 일정한 '헤게모니적' 성격은 바로 기존의 독재 대 반독재의 대립구도를 부정하는 것이 아니라, 그 의미를 주변화시키거나 전치(轉置)시키는 방식으로 영향을 미쳤다. 반독재자유주의 세력 중의 다수는 시장규제적 자유주의 세력(사회적 리버럴)이기 보다는, 신자유주의적 자유주의 세력으로 변화되어 갔다고 할 수 있다.

한국에서 반독재중도자유주의 세력(반독재민주세력이 집권세력이 된 '민주정부 10년')이 비정규직 문제나, 양극화, 소득 분배 악화 등과 같은 이슈들과 대결하지 못한 결과는 참혹했다. 또한 구 독재적 보수세력과의 관계에서는 일정하게 자립성을 갖고 사회적 기반을 확보하였으나, 다양한 사회경제적 하위주체들과 괴리됨으로써 점차 사회경제적 차원에서의 대중적 기반을 상실하게 된다. 아시아의 많은 나라들에서 신자유주의적 지구화는 이러한 반독재중도리버럴의 사회성을 탈각시키는 방향으로 작동하게 된다. 일종의 중도자유주의 세력의 '탈(脫)사회화' 현상이 나타나게 된다. 이 점은 남미의 민주화 이행 국가들이 신자유주의적 궤도를 이탈하여 反(반)신자유주의적 급진개혁의 경로로 들어선 것과는 구별된다.

이처럼 반독재자유주의 세력과 반독재자유주의정부가 사회경제적 진보주의를 구체화하여 '민주주의의 이름으로' 대중들의 사회경제적 문제를 해결하는 방향으로 나가지 못하게 되면서, 역설적으로 대중들은–정치적 개혁주의에 한정된–민주주의에 대한 실망과 좌절을 갖게 되었다. 이는 반독재자유주의의 정치적 헤게모니의 주요한 기반이 되는 대중의 민주주의에 대한 지지와 신뢰를 약화시키는 결과를 낳게 되었다. 이는 연쇄적으로 반독재자유주의 세력의 정치적 기반을 균열시켰다.

5) 반독재자유주의 세력의 사회경제적 좌절이 민주주의에 대한 불신으로: '신보수정부' 등장의 의미

이처럼 민주화가 신자유주의적 지구화라는 국제적 조건과 내부의 강력한 자본권력, 주체적인 전략적 능력의 취약성 등에 의해 제약되고, 민주화가 정치적 개혁주의를 넘어 사회경제적 진보주의로 발전하지 못하게 되었다. 이에 대중들은 민주주의 자체에 불만을 표출하게 된다. 대중들 사이에 '독재시대의 기억'이 선명하게 존재하고 있을 때에는 이러한 불만들이 주변화될 수 있었으나, 점차 시간이 흐르면서 '민주화의 성과' 자체가 '주어진' 것으로 인식된다. 이에 따라 대중들은 자신들의 사회경제적 문제를 해결하지 못하는 반독재자유주의 민주정부, 나아가 그것이 담지하는 민주주의 자체에 대한 불만과 회의를 표현하게 된다. 반독재자유주의 세력의 '사회경제적 좌절'이 민주주의에 대한 불신으로까지 이어진 것이다. 이러한 현상은 아시아의 거의 대부분의 포스트독재 정부 혹은 민주정부에서 나타난다. 많은 아시아 나라에서 역설적으로 민주화의 '역전'은 사실 '반독재민주정부'를 겪으면서 나타났다.

민주화의 '사회경제적 성취'의 이러한 지체(遲滯)는 대중들의 불만을 '신개발주의'로 전유(專有)하는 보수세력이 다시 정권을 획득하는 결과로 나타났다. 2008년 한국에서의 이명박정부나 대만에서의 마잉주정부의 성립이 이런 의미이다. 결국 사회경제적 진보주의는 아시아 민주화의 최대의 장애물이었다고 평가할 수 있다. 아시아의 민주화가 '사회경제적 진보주의'적 돌파를 행하지 못한 데서, 새로운 보수정권이 등장하거나 민주화 자체가 역류(태국 등)하는 과정이 나타났기 때문이다. 이런 의미에서 반독재자유주의 정부의 종언과 '신보수정부'(조희연, 2008a)의 등장은 "민주주의를 급진적으로 확장하지 못한 진보에 대한 대중의 복수"라고 표현할 수 있다.

반독재자유주의 세력이 사회경제적 진보주의 장애물을 넘지 못함으로써 출현한 신보수정부의 성립은, 역으로 반독재자유주의 세력의 최대의 정치적 자산이라고 할 수 있는 '정치적 개혁주의'의 국민적 의미를 희석시키거나 주변화시키게 된다. 독재적 보수세력 대 반독재자유주의 세력의 관계를 규정하는 정치적 타협주의와 정치적 개혁주의는 기본적으로 '독재의 유산'을 민주적으로 개혁하는 과제를 중심으로 설정된 것이라고 할 수 있다. 그러나－비록 많은 의제 영역(예컨대 국가보안법 등)에서 미완성으로 남아 있지만－신보수정부의 성립은 '정치적 타협주의 대 정치적 개혁주의'의 콘텍스트가 주변화되고, 새롭게 '친기업적 사회경제적 보수주의 대 새로운 사회경제적 진보주의'의 콘텍스트가 출현하는 전기라고 할 수 있다.

여기서 나는 민주주의의 급진적 잠재력을 사회경제적 차원으로 확장함으로써 '민주주의의 이름으로' 대중들의 삶의 문제를 풍요롭게 하는 것, 그것을 '민주주의의 사회화'라고 표현한다. 이를 위한 민주주의에 대한 급진적 확장의 관점을 '급진민주주의'라고 부른다.[19]

19 이에 대해서는 조희연(2009b)와 조희연 · 장훈교(2009) 참조.

7. 한국의 반독재자유주의 세력과 파퓰리즘
-"노무현정부는 충분히 '파퓰리즘'적이지 못했다"

마지막으로 이 절은 앞서 서술한 3번째 요인, 즉 반독재자유주의 정부의 전략적 능력과 관련된 사항을 '파퓰리즘'(populism)이라는 문제로 접근해 보고자 한다.

슬라브예 지젝(2008)은 『전체주의가 어쨌다구?』에서 다음과 같이 말하고 있다.

> "'전체주의'는 그것이 걸어온 길 전체를 통해서 자유민주주의를 비판하는 좌파들을 우파 파시스트 독재의 전도된 형태이자 '쌍둥이' 형제로 매도함으로써 '자유급진파들을 순화시키고' 자유민주주의의 헤게모니를 보장하는 복합적 임무를 수행해온 이데올로기적 관념이었다... 일단 '전체주의'라는 관념을 받아들이는 순간, 우리는 자유민주주의라는 지평 속으로 확고하게 매몰되기 때문이다. 따라서 ...'전체주의'라는 관념은 효과적으로 사용할 수 있는 이론적 개념이 전혀 아니며 오히려 일종의 구멍마개(stopgap)라는 것이다. 그것은 우리에게 사유할 수 있는 힘을 북돋워 주거나 역사적 사실들을 새롭게 서술할 수 있는 통찰들을 열어주는 개념이기는커녕 우리를 사유의 의무에서 면제시키거나 혹은 적극적으로 아예 생각이란 것을 하지 못하도록 틀어막아 버린다" (14-5).

전체주의라는 가상의 적 속에서, 우파와 좌파의 근본적인 차이가 소멸하며, 이 과정에서 좌파의 상상력이 제한되는 것에 대한 지젝의 비판이라고 할 수 있다. 전체주의에 대한 지젝의 이러한 '역설적 독해'는 심지어 이러한 스탈린주의, 파시즘 등에까지 확장된다. 그는 "진리를 앞세워 폭력과 공포를 휘둘렀던 혁명적 실험들, 곧 프랑스 혁명의 자코뱅, 러시아혁명과 스탈린 체제, 마오쩌둥의 문화혁명이 여기서 적극적으로 또는 긍정적으로 참조된다. 이 실험들이 실패했다는 것은 분명하지만, 거기에는 분명히 '해방적 고갱이'가 거기 있었다"고 지젝은 말한다. 나는 여기서 이런 방법을 '파퓰리즘'에도 적용해 보고자 한다. 파퓰리즘이라는 표현을 사용할 때, 우리가 응당 주목해야 할 '합리적이고 급진적 요소'들까지도 '억압'될 수 있다는 점에 주목하고자 한다.

1) 파퓰리즘의 '해방적 고갱이'?

파퓰리즘(populism, 민중주의)을 부정적으로 파악하는 이들은, 파퓰리즘을 '대중주의', '인기영합주의'와 동일시한다. 제도적 수단을 비제도적 수단으로 무력화하는 방법을 통해 대중의 지지를 획득하는 방법이라고 보는 것이다. 그러나 나는 다르게 본다. 파퓰리즘은 근대 민주주의에서 정치의 중심이 되는 '제도화된 정치'와 사회 간에 존재하는 괴리에서 발생하는 대중의 불만과 요구가 비제도화된 정치의 통로를 통해서 분출하는 현상이기 때문이다. 통상 이러한 민중주의 전략은 우익 권위주의 정권이 활용한다. 한국에서도 박정희의 개발독재도 그러한 성격을 갖는다고 할 수 있다.[20] 이처럼 보수와 우익에 의해서 전유되는 '제도화된 정치와 사회의 괴리'에서 발생하는 새로운 정치의 동력

20 나는 2007년 이른바 '진보논쟁' 과정에서 참여정부의 '실패'요인과 관련하여 '진보적 민중주의'의 부재를 지적한 바 있다(조희연, 2007d; 2007e; 2007f).

을 급진적 입장에서 전유할 수 있는 가능성은 없는가? 이것이 나의 문제의식이다. 왜냐하면, 라클라우가 이야기하는 바와 같이 "민중주의적 파열(rupture)를 낳는 조건은, 복수의 요구들이 그것을 수용할 수 없는 제도적 체계의 점증하는 무능력과 공존하는 상황이다"(E. Laclau, 2005: 11). Francisco Panizza는 이런 점에서 아래와 같이 밝힌 바 있다.

> "민중주의적 실천은 기존의 사회적 · 정치적 제도들이 정치적 주체들을 상대적으로 안정적인 사회적 질서로 한정하고 규율하는데 실패하는 데서 발생한다... 그것은 통상적인 정치가 없을 수 없을 때 나타나는 정치의 언어이다. 그것은 불안정과 탈정렬(de-alignment)의 시대 특징적인 동일시 양식(mode of identification)이며 그것은 기존에 사회를 구조화했던 라인과는 다른 사회적 경계에 대한 급진적인 재획정을 포함하고 있다. 그것은 정치적 담론에 의해서 변화를 추구하고 새로운 사회적 관계를 명확하며 정치적 전선을 재규정하고 새로운 정체성을 구성하고자 하는 정치적 호소이다(Francisco Panizza, 2005: 9)."

파퓰리즘이라고 표현되는 어떤 정치적 현상의 이면을 읽어야 한다. 즉 잠재성으로 존재하는 탈정치성을 어떻게 정치화할 것인가의 질문이 파퓰리즘이란 현상과 결합되어 있다. 나는 파퓰리즘을 제도적 통로에 의해서 반영되지 않는 대중들의 특정한 정치적·사회경제적 요구들이, 특정한 정치지도자 혹은 세력이 수용·자기화하는 것, 그리고 그를 통해 자신의 대중적인 정치적 기반을 강화하는 것을 의미한다고 본다. 제도권에 의해서 실현될 수 없는 사회경제적 요구를 수용하는 방식을 통해, 대중과 직접적으로 결합하는 관계를 창출하는 것이 파퓰리즘에서 발견해야 하는 '진보적인 합리적 핵심'이라고 생각한다. 물론 파퓰리즘이라는 현상 속에 내재해 있는 부정적이고, 비민주주의적 요소를 극복해야 한다는 점을 인식해야 한다. 하지만 파퓰리즘에는 제도권 내의 기득권적인 권력이 차단하는 대중의 '억압된', '소외된' 요구와 이해가 그러한 차단을 넘어서서 실현되는 과정이 존재한다는 것 또한 인정해야 한다.[21] 이런 의미에서 우리가 파퓰리즘이라고 부르는 것의 '해방적 고갱이'를 이야기할 수 있다면, 바로 이것이라고 생각한다.[22]

나는 앞서 이야기한 반독재자유주의 세력의 '전략적 능력'이라는 관점에서 볼 때, 노무현정부는 '사회경제적으로 충분히 파퓰리즘적이

---

21 이 점에서 여러 가지 정치적 약점과 단점을 가지고 있지만, 지젝은 차베스의 실험에 대해, "'자기 몫이 없는 자들' 곧 빈민들과의 특권적 연대라는 방식으로 민주주의 형식 안에서 일종의 '프롤레타리아 독재'를 실험하고 있다"고 평가하고 있다.

22 파퓰리즘과 민주주의의 관계도 독특하다. 민주주의는 민중들이 쟁취한 저항의 성취물이지만 그것은 이후 정착된 이후에는 사회적 내전을 관리하고 사회를 안정화하는 기능을 한다. 저항의 성취물이기 때문에 그것이 정착된 이후에는 그만큼 대중적 지지를 갖는 제도가 된다. 그런데 기존의 기득권적인 권력들은 새롭게 민중들에 의해 '주어진 현실'이 된 그러한 제도를 전제로 하면서 그것을 부단히 형식화하고 기존의 권력질서와 모순되지 않는 방향으로 작동하도록 한다. 그런 점에서 민주주의 제도도 혁명적인 투쟁을 통해서 쟁취된 것이지만, 이후에 그 자체가 혁명적 기능을 하는 것이 아니고 오히려 지배의 '형식'으로 된다. 사실 모든 제도적 질서는 이런 성격을 띤다. 바로 그러한 제도화된 질서를 뛰어넘는 '장외'의 대중투쟁과 운동정치가 존재하지 않고서는 기존하는 제도적 질서는 민중들의 요구의 일정 부분만을 수용하고 그렇지 않은 요구들은 배제하는 효과를 갖는다. 여기서 제도적 질서가 수용하지 못하는, 혹은 제도적 질서에 재생산하는 권력이 수용하지 못하는 민중들이 특정한 요구와 이해가 존재하게 된다. 파퓰리즘은 바로 이러한 요구와 이해를 '전유'하는 방식으로 작동하고 그것은 권력이 자신의 대중적 기반을 강화하는 결과로 나타나는 것을 의미한다. 단지 제도정치에 대해서 운동정치의 특정 요구와 이해를 '강제'하는 것이나 대중의 직접행동을 통해서 특정 요구와 이해가 '분출'하는 방식으로 주어지는 것과는 다르다. 이러한 과정은 대중으로부터 '아래로부터' 권력에게 주어지는 것이라고 한다면, 파퓰리즘이라고 할 때, 그것은 기본적으로 권력으로부터 대중으로의 '위로부터의' 과정으로 전개되는 것을 의미한다.

지 못했기 때문에 좌절했다'고 생각한다. 이는 많은 보수적 미디어가 노무현정부의 '파퓰리즘'을 비판한 것과 대립하는 견해이다. 심지어 진보적 학자들도 노무현정부의 파퓰리즘적 성격에 대해서 비판하였다. 그러나 노무현 세력은 파퓰리즘적이어서 실패한 것이 아니라, 진정으로 정확한 지점에서 파퓰리즘적이지 못해 실패한 것이다. 진보세력 혹은 급진진보세력이 노무현정부의 '실패'로부터 배워야 하는 지점이 여기라고 생각한다.

2) 노무현과 탁신

앞서도 지적하였듯이 나는 한국의 반독재자유주의 세력의 상대적이고 비타협적인 정치적 개혁주의를 인정하였다. 특별히 노무현정부의 경우는 그러하였다고 생각한다. 그러나 노무현정부는 정치적 의제-예컨대 지방분권과 부패, 탈권위주의, 정당 개혁 등-에선 비타협적인 개혁을 지향하였지만, 국내적으로 강력해진 자본권력의 힘과 국제적으로 신자유주의적 지구화의 제약 효과에 정면으로 대결하는 사회경제적 진보주의를 실현하지 못하였다. 4대 개혁입법 추진 과정은 바로 이 문제를 보여주는 대표적인 사례이다.

2004년 선거에서 열린우리당이 원내 다수당이 되었을 때, 열린우리당과 참여정부는 "과거사 청산, 국보법폐지, 언론개혁, 사립학교개혁"을 위한 '4대 개혁입법'을 추진하였다. 물론 이 자체가 보수세력의 거대한 사회적 저항과 자체 분열로 인하여 일부만 실현되고 전체가 실현되지 못하였고 이로써 오히려 정치적 위기에 직면하게 되었다. 나의 시각에서 이러한 4대 개혁입법은 당연히 실현되어야 하는 것이다. 하지만 오히려 문제는 이러한 4대 정치개혁입법을 넘어서는 '4대 사회경제 개혁입법'을 가지고 참여정부가 정면으로 개혁을 추진하지 못한 데에 한계가 있었다. 보수적 미디어들이 다양한 방식으로 스스로의 계급적 입장에서 정치개혁입법을 왜곡시켜 보도하고 쟁점화시키면, 정치개혁 과정은 그 이데올로기적인 효과로 인해 개혁주체들이 생각하는 것과는 다르게 나타날 수 있다. 사실 국가보안법 철폐의 시도는 53년체제의 최대의 아킬레스건이고 해방 이후 최대의 개혁의제임에도 불구하고 이를 추진하는 참여정부의 대중적 기반을 강화하는 방향으로 나타나지는 않았다. 이것이 바로 정치개혁입법의 성격이라고 생각한다.

그러나 사회경제 개혁입법은 설령 보수적 미디어가 왜곡하고 이를 비판하더라도, 그 결과는 다를 수 있다. 왜냐하면 대중들의 입장에서는 입법의 사회경제적 효과가 자신들의 삶의 문제이기 때문에, 오히려 강력한 지지기반을 형성할 수도 있는 것이다. 그러나 참여정부는 신자유주의적 지구화의 파괴적 결과를 상쇄하는 '사회경제적 진보주의' 정책을 통해서 대중과 결합하는, 그래서 보수적 저항을 돌파하는 전략을 구상하지 못하였다.

반면에, 탁신의 경우 파퓰리즘의 '긍정적' 측면을 활용하였다. 탁신은 기존의 보수세력이 강력하게 포진하고 있는 제도권을 우회하여 다양한 사회경제적 파퓰리즘 정책을 시행하였다. 전국민 의료보험제도의 도입(100바트로 기본치료를 할 수 있는 제도), 농가의 부채탕감, 1백만 바트의 마을 개발지원금의 교부 등 진보적인 사회경제적 정책들이 그것이었다. 비록 2006년 9월 탁신이 쿠데타로 축출되었지만, 이런 정책들은 동북부 지역 등을 포함하여 탁신이 강력한 지역 기반, 그리고 농민을 포함한 계급적 기반을 갖도록 만들었다. 이 때문에 쿠데타 1년 후에 시행된 선거에서 탁신은 다시 다수당으로 복귀할 수 있었다. 이후 PAD를 포함한 저항세력들을 반탁신시위(yellow shirts), 그에 대응하는 친탁신진영(red shirts)의 친탁신시위 등으로 분열되었다. 그런데 이는 역설적으로 탁신의 대중적 기반이 건재함을 보여주는 사례라고 할 수 있다.[23]

물론 탁신의 경우 구 세력과의 관계에 있어서 정치적 개혁주의적 경향보다는 훨씬 정치적 타협주의의 경향을 보였다고 할 수 있다. 탁신의 경우 정치적 타협주의와 사회경제적 진보주의의 '파퓰리즘'적 실행의 묘한 결합이라고 보인다. 전자 때문에, 방콕을 비롯한 대도시의 중간층적 요소들이 반부패라는 명분 하에서 탁신 반대의 입장에 섰다. 그러나 후자로 인해, 도시의 하층빈민들과 동북부를 비롯한 농민층은 탁신 지지세력으로 강고하게 남아 있었다. 이러한 이중성이 태국의 정치전선을 더욱 복잡하게 만들고 있다고 생각된다.

탁신이 파퓰리즘적 정책을 통해서 일정하게 대중과의 결합에 성공했다고 하면, 노무현정부는 이러한 '사회경제적 파퓰리즘'적 사고를 하지 못했다. 참여정부가 탁신정부와 다른 것은, 참여정부를 지지했던 열성적인 집단을 제외하고서는 대중 다수가 참여정부에 의해서 경제

23 물론 친탁신진영의 현 정부에 대한 저항을 반드시 탁신에 대한 지지로만 환원할 수 없다. 강력한 친탁신세력이 존재하는가 하면, '97년 헌법체제'를 부정하는 쿠데타 자체에 반대하는 민주주의론자들에 이르기까지 다양하게 걸쳐 있다. 이러한 쿠데타가 역설적으로 탁신의 부정적인 측면들을 주변화시키게 되고 민주주의 회복의 일정한 상징성을 탁신이 갖게 만드는 점이 있다고 생각된다.

적 혜택을 받지 못하고 더욱 살기 어려워졌다는 인식 속에서 참여정부의 지지로부터 이탈해 나갔다는 점이다.

사실 과거 독재세력은 일종의 '우익 파퓰리즘'적 방식으로 다양한 사회집단을 국가에 통합시켜 냈다. 사실 나는 박정희가 '우익 파퓰리스트'였다고 생각한다. 새마을운동 같은 것이 전형적이다. 나는 새마을운동이 순전히 정치적 의미에서의 위로부터의 동원운동만은 아니며, 단순히 관제 통제정책만도 아니라고 생각한다. '대중독재론'에서 지적하듯이 박정희체제가 대중의 동의를 창출하는 중요한 기제의 하나가 바로 '우익 파퓰리즘'적 요소였다. 물론 반독재세력은 새마을운동에 내재해 있는 각종 부정적인 정치적 성격, 즉 박정희의 정치적 기반을 강화하기 위하여 관제동원운동의 성격이 있다는 것, 그만큼 권위주의적 성격이 있다는 것, 그리고 새마을운동 자체가 최고 책임자가 '내무부 장관'이었을 정도로 관제적인 것이었다는 점 등 많은 점들을 고려해야 한다. 하지만 새마을운동에 내재해 있는 '파퓰리즘'적 성격에 대해서 우리는 주목해야 한다. 나는 (급진)진보세력들이 '좌익 새마을운동'적 사고를 해야 한다고 생각한다.

노무현정부에서 사회경제적 진보주의가 관철되지 못한 데에는 여러 가지 요인들이 작용하였다. 한국의 자본세력 및 보수세력의 강고함, 개혁주체들의 계급적 한계 및 전략적 통치능력의 취약성, 글로벌 신자유주의의 제약효과 등이 복합적으로 작용한 것이다. 하지만 그러한 제약을 감안하더라도 보다 적극적으로 이른바 '사회경제적 파퓰리즘' 정책구사전략을 구사하지 못한 점이 한계였다고 생각한다. 노무현정부는 스스로의 정책지향을 '좌파 신자유주의'라고 표현한 바 있다.

나의 시각에서는 노무현정부의 문제는 '신자유주의'의 한계 내에 갇힌 점도 있지만, 오히려 그 조건을 돌파하기 위한 '좌파성'이 없었다는 점에 존재한다.

여기서 파퓰리즘은 개혁주체들의 전략적 능력과 관련된 것이다. 사회경제적 진보주의를 실현하기 위한 힘의 부족을 파퓰리즘적 전략, 즉 대중의 요구와 이해를 파격적으로 수용하여 대중의 힘을 끌어내는 전략에 의해서 보충하는 적극적 사고가 필요했다. 그러나 전개는 정반대였다. 파퓰리즘을 보수적 미디어가, 참여정부가 사회경제적 진보주의로 나아가는 것을 막기 위한 '구멍마개'로 활용한 것이다. 이 때문에 참여정부는 사회경제적 보수주의에 유폐되었다.

신보수정부 시대로의 전환, 즉 반독재자유주의 세력의 헤게모니의 상실은, 독재에 저항했던 반독재민주세력이 사회경제적 문제를 다양한 사회경제적 하위주체들이 요구하는 수준으로 해결하지 못하였기 때문이다. 많은 아시아 국가들에서, 심지어 정치적 민주화에 앞섰다고 하는 한국이나 대만에서조차 반독재세력(특히 반독재세력의 일부를 구성하는 반독재자유주의 세력)이 다양한 사회경제적 하위주체들의 요구를 실현하는 '사회경제적 진보주의'를 실현하지 못하는 '주체적 한계'를 드러냈다. 이러한 한계는, 정치적 민주화를 주도했던 반독재자유주의 세력이 구 독재적 보수세력과 자신을 구별할 수 있었으나 사회경제적 정책에서는 차별성을 확립하지 못한 데서 비롯된다. 대만의 민진당이 그러하며, 인도네시아의 메가와티 정권, 한국의 참여정부, 필리핀의 아로요 정권이 그러하다. 그리고 이러한 사회경제적 진보주의를 보수가 공격하는 주요한 무기가 바로 파퓰리즘이었다.

굳이 파퓰리즘의 '행태적' 측면과 '내용적' 측면을 나눈다면, 참여정부가 보수언론이 비판하듯이 일정하게 '행태적 파퓰리즘'적 요소가 있었던 것도 사실이다.[24] 그러나 필요했던 것은 '내용적 파퓰리즘'을 통해 대중의 요구를 실현하는 더욱 급진적인 사회경제적 진보주의로의 진전이었다. 이것이 제약된 데는, 물론 급진진보진영의 적극적인 비판 전략과 보수적 미디어의 비판이 주효하게 작용하였다. 여기에 '원숙하지 못한' 언행과 행태들이 보수적 미디어의 '악의적' 보도의 소재가 되었다. 즉 '파퓰리즘의 행태적 측면'만이 쟁점화되고, 내용의 측면은 소멸한 것이다. 이것이 노무현정부와 대중의 거리를 확대하고 진보적 대중을 이반시키는 결과를 가져왔다.

3) 한국의 정치적 반미주의와 사회경제적 친미주의

전 세계적 차원에서 볼 때 파퓰리즘의 동력은 다양할 수 있다. 남미의 파퓰리즘적 에토스는 '반미주의'라고 할 수 있다. 최근 남미에서의 좌파정권의 등장은 개별 나라에서의 진보세력의 약진을 반영하는 것이지만, 그 배후엔 남미에서의 광범한 반미주의가 존재한다. 반면에 탁신과 같은 아시아의 파퓰리즘의 배후엔 '경제적 민족주의'가 존재했다. 이런 관점에서도 한국의 파퓰리즘에 접근할 수 있다. 정치적 민주화에서 상대적으로 앞서 있는 한국 및 대만들의 포스트-과두제적 유

24 내가 볼 때, 파퓰리즘에는 두 가지 요소가 내재되어 있다. 파퓰리즘이라고 하는 것은 어떤 정치지도자가 '대중영합적인' 정책을 구사하거나 행태를 하는 것을 의미한다. 다른 하나는 대중들의 특정한 정치적, 사회경제적 요구들을 수용한다는 것을 의미한다.

형이, 오히려 경제적 민족주의의 영향이 강력한 동남아시아 나라들에 비해서 이러한 사회경제적 파퓰리즘적 선택에 있어서 더욱 제약을 받고 있다는 점은 흥미롭다. 그 이유 중 하나는 '반신자유주의적인' 사회경제적 파퓰리즘을 선택할 수 있는 인식적 공간 자체가 한국이나 대만의 친미주의적 경향 때문이라고 할 수 있다.

사실 한국에서―80년대 이후 민주화의 성과로―'정치적 반미주의'는 상대적으로 강력하지만, '사회경제적 반미주의'는 취약한 편이다. 즉 사회경제적 측면에서 친미주의적인 사회경제적 모델(독재 하에서는 근대화 모델, 민주화 국면에서는 신자유주의적인 개방모델)이 강력하다는 것이다. 이런 점에서 한국의 반독재자유주의 세력의 반독재정치주의는 강력했지만, 반독재정치주의가 사회경제적 진보주의를 담지하지 못했던 것은 동북아시아의 강력한 친미주의적 구도 때문이었다고 생각한다.[25]

이런 상황 때문에 남미에서와 같은 좌익적 이탈과 지역적 동맹의 실험 가능성이 희박하였다. 한국은 오히려 미국과 일본으로 이어지는 신자유주의적인 자본주의적 성장모델의 '후발 전도사'적 역할을 하는 것으로도 나아갔다. 사실 한국과 대만을 포함하는 동북아시아는 냉전의 최첨단 지역으로서 전지구적인 정치지도에서 볼 때 상대적으로 2

25 나는 여기서 '경제적 보호주의' 모델을 주장하는 것은 아니다. 경제적 개방화를 추진하더라도 그것이 어떠한 사회정책과 결합되면서 어떻게 정치사회적으로 규율되면서 추진하느냐가 다르기 때문이다. 사실 북구를 포함하여 경제적 개방화의 기조는 전지구적인 모든 사회에 관철되고 있다. 문제는 그것이 사회경제적 지향 속에서 관철되는가 하는 것이다. 그런 점에서 한국의 독재적 보수세력이 주도하는 정부이건 반독재자유주의 세력이 주도하는 정부이건 대단히 '시장근본주의적인' 미국식 신자유주의 모델에 기초하고 있다고 할 수 있다.

차대전 이후 '친미주의'가 성공적으로 착근한 지역이라고 할 수 있다. 친미적 모델과 세계관이 '생존의 정치학'과 결합되면서 강력하게 착근하였고 이것이 '경로의존적'인 방식으로 이후의 한국의 정치적·경제적 전개과정에 영향을 미치고 있다.

9장

87년체제 운동정치의 재구성: 민주화의 두 차원에 대응하는 운동정치의 변화

9장

87년체제 운동정치의 재구성: 민주화의 두 차원에 대응하는 운동정치의 변화

87년체제로의 전환은 운동정치의 구성을 변화시켰다. 우리가 통상 사회운동이라고 할 때 하나의 사회운동을 연상하는 경우가 많다. 독재 하에서의 운동은 절박했던 '반독재민주화'라는 공통의 과제를 중심으로 '수렴'되고 있었기 때문에 반독재민주화운동으로 통칭되는 경우가 많았다. 마치 하나의 운동처럼 파악한 것이다. 그러나 독재 하에서도 사회운동들은 다양한 차이를 갖는 '운동들'로 존재하였다. 민주화 과정에서는 어떤 의미에서 '공통의 적'이 사라짐으로써 그 차이들이 독립적 정체성으로 분화되고, 과거 독재 하에서 존재하지 않았던 다양한 운동들이 형성된다. 그리고 하나의 운동 내부에서도 다양한 운동들이 분화되어 나타나게 된다. 이런 점에서 나는 민주화 과정에서 나타나는 사회운동의 변화와 재구성의 핵심 특징을 '수렴에서 분화로'라고 표현한 바 있다. 물론 이러한 분화는 단일한 차원에서의 분화가 아니고 다양한 차원과 측면에서 이루어지는 '다층적 분화'(multi-layered differentiation)라고 할 수 있다.

이 글에서 사회운동의 분화라고 할 때 3가지 현상을 포괄한다. 첫째는 생성(emergence)이다. 이는 변화된 환경에 대응하여 새로운 의제와 주체로 구성된 운동(조직)이 새롭게 출현하는 것을 의미한다. 둘째는 분기(分岐, divergence)이다. 이는 어떤 사회운동조직이 여러 조직으로 분리하거나 한 사회운동이 여러 운동들로 분화하는 것이다. 셋째는 변형(transformation)이다. 이는 어떤 사회운동조직이 환경 변화에 대응하여 새로운 이슈를 자기 의제로 수용한다거나, 조직구조나 인적 구성을 변화시켜 가는 과정을 말한다. 분화는 이른바 '사회운동 부문(social movement sector)'이 다양한 운동들로 분화되면서 다양화되는 것이다. 독재 하에서는 '반독재민주화운동'이라고 하는 '거대한 운동(big movement)'이 높은 수준의 통일성을 가지고 있었다고 한다면, 여러 변화를 통해서 다양한 차이들의 운동들(many movements in differences)로 분화된다.

운동의 분화는 운동정치의 구성에 필수적인 정치적인 적대와 모순의 분화과정이기도 하다. 이런 관점에서 볼 때, 87년체제하의 운동정치는 자신이 관여하고 있는 정치적인 적대와 모순의 유형에 따라 구별될 수 있다. 정치적인 적대의 장소는 전체사회를 구성하는 모든 관계들의 평면에서 발생할 수 있지만, 여기에선 이 과정을 ① 정치 민주화의 차원과 연결된 정치체제의 이행, 즉 독재에서 민주주의로의 전환 ② 그리고 경제체제의 이행과 관련된 두 평면을 중심으로 고찰한다. 나는 전자에 내재된 정치적인 적대의 속성을 파악하기 위해 한국 민주주의 이행의 핵심 특성인 '수동혁명적 민주화'의 문제를 중심으로 운동의 분화 과정을 고찰한다. 그 이후 후자의 차원을 포스트-개발자본주의라는 관점에서, 이에 대응하는 운동정치의 분화 과정을 분석한다. 각 평면에서 운동의 분화는 대응하는 정치적인 적대의 변형 과정에 따라 각각 모두 1차와 2차라는 두 번의 분화 과정으로 나타난다. 각 평면에서의 분화 과정은 중첩되어 나타난다. 곧 정치적인 적대에 대한 운동의 분화와 경제적인 적대에 대한 운동의 분화 과정은 중첩되어 전개된다.

1. 수동혁명적 민주화에 대응하는 운동정치의 분화

수동혁명적 민주화는 두 가지 측면으로 나누어 볼 수 있다. 첫째는 기존의 독재적 통제·독점의 완화와 자율적 공간의 증대(자율화), 둘째는 제도 외부로 배제된 억압된 요구와 이해의 제도 내의 수렴(제도화)이다. 여기서 자율화는 '국가로부터의 시민사회의 독립'이라고 한다면 제도화는 국가와 시민사회의 관계 변화라고 할 수 있다. 즉 자율화는 독재국가에 의해 통제되던 시민사회가, 민주화가 되면서 시민사회가 국가의 통제로부터 벗어나 자율적인 공간을 갖게 되는 것을 의미한다. 또한 제도화는 국가가 시민사회의 요구에 대해서 더욱 개방성을 띠게 되고 시민사회의 요구와 이해가 국가정책과정에 반영되는 제도적 통로가 확장되는 것이다.

한국에서 독재 이후의 정부는 크게 두 개의 유형으로 나눌 수 있다. 첫째는 변형 권위주의 정부이고, 둘째는 반독재민주정부이다. 독재에서 민주주의로의 이행과정을 독재 하에서 반독재민주화운동에 의해서 요구되었던 '체제도전적' 이슈들이 수용되는 과정이라고 할 때, 변형권위주의 정부 시기에는 구 독재적 세력의 저항으로 인하여 제도화가 상대적으로 지체되게 된다. 이 시기에는 구 독재적 세력들이 제도적·비제도적 권력을 여전히 보유한 상태에서 진행되기 때문이다. 반면 반독재민주정부의 시기에는 반독재민주세력이 집권세력이 되므로 민주개혁의 폭이 상대적으로 크게 확장되게 된다. 이것은 변형권위주의 정부 시기에 비해 반독재민주정부 시기에 제도화로 표현되는 변화가 상대적으로 폭넓게 진행된다는 것을 의미한다.[26] 물론 아시아의 많은 나라에서 보는 것과 같이, 변형권위주의 정부와 반독재민주정부의 경계가 모호하고 중첩되어 있는 경우도 많으며, 전자의 시기에서 후자의 시기로 이행하고 다시 역전되는 경우도 많다.

이런 점에서 나는 수동혁명적 민주화의 두 가지 측면인 자율화와 제도화에 대해서, 전자를 변형권위주의 시기에 대응시키고, 후자를 반독재민주정부 시기에 대응하고자 한다. 한국에서 반독재민주정부 시기(1997~2007년)는 자율화를 넘어서서 제도화로 표현되는 변화가 나타나는 시기이다. 종합하면, 수동혁명적 민주화의 1단계에서 자율화에 대

26 나는 한국의 이명박정부나 대만의 마잉주 정부는 '신보수정부'(조희연, 2008c: 151)이라고 규정하는데, 이전의 민주정부 시기와는 구별되는 '포스트민주화'라고 할 수 있고, 이전 수동혁명적 민주화 과정에서 진행되던 자율화와 제도화를 역전시키는 일종의 '탈민주화'가 진전된다고 할 수 있다.

응하여 나타나는 사회운동의 변화를 '1차 분화'로 규정할 수 있고, 2단계에서 제도화에 응전하면서 나타나는 사회운동의 변화를 '2차 분화'로 규정할 수 있다. 이를 표로 나타내 보면 아래와 같다.

	변형권위주의 정부 시기 (수동혁명적 민주화의 1단계)	반독재민주정부 시기 (수동혁명적 민주화의 2단계)
수동혁명적 민주화	자율화	제도화(진보적 제도화)
사회운동의 변화	1차 분화	2차 분화

1) 자율화와 사회운동의 변화

민주화는 기존 독재체제하의 시민사회와 사회운동에 대한 통제와 억압이 완화되고, 자율적인 정치적·사회적 공간이 확장되는 과정이다. 통상 '정치적 기회구조의 확장'이라고 표현되는 현상은 그 주요한 내용으로서 자율화, 즉 자율적인 정치적·사회적 공간의 확장을 내포한다. 비록 민주화의 수동혁명적 성격 때문에 자율화 과정엔 제한성과 왜곡성이 동반되지만, 자율화는 정치적·경제적·사회적 차원 모두에서 나타난다고 할 수 있다. 정치적 차원에서 다양한 정치세력 및 사회운동세력 모두에게 자율적인 공간이 출현하게 된다. 경제적 차원에서도 시장부문과 기업들의 활동에 있어 자율성이 증대하게 된다. 다음으로 사회적 차원에서도 변화가 나타난다. 독재 하에서는 다양한 사회경제적 하위주체들에 대한 차별체제가 정치적 독재세력에 의해 보증되고 시민사회 내부에 친정부적 조직들에 의해 강화되는 형국이었는데, 이러한 시민사회에 대한 통제도 약화되고 자율공간이 확장된다. 당연히 조직화된 집단행동으로서의 사회운동의 공간은 넓어지게 된다. 이러한 자율화로 인하여 정치적·경제적·사회적 탈독점화를 둘러싼 사회운동의 대항헤게모니적 실천이 다양하게 전개될 수 있다. 이것은 온건한 사회운동뿐만 아니라 전투적·급진적·저항적 사회운동에게도 동일하다. 심지어 '반체제적'인 사회운동조직에게도—이전의 비합법적 지위가 아니라—반(半)합법적·합법적 공간이 확장된다.

이러한 자율성은 당연히 독재 하의 억압되고 순응을 강요받은 국민들이 더욱 주체적인 존재로 변화하는 계기가 된다. 이미 독재에 저항하는 과정에서, 그리고 민주화 이후의 자율적 공간의 확장 속에서, 사회운동의 참여자이자 주체인 대중 자신의 변화가 나타난다. '시민사회의 저항적 활성화'와 '시민사회의 주체적 활성화'라고 하는 것은 바로 이러한 변화를 말해 준다. 독재 하에서 사회구성원들이 일종의 '백성(百姓)'으로 존재하였다고 한다면, 이제 '근대적 시민'으로 변화하게 된다. 이는 대중 자신의 일종의 '인지적 해방', 즉 인지적·인식적 차원의 주체화가 나타난다는 것을 의미한다. 이것이 바로 자율공간의 확장과 상호작용하면서 사회운동의 변화와 재구성을 촉발하게 된다.

(1) 3가지 유형의 사회운동조직의 변화—자율화의 효과

자율화는 사회운동조직의 성격도 변화시킨다. 독재국가 한편의 극단에는 독재에 의해서 포섭되어—준(準)국가적 행정기구로 활동하는—친정부적 조직(이른바 '관변단체')이 존재하며 다른 극단에는 독재국가에 저항하는 저항적 사회운동조직, 즉 반체제적 운동이 존재한다. 그리고 이 양자 사이의 중간지대에 '탈(脫)정치화된' 사회운동조직들이 존재한다(여기서 탈정치화는 독재체제라는 정치적 현실을 不問에 붙이고 독재가 허용하는 범위 내에서의 사회적 활동을 전개하는 것을 의미한다).

민주화가 본격화되면서 독재에 의한 시민사회의 통제가 약화되고 자율적인 정치적·사회적 공간이 확장된다. 그래서 이러한 세 가지 조직들 모두에서 변화가 나타난다. 독재라는 '공통의 적'에 대항하여 반독재운동이라고 하는 상대적으로 통일적인 '거대한 운동'으로 존재하다가, 이제는 미세하게 잠재되어 있던 '차이'들이 독립적인 운동으로 정립하려고 노력한다. 먼저 친정부적 단체들의 경우는 민주화운동의 거센 도전 속에서 그 기반이 약화되는 것과 함께 스스로 '독립적'인 사회운동 조직으로 변신하기 위한 노력들을 행하게 된다. 일종의 '변형'이 나타난다. 독재 하에서는 오직 친정부적인 관변단체(국가화된 민간 시민사회단체)만이 지배적으로 독재권력의 지원을 받으면서 존재하였다.[27] 그런데 이들이 자율화에 응전하면서 스스로를 '독립적인' 시민사회 조직으로 변화시키고자 하는 '변신'과 '개종'이 이루어지게 된 것이다.[28]

27 독재체제는 특정한 사회조직들을 관변단체로 하여 그들을 매개로 하여 사회적 동원을 시행하던 체제였다. 독재체제는 '국가조합주의'적인 방식으로 정치적 지지와 독점적인 대표성을 교환하는 방식으로 특정한 친정부적 사회조직들을 종속화하였다고 할 수 있다.

28 구 관변단체의 변형의 성격과 정도는 민주화의 성격, 즉 그 수동혁명적 성격에 따라서 달라지게 된다. 내가 신과두제라고 표현하는 유형에서는 구 독재적 세력들의 제도적·비제도적 권력이 강고하게 유지되기 때문에, 그 단체들의 변형도 대단히 낮은 수준에서 일어나게 된다. 일부 아시아 지역에서는 구 억압적 정보기관이 민간 관변단체와 결합하여, 민주화 이후의 사회운동에 대해서 테러를 행하는 경우도 많다. 필리핀의 아로요 정부에서 나타나는 민간테러도 이러한 예에 속한다.

반대로 저항적 사회운동조직들의 경우는 독재 하의 비(非)합법적이고 불법적인 조직에서 반(半)합법적·합법적인 조직으로 변했다. 독재 하에서의 저항적 사회운동조직에는 급진적 분파뿐만 아니라 저항적 자유주의적 성격을 갖는 분파들이 존재했다. 이들 중 저항적 자유주의 분파들은 새로운 민주화의 공간에서 '체제 내적인 운동'으로 활동할 수 있게 된다. 그리고 급진적 분파들의 경우에도 그 활동이 과거와 같은 통제된 비합법적 활동이 아니라 반(半)합법적인 활동으로 전개될 수 있게 된다. 여기서 반(半)합법이라고 하는 것은 형식적으로는 '결사의 자유'의 원칙 상 활동의 자유가 보장되지만 실질적으로는 탄압을 받거나 간접적인 제약과 통제를 받는 것을 의미한다.

이와 함께 중간지대의 탈정치화된 사회조직들은 새로운 민주화의 공간에서 '정치적 비판성'을 갖는 새로운 개혁운동으로 변신한다. 이로 인해 한국에서 87년 이후 출현한 시민운동의 구성이 다원적으로 변한다. 한편엔 과거 탈정치화된 중간지대의 운동들(예컨대 흥사단이나 YMCA 등)이 다양한 개혁운동으로 변한다. 다른 한편에는 과거 저항적 사회운동에 포함되었던 저항적 자유주의 분파들이 새로운 중도개혁적 운동조직들을 만들었다.[29] 결국 구 관변단체는 개혁의 대상으로, 중간지대의 탈정치화된 조직들은 새로운 '민주주의적 정치'에 개입하는 운동으로 변화한다. 제도권 외부에 존재하였던 반체제적인 운동은 과거와 같은 비합법적 운동에서 반(半)합법적 운동이나 합법적인 운동으로

29 독재의 말기(예컨대 80년대 초반)에는 중간지대에 놓여 있던 '탈정치화된 사회조직'–대표적인 예로 흥사단이나 YMCA 등을 들 수 있다–내부에서도 반독재적 지향이 강화되고 부분적으로 독재체제에 저항하는 활동들이 전개되게 된다.

전환한다.

(2) 사회운동의 새로운 분화 – 자율화에 대응하는 '체제개혁적 운동'의 등장

자율화를 내용으로 하는 수동혁명적 민주화에 대응하여 다양한 대항헤게모니적 실천이 전개되면서, 사회운동의 '1차 분화'가 나타난다. 첫째, 기존의 반체제적 운동과는 구별되는 '체제 개혁적인 사회운동'이 출현한다. 독재에 대한 저항이 독재 하에서는 억압되고 '반체제적인' 운동으로 표현되었다고 한다면, 민주화로 인해 자율적인 정치적 공간이 확장됨에 따라 다층적인 탈독점화를 추구하는 '체제 내적인 개혁운동'이 새롭게 '생성'되게 되는 것이다. 한국에서는 시민운동이 이것의 예가 되겠다. 다른 아시아의 많은 나라와 같이 기존의 농민운동이나 노동운동 등의 반독재적 '대중운동'과는 구별되는 다양한 엔지오(NGO)적인 운동으로 분출되었다.[30] 이는 정치체제에 도전하는 조직과 구별되는 정치체제 개혁 조직의 출현이라고 할 수 있을 것이다.

독재 하에서는 내부의 이념적 분화와 다양한 복합적 요소의 공존에도 불구하고 반독재는 공통의 의제가 존재하기 때문에 일종의 반독

30 아시아에서 반독재운동은 많은 경우 대중운동과 NGO(Non–govermental organization: 비정부기구)운동으로 구분한다. 즉 반독재운동의 중요한 구성이 대중운동이었던 것이다. 한국에서는 이 부분이 '기층민중운동'으로 불린 셈이다. NGO운동은 대중운동과는 구별되는 전문적 운동인데, 많은 NGO운동이 외국의 경제지원을 받는 경우들이 많기 때문에, 자체의 대중적 기반을 갖기보다는 외부 지원을 받는(foreign–funded) 운동으로 비판되기도 한다. 아시아와 비교한다면 한국의 NGO운동은 자체의 회원 기반을 갖는 등 일정한 '대중적' 기반을–민중운동과는 구별되는–갖는 셈이다.

재연합전선이 존재한다. 일종의 운동의 '수렴'현상이 있었다. 그러나 민주화 이행이 시작되면 다층적인 분화가 시작된다. 즉 반체제적 운동을 주도해 왔던 급진적 운동과—새로운 민주주의적 공간을 전제로 하여 활동하는—'체제 내적인 개혁운동'의 분화가 나타난다. 곧 다른 한편에선 반체제적 운동의 급진성을 계승하는 '체제도전적 운동'이 존재하고, 다른 쪽엔 개혁자유주의를 지향하는 체제개혁적 운동이 나타난 것이다.

이것이 민주화 과정에서 나타나는 복합적 분화의 중요한 한 차원이다. 새로운 운동의 '생성'의 형태를 띠고 있지만, 어떤 의미에서는 반독재민주화운동 속에서 복합되어 있는 잠재적 지향들이 '현재화되는 것이라고 표현할 수도 있다. 사회운동조직을 세 가지로 분류한 것에 따르면, 체제 개혁적인 사회운동은 두 가지 충원 경로를 갖는다고 표현할 수 있다. 즉 한편에서는 기존의 저항적 사회운동의 자유주의적 분파가 자율적 공간의 확장에 따라 반체제적 활동이 아니라 체제 개혁적인 활동을 전개한다. 다른 한편에서는 독재 하에서 탈정치화된 중간지대의 운동이—이전과는 다른 자율적 공간을 향유하면서—새롭게 '정치적인' 체제 개혁적인 활동을 한다.

민주화의 초기 단계에서는 구 독재체제의 민주개혁이라는 국민적 합의가 존재하기 때문에, 체제개혁적 운동은 헤게모니적 지위를 갖는 운동으로 존재할 수 있었다.

(3) 반체제적 운동이 대중적 권리투쟁을 주도하는 체제도전적 운동으로

수동혁명적 민주화의 초기 단계에서 나타나는 자율화에 대응하는 사회운동의 '1차 분화'의 또 다른 양상은 반체제적 운동의 급진적 흐름이 '체제도전적 운동'으로 전개되면서, 당면 민주개혁 투쟁과 기층민중들의 '대중적 권리투쟁'과 이해실현을 증진하기 위한 투쟁을 진행했다는 점이다. 독재에 반대하는 민중운동은 사실 노동자운동, 농민운동, 빈민운동과 같은 '대중운동(popular movement)'으로 이루어져 있었다. 이들 독재 하에서 반체제적 운동의 급진적 흐름을 주도했던 운동들도 자율화의 혜택을 향유하면서, 독재 하의 비(非)합법적이고 불법적인 조직에서 반(半)합법적·합법적인 조직으로 변해 가게 된다.

그렇다고 하여 독재 하에서의 '반체제적' 운동이 갖고 있던 급진적 지향이 소멸하는 것은 아니다. 이를 나는 '체제도전적 운동'으로 부른다. 체제도전적 운동은 독재 하에서의 투쟁 방식과 동일할 수는 없지만—독재 하에서와 같은 거리에서의 유혈충돌이나 '화염병 투쟁'과 같은 투쟁형태는 상대적으로 적어진다—그 전투성을 유지하며 투쟁하게 된다. 한국의 노동운동에서 발현되는 '전투적 조합주의'가 그 예 중 하나이다. 어떤 의미에서 이전의 체제타파적·체제극복적 지향을 존속하면서도 당면한 독재체제의 민주개혁이라고 하는 과제를 확장된 자율성의 공간을 활용하면서 추동하고자 하는 이중적 성격을 갖는 경우가 많다고 할 수 있다. 현실에서 타파·해체지향적인 체제도전적 운동의 급진성이 현실의 투쟁에서 바로 노출되는 것은 아니고, 민주화를 최대주의적으로 급진화하고자 하는 '급진적인 체제개혁적 운동'으로 표현된다. 예컨대 한국에서 반독재민주화운동을 주도하여 왔던 급진적 민중운동의 '급진성'은 시민운동의 민주개혁 투쟁을 보다 철저하게, 그리고 최대주의로 확장시키는 촉진작용을 했다.

87년에서 97년에 이르는 시기에는 독재 하에서 억압되었던 노동조합운동이 정치적·조직적으로, 빠른 속도로 발전하게 된다. 7·8·9월 노동자대투쟁을 거쳐 전국적으로 수많은 민주적 노동조합이 출현하고 이를 기반으로 90년 전국노동조합협의회가 만들어지게 된다. 민주노동조합운동은 중간층 노동자들과 대기업노동자들로 확장되고 95년 11월에는 현재의 민주노동조합총연맹이 만들어지게 된다. 민주노총을 포함하는 노동자들의 투쟁은 스스로의 권리와 이해를 위해 투쟁하기도 했지만, 도시빈민을 포함하여 여러 하층계급들의 권리와 이해를 증진시키는 촉진역할을 했다.[31]

(4) 체제개혁적·체제도전적 운동과 정치적·경제적 탈독점화

기본적으로 반독재민주화운동은 체제의 문제를 해결하기 위한 지향을 가지고 있었는데, 이 운동은 민주화 이후 체제개혁적 운동과 체

31 이와 관련하여, 은수미(2009: 103)는 "87년부터 10년간 한국 사회는 그 어느 때보다도 소득불평등이 낮다. 근로소득의 증가, 내수시장의 확대 및 수출의존도의 감소 등이 이때 이루어지며", "1987년 이후 법제도 개선 및 노동조합의 합법화 등 여러 가지 이유로 승진과 연공서열 중심의 기업 내부 노동시장이 만들어져 일종의 중심 형성이 이루어"(은수미, 2009: 103)지고, 1997년 이후 반독재민주정부 하에서의 일련의 신자유주의적 정책, 비정규직 노동자의 낮은 조직률(정규직은 17.5%인데 비정규직은 2.5%) 등으로 인하여 노동운동 내부에서 중심과 주변의 분화를 염려해야 되는 상황이 나타났다고 말하고 있다.

제도전적 운동으로 분화된다. 체제개혁적 운동과 체제도전적 운동 모두 수동혁명적 민주화의 국면에서 독재 하에서 고착된 정치적·경제적 독점의 '탈독점화'를 성취하고자 하는 운동의 성격을 지니고 있다고 말할 수 있다.

민주화 이후 정치적 탈독점화를 둘러싼 각축이 전개되는 차원은 다양한데, 일차적으로는 독재적인 '중앙정치권력'의 개혁이다. 체제개혁적·체제도전적 사회운동은 기존의 국가와 정치체제에 대한 '위로부터의' 수동혁명적 민주화가 진행되는 것에 대응하여 그 불철저성을 비판하면서 중앙정치권력의 민주화를 급진적으로 추동하기 위한 '아래로부터의' 투쟁을 전개하게 된다.

새롭게 출현한 체제개혁적 운동은 확장된 자율화의 공간을 활용하면서 중앙정치체제의 민주개혁을－과거의 반체제적 입장보다는 온건한 입장에서 그러나 대중적 기반을 가지면서－요구한다. 90년대 이후 한국에서 각종 정치개혁운동이나 각종 의정감시운동, 2000년의 낙선운동 같은 것을 예로 들 수 있을 것이다. 여기에 체제도전적 운동은 보다 급진적이고 전투적인 투쟁을 통해 민주개혁을 아래로부터 최대화시키기 위해 투쟁한다.

이러한 정치적 탈독점화를 위한 사회운동적 실천은 지방정치적 차원에서도 전개된다. 개발독재 하에서는 독재권력의 지원을 받으면서 지방에 강고한 보수독점적 구조가 형성되어 있었다. 이러한 지역의 권력구조는 중앙정치로부터 지원받고 통제되면서도, 지방 수준의 독점적 권력집단들이 보수적인 이해동맹에 기초하면서 지역의 대중들을 헤게모니적으로 포괄하고 있었다. 그런데 지방에서도 자율적 활동공간이 확장되고, 중앙권력에 의한 지역권력의 통제가 약화되면서, 지방정치의 민주화를 둘러싼 각축이 나타나게 된다. 지역에서의 다양한 대항헤게모니적 실천은 개발독재 하에서 고착된 지역 및 풀뿌리 수준에서의 보수독점을 해체하기 위한 실천으로 표현된다. 이는 민주화 과정에서 지역 자체가 치열한 헤게모니 투쟁의 장이 되는 것을 나타내 준다.

개별 나라에 따라서 지역수준에서의 '정치적 탈독점화' 운동이 강력하게 전개될 수도 있고 약하게 전개될 수도 있다. 한국의 경우 중앙정치권력의 탈독점화를 둘러싼 투쟁은 상대적으로 '성공'적으로 전개되었지만 지역 수준의 '정치적 탈독점화 운동'은 성공적으로 전개되지 못하였다.

다음으로, 체제개혁적 · 체제도전적 운동의 대항헤게모니적 실천은 경제적 탈독점화를 둘러싸고도 전개된다. 구 정치적 독점의 약화는 그것에 의해서 통제 · 보증되면서 재생산되고 있었던 경제적 독점의 민주화를 둘러싼 각축을 운동을 촉발하게 된다.

흥미로운 것은, 독재가 특정한 형태의 경제적 독점과 재생산하고 그것을 기반으로 하여 존재하고 있었다고 한다면, 민주화가 되면서-독재에 의해서 보증되고 있었던-구(舊) 경제적 독점이 균열되지만 그것이 경제적 독점의 해체로 이어지지 않고 신독점의 출현으로 이어지는 경우가 많다는 것이다. 특별히 시장기제를 통한 '자율'의 형식으로 경제적 배제와 불평등이 재생산되게 되는 것에 대응하여, 경제적 탈독점화 운동이 출현하게 된다. 이는 독재적인 경제적 독점에 대항하는 운동과는 구별된다.

민주화 이후에는 체제를 유지하는 권력들의 관계가 변화한다. 즉 이전에는 정치적 독점이 경제적 독점의 법적 보증과 재생산 기제였다고 한다면, 이제 경제적 독점세력이 정치적 탈독점화를 제약하는—정치적 보수세력을 지탱하는—세력이 되기 때문이다. 독재 하에서는 군부를 포함하는 정치적 독재세력이 체제를 주도하는 세력이었고 경제적 독점체들은 정치적 독점세력에 비교하여 일종의 '종속세력' 혹은 '하위 동맹세력'의 지위를 점하고 있었다. 그러나 개발독재의 지원을 받으면서 성장한 경제적 독점세력은 민주화 과정에서는 정치적 독점세력으로부터 자립한다. 또한 경제적 탈독점화를 지향하는 운동에 응전하면서 스스로를 변형시키게 되고 역으로 정치적 탈독점화의 과정에 역으로 영향을 미치기도 한다.[32] 독재 하에서는 정치적 독점의 경제적·사회적 독점의 버팀목이었다고 한다면, 포스트독재 과정에서는—민주화의 도전을 극복하면서 스스로를 변형시키고 자신을 재생산하는—경제적 독점이 오히려 정치적 독점의 버팀목이 되는 셈이다.

경제적 탈독점화를 향한 체제개혁적 운동은 자본부문과 시장의 투명성을 제고하고 독재 하에서의 국가—자본동맹과정에서 구조화된 '정경유착' 등을 극복하고자 하는 '경제개혁운동'의 형태로 전개되기도 한다. 한국에서 1989년 창립된 경제정의실천시민연합의 경제개혁운동이나 1994년 창립된 참여연대의 재벌개혁운동 같은 것을 예로 들 수 있

32 이러한 제도정치 내의 정치적 탈독점화는 사회적 독점에 의해서 영향을 받게 된다. 예컨대 인종적인 패권적 구 독점세력은 민주화의 도전 속에서 스스로를 변형시키면서 제도정치 내에서 자신들과 연관된 세력들이 해체되거나 약화되는 것을 막기 위해서 노력하게 된다. 제도정치의 변화에도 불구하고 이제는 경제적 독점의 힘이 제도정치 내의 정치적 독점의 해체를 제약할 수 있고 역으로 사회적 독점의 힘이 제도정치 내의 정치적 독점의 해체의 방향에 영향을 미칠 수 있다.

겠다. 체제도전적 운동은 이러한 이슈들을 추동하면서도 재벌구조의 해체, 삼성의 불법에 대한 법적 처벌, 경영 참여, 노동조합 탄압에 대한 저항 등 보다 급진적인 경제적 탈독점화 투쟁을 전개한다.

(5) 사회적 탈독점화와 소수자 운동

수동혁명적 민주화에 대응하는 '1차 분화'에는 독재 하에서 그 정체성의 표현이 억압되고 있었던 다양한 소수자 운동의 생성도 포함된다. 앞서 대중적 운동들이 이해관계를 공유하는 대중집단을 전제로 전개되었다면, 이러한 소수자 집단은 기존의 독점적 체제에 의해서 그 정체성이 배제되고 억압되었던 '정체성' 공유집단을 전제로 하여 전개된다. 이러한 소수자집단들에는 인종적·성적·지역적 소수자 집단, 장애인 집단 등이 포함될 수 있다.[33] 이러한 집단들은 자율화의 확대를 활용하면서 스스로의 정체성과 이해를 실현하는 소수자 운동을 전개한다. 이 과정에서 소수자 운동은 독재적인 사회적 독점 하에서 억압되었던 자신들의 정체성을 적극적으로 드러내고 그것을 배제하고 차별하는 기존의 독점적 구조에 대한 저항적 실천을 다양하게 행한다.

이 소수자 운동은 '사회적 탈독점화'를 둘러싸고 각축하는 사회운

33 양심적 병역거부자 등 특정한 사상적·이념적·종교적 이유 등으로 차별되는 집단 등도 포함될 수 있다. 양심적 병역 거부 운동 같은 경우도 여호와의증인들을 중심으로 상당히 오랜 동안 지속되었다. 그러나 그것을 일부 '종교적 광신자'의 '일탈'행위 정도로 여겨졌고 운동으로서 인식되지 않았다. 양심적 병역거부가 운동으로서 출현하게 되는 것은 수동혁명적 민주화에 대응하는 '1차 분화' 현상으로 파악될 수 있다. 그런데 이 운동이 소수자운동으로서, 그리고 인권운동으로서 중요한 의미를 갖고 대중적 주목을 받게 되며, '대체복무제'와 같은 제도개선 의제로 나타나게 된 것은 '2차 분화' 시기에서였다고 할 수 있다.

동으로서의 성격을 지니고 있다. 민주화에 따른 구 정치적 독점의 약화는 동시에 그것에 의해서 통제 · 보증되면서 재생산되고 있었던 다양한 사회적 독점의 민주화(사회적 차별들의 민주화)를 향한 공간을 부여하게 된다. 여기서 사회적 탈독점화 운동은 특정한 사회적 분할선을 경계로 하여 정치적 · 경제적 권력으로부터 소외되어 있던 상태에 특정한 소수자 집단이 대항하면서 사회적 평등을 관철하기 위한 운동으로 나타난다.

이러한 소수자들의 운동은 그 자체가 정치적 배제와 경제적 불평등을 극복하기 위한 운동이기도 하지만 자신들의 집단에 대한 다양한 사회적 편견과 차별에 대항하는 '정체성 운동'의 성격을 가진다. 이런 점에서 '정체성의 분화'가 사회운동 변화의 한 중요한 특징이라고 할 수 있다.

사실 독재는 자신들이 추구하는 개발독재에 대한 국민들의 통합을 위해서 '국민'이라고 하는 통합적 정체성을 부각시키게 된다. 박정희 정권은 조국근대화를 위하여 열심히 '산업전사'를 국민적 정체성으로 만들고자 했다. 그러나 이것은 민족 속에 민중들을 통합하는 과정이었고, 다양한 집단들이 가지고 있는 독자적인 정체성을 주변화하고 억압하는 것이었다. 민주화의 과정은 자연스럽게 주변화된 정체성 집단들이 스스로의 정체성을 전면화하고 지배적 정체성으로부터 벗어나는 공간을 확대하게 된다.

정체성운동의 분화는 기존의 민중운동적 정체성 속에 포함되고 있었던 부문운동의 정체성이 독자화되는 식으로 표현되기도 한다. 본래 민중운동은 지배적인 시대적 과제를 중심으로 하는 '역사적 블록'의 성격을 띠고 있지만 그것은 다양한 운동들의 헤게모니적 접합의 성격을 띠고 있었다. 그런데 80년대에는 반독재민주화운동을 추동하는 전투적 민중운동으로서의 정체성이 헤게모니적 정체성으로 존재하고 있었기 때문에, 부문운동의 독자성이 주변화되었다. 그러나 민주화 과정을 지배적 정체성에 헤게모니적으로 포섭되고 있었던 하위정체성 운동이 강화되는 조건을 만들었다.

2) 제도화의 진전과 사회운동의 변화

수동혁명적 민주화의 새로운 단계는 자율화를 넘어서서 제도화로 표현된다. 제도화는 사회운동의 요구를 제도화된 통로 및 제도화된 의제 영역으로 흡수하는 과정이라고 할 수 있으며, 이는 수동혁명적 민주화의 보다 진전된 단계를 의미한다. 자율화와 제도화는 상호연관된 과정이라고 할 수 있다. 이 글에서는 한국의 민주화 과정을 근거로 하여, 87년 6월 민주항쟁 이후 97년까지의 일련의 변화를 자율화의 개념으로 주되게 파악한다. 그리고 김대중정부와 노무현정부로 이어지는 반독재민주정부 10년의 일련의 변화를 제도화의 개념으로 주되게 파악한다. 제도화는 물론 87년 이후에도 일정하게 이루어졌다. 그러나 사회운동의 요구가 정책의제로 수용되는 제도화의 과정은 반독재민주정부 10년에 폭넓게 이루어졌다고 할 수 있다.

우리가 '민주정부 10년'을 통해서도 경험했듯이, 제도화로 표현되는 수동혁명적 민주화의 한 단계 진전은 사회운동에 대해서는 도전으로 나타나게 되며, 사회운동의 변화가 촉발된다. 나는 민주화의 2단계인 반독재민주정부 시기에 자율화와 제도화의 수준이 높아지고, 이에 따라 1차 분화를 했던 체제개혁적 운동과 소수자 운동이 더욱 복합적으로 분화하게 된다고 본다.

제도화는 독재 하에서 체제 외부로 배제되고 억압되었던 사회적 요구를 제도 내로 선택적으로 수용하며 그것을 실행하기 위한 과정이다.[34] 독재가 억압과 배제라고 하는 전략을 선택하였던 데 반하여, 새로운 체제는 그러한 운동의 요구들을 체제 내로 선택적으로 수용하여 체제를 재(再)정당화하고자 한다. 제도화의 방식은 다양할 수 있다. 예컨대 사회운동의 의제(시민사회 의제)가 '운동의제'에서 '정책의제'로 전환되어 수용되고 사회운동의 인적 자원이 제도정치의 영역으로 위치이동을 하게 된다. 정부에 각종 위원회가 만들어지면서 과거 사회운동이 투쟁을 통해서 요구하던 의제들이 통합되고 사회운동조직에 관계된 인사들이 '가버넌스'의 구조에 참여하게 될 수도 있다. 나아가 개인적인 수준에서 운동가들이 제도권, 정당이나 정부에 들어가는 경우로 나타날 수도 있다.

정리하자면, 제도화는 독재 하에서 억압되던 저항적 사회운동이 합법화되고 그들의 활동이 제도화된 영역에서 일상적인 행위 패턴이 되는(일상화) 과정이며 나아가 그동안 배제된 개인과 조직들이 제도화된 국가(정부) 영역 및 제도정치 영역으로 참여하고 진입하는 과정이라고 할 수 있다. 수동혁명적 민주화에 있어 민주정부의 출현은 자율화

34 여기서의 제도화는 독재에 저항하면서 반독재민주화운동이나 급진운동에 의해서 요구되었던 이슈들이 정책의제로 수용되는 '진보적 제도화'를 주 대상으로 하고 있다.

와 제도화에 있어 큰 진전을, 나아가 반독재사회운동의 요구와 대중들의 사회적 요구의 수용에 있어 큰 진전을 의미한다.

(1) 제도화의 이중성

수동혁명적 과정의 일부로서 제도화는 기본적으로 (지배)체제가 억압되었던 사회적 요구를 수용하는 과정인데, 이는 이중적인 성격을 지니고 있다.[35] 한편으론 사회운동과 시민사회가 자신들의 요구와 이해를 적극적으로 체제에 관철시키는 과정이고, 다른 한편으론 정당성이 상실된 구 체제가 사회적 요구를 수용함으로써 체제를 재정당화하고 재안정화하는 과정이라고 볼 수 있기 때문이다(서미라, 2002). 전자의 측면에서 보면 제도화로 인해 사회운동은 '자원 동원'의 공간과 네트워크를 대폭 확장할 수 있다. 사회운동의 측면에서 보면 이는 자신들의 요구와 이해를 제도화된 영역에 실현하거나 실현할 수 있는 제도적 기반을 갖게 되는 것을 의미한다. 제도화된 영역에 참여하는 것은, 새롭게 확장된 영역을 활용하고 '침투'하는 의미를 가질 수 있다. 그러나

35 제도화의 이중성과 복합성에 대해서는 이미 고전적으로 M. Weber의 '근대적 합리화의 역설', J. Habermas의 목적합리적 행위의 역설 등에서도 찾아볼 수 있으며 조직과 연관시켜 이러한 제도화의 역설은 R. Michels의 유럽 사민주의 정당연구(미헬즈, 2003)에서도 찾아볼 수 있다. 운동조직이 관료화되면서 과두제적 특성을 보이게 되는 것도 이것의 한 반영이 된다. 서미라는(2002)는 제도화는 운동이슈, 운동조직, 운동가의 제도화로 나누고 그 각각을 이중성을 갖는 과정으로 파악하고 있다. 즉 운동이슈의 제도화는 운동이슈의 진보화와 일상화가 각축하는 과정, 운동조직의 제도화는 포섭과 활용이 각축하는 과정, 운동가의 제도화는 흡수와 침투가 각축하는 과정으로 파악하고 있다. 제도화에 대한 사례 연구로는 오장미경(2005)과 정동철(2001), 그리고 김은미(2000)를 참조하자.

반대로 기성체제의 입장에서 보면 도덕성을 갖는 시민사회나 사회운동 부문의 인물이나 의제의 측면에서 흡수함으로써 지배의 헤게모니를 강화하고 그를 통해 지배를 재정당화되고 재안정화하는 과정이라고도 할 수 있다. 수동혁명적 민주화를 주도하는 그룹에서는 독재 하에서 체제의 외부에 있던 저항적 행위자들을 제도화된 영역으로 흡수(inclusion)하는 의미가 있고, 반대로 대항헤게모니적 실천을 하는 사회운동그룹의 입장에서는 활용 및 진출을 하는 것이라고 할 수 있다. 나아가 제도화된 영역 외부에서 불법이던 활동들이 합법화되고 제도적 일상이 되는 반면에, 그것이 체제의 입장에서의 포섭(cooptation)이 될 수 있다.

이러한 제도화의 과정은 지배권력의 주도 하에 이루어지는 경우도 있고 사회운동의 주도 하에서 이루어지는 경우도 있다. 전자로는 과거 해직되었거나 해고된 사람들을 복직시키는 것이나, 각종 위원회를 통해서 시민단체 인사들을 자문역으로 수용하는 것을 예로 들 수 있다. 후자로는 예컨대 공익소송 등 시민단체가 기존의 제도적 수단을 적극적으로 활용하면서 대중의 권리 증진을 위해서 활동하는 경우가 될 것이다. 또한 사회운동조직이 공적·사적 기금, 사회복지제도, 대중매체, 학교, 지방자치단체, 사기업 등의 제도적 자원에 접근하기 위해 적극적으로 활동하게 되는 것도 예가 될 수 있다.

수동혁명적 민주화의 과정에서 이루어지는 제도화로 인하여, 사회운동에도 많은 변화들이 일어나게 된다. 긍정적 측면에서 보게 된다면, 제도화된 영역에 대한 사회운동의 영향력이 확장된다. 즉 국가와 정치에 대한 시민사회의 영향력이 확대되는 것이다. 시민사회 및 사회운동의 자원 동원력과 그를 위한 네트워크 능력은 대폭 확장된다. 제도화된 영역 자체가 쟁투의 공간이 되게 된다. 독재 하에서 언론이 독재정권의 통제하에 있었다고 한다면 이제 언론은–여전히 구 독점적 기득권 세력이 강한 영향력을 가지고 있지만–이전에 비해 쟁투적 공간으로서의 성격이 강화된다.

반대로 제도화로 인하여 과거 국가 대 시민사회의 관계는 많은 이슈들에서 '대결적 관계'에서 '협의적 관계'로, 적대적 관계에서 비적대적 관계로 전환된다. 제도화가 확장되면 이전에 저항적으로 활성화되던 시민사회는 '수동화'된다. 운동 이슈의 급진성은 약화되며, '최종심급'으로서의 '국민의 판단과 지지'(이종영, 2005: 233)라는 것이 대단히 중요한 기준으로 도입된다. 쟁투의 과정이 때로 사법적 판단에 맡겨지는 '정치의 사법화' 현상도 확대된다. 헌법재판소가 그러한 쟁투의 최종적인 심판자의 역할을 하고 있다. 개인적 수준에서도 변화가 나타난다. 사회운동가로 활동하다가 제도정치에 개인적·집단적으로 진입한 경우 국민들의 지지라고 하는 기준이 그들을 체제 내적인 프레임으로 규율하게 된다. 이는 사회운동에 있어 '반체제적' 성격이 상대적으로 주변화되는 것을 의미한다.

여기서 제도화의 이중성 중에서 어떤 측면이 지배적인 것이 되는가는 사회운동의 대항헤게모니적 실천에 달려 있다. 최소주의적 개혁을 통해서 체제를 재안정화하고자 하는 구 독점적 세력과 최대주의적 개혁을 추동하고자 하는 사회운동의 각축이 바로 여기서 중요한 의미를 갖는다. 지배권력은 '최소주의적 제도화'를 통해서 체제의 재안정화를 도모한다면 사회운동은 제도화의 최대주의적 실현을 위한 대항실천을 행하게 된다.

이러한 제도화의 이중성이 반독재민주정부 시기(민주화의 2단계)에 사회운동의 딜레마가 된다. 한국에서 체제개혁적 운동이라고 할 수 있는 시민운동의 경우에서―급진적 민중운동과는 달리―이러한 딜레마가 집중적으로 표현된다. 그리고 보수적 사회운동(예컨대 한국에서 뉴라이트 운동)은 이러한 제도화의 이중성을 '친권력적 운동'이라고 비판하는 식으로 응전하게 된다.

(2) 제도화에 대응하는 응전양식들

제도화에 대응하면서 체제개혁적 운동과 다양한 소수자 운동들은 '2차 분화'를 경험하게 된다. 2차 분화의 일차적인 양상은 첫째, 체제개혁적 운동조직들과 소수자 운동조직들이 더욱 다양하게 분화한다. 반독재민주정부 하에서의 제도화는 한 단계 높은 자율화이다. 이러한 '정치적 기회구조'의 확대에 반응하고 그것을 활용하면서, 체제개혁적 운동과 소수자 운동의 분화가 더욱 촉진되게 된다. 쉽게 이야기하면 더욱 많은 운동조직들이 출현하고, 운동 내부에서 작은 차이들도 동조직의 분립으로 나타나기도 한다. 2차 분화에는 새로운 운동조직의 '생성', 하나의 이슈영역에 다양한 경쟁적 단체들이 분립하는 양상, 하나의 조직이 분화·분열하는 양상, 하나의 조직의 활동영역이 확대되거나 이전하는 '변형'의 양상 등을 포함할 수 있다.

2차 분화 속에는, 소수자 운동의 정체성을 둘러싼 치열한 각축과 경쟁도 포함된다. 정체성을 규정하는 개념을 둘러싼 논란으로 나타나기도 한다. 예컨대 장애인 운동을 장애우(友)운동으로, 정상인을 비장애인으로 규정하는 등의 변화도 이를 반영하는 것이다. 이렇게 분화가 확대되면서 이른바 사회운동조직들(SMO) 간에는 자원 동원을 둘러싼 경쟁도 나타나게 된다(McCarthy and Zald, 1997). 모든 사회운동조직은 돈, 시설, 정당성의 자원들을 어느 정도 확보하는가에 따라서 그 확장과 쇠퇴가 크게 영향을 받는다. 이러한 과정에서 자원 동원에 성공한 운동조직들은 그 규모가 확대되면서 내부적으로 위계의 분화를 겪기도 한다.[36]

2차 분화의 주요한 계기는 반독재민주정부 하에서 수동혁명적 민주화의 수준－비록 그 비(非)능동혁명적 성격에도 불구하고－이 높아져 제도화가 확대되는 것이다. 대항헤게모니적 실천으로서의 사회운동, 그 중에서도 1차 분화를 경험한 체제개혁적 운동과 소수자 운동은 체제에 의한 제도화의 시도에 대해 다양한 방식으로 응전하게 된다. 제도화에 대한 사회운동의 응전유형을 나는 적극 제도화의 전략, 병행전략, 반(反)제도화 전략을 지향하는 경우로 나눈다. 적극 제도화적 지향은－수동적이건 능동적이건－제도화에 적극적으로 부응하는 것을 말하고, 탈제도화 지향은 제도화가 타락이나 포섭이라고 판단하고 이로부터 이탈하고자 하는 지향을 의미하며, 병행전략은 제도화 활용론적 지향과 반(反)제도화적 지향이 공존하는 것을 의미한다. 이것은 사

36 McCarthy and Zald(1997)는 간부(cadre: 조직의 의사결정에 참여하는 간부), 전문적 간부(professional cadre: 보수를 받고 전업으로 일하는 전문적 간부), 전문적 스탭(professional staff: 간사), 근로자(worker: 간수 수준이 아닌 조직의 일을 담당하는 사람들. 평간사 혹은 자원봉사자 등) 등으로 나누어 보고 있다.

실 반독재민주화운동 과정이나 민주화의 초기 민주개혁운동 과정에 잠재되어 있던 차이들이 민주화라는 지배의 조건 변화에 따라서 현재적인 차이들로 드러난 과정이라고 할 수 있다.

제도화로 인하여 민주개혁 국면에서 급진적인 성격을 가진 사회운동조직이 흡수와 포섭을 당하게 되면서 그 반체제적 급진성이 상실되는 것에 대응하여 새롭게 반(反)제도화적 지향을 실현하고자 하는 그룹들이 출현할 수도 있다.[37] 제도화를 둘러싼 여러 가지 지향들은 하나의 운동 내에서도 복합적으로 표현될 수 있기 때문이다.

이처럼 제도화와 사회운동의 첨예한 각축은 운동의제가 제도화되기 용이한 주제영역에서 활동해 온 운동들에서 나타나기 쉽다. 예컨대 빈민지역에서의 공부방운동이나 공공육아운동, 빈민탁아운동 같은 경우가 직접적인 예이다.

민주화가 진행되고 그 일부로서 제도화된 복지(국가복지 혹은 공공복지)가 확대되면서 '경계'선 상에 있던 '복지 지향적' 운동들이 '제도화된 활동'으로 변했다. 독재 하에서는 복지확대 운동조차도 반체제적 운동으로 억압되고 있었다고 한다면, 민주화가 되면서 이런 운동의 일정 부분은 제도화된 영역으로 이전하게 된다. 이는 독재라는 상황 속에서 '저항적 사회운동'으로 전개되던 활동들을 이제 '제도화된 정책영역의 활동' 안으로 끌어들인다.[38]

37 여성운동에서 진보적 여성운동연합인 '여성단체연합'이 '제도화'되면서 그에 대응하는 급진적 지향의 '젊은 여성주의자(young feminist)'가 출현하게 되는 것도 이러한 예가 될 것이다.

38 개발독재 하에서 충족되지 않았던 요구들이 민주화 과정에서 수용되는 경우. 사실 반독재운동 과정에서 자발영역(voluntary sector)에 있던 것들, 탈제도적인 영역에 있던 것들

다양한 사회운동들이 제도화에 대응하는 어떤 대항적 실천을 하는가에 따라 민주화 과정에서 체제와 사회운동의 관계가 상이한 경로를 밟게 된다고 할 수 있다. 예컨대 수동혁명적 민주화로 인해 사회운동적 역동성이 민주화된 체제 내로 흡수되어 버릴 수도 있고 반대로 사회운동이 적절한 대항헤게모니적 실천을 수행함으로써 그 역동성이 확장되는 경우도 가능할 것이다.

체제개혁적 운동이 제도화에 대한 태도를 둘러싸고 다양한 변화와 분화를 보이는 것은 거시적인 차원에서부터 미시적인 차원에까지 다양하게 표현될 수 있다. 미시적인 차원에서 예를 찾아본다면, 시민단체에 대한 기업 후원금 문제 같은 것이 될 수 있다. 반독재민주정부가 성립한 이후 체제개혁적 운동이 민주개혁을 주도하는 국민적 운동으로 부각되었다. 국가와 시장의 민주화를 견인하는 주요한 국민적 운동으로 부상하게 되면서, 기업들도 체제개혁적 운동(예컨대 시민운동)에 대해서 적대적인 관계가 아니라 친화적 관계로 전환하고자 노력하게 되고, 그 과정에서 체제개혁적 운동에 대한 기업의 후원이 확대된다. 그런데 2차 분화과정에서는 시민운동단체들 간에 이러한 기업과 정부 후원에 대해 갖는 태도를 둘러싸고 분화가 나타나게 된다. 즉 정부와 기업 후원을 '일탈'로 보고 이러한 후원 없이 독립적인 재정을 지향하는 경우가 있는 반면에, 오히려 적극적으로 기업 후원을 추구하는 경우라고 할 수 있다. 참여연대가 전자를 추구하고, 환경운동연합은 후

이 준(準)국가적인 영역에 존재하게 된다. 공동육아운동이 정부의 육아 복지정책이 확대됨에 따라 기존의 운동이 분화되는 과정을 서술한 논문으로서는 황윤옥(2007) 참조.

자를 추구했다고 할 수 있다. 이는 재정 후원의 수용범위라는 면에서 전사가 반제도화 전략을 후자가 적극 제도화 전략을 채택했음을 의미한다.

(3) '반운동'의 출현

수동혁명적 민주화가 반독재민주정부 하에서 제도화의 수준으로까지 진전되는 것에 대응하여, 역으로 '반운동(counter-movement)'[39]이 출현하게 된다. '2차 분화'는 '체제개혁적 운동'이 추동하는 정치적·경제적·사회적 탈독점화의 진전에 저항하여 이를 역류(逆流)시키고자 하는 새로운 보수적 사회운동들의 활성화를 포함한다.

체제개혁적 운동과 같이 민주개혁을 추동하는 운동들의 헤게모니가 관철되고 있던 시민사회는 민주정부 이후 '보수의 능동화'에 따라 새로운 헤게모니 각축의 장으로 변모하게 된다. 이 과정에서 과거 개발독재의 준(準)행정적 조직이 되어 있었던 관변단체들의 변신이 나타나게 되고, 여기에 구 보수적 집단과는 구별되는 신보수적 집단들(뉴라이트라고 불리는)이 '생성' 된다. 이들은 민주개혁을 추동하는 사회운동들을 '신종 관변단체'로 비판하고 반독재민주정부의 개혁을 '과잉개혁'으로 매도하며, 민주정부에 대한 대중들의 사회경제적 불만을 부각시키면서 새로운 보수적 운동을 구성하게 된다. 특히 반독재민주정부가 적절히 응전하지 못하는 이슈들-예컨대 경기 회복이나 실업, 불평등 이슈 등-이 부각되면서

39 이러한 반운동을 흑백분리 교육 철폐에 항의하는 백인들의 anti-busing 운동을 통해서 분석하고 있는 글로서는 Motti(1997) 참조.

보수적 운동들이 확산되는 현상이 나타난다. 더구나 포스트개발자본주의화와 지구화의 새로운 모순[40]은 '독재 대 반독재'의 프레임에 의해서 명확하게 해석되지 않으며 반독재세력이 적절한 대안을 제출하지도 못하는 이슈들을 출현시킨다. 반독재민주정부가 이 문제에 적절히 응전하지 못하는 '무력한 세력' 혹은 '무능한 세력'으로 투영될 때 역전현상은 더욱 강화된다(조희연, 2007b).

이러한 상황은 반독재세력이 저항세력으로 존재할 때는 상대적으로 문제가 되지 않았다. 그러나 사회운동을 주도하는 진보적 세력이 집권세력이 되면서, 구 독재적 보수세력이 이제 '권력비판'의 도덕성에 의존하여 보수적 운동을 전개할 수 있는 조건이 출현하게 된다.[41]

이러한 반운동들은 민주화국면에서 진보적·개혁적 사회운동이 표방하는 '민주개혁', '개혁의 급진화와 철저화'라고 하는 담론을 비판하면서 반대의 보수적 가치들, 새로운 성장기조의 회복—한국에서는 이것이 '선진화' 같은 담론으로 표현된다—등 새로운 보수적 가치를 부각시키게 된다.[42] 이처럼 반독재민주화운동을 계승하는 '민주정

---

40 신자유주의적 지구화는 수동혁명적 민주화와 구 독재체제의 민주화라는 과제를 중심으로 하여 전개되어 오던 갈등의 구조를 변화시키게 된다. 민주화의 시발은 이미 구 독재의 민주화와 민주개혁이라고 하는 것이 전 국민적인 합의과제가 되었다는 것을 의미하는데, 반대로 신자유주의적 지구화의 흐름은 지구적인 경제적 통합에서 요구되는 국제경쟁력 강화, 탈규제, 민영화 등 일련의 신자유주의적 가치들이 더욱 지배적인 가치로 부상할 수 있는 계기를 부여하게 됨으로써 사회운동의 대면하는 상황 자체가 복합화된다는 것을 의미한다.

41 한국의 뉴라이트 등 새로운 보수적 운동에 대해서는 이나미(2004); 김재중(2006); 박상훈(2006) 참조.

42 한국의 뉴라이트 운동의 성격이 정체성운동인가 아니면 이데올로기적 정치운동인가 하는 것은 쟁점이 될 수 있다. 정체성 운동은 독재 하에서 억압된 집단들이 자신들의

부' 하에서는 보수적 사회운동의 도덕적 공간이 확장되면서, 민주정부의 '과잉개혁'을 비판하는 보수적 사회운동이 활성화 된다. 일종의 '보수의 능동화'(조희연, 2009c) 현상이 나타나게 된다. 이것을 '반운동(counter-movement)'이라고 부를 수 있다.

2. 포스트개발자본주의에 대응하는 운동의 변화

민주화는 단순히 독재에서 민주주의로의 이행과정일 뿐만 아니라 '개발' 자본주의에서 '개발 이후' 자본주의로의 이행과정이며, 이것은 경제적으로도 새로운 문제에 대면하게 되는 과정이다. 나는 이러한 한국 자본주의의 변형 과정과 민주주의의 관계 안에서 나타나는 모순과 운동정치의 관계를 '포스트개발자본주의'라는 잠정적인 개념을 통해 접근하고자 한다. 개발독재 이후의 자본주의라는 점에서 '개발-이후'로서의 포스트개발이지만, 한국 자본주의는 개발독재에서 구축된 개발자본주의의 속성을 여전히 공유한다는 점에서 포스트개발자본주의이다. 수동혁명적 민주화가 사회운동이 요구해 왔던 구(舊)이슈들, 그리고 구 모순들이 실현됨으로써 나타나는 변화(자율화와 제도화에 따른

정체성을 민주화 과정에서 전면화하는 것을 의미한다. 물론 모든 운동은 일정한 정체성을 전제한다. 그러나 뉴라이트의 운동은 이러한 의미에서 신사회운동적인 정체성운동이라기보다는 정치운동이고 특정한 이데올로기에 의해 무장한 운동이라고 해야 할 것이다.

의제박탈적 사회운동의 재구성)라고 한다면, 포스트개발자본주의화는 사회운동이 대결하지 못했던 새로운 신(新)이슈들의 등장함(새로운 의제출현적 사회운동의 생성)이라고 할 수 있겠다.

포스트개발 자본주의화의 도전은 독재 하에서 진행된 개발과 근대화의 과정으로 인하여 사회운동의 물적·경제적 토대가 변화한다는 점을 말한다. 대체로 한국을 포함하는 아시아의 독재들은 '추격산업화'와 근대화를 성취하기 위한 개발독재의 성격을 띠었다. 물론 이것이 성공적으로 추진된 경우도 있고 그렇지 않은 경우도 있다. 그러나 어느 경우건 간에 사회의 물적·경제적 조건이 일정하게 변화하게 된다. 이는 사회운동의 조건 자체도 변화시키게 된다. 단지 추격산업화가 성공적으로 추진된 경우 이러한 변화가 더욱 첨예하게 출현한다.

또한 포스트－개발 자본주의화의 도전은 새로운 경제적·계급적 독점세력을 출현케 하며 그들의 경제적 힘에 의한 정치와 (시민)사회의 새로운 포획이 나타난다. 포스트개발자본주의화에서 가장 중요한 현상은 자본권력과 시장권력의 강화이다. 개발독재 하에서 낮은 단계에 있던 자본권력과 시장권력은 독재의 전폭적인 '국가적인 전략적 지원'을 받으면서 성장하였고, 이제 이러한 새로운 권력이 체제의 보수적 재생산을 가능케 하는 동력이 된다. 이러한 현상은 포스트－개발자본주의화의 후기 단계에서 더욱 강화된다.

이러한 자본권력의 강화로 당연히 대중들의 삶의 영역의 더 많은 부분이 자본의 생산·재생산 과정에 포섭되는 상태로 이행한다. 과거 독재 하의 경제적 독점은 이제 강화된 시장적 기제 속에서 새로운 방식으로 재생산되며 대중들의 삶을 포획한다. 즉 '자본의 식민화' 영역의 확장이라고 말할 수 있다. 역설적이게도 이러한 자본권력과 시장권력의 강화는—개방이 전면화되는—반독재민주정부 시기에서 가속적으로 이루어졌다. 초기 개발자본주의 하에서 자본과 시장이 자신의 재생산과정에서 대중들의 삶을 포획하는 범위가 제한되어 있었다고 한다면, 이제 포스트—개발자본주의는 대중들의 전 삶의 영역에서—욕망과 감수성에 이르기까지—대중들을 포획하게 된다. 이것은 사회운동에 대해 도전으로 나타나게 되고 그에 대응하는 새로운 대항헤게모니적 실천을 촉발하게 된다.

나의 시각에서 보면, 수동혁명적 민주화에 따른 사회운동의 분화가 반독재에 대하는 '거대한 통일적인 운동'으로 존재 하에서 잠재적으로 존재하던 '차이'들이 현재화되는 과정이라고 한다면, 포스트개발자본주의화에 따른 사회운동의 분화는 새로운 차이들이 구성되고 그것이 집단화되는 과정이라고 할 수 있다. 또한 수동혁명적 민주화에 따라 분화되는 '차이의 운동들'이 과거 거대한 운동에서의 통일성을 상대적으로 많이 계승되고 있다고 한다면, 포스트개발자본주의화에 따라 분화되는 '차이의 운동들'은 상대적으로 독립적인 성격이 강하다.

포스트개발 자본주의화의 과정은 그 초기 단계와 개방화 기조로의 재편기로 나누어 볼 수 있다. 나는 외환 위기 이후 개방이 본격화되는 97년 이후의 시기를 수동혁명적 민주화의 2단계이자 포스트—개발자본주의화의 개방화 기조로의 재편기로 파악하였다.

신자유주의적 지구화는 포스트개발자본주의화의 국제적 조건을 이룬다. 신자유주의적 지구화라는 국제적 조건 속에서 '민주화의 제3

의 물결'[43]이 진행된다고 하는 것이 '민주화의 제2의 물결'과 다른 조건이다. 이 조건은 포스트개발자본주의화의 과정이–서구에서 60·70년대 사회민주주의적 복지국가를 출현했던 것과 달리–이른바 신자유주의적 자본주의로 작동하도록 한다. 신자유주의적 지구화의 국제적 조건은 초기 단계에서는 국민경제에 대해서 개방화라고 하는 '외적' 압력으로 나타났다. 한국에서도 지구화에 부응하는 개방은 80년대 초부터 시작되었다.[44] 주지하다시피 80년대 초반 전두환 정권에서부터 농산물 시장 개방 문제가 운동의 쟁점화되기 시작하였다. 그러나 97년 외환 위기를 계기로 한국에 '외적으로' 강요되었던 개방화와 시장자유주의적 정책

43 헌팅턴(1991)은 민주화의 첫 번째 파동으로 1828년 이후 거의 100년 동안 남성의 참정권 확대를 중심으로 민주화의 동학이 고조되었던 시기를 들고 있으며, 두 번째 파동은 제2차 세계대전 이후 연합군의 승리로 35개 나라에 민주 정부가 수립된 시기를 들고 있다. 세 번째 파동은 1970년대 이후 남미, 남유럽, 아시아 등에서 전개된 민주화 물결을 가리킨다. 이러한 민주화의 물결은 각각 역류 과정이 있고(예컨대 1930년대 파시즘의 등장이나 1960~1970년대 개발독재의 등장 등), 이것이 반전되는 방식으로 새로운 민주화의 물결이 전개된다고 보고 있다. 2번째 물결의 경우 개별 국가의 민주화에 유리한 국제적 조건이 존재하고 있었다고 한다면, 3번째 물결은 신자유주의적 지구화의 국제적 조건에서 전개됨으로써 복합적 성격을 띠게 된다.

44 카치아피카스(2006)는 그는 70년대 말 이후 이미 지구화에 부응하는 개방이 시작되었고, 광주항쟁을 '반신자유주의적 저항'의 표현으로 이해한다. 이 점은 한국 및 아시아 사회의 신자유주의화 과정과 관련하여 중요한 쟁점이기도 한다. 나는 '한국 사회체제 논쟁'에서 손호철 교수의 논지에 대립하여, 한국의 체제의 신자유주의적 전환은 97년 아시아 경제위기로 인한 개방의 전면화라고 하는 외적 계기뿐만이 아니라 개발독재 하에서의 자본권력과 시장권력의 강화라고 하는 내적 요인이 중요하다는 점을 강조한 바 있다. "개발독재 하에서의 초기 산업화 과정에서 자본권력이 강화됨으로써 '시장을 통한 자본 주도의 질서'가 확대·강화된 것을 의미한다. 개발독재(혹은 종속적 파시즘)에 의해서 주도된 자본주의화 과정이 진전되면서 개발독재국가의 '하위파트너'로 성장한 자본권력이 이제 '제 발로 서서' 한국의 경제를 지배하게 된 것이다. 그래서 군부 개발독재세력을 '상위파트너'로 하는 상태에서 이제 스스로를 지배적 경제계급으로 정립하게 된 것이다"(조희연, 2009e: 40–1).

은 내부화되면서 강력하게 관철되기 시작하였다(조희연·서영표, 2009). 그 결과 한국의 자본권력과 시장권력이 추구한 자본 주도적이고 시장자유주의적인 방향이 국민경제 내에서 지배적인 힘을 갖게 되었다.

이런 점에서 97년 외환 위기 이전과 이후를 포스트개발자본주의화의 초기 단계와 개방기조로의 재편기로 규정할 수 있겠다. 이는 물론 변형권위주의 정부 시기(수동혁명적 민주화의 1단계)와 반독재민주정부 시기(수동혁명적 민주화의 2단계)에 대응한다. 그리고 그 초기 단계에 대응하여 사회운동의 '1차 분화'가 나타나게 되고, 후기 단계에 대응하여 '2차 분화'가 나타나게 된다. 이러한 시기구분을 표로 나타내 보면 아래와 같다.[45]

	포스트개발자본주의의 초기 단계	포스트개발 자본주의의 개방기조로의 재편기
포스트－개발자본주의화/신자유주의적 지구화	시장자율화(자본권력과 시장권력의 강화: 수동혁명적 민주화와 결합되어 진행됨)	개방화(수동혁명적 민주화와 결합되어 진행됨, 이중성을 띰)
운동정치	1차 분화	2차 분화

45 반독재민주정부 시기에 수동혁명적 민주화와 '신자유주의적 지구화와 결합된 포스트개발자본주의화'는 긴장을 간직한 채로 모순적으로 결합되어 있었던 데 반하여, 2008년 이후 신보수정부 하에서는 그러한 긴장이 해소하고 개방화와 시장자율화를 더욱 가속화시키는 지향을 보인다고 할 수 있겠다. 여기서 반독재민주정부 하에서의 개방화(이른바 신자유주의화)와 신보수정부 하에서의 개방화의 차이가 쟁점이 될 수 있다. '한국 사회체제논쟁'도 이 쟁점을 다루고 있다. 손호철은 전자를 '좌파 신자유주의'라고 보고 후자를 '우파 신자유주의'라고 보면서, 근본적으로 동일한 것으로 보고 있다. 단지 이에 대응하여 조희연·서영표(2009)는 전자가 민주개혁적 정치와 결합되어 있는 '이중적' 성격을 가진 것으로 보고, 후자가 보다 전면적인 신자유주의체제라고 보는 입장을 취하고 있다.

물론 수동혁명적 민주화와 포스트개발자본주의화의 시기가 이렇게 일치되는 것은 한국의 특수성이다. 실제에 있어 그 결합방식은 다양하다. 예컨대 인도네시아의 경우에는 97년 동아시아의 경제위기에 대응하여 개방화의 압력과 국내적으로는 개발독재의 붕괴로 인한 수동혁명적 민주화가 동시에 출현하게 되었다.

1) 운동정치의 '1차 분화': 생활세계 지향 운동의 등장

그렇다면 이러한 도전에 대응하는 사회운동의 분화는 어떻게 나타나는가. 첫째, 포스트개발자본주의화에 도전에 따른 사회운동의 '1차 분화'로서는 '생활세계 개혁 운동'의 등장을 들 수 있다. 앞의 '체제' 개혁적 운동들이 정치행정체제(계)나 경제체(계)(system)와 같은 '체제'의 문제에 집중하는 운동이었다고 한다면, 이러한 새로운 운동들은 포스트개발 시대의 새로운 '생활세계'의 변화를 지향하는 운동이다. 나는 생활세계 지향적 운동을 '생활세계 개혁적 운동'과 '대안생활세계 운동/체제 이탈운동'으로 나눈 바 있다. 1차 분화과정에서는 먼저 체제 지향적 운동에서 생활세계 지향적 운동, 그 중에서도 생활세계 개혁 운동이 '생성'된다.

이러한 생활세계 지향적 운동, 특히 생활세계 개혁적 운동의 출현과 분화는 다양한 현상으로 나타난다. 즉 개발시대의 사회운동이 저임금-장시간 노동의 극복, 소득이나 부의 재분배와 같은 이슈들을 중심으로 전개되었다고 한다면, 이제 개발 이후 시대에 고유한 새로운 생활 상의 요구들-환경문제, 소비자 문제, 먹거리 등의 문제-에 대응하는 운동들이 출현한다. 어떤 의미에서 과거에는 '절대빈곤'의 문제를 중심으로 개발(development)과 모순이 문제가 된다고 하면, 이제 개발 이후의 '새로운 풍요'와 '풍요의 모순'을 쟁점화하는 운동이 출현하게 된 것이다(포스트독재의 사회경제적 변화를 '절대적 궁핍화'의 관점에서 파악할 필요는 없다).

이러한 생활세계 지향적 운동의 등장과 부상은 이른바 '탈물질적 가치(잉글하트, 1983)'가 대중들의 생활세계 속에서 더욱 중요하게 되는데 따른 것이다. 물론 생활세계적 운동이 모두 탈물질주의적인 운동이라고만 말할 수는 없다. 단지 생활세계적 운동은 독재와 빈곤에 대항하던 감수성과는 다른 감수성이 대중들에게 생겨났음을 의미한다. 사실 포스트개발 자본주의에서 살아가는 대중은 정치적으로는 독재에 대한 저항 속에서 주체화된 대중이지만 다른 한편에서는 개발 이후의 새로운 생활세계 속에서 살아가는 대중이다. 이는 사회운동에 참여하고 사회운동이 조직화되는 대중의 감수성과 인지적 세계가 변화되었다는 뜻이다.

여기서 생활세계적 운동 그 자체가 반드시 체제개혁적 성격이 부재하다고 말할 필요는 없다. 예컨대 2008년 촛불시위는 먹거리를 주된 의제로 한 생활세계적 운동이라고 파악할 수 있지만, 이명박정부의 정책 변화를 요구하는 성격(그런 의미에서 체제개혁적이라고 할 수 있다)과 더 나아가서는 한미간의 FTA와 같은 국제적인 정치경제적 체제 자체를 문제삼는 성격도 있다.

이러한 포스트개발 자본주의 시대의 새로운 생활세계 개혁적 운동들은 다양할 수 있다. 예컨대 환경, 성차별, 동성애, 포르노 문제, 간통제 폐지, 페놀 사태, 각종 불량식품 문제, 각종 소비자 문제, 정보인권, 지식권력, 채플문제, 간통제 폐지 등 다양한 생활 상의 의제운동 등이다. 생활협동조합운동은 대표적인 생활세계 개혁적 운동이라고 할 수 있다. 한국여성민우회의 한살림운동이나 풀무생협, 도농(都農)공생운동을 펼치는 공생농두레(1995년), 호저생협 등 많은 생협운동이 포스트개발 자본주의화의 도전 속에서 이 시기에 점차 대중참여적인 운동으로 발전해갔다.

2) 운동정치의 '2차 분화': 포스트개발자본주의의 전면화와 운동정치의 분화

앞서 서술하였듯이, 신자유주의적 지구화라고 하는 글로벌한 조건은 사실 80년대에 시장 개방 압력(초기 산업화 단계의 보호주의적 정책에 대한 변화압력) 등으로 이미 나타났다. 그러나 이러한 투쟁은 주로 '한미(韓美)' 간의 통상마찰의 관점, 그리고 미국의 시장 개방 압력에 대한 민족주의적 저항의 관점에서 접근되었다. 97년 동아시아 외환위기를 계기로 개방이 전면화되면서, 독재 하에서 성장한 자본권력과 시장권력은－민주화의 도전 속에서 일정하게 진전된 개혁과 합리화를 전제로 하면서－보다 시장주도적인 그리고 기업친화적인 정치사회의 운영을 요구하고 시도한다. 개방의 전면화가 한국경제와 정치사회를 더욱 신자유주의적인 방향으로 재편하는 추동력을 제공한 셈이다. 이러한 과정은 반독재민주정부 주도세력들－반독재민주화운동에서 저항블록에 속했던 세력들–이 신자유주의적 프레임을 수용하고 개방화에 따른 문제점들에 대해 적극적인 보완 전략을 취하지 못해 가속화되었다. 이를 계기로, 개방의 전면적인 확대로 한 단계 높은 시장자율적·시장중심적 질서로 전환되게 되었다. 포스트개발자본주의의 핵심적인 특징이 자본권력과 시장권력의 강화와 그에 따른 시장중심성과 이른바 '기업사회'(김동춘, 2006)적 성격의 강화라고 한다면, 개방의 전면화로 이러한 흐름이 더욱 확장된 것이다. 이런 점에서 포스트개발자본주의화는 신자유주의적 지구화의 영향이 내부화되는 97년을 계기로 하여 큰 변화를 겪는다.[46]

신자유주의적 지구화와 결합된 '포스트개발자본주의화'의 과정은 민주화 과정에서 진행되어 오던 경제적 탈독점화의 과정을 역전시킴으로써 과거의 경제적 독점세력이 자신들의 기득권을 방어하거나 새로운 시장적 독점으로 변형시키는 데 유리한 조건을 형성했다. 예컨대 개발독재가 주도하던 추격산업화에 동원되었던 대중들은 이제 지구화 시대 '국제경쟁력 강화'와 같은 새로운 담론에 의해 영향받으면서 지구화 시대의 경제적 생존과 번영을 위한 신(新)개발드라이브에 새롭게 동원되고 자발적으로 따르게 되기도 한다. 신자유주의적 지구화는 국제경쟁력 강화와 그 해석 프레임을 국민적인 프레임으로 만듦으로써, 포

46 이렇게 보면, 포스트개발자본주의화는 포스트–독재 이후의 변화과정에 대한 내부적 측면을 이야기한다면, 신자유주의적 지구화는 외부적 측면을 이야기한다고 할 수 있다. 전자는 자본권력과 시장권력이 강화되는 방향으로 변화되는 것을 의미한다면, 후자는 국민국가적 자본주의가 글로벌 경제와의 관계에서 글로벌 경제의 새로운 개방기조에 부응하는 형태로 변화하는 것을 의미한다. 그런데 후자가 전자를 강화하는 형태로 작용하게 된다.

스트개발자본주의에서–개발독재 하에서 성장한–독점적 기득권세력이 민주개혁이라는 과제를 뒤로 하고 신자유주의적 지구화에 부응하는 새로운 성장기조로 전환하는 조건이 된다.

그런데 이 과정에서 중요한 것은 국민국가적 질서를 넘는 지구적 질서가 국민국가 내에 사는 대중들의 삶에 더욱 많은 영향을 미친다는 점이 대중들에게 체득되게 되었다는 것이다. 기존의 독재 하에서의 운동은 독재적 '국가의 민주화' 혹은 독재와 유착한 경제권력의 민주화를 지향하고 있었다. 그러나 신자유주의적 지구화의 내부화로 일국적인 정치적·경제적 질서를 뛰어넘는 도전에 사회운동이 직면한 것이다. 이것은 이후 지구적 질서 자체를 대결하는 운동의 출현을 가능하게 한다.

그런데 신자유주의적 지구화가 포스트개발자본주의화와 결합하는 방식은 단일하지 않다. 이는 97년 동아시아 경제위기에 따른 응전의 차이에서 잘 나타났다.[47] 이 경제위기에서 상대적으로 사회경제적 발전수준이 높은 '포스트과두제'적 사회에서는 경제위기가 오히려 신자유주의적 지구화에 부응하는 개방화를 촉진하는 계기로 작동하였다. 한국에서 50년 만의 야당정부인 김대중정부가 '경제위기 극복'이라는 명분으로 친신자유주의적·친IMF적인 개방화 정책을 적극적으로 추진하였다.[48] 반대로 사회경제적 발전수준이 상대적으로 낮고 구

47 경제위기의 상이한 효과에 대해서는 박사명(2005) 참조.

48 아시아에서 상대적으로 강력한 반독재적 배경을 갖는 김대중정부에서 더욱 친IMF적인 그리고 워싱턴 콘센서스에 잘 부응하는 신자유주의적인 개방화정책이 수용·시행되는 것은, 강력한 친미주의적 인식이 대중 사이에 존재하여 미국적 모델, 특히 시장근본주의적 모델의 수용성이 대단히 크다는 점, 글로벌 자본 축적을 추구하는 대자본의 헤게모니가 강력하다는 점 등이 작용하고 있다고 생각된다.

독재의 유산이 강력하게 남아 있는 '신과두제'적 사회에서는 경제위기가 오히려 민족주의적·토착 공동체주의적 지향을 강화하는 계기로 작용하였다. 전면적인 개방화가 가져오는 토착자본의 위기는 자본이 민족주의적인 정서에 의존하도록 하였고 이는 태국[49]의 탁신 정부나 마하티르정부가 반서구적인·반IMF적인 민족주의적 정책을 추구하도록 만들었다. 태국의 탁신은 민족주의적 정서에 '부응'·활용하면서 개방화 정책을 우파 민중주의적 정책으로 보완하고자 하였다.[50] 그리고 이것은 사회운동과 시민사회에도 영향을 미쳐서 사회운동 내부에서 민족주의적 지향이 강화되었다. 이는 하나의 경제위기가 나라에 따라서 상이한 정치적·사회운동적 효과를 가져온다는 것을 보여준다. 이처럼 포스트개발 자본주의화와 그것과 결합된 신자유주의적 지구화는 수동혁명적 민주화 과정과는 전혀 다른 도전에 사회운동이 직면하게 만든다. 그에 대응하는 과정에서 대항헤게모니적 실천을 조직하게 되고, 그 결과 사회운동의 변화와 재구성이 다음과 같은 다양한 차원에서 나타나게 된다.

(1) 생활세계지향 운동들의 분화와 대안생활세계 운동의 급진화

먼저 생활세계 개혁적 운동의 분화·다양화와 그 과정에서 급진적인 생활세계적 운동의 등장을 들 수 있다. 생활세계 지향적 운동 그 자

49 반(反)탁신운동은 왕당파, 공동체주의자, 토착주의자, 자유주의자들, 급진적 민주주의자 등 다양한 지향의 운동들의 연합운동으로 전개되었다.

50 여기에는 내부의 정치적 정서 같은 것도 영향을 미치게 된다. 이슬람 야당의 강력한 존재 같은 것을 예로 들 수 있다.

체는 이미 정치적·경제적 권력의 배분체계로서의 체제만을 문제삼는 것에 대한 '성찰'적 인식을 배경으로 하고 있고, 이는 내부에 보다 급진적인 운동의 출현잠재력을 내장하고 있다.

먼저 생활세계 개혁적 운동이 더욱 다양화되고 분화되며, 더욱 대중적 주목을 받게 된다. 생활세계 개혁적 운동 그 자체는 이전 시기에서 출현하였으나, 크게 주목을 받지는 못하였다. 독재가 붕괴된 이후, 특히 포스트개발자본주의화의 초기 단계에서는 사회운동의 지배적인 대립전선이 이전의 '독재 대 반독재' 구도의 변형이라고 할 수 있는 '(민주)개혁 대 반개혁'의 대립전선이었다. 이것이 일종의 헤게모니적 전선이었던 셈이다. 이는 포스트개발자본주의화에 따른 신이슈들에 대한 감수성을 주변화시켰다. 그래서 새로운 운동들이 출현하고 확장되고 있었음에도 불구하고 폭넓은 대중적 관심을 받지는 못하였다. 그러나 반독재민주정부 수립 이후에는 역설적으로 이전의 '민주개혁'이라는 과제의 절박성이 소멸하기 때문에, 새로운 이슈들에 대중들이 더욱 주목하게 된다.

예컨대 환경운동의 선구적인 형태는 공해추방운동연합이었다. 이는 80년대 초반 독재 하에서 시작되었다. 그러나 그것은 광범한 시민적 운동으로 발전하지 못하였다.[51] 그러다가 수동혁명적 민주화의 과정에서 자율적 공간이 확장되면서 환경운동으로서 급속하게 발전하기

51 국내 최초의 환경단체라고 할 수 있는 공해문제연구소는 최열 소장을 중심으로 1982년 시작되었다. 이 조직은 공해추방운동청년협의회나 공해반대시민운동협의회와 통합하여 1988년 9월 공해추방운동연합으로 전환되게 된다. 이 시기까지는 반독재라는 이슈가 절박하게 존재하였던 시기이다(이후 1993년 4월 전국 8개 환경단체가 통합되어 환경운동연합이 결성된다).

시작하였다. 포스트개발자본주의화의 새로운 사회경제적 조건 위에서 국민적 공감을 받는 '생활세계 개혁적 운동'으로 확장되게 되고 대중적 주목도 받게 되었다고 할 수 있다.[52] 이런 점에서 2차 분화는 1차 분화 과정에서 독자화된 '차이'들이 대중 수준에서 전면화되고, 개별 운동들이 대중참여적인 운동으로 변화해 가는 단계라고 말할 수도 있다. 이 과정에서 새로운 운동들이 형성되기도 한다.

이러한 생활세계적 운동의 급진적 형태는 '대안 생활세계 운동'이라고 표현할 수 있으며, 기존의 체제가 전제하는 생활세계 그 자체를 거부한다고 하는 점에서 체제 자체로부터의 이탈하고자 하는 운동, 즉 '체제 이탈적 운동'이라고 표현할 수도 있다. 사회운동이 대면하는 체제에 대항하여 그 체제를 변화시키고자 하는 운동이 있다고 한다면, 그 체제로부터 이탈하고자 하는 '탈주(脫走)적인' 운동이 존재할 수 있는 것이다. 체제도전적 운동이나 체제개혁적 운동, 심지어 생활세계 개혁 운동 모두 기본적으로 체제를 '향한' 운동이라고 한다면, 체제이탈적 운동은 기존 체제의 재생산구조로부터 이탈하여 대안적 삶의 양식을 향한 운동이라고 할 수 있다.

대안생활세계 운동/체제 이탈적 운동은 기존의 운동들이 물질주의적 가치, 그리고 체제가 전제하는 삶 양식을 전제하고 있다고 이를 비판한다. 예컨대 생명사상, 생태공동체주의, 영성, 무소유의 사상, 생

52 예컨대 최장집은 3개의 균열선을 이야기한다. 하나는 민주주의 대 권위주의, 둘째는 개발 혹은 근대화 대 민주주의, 셋째는 분단 대 통일의 대립이 그것이다(최장집, 1993). 이것들은 시간적 선후로 배치되었다. 그러나 정확하게는 이러한 균열선들이 존재하고 있었으나, 그것이 운동화되는 구조적·주체적 조건이 부재했었고 그것이 가능하게 되면서 그러한 균열선을 쟁점화하는 운동이 전개된다고 할 수 있다.

태주의, 공동체주의 등 다양한 대안적인 가치 혹은 사상들에 기초하여 새로운 프레임을 구성하는 노력으로 나타난다. 이러한 가치의 확산과 함께, 한국에서도 귀농운동, 생태공동체운동,[53] 느리게 살기캠페인, 운동가의 영성, 패스트푸드반대운동, 채식주의, 버츄프로젝트 등 기존의 주류적 가치와는 다른 삶의 양식과 가치를 추구하는 흐름들이 나타났다.[54] 대안생활세계운동/체제이탈적 운동에는 대안적인 공동체를 형성하려는 운동도 있다. 대표적인 공동체운동으로서, 산안농장(야마기시즘 운동의 산실), 간디학교, 다일공동체, 한마음공동체, 무주 안성면의 밀알노동가족 등을 들 수 있다.

사실 이러한 체제이탈적 공동체운동의 전통은 사회마다 다양하다. 한국과 같은 경우는 과거 공동체운동의 전통이 식민지로 이행하는 과정에서 그리고 포스트식민지적 맥락에서의 근대화 과정에서 단절되었다. 따라서 새롭게 출현하는 운동은 새로운 '생성'이라고 할 수 있다.[55] 반면에 동남아시아의 많은 나라들에서는 공동체적인 전통이 상당히 강력하게 남아 있었고 이것이 민주화 과정에서의 새로운 공동체운동의 중요한 전통으로 계승되는 경우가 많다.

대안생활세계운동/체제이탈적 운동의 발생경로는 다양할 수 있

53 생태공동체운동에도 다양한 지향이 있을 수 있다. 공동체적인 삶 양식을 추구하는 경우도 있는 반면에, 생태공동체 이장과 같이 환경벤처기업으로 출발하여 '사회적 기업' 형태의 자족적인 생태공동체 마을을 추구하는 경우도 있다.

54 한 개인이 생태공동체 운동에 참여하게 됨으로써 겪는 인지적 변화와 생활양식의 변화에 대한 구술사적 연구로 하만조(2008) 참조.

55 "규범적, 대안적 특성이 강한 공동체운동일수록 기존의 생활과 삶의 관계로부터 '이탈'의 정도가 크다"(이근행, 2006).

다. 이것은 독재 하에서의 체제도전적 운동이 변화하는 경우도 있을 수 있고, 민주화 이후 국면에서 출현한 생활세계운동이 의제 확대를 하거나 재구성되는 경로를 거쳐서 출현할 수도 있으며, 혹은 생활세계 개혁적 운동을 하던 인사들이 '이탈(retreat)'하는 식으로 출현할 수도 있다. 이 경우 '새로운 발생(emergence)'의 형태를 띤다고 할 수 있을 것이다.

(2) '이해의 분화'와 체제 도전적 운동의 분화

포스트개발자본주의의 새로운 재생산 방식에 따라서 다양한 경제적 주체들, 특별히 경제적 약자집단들의 '이해의 분화'가 발생했다. 이는 사회운동의 조직적 분화와 새로운 운동의 출현으로 나타나게 된다. 특히 신자유주의적 지구화의 영향과 개방화는 과거 개발자본주의와는 다른 새로운 모순을 출현시키게 되고 이에 응전하는 새로운 사회운동을 출현시키게 된다. 이른바 신(新)빈곤과 신(新)배제이다. 예컨대 새로운 양극화, 비정규직의 확대 등 고용불안정, 소득분배의 악화, 실업률의 증대, 중소기업과 하층 자영업의 붕괴, 물가 불안, 사회적 안전망의 균열 등 개방화와 지구화가 가져오는 경제적 모순들이 사회운동의 중요한 응전대상이 된다. 기존의 '개발'자본주의 하에서와는 다른 방식으로 다양한 경제적 하위주체들이 배제와 불평등을 경험하게 되면서, 이에 대응하는 운동이 출현하게 되는 것이다.

이러한 신빈곤과 신배제는 기존의 빈곤과 배제와는 다른 방식으로 고통받는 집단이 존재하게 된다는 것을 의미한다. 이것은 '이해의 분화'라고 할 수 있고, 이는 운동의 분화로 나타나게 된다. 대표적인 것이 바로 비정규직 노동자의 문제이다. 조직화된 노동자들, 특히 대기업의 조직화된 노동자들의 경우 민주화 과정에서 자신들의 이해를 방어하거나 확장하게 되는 데 반하여, 비정규직 노동자집단이 새로운 경제적 배제집단으로 위치지어지게 된다. 일종의 중심과 주변(은수미, 2009: 103)관계가 노동자계급 내부에서 나타나는 것이다. 여기서 주변적 집단으로서의 비정규직 노동자들의 운동이 기존의 체제도전적인 노동운동의 조직적 틀과는 구별되는 조직들 속에서 진전되는 것도 이의 예가 될 것이다. 조직화된 노동조합 노동자들 내부에서도 대기업 노동자들과 중소기업 노동자의 이해관계의 분화가 더욱 진전되어 노동자 계급 내부의 내적 긴장으로 나타나게 된다. 앞서 나는 수동혁명적 민주화에 대한 논의과정에서, '체제도전적 운동'에 대해 이야기한 바 있다. 비정규직 노동자들의 독자적인 조직화와 운동화는 체제도전적 운동의 분화를 이야기하는 것이다.

나아가 대자본이 유통 영역에 진출하게 되면서 중소 상인들이 과거와 다른 방식으로 경제적 고통을 경험하게 되고 이는 대자본의 지배 확대에 대응하는 운동을 출현시키게 된다. 어떤 의미에서 민주화의 과정은 민주주의라는 형식 속에서 재생산되는 '더욱 넓은 범위의' 시장지배와 자본지배의 사회라고 할 수 있다. 이러한 자본지배영역의 확장은 역설적으로 지배되는 경제적 집단들의 '위계적 편제'를 가속화하게 되고, 이는 새로운 저항을 낳게 된다. 예컨대 기업형 슈퍼마켓(SSM)의 영역 확장에 대응하여 재래시장 상인들이나 중소 상인들의 '사업 조정제'를 요구한다거나 하는 등으로 정부의 적극적인 보호정책과 대기업 규제정책을 요구하는 운동이 발생하게 된 것이다. 나아가 철거민 5

명과 경찰특공대 1명이 희생된 2009년 1월 20일 '용산참사' 또한 운동의 새로운 모습을 보여준다. 도시 재개발을 둘러싸고 다양한 이해관계자-개발조합, 시공업체, 세입자와 상가 세입자 등-간의 첨예한 갈등이 과거 개발독재 시기의 도시 재개발과는 다른 성격의 갈등을 보여주기 때문이다. 이에 사회경제적 약자들의 저항적 운동도 새로운 모습을 보여준다.

(3) 새로운 인종적 위계에 대응하는 운동

'이해의 분화'와 그에 따른 조직적 분화의 또 다른 대표적인 현상은 이주노동자운동에서 찾을 수 있다. 지구화의 도전은 반세계화운동과 같이-기존의 운동이 전제하고 있었던 국민국가적 운동 지형을 뛰어넘는-지구적 운동지형에 대응하는 운동을 출현케 하지만, 동시에 국내적으로 '인종적 위계'를 쟁점화하는 운동을 출현케 하기도 한다. 이는 이주노동자의 확대와 독자적인 이주노동자운동의 출현에서 찾아볼 수 있다.

신자유주의적 지구화에 따른 개방화는 노동시장의 개방도 동반하게 되고 여기서 외국인 노동력이 대거 유입되면서, 노동시장에 인종적 분할이 나타나게 된다. 한국에서는 94년 이후 산업연수생 제도-2007년 고용허가제로의 전환-하에서 외국인노동자의 유입이 대거 이루어지기 시작했는데, 이는 대한민국 노동자를 상층으로 하고 외국인 이주노동자를 하층으로 하는 신위계적인 차별구조를 출현해 왔다. 이렇게 되면 한국의 노동자계급은 이제 외국인노동자라고 하는 '하층노동자계급'을 전제로 해서 인종적·종족적 차별 위에 선 존재가 된 것이다.

앞서 '더욱 넓은 범위의' 시장지배와 자본 지배가 지배되는 경제적 집단들의 '위계적 편제'를 가속화한다고 표현했는데, 이주노동자들은 비정규직 노동자보다도 더욱 주변적 존재로 위계적으로 편제되게 된 것이다.

이는 사회운동이 발을 딛고 있는 사회의 인종적 구성이 변화되는 것이다. 어떤 의미에서 일국적 권력 독점에 저항하는 운동에서 이제 권력이 인종의 경계를 따라 불평등하게 배분되는 상태로 이행하게 된 것이다. 이는 국제적으로는 지구화가 진전되면서 국민국가들 간의 지구적 위계구조가 국민국가 내부의 노동시장의 차별적 위계로 전화되는 것을 의미하고, 국내적으로는 독재에 의해서 정치적으로 보증되었던 기존의 사회적 차별은 완화되어 가지만 새로운 사회적 차별이 민주주의 하에서 새롭게-그것과 공존하는 방식으로-출현하는 것을 의미한다. 여기서 과거 인종적·민족적 경계선과 구별되는 새로운 인종적·민족적 경계선이 출현하게 되고 이를 둘러싼 새로운 차별을 쟁점화하기 위한 운동이 탄생하게 된다. 이는 사실 아시아 민주화 과정에서 일반적인 현상이다. 바로 신자유주의적 지구화와 결합된 포스트개발자본주의화로 인하여 신흥공업국 단계에 이른 사회들의 노동력 구조가 '외국인 노동력 수입' 구조로 전환됨으로써 나타나는 운동이다. 이는 독재 하에서의 구(舊)사회적 독점과 구별되는 사회적 신(新)독점에 대항하는 새로운 운동이라고 할 수 있다.

이러한 운동은 이주노동자들 스스로의 노동운동의 형태로 나타나기도 하고, 기존의 운동이 새로운 이슈를 수용하는 방식으로 '변형'되어 출현하기도 한다. 예컨대 한국에서 독재에 저항하던 교회운동의 일부가 이주노동자들의 이슈에 대응하는 새로운 운동으로 자기전환하는 것도 예가 될 수 있다.[56] 이러한 외국인 이주노동자에 대한 태도는 사회운동 내부에서 민족주의적 지향과 탈민족주의적 지향을 분화시키기도 한다.

(4) 운동의 지형 변화와 반세계화운동의 출현과 분화

지구화 자체가 사회운동의 지형(地形, terrain) 자체를 변화시키기 때문에 나타나게 되는 새로운 운동현상도 있다. 이러한 운동 변화의 대표적인 현상은 '반세계화운동'이다. 지구화는 기존의 국민국가적 지형 속에서 전개되던 운동의 재구성을 동반하게 된다. 기존의 운동의 분화가 국민국가적(national) 운동 지형 자체를 공유하면서 나타나는 운동의 변화라고 한다면, 지구화는 운동의 지형 자체를 변화시킴으로써 사회운동의 근본적인 재구성을 촉발한다.

기존의 독재 하에서의 운동은 독재적 '국가의 민주화' 혹은 독재와 유착한 경제권력의 민주화를 지향하고 있었다고 한다면, 이제 일국적인 정치적·경제적 질서를 뛰어넘는 개방화와 지구화의 도전이 새로운 사회운동적 응전을 촉발한다. 반세계화운동은 99년 시애틀이나 2011년 이후 세계사회포럼 같은 운동과 같은 특정한 운동형태를 의미하는

56 교회운동의 분화과정에 대해서 살펴볼 수 있다. 민중교회운동이 분화하는 과정을 보게 되면 소멸하는 경우도 있고, 지역교회로 변신하는 경우도 있고, 외국인노동자 지원운동으로 변화하는 경우도 있다. 이 과정에서 운동이 새로운 역동성을 발견하는 경우도 있다. 다문화·다인종 사회에서의 새로운 민중을 발견하는 경우 이전의 운동의 변화가 급속하게 나타나게 되고 새로운 역동성을 발견하게 되기도 한다.

것만이 아니라, 초국민국가적 질서 자체를 저항의 대상으로 하는 운동을 의미한다. 그리고 이것은 국민국가 내부에서의 여러 운동의 성격으로도 관철된다.

신자유주의적 지구화는 신자유주의적 기조 위에서의 지구적인 경제통합을 의미하는데, 이는 UR, WTO와 같은 흐름으로 나타났다. 그 결과 그동안 '주어진' 것으로 간주되었던 지구적 질서 자체를 사회운동적 실천의 대상으로 하는 운동들이 출현하게 되는 것이다.[57] 이는 UR 반대투쟁이나 WTO 반대투쟁과 같은 반세계화운동의 형태로 나타나게 되고, 나아가 일국적 차원에서는 FTA 반대투쟁과 같은 형태로 출현하기도 한다. 또한 금융시장의 개방 등으로 인하여 외국자본, 특히 금융자본의 투기적 운동은 이에 대한 감시와 응전운동을 촉발하게 된다. 한국에서도 외환은행 헐값 매각과 같은 투기자본의 횡포에 대응하는 운동이 나타나게 된다. 2004년부터 본격적인 활동을 전개하고 있는 '투기자본감시센터' 같은 것이 그 예가 될 것이다.

사실 지구화와 그 일부로서의 개방화는 독재 대 반독재의 기존의 사회운동적 대립구도를 뛰어넘는 새로운 지형을 사회운동에게 부여한다. 예컨대 87년 이전의 한국 반독재사회운동은 97년 이후 전면화된 개방화를 포함하는 일련의 도전을 전혀 예상하지 못하였다. 반독재세력들 중 97년 집권에 이른 반독재민주정부는 보다 적극적인 개방화전략을 선택하였다. 한국에서 비타협적인 반독재야당지도자였던 김대중

57 Birchfield and Freyberg－Inan(2005)은 금융거래과세연합(ATTAC)의 형성과 확산과정 자체가 대항헤게모니의 성공적 사례로 보고, 이 과정에서 그 조직이 유기적 지식인의 역할을 했다고 보고 있다.

은 자신이 집권한 이후—97년 경제위기를 극복한다는 목표 하에—금융시장 개방 등 적극적인 개방화정책을 실행하였다. 이를 이어서 집권한 노무현정부는 한미FTA 등 적극적인 친세계화 정책과 개방화정책을 선택하였다.

지구화에 대응하는 새로운 운동들은 과거와 다른 의제들을 자기화하면서 응전하게 된다. 한국의 경우를 기초로, 그러한 운동들을 의제에 따라 나누어 보게 되면, i) 국내 의제화된 초국경적 의제들, ii) 국제화된 국내적 의제들, iii) 국제적인 지원활동의제들, iv) 초국가적인 의제를 중심으로 하는 국제적인 집회와 모임에 참여하는 운동 등을 들 수 있다. i)은 국내 단체가 국제적 의제를 자기 의제로 수용한 경우인데, 교토의정서나 2009년 12월 코펜하겐 기후정상회의 등에 대응하여 강력한 지구온난화 방지정책 시행을 촉구하는 운동이나 사형제 폐지운동 등을 예로 들 수 있다. ii)은 국내의제인데 지구화의 영향으로 그 자체가 국제적인 의제의 일부로 인식되고 투쟁되는 경우인데, 다문화가정운동이나 이주노동자운동 등을 예로 들 수 있다. iii)은 쓰나미 재난 지원운동 등과 같이 국제적으로 전개되는 지원활동에 동참하는 것이다. iv)는 국민국가적 경계를 뛰어넘어 지구적인 의제를 다루는 장에 참여하고 이를 통해 지구적 대항콘센서스를 형성하는 활동에 참가하는 것이다. 세계사회포럼 참가에서부터 리오+10, 90년대의 각종 UN이 주도한 국제회의를 들 수 있다.

3. 민주화 과정에서의 사회운동들 간의 관계 –복합적 분화 속의 상호관계

독재 하에서는 상대적으로 통일성이 강한 '거대한 운동'으로 존재하고 있었다고 한다면, 민주화 과정에서는 독재 하에서 억압되었던 사회운동의 변화와 재구성이 촉진되면서 '차이의 운동들'로 분화된다. 그 구체적인 양상은 새로운 사회운동(조직)의 생성, 분화, 변형 등이다. 개별 사회운동(조직)의 차원에서는 생성의 형태로 변화가 나타날 수도 있고, 하나의 운동(조직) 분화의 형태로 변화가 나타날 수도 있으며, 기존의 운동이 새롭게 이슈나 활동에서 변형을 하는 형태로 변화가 나타날 수 있다. 이를 간단하게 도식화하면 다음과 같다.

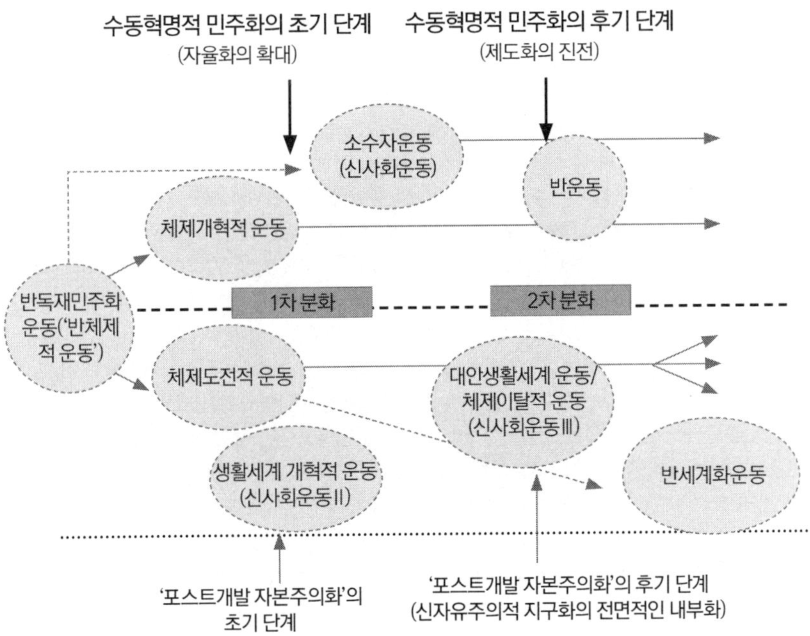

1) 복합적 분화와 신사회운동의 세 가지 유형

다음으로 민주화 과정에서 나타나는 사회운동의 변화를 '신사회운동'[58]이라는 개념을 중심으로 분석해 보자. 서구의 신사회운동에는 다

58 서구에서의 신사회운동은 노동운동 등과 같이 정치적·경제적 권력이 재분배를 지향하는 2차 대전 이전의 운동과 구별되는 새로운 운동을 지칭한다. 이 운동은 68년 5월 혁명에서 정점에 이르렀고, 60·70년대 서구에서 다양한 표현형태를 가진 채로 나타났다. 신사회운동의 독특한 성격을 이론화한 신사회운동론은, 생산패러다임과 경제적 모순에 기초한 사회적 저항과는 구별되는 현대사회의 새로운 저항을 바라볼 수 있는 시각을 제공하였다. 어떤 의미에서 맑스주의가 생산영역에 기초를 둔 저항을 특권화했다고 하면 기타의 사회적 저항들을 새롭게 후기 자본주의의 구조적 조건과 그에 기초한 새로운 정체성의 출현(성, 인종, 섹슈엘리티 등) 등으로 재해석하고 있다. 신사회운동은 기존의 다른 행위의 논리(정치, 이데올로기, 문화에 기초한), 다른 정체성의 근원(sources of identity), 즉 인종, 성, 섹슈얼리티 등에 주목하게 되었다. 물론 맑스주의와 신사회운동의 연속성을 강조하는 입장에서 보면, 신사회운동은 고전적인 맑스주의의 현대화와 극복을 위한 시도로서의 의미도 담고 있다. 사실 신사회운동론의 편차는 다양하다. 어떤 의미에서 2차 대전 이후의 자본주의의 고도한 합리성에 기초한 체계의 질곡 속에서-이른바 '식민화' 속에서-'체계가 후기 근대적인 사회적 삶을 침투하고 통제하는 것에 대항하여' 나타나는 새로운 다양한 행동주의를 주목해 보게 만들고 있다. 일부 학자는 (신)중간층적 기반을 강조하고, 어떤 학자는 더 이상 계급구조에 근거하지 않는다는 것을 강조한다. 오히려 인종, 종족, 성, 성적 지향, 연령, 시민권 등에 기반하고 있다는 것을 강조하고 있다. 이는 사회운동이 계급에 기초한 행동주의(class-based activism)보다도 더욱 복잡한 근거에서 발생한다는 것을 의미한다. 후기 자본주의의 구조적 조건과 그에 대응하는 사회적 저항의 다양성을 주목하고 있는 셈이다. 신사회운동에서도 '집합적 정체성의 사회적 구성이 현대 사회적 행동주의의 본질적인 구성부분이라는' 점을 구성주의와 같이 강조한다. 어떤 학자는 이른바 '탈물질주의적(post-materialist) 가치'의 중심성을 강조하기도 한다. "물질적 가치는 통상적인 정치영역에서 재분배투쟁을 촉발하게 되는 데 반해, 포스트물질주의적 가치는 삶의 양보다는 삶의 질을 강조하게 된다. 여기서 전통적인 형태의 정치적 쟁투와 함께 혹은 그 대신에 문화적·상징적 형태의 저항의 역할이 강조된다. 신사회운동론은 그 자체가 그람시주의적 시각에 기초하고 있다는 견해가 있을 정도로, 후기 자본주의의 구조적 모순에서 배태되어 나오는 헤게모니의 균열과 그에 따른 시민사회 내의 새로운 행동주의의 다양성을 주목하고 있다(신사회운동에 대해서는 다음을 참조. Offe, Claus(1993); Buechler, S.M(1997); Scott(1994); 달톤, 퀼러 편(1998). 이 글에서 서술하는 한국의 신사회운동 I로서의 시민운동은 구사회운동적 성격과 신사회운동적 성격을 공히 가지고 있다고 파악되어야 한다. 즉 체계

양한 운동들이 동시에 포함되어 있다. 통상 사용하는 서구의 신사회운동을 염두에 둔다면, 신사회운동은 위의 그림에서도 나타낸 바와 같이 3가지 유형이 출현했다고 할 수 있다. 즉 수동혁명적 민주화가 동반하는 자율화의 확대를 향유하면서 스스로의 정체성과 이해를 전면화하면서 출현한 소수자운동들을 신사회운동I로 표현할 수 있다. 이에 반해 민주화 이후 새로운 포스트개발자본주의화와－그것과 결합되면서 전개되는－신자유주의적 지구화의 도전에 응전하면서 새롭게 '대항헤게모니적 실천'을 전개하는 '생활세계 개혁적 운동'을 신사회운동 II로 규정해 볼 수 있겠다. 반면에 포스트개발자본주의화의 2단계에서 분화된 '대안생활세계 운동/체제이탈적 운동'은 신사회운동 III으로 규정될 수 있겠다.

그렇게 되면 민주화에 따른 사회운동의 분화과정에서, 서구에서 신사회운동으로 통칭되었던 운동들의 다양한 하위유형들이 출현했다고 볼 수 있다. 보통 한국에서는 신사회운동하면 시민운동과 동일시되는데, 이상의 논의에 기초해 볼 때, 한국에서 민주화 이후의 시민운동은 주로 체제개혁적 운동, 신사회운동 I, 신사회운동 II로 구성된 것으로 볼 수 있다. 한국에서 시민운동은 복합적 성격을 갖는 것으로 이해되어야 한다.

여기서 체제개혁적 운동은 경제정의실천시민연합이나 참여연대와 같은 조직들에 의해서 담지된다고 할 수 있다. 이 체제개혁적 운동은

의 민주화와 합리화를 위한 과제가 일정하게 해결된 상태에서의 서구 신사회운동과 달리, 한국의 시민운동은 독재의 유산을 척결하고 정치권력과 경제권력을 민주화하기 위한 과제, 즉 구사회운동적 과제도 동시에 대결하고 있기 때문이다(조희연, 2004a: 3장).

서구적인 기준에서 보면, 사실 구(舊)사회운동적 성격도 강하게 갖고 있다고 할 수 있다. 사실 정치경제체제에서의 분배의 재편을 대상으로 하는 운동은 서구에서는 2차 대전 이후 노동자운동에 의해서 주도되어 왔으며, 한국에서도 87년 이후 정치경제체제의 개혁은 한편에서는 시민운동에 의해, 다른 한편에서는 노동운동 등 민중운동에 의해서(여기서는 체제도전적 운동으로 범주화되었다) 주도되었다고 할 수 있다.

여기서 민중운동은 독재 하에서 '반체제적 운동'을 주도하였다가 민주화 이후 '체제도전적 운동'으로 변형되었다. 이는 시민운동이 주도하는 체제개혁적 흐름을 더욱 급진적인 방향에서 확장하도록 만들었다. 그런데 포스트개발자본주의화의 후기 단계에서는 이해의 분화에 따른 조직적 분화를 경험하고 있는 것으로 보인다.

다음으로 지구화의 도전에 의해서 국민국가적 이슈를 중심으로 하는 운동에서 지구적 체제 자체를 쟁점화하고 대상화하는 '반세계화운동'은 기존의 신사회운동으로 범주화될 수 없다. 왜냐하면 신사회운동은 기본적으로 국민국가적 체제와 생활세계의 질서를 전제로 한 운동이었다고 할 수 있다면 반세계화운동은 그러한 국민국가적 질서 자체를 뛰어넘는 운동의 성격을 지니고 있기 때문이다.

다층적 분화의 한 중요한 측면은, 지구화의 도전으로 기존의 국민국가의 이슈를 중심으로 하는 운동의 '지형' 자체가 변화하게 된다는 것이다. 기존의 운동이 국민국가적(national) 운동의 성격을 띠고 있다고 하면, 이제 지구적(global)한 이슈를 대상으로 하는 운동이 출현하게 된 것이다. 이는 전혀 새로운 지형의 새로운 이슈운동이라고 할 수 있다. 이러한 지구적 이슈를 중심으로 하는 운동은 자연스럽게 기존의 사회운동 내부에서 지구화에 대응하는 시각의 분화를 출현시키게 된다. 이처럼 개방화와 지구화로 인해 새로운 모순들에 응전하는 사회운동의 출현은 사회운동의 재구성의 중요한 내용이 된다.

여기서 지구화의 도전에 의한 운동의 지향의 분화는 두 가지 측면이 혼합되어 있다. 먼저 체제 개혁(fix)적 지향과 체제 타파(nix)적 지향의 분화이다. 이러한 경향은 개발독재에 대응하여 반독재민주화운동 내부에 존재하다가, 민주화가 시작된 이후에는 개혁을 저지하고자 하는 기득권세력에 대항하여 민주개혁운동 내부의 온건한 흐름과 급진적 흐름으로 존재하여 왔다. 그런데 신자유주의적 지구화와 결합된 포스트자본주의화가 동반하는 새로운 모순에 대응하면서 '지구적인 신자유주의' 질서 자체에 대한 개혁적 지향과 타파적 시각으로 분화되게 된다. 즉 포스트개발주의화와 신자유주의적 지구화에 대응하여 '민주개혁'을 지향했던 진보적·좌파적 사회운동들은 아래의 그림(조희연, 2009b: 189)과 같은 분화를 겪게 된다. 그런데 이러한 새로운 분화과정에서 개혁자유주의적 세력들이 친신자유주의적 자유주의 세력(신자유주의적 리버럴)과 반(反)신자유주의적 자유주의 세력(사회적 리버럴)으로 분화하기 시작하였다. 한국에서 시민운동이 신자유주의적 지구화와 개방화에 대한 태도가 분화되는 것을 연상하면 될 것이다.

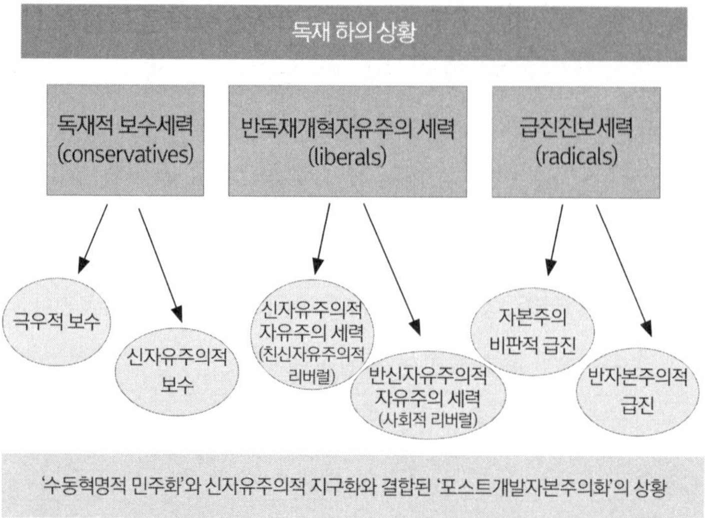

민주화의 후기 단계에서 개방이 전면화되면서 포스트-개발자본주의의 신자유주의적 전환이 가속화되었다. 이에 과거 독재체제의 민주개혁이라는 이슈보다는 포스트-개발자본주의 혹은 민주주의의 신자유주의적 재편이라고 하는 이슈가 부각되었다. 그 결과 사회운동 내부의 이념적 분화가 촉진되었다.[59]

개방화와 지구화에 대응하는 사회운동의 분화는 체제도전적인 운동 혹은 급진적 운동 내부에서도 나타나게 된다. 즉 한편에서는 반세계화를 둘러싸고 민족주의적 반세계화운동(지향, 세력)과 탈민족주의적 반세계화운동이 존재하게 되었으며, 다른 한편에서는 반신자유주의와

59 Beck은 보호주의 대 개방주의, 민족주의 및 자율주의 대 국제주의를 비교기준으로 하여, 좌파의 경우 보호주의적 좌파와 국제주의적 좌파, 신자유주의적 좌파(제3의 길론者), 코즈모폴리턴 좌파(cosmopolitan left)로 나누고 있다. 우파의 경우에도 인종적·외국인혐오적인 우파(ethnic right; xenophobic), 국제주의적 우파, 신자유주의적 우파(우파 제3의 길론者), 코즈모폴리탄 우파로 나누고 있다(Beck, 2005: 270-271).

관련해서 자본주의 비판적 반신자유주의운동과 반자본주의적 반신자유주의운동으로 분화 존재하게 되었다.

그런데 지구화에 대응하는 분화에는 또 다른 차원이 있었다. 지구화의 도전은 사회운동의 이념을 국민국가/민족국가적 차원에서 대안을 찾는 민족주의적 지향, 지구적 질서 자체의 근본적 변화를 지향하는 국제주의적 지향(internationalist 혹은 globalist), 혹은 소규모적인 자립적 대안공동체를 지향하는 토착공동체주의자(localist 혹은 communitarian) 등의 지향으로 분화시켰다.[60] 한국에서도 비록 잠재적이기는 하지만, 신자유주의에 대한 태도, 민족주의에 대한 태도, 대안사회에 대한 태도에서 잠재적으로 많은 분화경향들이 나타났다. 국민

60 지구화를 둘러싸고는 다층적인 수준에서 입장 차이가 존재한다. 나는 지구화 자체에 대해서 친(親)지구화론적 입장과 반(反)지구화론적 입장을 나눌 수 있으며, 반(反)지구화의 지향과 관련해서는 민족주의적 입장과 국제주의적 입장(globalist), 토착공동체주의적 입장으로 나눌 수 있다고 본다. Held and McGreger(2002: 98-117)는 친(親)지구화론자들로서 신자유주의자, 신자유주의적 국제주의자, 제도적 개혁론자, 반(反)지구화론자들로서 지구적 변형론자, 국가주의 겸 보호주의자, 맑스주의 등 급진주의자 등으로 나누고 있다. 헬드 외(1999: 697)는 지구화를 바라보는 시각을 자유주의적 국제주의, 급진적 공화주의, 세계주의적 민주주의로 유형화하고 있다. 캘리니코스(2003)는 반세계화운동의 지향을 넓은 의미의 '반자본주의'운동으로 보고 이를 맑스의 공산당선언의 분류와 유사하게 '반동적 반자본주의', '부르주아적 반자본주의', '지역주의적 반자본주의', '개혁적 반자본주의', '자율주의적 반자본주의', '사회주의적 반자본주의' 등으로 나누고 있다. 정성진(2003)은 반세계화운동의 내부의 입장 차이를 중심으로 지역주의, 국제적 케인즈주의, 제3세계 민족주의, 자율주의, 사회주의로 나누고 있다. 지구적 금융에 대한 지구촌 시민사회의 입장과 관련하여, 고립주의자, 지지자, 개혁론자, 대안론자로 나누는 메그나드 데사이 외(2004)의 입장도 참고할 수 있다. Peter Waterman(2004)은 세계화에 대응하는 입장들을 워싱턴 켄센서스적 입장에 따르는 입장, 포스트-워싱턴 컨센서스(Post-Washington Consensus)를 따르는 개혁주의적 입장, 제3세계 민족주의적 입장, 지구적 정의운동(global justice movement)으로 나누고 있다.

국가적 질서에 저항하는 지향과 초국민국가적 질서 자체에 대항하는 지향이 불론 한 운동 내에서 공존할 수 있다. 예컨대 농민운동은 반독재민주화운동의 중요한 구성부분이 될 수 있다. 그러나 동시에 민주화된 공간에서 농민의 이해실현을 위한 운동이 될 수 있다. 그러다가 개방화에 의해 농업의 위기가 고조되면서 새롭게 개방화에 반대하는 반세계화운동으로 자기전개를 하기도 한다.

2) '통일성의 연대'에서 '차이의 연대'로 —사회운동의 분화와 연대

이처럼 다층적 분화의 경향을 보이는 사회운동의 변화와 재구성으로 인하여 사회운동의 '연대'에도 변화가 출현하게 된다. 신그람시주의적 관점에서 볼 때 연대는 사회운동 조직들의 전략적 실천을 통한 '연합적 관계'의 헤게모니적 구성과정이라고 할 수 있다. 곧 연대란 사회운동 조직들과 주체들의 헤게모니적 실천의 결과에 의해서 구성되는 어떤 것이라고 할 수 있다. 이 과정은 담론적 구성투쟁도 내포하는 과정이다. 연대가 특정한 역사적 조건에서 헤게모니적 성격을 띨 때 그것을 하나의 역사적 블록이라고 표현할 수 있다. 사회운동 간의 연대는 특정한 사회경제적 이해가 압도적으로 강한 상황에서 나타나는 현상일 뿐만 아니라, 프레이밍과 헤게모니적 구성투쟁을 통해서 연합의 문화적 · 인지적 기초가 형성될 때 가능한 현상이다.

이런 관점에서 개발독재의 중후반에 반독재민주화운동이라고 하는 강력한 연대가 출현한 것은 '연합적 관계의 헤게모니적 구성'이 성공했음을 의미한다. 사실 개발독재 하에서도 다양한 사회운동조직들이-예컨대 민주적 노동조합운동의 생성, 농민운동의 저항적 활성화, 도시빈민운동의 생성, 언론운동의 생성 등-나타나고 있었다. 민중운동은 독재라는 역사적 조건 속에서 그에 대항하는 다양한 저항적 주체성을 기반으로 하는 운동들이 하나의 헤게모니적 정체성으로 접합된 것이라고 할 수 있다. 반독재민주화운동의 새로운 정체성이라고 할 수 있는 민중운동 자체가 바로 헤게모니적인 접합에 의한 역사적 블록인 것이다. 우리가 통일전선(united front)이라고 표현하는 것은 이러한 강력한 연대관계를 의미한다. 나는 이를 '통일성의 연대'라고 표현하고 싶다.

이러한 '통일성의 연대' 운동은, 독재 이후 '차이의 운동들'로 다양하게 분화되면서, 독재와 개발 이후의 '공통'의 과제를 중심으로 새로운 연대관계(차이의 연대)를 형성하게 된다. 여기서 독재 이후 민주화 과정에서의 연대는 두 가지 의제를 중심으로 하여 나타난다. 즉 구모순의 해결을 위한 수동혁명적 민주화에 대한 응전 과정이 하나이고, 신모순의 도전 속에서 사회운동을 재구성하는 과정이 또 다른 하나이다. 이러한 과정에서 연대의 성공 여부는 사회운동조직들의 헤게모니적 실천에 의해서 좌우된다.

먼저 앞서 지적하였듯이 자율화와 제도화를 주요 내용으로 하는 수동혁명적 민주화 과정에 대응하여 독재하에서의 '반체제적 운동'으로부터 '체제개혁적인 운동'이 분화되게 된다. 여기서 과거의 체제도전적 운동들(그리고 그를 계승하는 반체제적 운동)과 새롭게 출현한 체제 개혁적 운동 간에, 그리고 다양한 체제개혁적 운동 간에 연대의 필요성이 제기된다.

여기서 민주개혁이라고 하는 과제를 중심으로 다양하게 분화된 운동들 간의 헤게모니적 접합이 성공적으로 출현했다고 할 수 있다. 반복해서 말하지만, 수동혁명적 민주화라고 하는 것은 오랜 동안의 반독재투쟁으로 인하여 민주화가 시작되고 그러한 민주화의 과제를 지배권력이 수용하는 과정이다. 이 때문에 민주화 과정에서 자신을 제약하고 있는 독재체제의 탈피 및 독재체제의 민주개혁이란 과제는 민주화운동 진영과 전체사회에서 하나의 시대적 과제로 수용될 수 있었다. 또한 이처럼 민주개혁이라는 시대적 과제에 대한 국민적 합의수준이 높기 때문에, 민주개혁의 과제를 중심으로 하는 연대는 상대적으로 용이하였다. 어떤 의미에서 당시 시민운동은 '민주개혁연합'으로서, 민주화 이후의 민주주의라는 조건 속에서 헤게모니적 접합의 표현으로서의 '역사적 블록'의 성격을 띠고 있었다. 이것은 민주개혁이라는 시대적 과제가 지배적 성격을 띠게 됨으로써, 민주화 이후 분출한 다양한 신사회운동들이 연대범주 속에 포괄된 것이라고 할 수 있다. 특별히 수동혁명적 민주화와 포스트개발자본주의화의 초기 단계에서 이러한 조건이 지속되었다고 할 수 있다. 어떤 의미에서는 2000년 '낙선운동'이 그 정점이었다고 할 수 있다.

독재 하에서의 체제도전적인 운동은 수동혁명적 민주화의 과정에서 '민주개혁의 최소주의적 실현'을 비판하면서 그것의 최대주의적 확장을 추구하는 급진적 운동으로 전개된다. 반면에 체제개혁적인 운동은 새롭게 출현한 민주주의 체제(regime)의 프레임을 공유하면서 상대적으로 온건한 민주개혁을 추진하게 된다. 실제 한국의 민주개혁 과정을 분석하면, 체제도전적인 민중운동은 급진적인 요구투쟁을 전개하고, 시민운동은 지배블록과도 공유되는 낮은 수준의 대치선을 중심으로 민주개혁을 추동하는 양상으로 전개되었다. 또한 의제에 따라 국면에 따라 상호간에 연대활동이 나타나는 식으로 전개된다.

물론 여기서 체제도전적인 운동이나 체제개혁적인 운동이 얼마나 적극적으로 민주개혁을 위한 연대를 실현하고자 하는가에 따라 연대의 성패는 달라질 수 있다.[61] 민주개혁의 과제를 중심으로 하는 헤게모니적 연대의 상태는, 수동혁명적 민주화와 포스트개발자본주의화의 후기 단계에서 새로운 도전을 맞게 되었다. 그것은 수동혁명적 민주화가 제도화의 단계로까지 진전되면서 제도화에 대응하는 다양한 분기가 나타나게 되고, 개방화와 지구화로 인한 포스트개발자본주의화가 새로운 이해의 분화와 조직적 분화를 촉발하며, 사회운동조직들 간의 실제적인 이해의 갈등과 균열도 확대되기 때문이다.

신자유주의적 지구화와 결합된 포스트개발자본주의화에 동반된 신모순에 대응하는 운동들 간의 연대는 더욱 복잡한 양상을 띤다고 할 수 있다. 앞서 지적한 바와 같이 민주화 이후의 사회운동 분화는 사회운동 내부에 다층적인 차원에서 차이와 균열을 창출하는 과정이라고 할 수 있다. 예컨대 민족주의적 지향과 탈민족주의적 지향, 토착 공동체주의적 지향 간의 긴장이 존재할 수 있으며 신자유주의에 대한 태도

61 여기서 1, 2차 분화에서 중요한 점은 운동이 일단 분화되어 독립적인 운동으로 정립되게 되면, '자기 논리'를 갖게 된다고 하는 것이다. 한국의 여성운동도 90년대 이후 이후 '같이 또 따로'라는 식으로 독자적 정체성을 갖게 된다(강남식, 2004). 운동의 분화는 바로 이러한 자기논리를 갖는 식으로 분화된다는 데서 찾아야 한다. 그리고 이후의 연대는 과거의 '미분리 속의 연대'에서 '분리 속의 연대'로 변화하게 된다.

에 있어서도 차이가 나타날 수 있다.

이렇기 때문에 연대를 위한 헤게모니적 접합의 가능성이 상대적으로 적다고 할 수 있다. 그럼에도 불구하고 하나의 주제가 어떤 프레임 속에서 해석되는가, 그리고 하나의 주제의 복합적 성격 중 어느 것이 지배적인 것으로 호명되는가에 따라 연대는 달라질 수 있다. 헤게모니적 접합이 적절히 이루어지는가에 따라, 다양한 운동'들'은 '개별적 고유성'을 넘어서서 지배적인 시대적 과제에 대응하는 공통성을 갖는 역사적 블록으로 발전할 수 있다. 급진적 운동의 입장에서는 '반신자유주의'라는 과제를 중심으로 하는 연대의 헤게모니적 구성을 지향하고 있으며, 그것이 성공할 경우 수동혁명적 민주화, 신자유주의적 지구화와 결합된 포스트개발자본주의화에 대응하는 새로운 역사적 블록을 형성해 낼 수도 있을 것이다. 결국 수동혁명적 민주화로 인하여 구 모순의 일정하게 해소되어가는 상황 속에서, 신자유주의적 지구화와 결합된 포스트개발자본주의화에 대응하는 새로운 공통의 연대가 가능하게 되는 것은, 거시적 · 중범위적 · 미시적 수준에서 어떻게 연합의 헤게모니적 구성전략을 수행할 수 있는가, 또 그것을 어느 운동이 주도하는가, 다양한 운동들의 차이가 존중되면서 그 차이 위에서 어떻게 새로운 접합이 이루어지는가에 달려있다고 하겠다.

이상에서 독재 하에서의 반독재민주화운동이라고 하는 '거대한 운동'이 민주화 이후 다양한 '차이의 운동들로' 분화된다는 점을 서술하였다. 이 거대한 운동은 그 자체가 반독재라는 강력한 시대적인 공통과제가 중시되고 그러한 통일성 하에서 '하위 수준'의 차이를 갖는 운동이었다고 한다면, 이제 민주화 이후에는 '차이의 운동들'로 분화되고, 그 차이들 위에서 '상위 수준'의 '연대'를 형성하게 된다고 말할 수 있다. 분화된 운동들의 '차이'가 그 자체로 중시되고, 그 위에서 시대적 '공통'과제—예컨대 민주개혁이나 반MB 혹은 반신자유주의—를 중심으로 '차이를 넘는' 연대를 형성하게 된다. 즉 '통일성의 연대'(전선운동)에서 '차이의 연대'로 변화한다고 말할 수 있다. 나는 '차이의 운동들'로의 분화를 부정적으로 보는 시각이나 반대로 '차이' 그 자체만을 중시하는 시각을 넘어서서, 차이 그 자체를 존중하고 동시에 특정한 시대적인 '공통의 과제'를 중심으로 하는 '차이의 연대'를 중시한다. 향후의 과제는 다양하게 분화된 '차이의 운동들'이 어떻게 그 차이가 존중되면서 새로운 공통성을 만들어 낼 것인가라고 하겠다.

10장

민주화체제의 경계정치:
제도정치의 재구성을 향한 운동정치의 도전

10장
민주화체제의 경계정치: 제도정치의 재구성을 향한 운동정치의 도전

87년 이후 제도정치와 운동정치의 투 트랙적 상호작용을 조명하기 위하여, 나는 운동정치를 다음과 같이 두 가지로 나누어 보고자 한다. 87년 이후 시민운동과 민중운동의 다양한 운동정치가 전개되었다. 이를 시민정치와 민중정치라고 해 보자. 이러한 활동은 아래의 표와 같이 전개되었다. 여기서 시민정치는 '정치의 사회화'를 향한 개혁자유주의적 흐름이라고 할 수 있으며, 민중정치는 급진진보적(radical) 흐름이라고 할 수 있다. 이 민중정치와 시민정치는 각각 정당정치적 수준의 활동과 사회운동적 수준의 활동으로 나눌 수 있다. 민중정치는 노동정치 등 다양한 민중운동적 활동을 포괄하는데, 87년 이후 한국 사회에는 노동정치가 더욱 중심적인 위치를 차지했다. 이를 간단하게 도식화해 보면 다음과 같다.

표. 시민정치와 민중정치

	시민정치 (정치의 사회화의 온건한 흐름)	민중정치 (정치의 사회화의 급진적 흐름)
정당운동 (대체 정치운동)	96년 정치개혁시민연대 등	민중당, 민주노동당, 진보신당 등
사회운동 (지형의 급진적 확장운동)	시민운동, 환경운동 등	노동(조합)운동, 농민운동 등
비고	90년대 이후 다양한 시민운동의 감시활동 등	민중정치에서 노동정치가 중심적 지위를 차지함

투 트랙 민주주의라는 견지에서 정치와 사회의 관계를 보게 보면, 87년체제는 독재에 대항하면서 저항적으로 활성화된 사회(변화된 '사회', 그것을 나는 시민사회라고 불렀다. 이것은 한국에서 '실질적 시민사회'가 출현한 것이라고 말할 수 있다)와 구 지배체제하에서 왜곡된 제도정치 사이의 '괴리'가 거대하게 존재하는 체제이다. 제도화된 정치가 사회의 요구에 뒤처져 지체된 상태라는 점에서 '정치지체'였다. 87년체제는 바로 이러한 정치의 지체가 대단히 큰 상태였다. 이 괴리와 지체의 정도가 큰 만큼 대중들의 기성정치에 대한 불신과 불만은 크게 존재하고 이것이 새로운 '정치의 사회화'를 위한 자원이자 동력이 된다. 이러한 정치지체 상황을 전제로, 제도정치와 운동정치의 상호작용이 나타나게 되었다. 이 상호작용은 먼저 제도정치와 사회의 괴리, 거기에서 발생하는 정치지체를 축소·완화하기 위한 제도정치의 변형주의적 재편과 그에 대응하는 시민사회와 운동정치의 다양한 개혁·도전운동으로 표현되었다.

87년 이후 일련의 경합국면은 바로 이렇게 변화된 시민사회와 사회적 정치를 인적 수혈하여 그 괴리를 축소시키려는 '변형주의'적 재편의 과정이었다. 이 과정은 이중적인 의미를 담고 있다. 한편으로 '운동의 정치화', '운동의 정치적 진출'의 과정이었다. 그러나 다른 한편으로 인적 수혈을 통해서 불신의 대상이 되는 제도정치를 변형시키는 과정이었다. 인적 수혈은 다양한 부문에서 이루어질 수 있다. 예컨대 관료엘리트, 기업엘리트, 문화엘리트 등 다양할 수 있다. 그러나 가장 핵심적인 것은 비국가적 시민사회 부문 중에서도 사회적 정치·운동정치 엘리트라고 할 수 있다. 이러한 변화과정을 이 절에서 추적하고자 한다.

제도정치의 변형주의적 재편과 운동정치의 도전운동은 언제나 대립적인 것만은 아니다. 운동정치의 '정치의 사회화'운동은 언제나 제도정치를 위협하면서 변형주의적 재편을 촉진한다. 운동정치에 의한 '대체 정당운동'은 그것이 성공적으로 전개되지 못하고 실패하는 경우 역으로 제도정치의 변형주의적 재편의 일부로 편입되기도 한다. 즉 한겨레당이나 민중당과 같이 실패한 '대체 정치'운동은 그 구성원들이 기성 제도정당에 '포섭(co-optation)'되곤 했다. 여기서 우리는 수동혁명과 능동혁명의 관계를 생각해 볼 수 있다. 그람시가 수동혁명을 이야기할 때는 근대로의 이행이라고 하는 일종의 사회구성적 변화과정에서 레닌주의적 능동혁명에 대응하는 뉴딜과 파시즘과 같은 형태를 염두에 둔 것이다.

그러나 수동혁명적 과정은 모든 정치적 과정에 내재하는 것이라고 할 수 있다. 언제나 '정치의 사회화'를 향한 운동이 존재하고 이는 기존의 제도정치를 위협한다. '정치의 국가화'를 향한 운동은 위협에 맞서

'정치의 사회화'를 향한 운동(특히 그 의제와 인물)을 흡수하려 한다. 사실 능동혁명이 성립하지 않는 모든 상황에서 '능동혁명을 지향하는 급진적 실천'은 언제나 그 일부는 수동혁명을 촉진하고 수동혁명적 과정의 일부로서 편입되는 경향을 갖는다. 특정한 지형에서 아무리 급진적인 운동목표라고 하더라도 그것이 혁명으로 이어지는 국면이 아니라고 한다면, 기존의 지배체제와 그 일부로서의 '제도정치의 수동혁명적 혁신'의 계기가 된다.

먼저 제도정치에 도전하는 운동정치의 흐름에 대해서 살펴보기로 하자. 하나는 시민정치와 민중정치의 기성정치를 대체하기 위한 '대체정치운동'이며, 다른 하나는 '체제개혁적인' 운동으로서의 성격을 갖는 '제도정치 감시운동'이다. '배제의 기제'로 작동하던 제도정치는 87년 이후 민주화 과정에서는 제도정당과 운동정치 간에 '선택적 포섭'의 기제가 작동한다. 이러한 선택적 포섭에 대응하여 제도정치를 '급진적으로 확장'하고자 하는 시도가 한편에서는 외부로부터의 정치감시운동으로, 다른 한편에서는 대체정당운동으로 표현되었다. 이 절에서 대체정당운동을 서술하고 다음 절에서 제도정치 감시운동에 대해서 서술해 보기로 하자.[62]

62 여기서 민중정치는 독재적 보수정당과 반독재적 개혁자유주의정당에 대항하는 '대체정치운동'으로서의 성격이 강한 반면에 시민정치는—그것이 독자적인 정치세력화를 지향하지 않는 만큼—부분적으로 그러한 성격을 가지면서도 제도정치에 대한 감시를 지배적 성격으로 한다.

1. 한국 제도정치의 정치지체

먼저 제도정치의 변형주의적 재편에 대응하는 대체 정치운동으로서의 시민정치와 민중정치에 대해서 살펴보기로 하자.

앞서 언급한 것처럼, 한국에서 87년 6월 민주항쟁은 군부권위주의정권을 퇴진시키고 선거민주주의를 가능케 함으로써, 이후 한국 사회는 군부권위주의체제의 민주적 개혁 국면으로 진입하게 된다. 군부 독재체제란 외압적으로 국가권력을 장악한 군부세력이 물리적 강제로 제도정치와 시민사회를 배제적·억압적으로 통치하는 것을 말한다. 군부권위주의체제하에서 제도정치는 군부 독재체제에 반하지 않는 '종속적' 정치세력이 중심이 되어 운영되며, 이에 반하는 세력들은 제도정치에서 배제된다. 시민사회도 사정은 마찬가지여서 관변단체 등 군부체제에 종속적인 조직들만이 '합법적'으로 존재하게 되며, 이에 반하는 세력들은 비합법적 조직으로 배제된다. 이에 합법적 공간에서의 의사표출과 운동의 자유가 부정당한다. 바로 이러한 운동의 전투적 투쟁을 계기로 하여 한국의 시민사회는 저항적으로 활성화되어 왔다. 87년 6월 민주항쟁은 배제적·억압적 체제에 대한 시민사회의 반란(insurrection)이었다(오도넬과 쉬미터). 87년 6월 항쟁은 국가권력을 장악하고 있는 군부세력을 퇴진시킴으로써 군부독재정권의 민주적 재편을 향한 출발점을 만든 사건이었다. 이 반란에 의하여 군부독재정권이 퇴진하고, 군부독재체제하에서 고착된 독재체제에 대한 본격적인 민주적 개혁의 국면으로 진입하게 된다. 87년 이후 다양한 층위에서 구체제의 개혁을 위한 투쟁이 전개된다. 정치적 측면에서 본다면, 이러한 민주적 개혁은 시민사회의 변화에 상응하는 제도정치의 민주적 · 개방적 재편과정이라고 할 수 있다.

그런 점에서 87년 이후 한국 사회는 군부독재체제하에서 왜곡된 시장, 왜곡된 국가, 그 구체적인 형태로서의 재벌구조, 기업관행, 정치구도, 사회운영구조 등 여러 측면에서 근본적인 구조적 전환을 위한 진통의 과정 속에 있다고 할 수 있다. 87년 이후 민주주의 이행의 과정은 바로 구체제의 혁신과 전환을 위한 진통과 갈등의 과정이다.

그런데 이러한 전환과 혁신의 영역 중에서 제도정치와 정당정치 영역의 전환속도가 가장 느렸고, 그런 점에서 정치의 후진성은 더욱 두드러진다고 할 수 있다. 87년 6월 민주항쟁으로 표상된 시민사회의 활성화에도 불구하고 87년 이후 정치적 전환의 속도는 대단히 느렸고, 구정치세력의 교체도 대단히 지연되어 왔다.

사회학에서는 '근대화' 과정에서 나타나는 사회 층위(層位) 간의 괴리현상을 지칭하기 위하여 '문화지체'(cultural lag)라는 표현을 사용한다. 이는 경제적 · 기술적 변화의 속도에 비해 문화적 변화의 속도가 늦기 때문에 나타나는 현상이다. 이를 원용하면 한국 사회에는 '정치지체'(political lag) 현상이 있다고 할 수 있다. 87년 이후 진행되는 민주적 개혁의 과정에서 시민사회의 활성화의 속도는 빠른 데 반해, 정치적 전환은 지체되어 시민사회와 제도정치의 괴리가 극단적으로 존재하는 상황이 나타났다. 나는 이를 '정치지체'라고 개념화할 수 있다고 생각한다. 우리 사회의 많은 사람들이 제도정치에 대해 갖는 불신과 비판, 동시에 강렬한 정치개혁 요구의 표출은 바로 시민사회와 괴리되어 있는 제도정치의 지체현상에서 말미암은 것이다. 투 트랙 민주주의라는 점에서 보면, 87년 6월 민주항쟁 이후의 상황은 기존의 독재 하에서 왜곡된 제도정치와 6월 민주항쟁에 이르기까지 변화된 시민사회와 운동정치(저항적으로 활성화된)사이에 극단적인 괴리가 존재하는 '정치지체' 상황이라고 할 수 있다.

근대 대의민주주의라는 것은 시민사회의 의견 분포와 세력 분포를 '대의'하는 형태로 정당이 구성되는 것을 의미한다. 그러나 제도정치가 지체되어 있음으로써 시민사회를 '대의' 혹은 대표하지 못하고 그 결과 제도정치와 시민사회의 괴리가 지속되는 결과가 나타난다. 대의기제의 불구화로 대표체계 혹은 대의체계의 후진성이 지속된다. 대표체계 혹은 대의체계의 저발전은 정치사회에서의 민주적 게임규칙과 행위규범의 저발전, 정당 내부 민주주의의 결여, 공통의 기득이익을 중심으로 하는 정치사회의 야합 등으로 표현될 수 있다.

제도정치가 시민사회에 대해 갖는 대의는 시민사회의 새로운 사회적 집단이 정치세력화하는 것에 대한 개방성,[63] 제도정당 내에서의 인적인 교체와 대류, 정당에 의한 시민사회의 의견반영능력 제고 등으로 규정될 수 있다. 이런 점에서 기성정당은 시민사회와의 소통성을 상실하였고 기성정치인들 간의 정치카르텔로 유지되어 왔다. 물론 구(舊)정치카르텔은 약간씩 새로운 인물을 수혈하는 정도에서 자기변화를 시도하였다. 그 결과 기성정치인과 기성정당의 정치독점과 정치카르텔로 사회운영능력을 상실한 지점에 이르렀던 것이다. 시민사회와의 소통성(疏通性), 시민사회에 대한 대의성을 상실한 '불구화된' 정

63 제도정치권의 진입장벽을 의미한다.

치를 우리는 정치지체라고 표현할 수 있다.

정치지체는 '절대적' 정치지체('absolute' political lag)와 '상대적' 정치지체('relative' political lag)로 나눌 수 있다. 절대적 정치지체는 다양한 구조적 요인으로 인하여 정치적 전환과 혁신 자체가 제약됨으로써 나타나는 것이고, 상대적 정치지체는 일정한 정치적 전환과 혁신에도 불구하고 시민사회가 더욱 빠른 속도로 전환함으로써 제도정치의 변화 속도와 시민사회의 변화 속도가 괴리됨으로써 나타나는 정치지체를 말한다. 87년 이후 한국 사회의 정치지체는 이러한 두 가지 성격이 혼합되어 나타나는 것으로 볼 수 있다.

왜 이러한 정치지체가 나타나는가. 이에는 여러 가지의 원인을 찾아볼 수 있다. 먼저 정치적 전환과 혁신을 '절대적으로' 지체시키는 구조적 요인들을 살펴보기로 하자. 그 첫째는 한국의 민주화가 '위로부터의 보수적 민주화'의 길을 따라 전개되고 그 결과 구체제, 특별히 구정치의 개혁이 느린 속도로 불철저하게 진행된다는 것이다. 민주화의 과정은 '위로부터의 보수적 민주화'의 길과 '아래로부터의 급진적 민주화'의 길로 유형화할 수 있는데, 한국의 민주화는 '위로부터의 보수적 민주화'의 길을 따라 구체화되었다. 위로부터의 보수적 민주화라고 하는 것은 구독재세력들이 민주주의 이행의 과정에서 일정한 이니셔티브를 갖고 구체제의 개혁이 불철저하게 진행된다는 것을 의미한다.

주지하다시피 87년 6월 민주항쟁은 6·29선언이라고 하는 구지배세력의 타협적 방안으로 반군부독재투쟁이 중단되었다. 87년 12월 대선에서는 반군부독재투쟁의 지도자였던 양김의 분열로 인하여, 민중들의 투쟁을 통해 쟁취한 '직선제'라는 합헌적 방식을 통해서 군부세력이 재집권하는 결과를 낳았다. 이로써 87년 이후의 민주화의 경로는 구억압적 국가기구들과 법적 형식(국가보안법 등)이 혁파되지 않고 구지배세력들이 제도권력을 장악하고 있는 상황에서 전개되는 점진적이고 타협적인 방식으로 전개된다. 50년 만의 야당정권이라고 하는 국민정부조차도 구보수세력의 일부와 연합하는 형태로 성립할 수밖에 없었던 것도 이런 구조 때문이었다.

위로부터의 보수적 민주화는 기존의 국가기구 내에서 구세력이 갖는 힘과 그들의 저항 때문에 언제나 '과소개혁'으로 경도된다. 즉 민주개혁의 과제를 부여받은 민주주의 이행국면의 정부들(예컨대 노태우정부와 김영삼정부)은 기존의 지배블록 내에서의 구세력의 저항으로 인하여 시민사회가 요구하는 개혁에 미치지 못하게 되고 일정 지점에서 타협하게 된다. 이러한 개혁의 불철저화는 시민사회의 불만과 저항을 촉발한다. 이러한 과소개혁의 딜레마가 민주주의 이행국면에서의 개혁의 운명이 된다.[64]

바로 이러한 위로부터의 보수적 민주화의 경로를 따라 민주주의 이행이 전개되기 때문에, 구지배세력, 특별히 구정치세력들의 인적 전환과 교체는 지연된다. 그 결과로 급속하게 변하는 시민사회와 괴리된 제도정치가 출현하게 되는 것이다.

셋째, '위로부터의 보수적 민주화'는 구개발독재체제를 재생산하

---

64 1999년 말 15대 정기국회에서 선거구 조정이라는 사안이 당 내부의 역학관계 때문에 불가능하게 된 상태에서, 선거구 획정위원회가 민간에 개방되면서 신속하게 처리되는 예가 있었다. 이는 제도정치인들의 담합구조로 인해 개혁이 자체동력으로는 불가능하다는 것을 의미한다.

였던 가장 중요한 이데올로기적 기제인 분단반공주의질서를 존속시켰다. 이에 따라 구극우보수주의적 독재세력들의 자기재생산이 용이해지고, 다른 한편으로는 새로운 정치세력, 특별히 진보적 정치세력의 진출이 저지되어 기존 제도정치의 전환과 혁신이 가로막히게 된다. 즉 분단반공주의 질서의 변형적 존속은 구독재세력들의 정치적 자원 동원능력을 높이고 그 결과 저항세력들의 분화, 진보적 정치세력의 진출 저지가 일어난다.

분단반공주의적 조건을 1권에서 '반공규율사회'적 조건이라고 표현하였다. 극우반공주의적 구조는 정당정치와 시민사회의 괴리를 크게 만들고, 그 이념적·정책적 스펙트럼을 '우경화'시키게 된다.

이 때문에 한국정당정치의 이념적 폐쇄성이 지속된다. 60년대 이후 개발독재 국가하에서, 정당정치는 사회적 갈등을 반영하여 '갈등의 제도화'를 도모하는 기능보다는 '배제적' 기능을 강하게 해왔다. 즉 시민사회의 사회적 갈등이 제도정치에 반영되지 않도록 하면서 국가의 '의지'를 시민사회에 강제하는 기능, 즉 개발독재를 정당화하는 기능을 주로 수행하였다. 그렇기 때문에 제도정치가 시민사회의 갈등을 반영하고 대의(代議)하지 못하는, '제도정치와 시민사회의 심대한 괴리'가 존재하게 된다. 한국 사회는 지난 30여 년 간의 산업화를 통하여 노동자계급이 다수의 계급이 된 사회로 변하였으며, 이미 산업사회의 갈등이 기본적인 갈등이 되는 사회로 이행하였다. 개발독재에 대한 저항과정에서 이념적으로 급진적인 지향을 갖는 세력도 생겨나게 되었다. 그러나 이러한 변화를 반영하는 형태로 정치는 개방되어 있지 않다. 이념적·정책적 스펙트럼이 대단히 제한되고 폐쇄되어 있다. 이러한 배제적 정치구조에 대한 저항은 점차 고조되어 갔고, 80년대에 이르면 이전의 '배제적 정당정치'의 구조는 아래로부터의 민중적 · 시민적 저항에 의해 더 이상 유지될 수 없는 수준이 된다. 제도정치의 왜곡성은 민주화의 진전에 따라 일정하게 완화되어 갔으나, 여전히 진보적인 사회세력의 진입을 제약하는 형태로 극우보수적으로 구성되어 있고 지역주의적으로 왜곡되어 있기 때문에, 기본적인 폐쇄성이 유지되고 있다.

이러한 조건으로 제도정치, 구체적으로 제도정치 세력들은 지역주의나 분단이데올로기를 매개로 하여 대중에 대한 동원력과 영향력을 여전히 강하게 갖게 된다. 시민사회의 활성화에도 불구하고, 제도정치에 의한 '위로부터의' 동원력과 영향력이 지역주의와 분단이데올로기에 의해 유지된다.

이상의 정치적 전환을 제약하는 구조적 요인들로 인해 "절대적 정치지체"[65]가 나타나게 된다면, 다음 넷째의 요인은 "상대적 정치지체"이다. 즉 정치지체는 정치적 개혁의 제약에서 발생하기도 하지만, 제도정치가 대의하여야 할 시민사회 자체의 빠른 변화와 그에 상응하여 제기되는 개혁요구에 부응하지 못하는 제도정치의 '상대적' 지체에서도 발생한다.

87년 이후 시민적 · 계급적 역동성은 더욱 진전되어 왔고, 시민사회의 활성화로 인해 (변화가 지체되는) 제도정치와 (활성화되는) 시민사회

65 이러한 결과로 나타나는 정치후진성의 구체적 현상들은 지역주의로 인한 정당정치의 전근대성, 부패 커넥션으로 인한 정당정치의 천민성, 반공주의로 인한 정당정치의 이념적 · 정책적 폐쇄성, 정당운영의 비민주성을 들 수 있다. 이에 대해서는 조희연(1998b: 6장) 참조.

간의 괴리는 더욱 커지게 되었다. 87년 이후 우리 사회가 민주개혁의 과도기에 있다고 할 때, 민주개혁이 가져오는 가장 중요한 변화는 국가권력에 억눌려 있던 시민사회의 독자화와 활성화이다. 우리 사회가 탈(脫)권위주의화됨에 따라 시민사회의 활성화는 급진전하게 되고, 이러한 활성화된 시민사회와 정치 간의 괴리가 확대되게 된다. 87년 이후 군부독재체제의 약화, 즉 탈권위주의화는 기존의 국가권력이 갖고 있는 압도적 사회통제력을 현저하게 약화시켰다. 이에 계급적 역동성(class activism)과 시민적 역동성(civic activism)이 강화될 수 있는 조건이 출현하였다.

먼저 계급적 역동성의 증대로는 87년 이전 억압적 상황에서 발전하여 오던 노동운동 및 민중운동의 조직적·정치적 발전을 들 수 있다. 87년 이후 시민사회의 활성화에서 빠뜨릴 수 없는 것은 다양한 사회적·계급적 운동들의 활성화이다. 87년 6월 항쟁의 여진 속에서 분출된 노동자대투쟁은 노동운동의 정치적·조직적 발전의 출발점이었고 이는 노동자가 거대한 사회적 세력으로 성장하는 계기가 된다. 노동운동뿐만 아니라 농민운동, 교사운동, 빈민운동 등 다양한 민중적 운동들이 정치적·조직적 발전을 이루게 된다. 제도정치와 구별되는 '민중정치'가 활성화되게 된 것이다. 여기서 주목할 것은 87년 7·8·9월 노동자대투쟁 이전에는 민중운동 내에서 노동운동의 중심성과 주도성이 강력하지 않았다는 점이다. 즉 87년 6월 항쟁만 하더라도 그것은 다양한 민중적 운동의 연합운동적 성격이 강하였다. 87년 7·8·9월 노동자대투쟁 이후 노동조합운동이 대중적인 운동으로 전개됨에 따라, 민중운동 내에서 노동운동의 중심성과 주도성은 더욱 강력해진다. 이것

은 민중정치 내에서 '노동정치'의 중요성이 더욱 강화되어 왔다는 것을 의미한다.[66]

다음으로, 다양한 이슈를 중심으로 시민운동이 활성화 되었다. 다양한 사회적 힘과 목소리가 분출되고, 공익적·사익적 이익을 중심으로 하는 시민들의 자발적 조직화가 촉발되었다. 이 과정에서 구(舊)국가권력을 지탱하고 있었던 거대 조직들의 장악력은 약화되고 작은 조직들, 풀뿌리 조직들의 목소리와 위상은 현저하게 강화된다. 전에는 문제되지 않았던 많은 문제들이 주민들에 의해 문제화된다. 이러한 풀뿌리 정치 혹은 생활정치의 활성화는 '시민정치'(civic politics)의 강화로 표현할 수 있다.

그러나 문제는 바로 이처럼 시민정치 및 민중정치의 활성화에도 '불구하고' 제도정치는 변하지 않은 채로 그것들과 극단적으로 괴리되어 있다는 것이다. 활성화된 시민사회가 존재해도, 즉 민중정치와 시민정치가 활성화되어도, 기성정당은 그것들과 무관하게 존재할 수도 있다. 그러나 문제는 활성화된 시민사회가 단순히 '무정형'의 시민사회로 머물지 않고 역동적인 네트워크 속에서 새로운 연대성을 발현하게 된다는 점이다. 87년 이후 민중운동과 시민운동의 발전과정은 다양한 수준에서, 그리고 다양한 이슈를 중심으로 제도정치에 대항하는 투쟁의 연대와 그것의 활성화 과정이었다고 할 수 있다.

---

66 여기서 제도정치와는 민중정치와 시민정치를 강조하는 것은, 제도정치가 민중정치와 시민정치의 제도화된 대의에 다름 아님에도 불구하고 정치를 제도정치로 협애화시켜 파악함으로써 역설적으로 제도정치의 독자성과 괴리를 인정하는 결과를 가져오기 때문이다.

이처럼 탈권위주의화에 따르는 시민사회의 변화는 구정당질서의 기반 자체를 위협한다. 탈권위주의화에 수반되는 변화들, 즉 시민정치의 활성화, 계급정치의 활성화, 그들 간의 투쟁적 연대성의 증대 등 시민사회의 변화에도 불구하고, 한국정치는 새로운 '소통의 정치'로 거듭나지 못하고 고착되어 왔다.[67] 이것이 정치지체를 심화시키는 요인으로 작용하게 된다.

사실 한국에서 지역구 의원 교체율이 높다는 것은 이러한 정치지체와 정치불신, 그에 대응하는 '제도정치에 대한 운동정치의 영향력'이 강하게 나타나는 것을 반증해 준다. 다음의 표에서 보는 것처럼, 거의 40%대에 이르는 현역 의원 교체율은 기존의 제도정치와 대중 혹은 사회 간에 거대한 괴리가 존재한다는 것을 보여준다. 투 트랙 민주주의가 작동하는 한 현상이라고 할 수 있다.

총선	1996년(15대)	2000년(16대)	2004년(17대)	2008년(18대)
지역구 교체율	39.1%	24.1%	36.4%	38.5%

이처럼 87년 이후의 제도정치와 시민운동의 상호관계는 만성화된 제도정치의 지체현상을 그 조건으로 한다. 이에 따라 시민운동이 제도정치의 개혁을 위한 감시자의 역할을 자임하는 동시에, 제도정치

67 제도정당들을 중심으로 전개되는 제도정치가 정체성의 정치 혹은 영향력의 정치로 불리는 시민사회 내에서의 생활정치와 최소한의 소통성을 갖지 못하고, 또 다양한 계급관계에 기초하여 이루어지는 계급정치를 반영하지 못할 때, 시민사회와 제도정치의 괴리는 심화되게 된다.

가 수행해야 할 대의기능을 일정하게 대행하는 방식이 출현했다. 이러한 현상을 시민사회단체에 의한 '대의의 대행'(代行) 현상이라고 표현할 수 있다.

87년 이후의 민주화체제하에서 운동정치는 이러한 '대의의 대행' 역할을 수행한다. 이 대의의 대행 현상은 이하에서 서술하는 대체정당운동이나 제도정치 감시운동 모두를 포괄하는 것이다. 그 중에서 특히 시민운동이 '국민적 운동'으로 부상하여 정치개혁운동을 주도했다. 시민운동이 자신들의 실제적 동원력과 정치적 영향력을 넘어 대표성을 갖는 일종의 '과잉대표성'은 민주화체제의 한 특성을 반영하는 것이라고 할 수 있다.

이러한 대의의 대행현상은 단순히 한국정치가 시민사회의 발전에 부응하는 '근대적' 형태로 발전하지 못했기 때문에 나타나는 것만은 아니다. 즉 정치지체는 한국 정치가 '근대적인' 한국 정치를 실현하지 못했기 때문에만 나타나는 것이 아니라, 일반적인 근대적 정치 자체의 한계(앞서 이를 근대 민주주의의 '원형적 결손'이라고 표현하였다)에서 비롯되기도 한다는 점이다. 근대 민주주의는 정치를 대의정치와 정당정치의 틀 내로 한정하고 시민사회의 다양한 정치성을 대의정치와 정당정치의 틀 내로 '대의'하는 것이었다. 그러나 20세기, 특별히 제2차 세계대전 이후의 서구 시민사회의 활성화는 제도화된 정치로만 포괄되지 않는 시민사회의 새로운 정치화를 담고 있었다. 이른바 신사회운동으로 표현되는 시민사회의 정치화는 이미 근대적인 제도정치의 틀을 뛰어넘는 비제도정치적 '정치성'을 담고 있다고 할 수 있다. 전통적으로 정치는 제도정치를 포함하는 국가의 영역에 속하는 것으로 간주되었다.

이런 점에서 정치의 '탈국가화'라는 변화가 정치지체의 이면에 존재하고 있다고 할 수 있다. 제도정치(혹은 넓은 의미에서의 국가)에 의한 정치독점이 깨어짐으로써, 정치의 위기가 나타나게 되었다고 할 수 있다. 이런 점에서 근대정치의 '제도정치적' 한계성을 넘어 시민사회가 활성화됨으로써 정치의 지체와 그로 인한 정치의 위기가 나타나게 되었다고 할 수 있다.

2. 대체정당운동의 두 가지 흐름

제도정치와 시민사회의 괴리 현상, 즉 정치지체 상황을 배경으로 하여, 87년 이후 제도정치의 변형과 운동정치의 도전과정을 구체적으로 살펴보기로 하자. 이러한 정치지체 상황으로 운동정치는 대체정당운동을 전개하였다. 대체정당운동은 두 유형으로 나타났다. 하나는 반독재민주주의 진영의 자유주의적 흐름에서 발생한 대체정당운동이고, 다른 하나는 급진진보적 흐름에서 나타난 대체정당운동이다. 이러한 흐름과 경쟁하면서 제도정당들은 운동정치의 주요 인사를 수혈하는 방식으로, 정치지체를 극복하고 운동정치의 도전을 상쇄하고자 하였다.

먼저 제도정치와 운동정치의 각축의 전체적인 흐름을 그림으로 나타낸 것이 다음이다. 이 그림은 87년 이후의 제도정치 간의 각축에서 어떻게 대체정당이 출현하고 그 정당에 참여한 인사들이 다시 제도정당으로 이동하는가를 자세히 보여주고 있다.

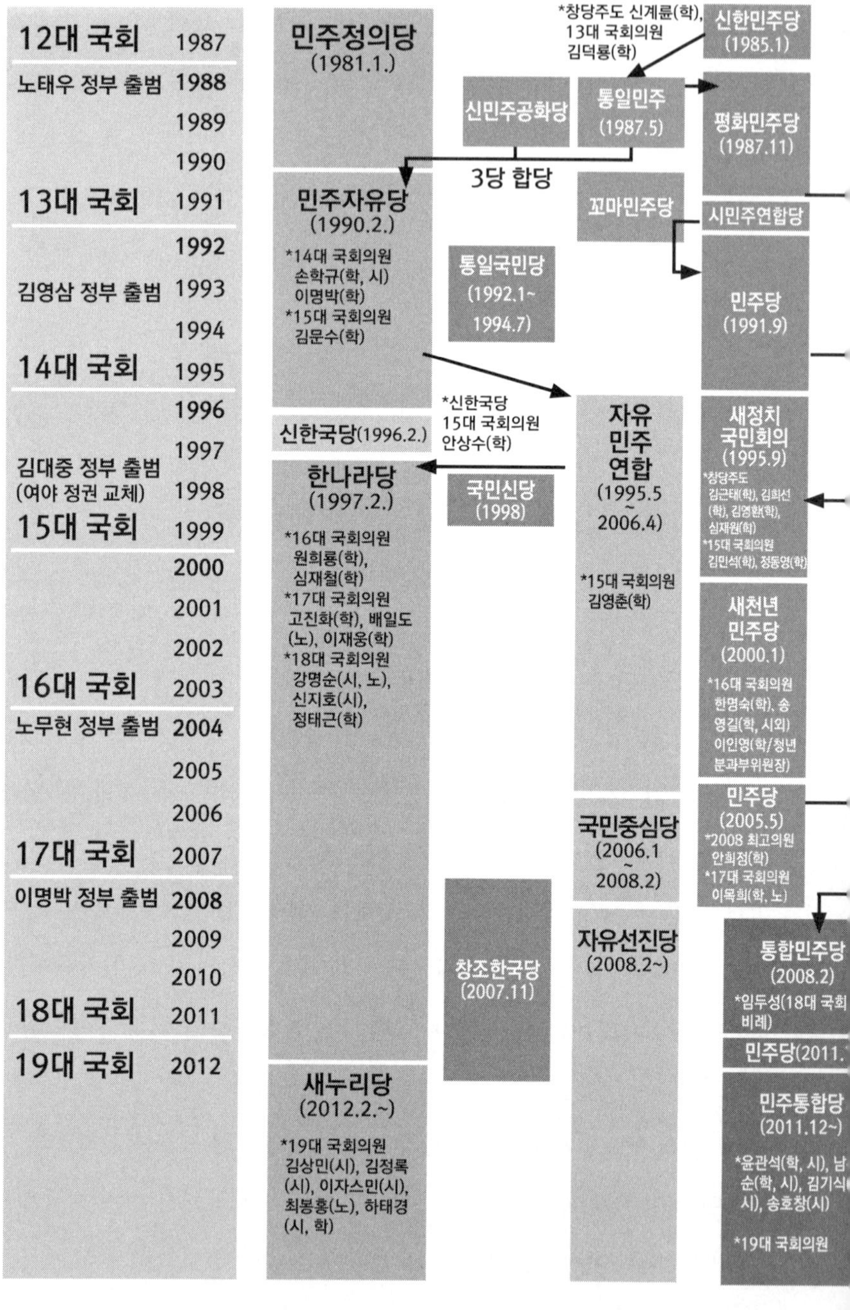
12대 국회 1987
노태우 정부 출범 1988
1989
1990
13대 국회 1991
1992
김영삼 정부 출범 1993
1994
14대 국회 1995
1996
1997
김대중 정부 출범 (여야 정권 교체) 1998
15대 국회 1999
2000
2001
2002
16대 국회 2003
노무현 정부 출범 2004
2005
2006
17대 국회 2007
이명박 정부 출범 2008
2009
2010
18대 국회 2011
19대 국회 2012
민주정의당 (1981.1.)
민주자유당 (1990.2.)
*14대 국회의원 손학규(학, 시) 이명박(학)
*15대 국회의원 김문수(학)
신한국당(1996.2.)
한나라당 (1997.2.)
*16대 국회의원 원희룡(학), 심재철(학)
*17대 국회의원 고진화(학), 배일도(노), 이재웅(학)
*18대 국회의원 강명순(시, 노), 신지호(시), 정태근(학)
새누리당 (2012.2.~)
*19대 국회의원 김상민(시), 김정록(시), 이자스민(시), 최봉홍(노), 하태경(시, 학)
신민주공화당
3당 합당
통일국민당 (1992.1~ 1994.7)
*신한국당 15대 국회의원 안상수(학)
국민신당 (1998)
창조한국당 (2007.11)
*창당주도 신계륜(학), 13대 국회의원 김덕룡(학)
통일민주 (1987.5)
꼬마민주당
자유 민주 연합 (1995.5 ~ 2006.4)
*15대 국회의원 김영춘(학)
국민중심당 (2006.1 ~ 2008.2)
자유선진당 (2008.2~)
신한민주당 (1985.1)
평화민주당 (1987.11)
시민주연합당
민주당 (1991.9)
새정치 국민회의 (1995.9)
*창당주도 김근태(학), 김희선(학), 김영환(학), 심재원(학)
*15대 국회의원 김민석(학), 정동영(학)
새천년 민주당 (2000.1)
*16대 국회의원 한명숙(학), 송영길(학, 시외) 이인영(학/청년 분과부위원장)
민주당 (2005.5)
*2008 최고의원 안희정(학)
*17대 국회의원 이목희(학, 노)
통합민주당 (2008.2)
*임두성(18대 국회 비례)
민주당(2011.
민주통합당 (2011.12~)
*윤관석(학, 시), 남 순(학, 시), 김기식 시), 송호창(시)
*19대 국회의원

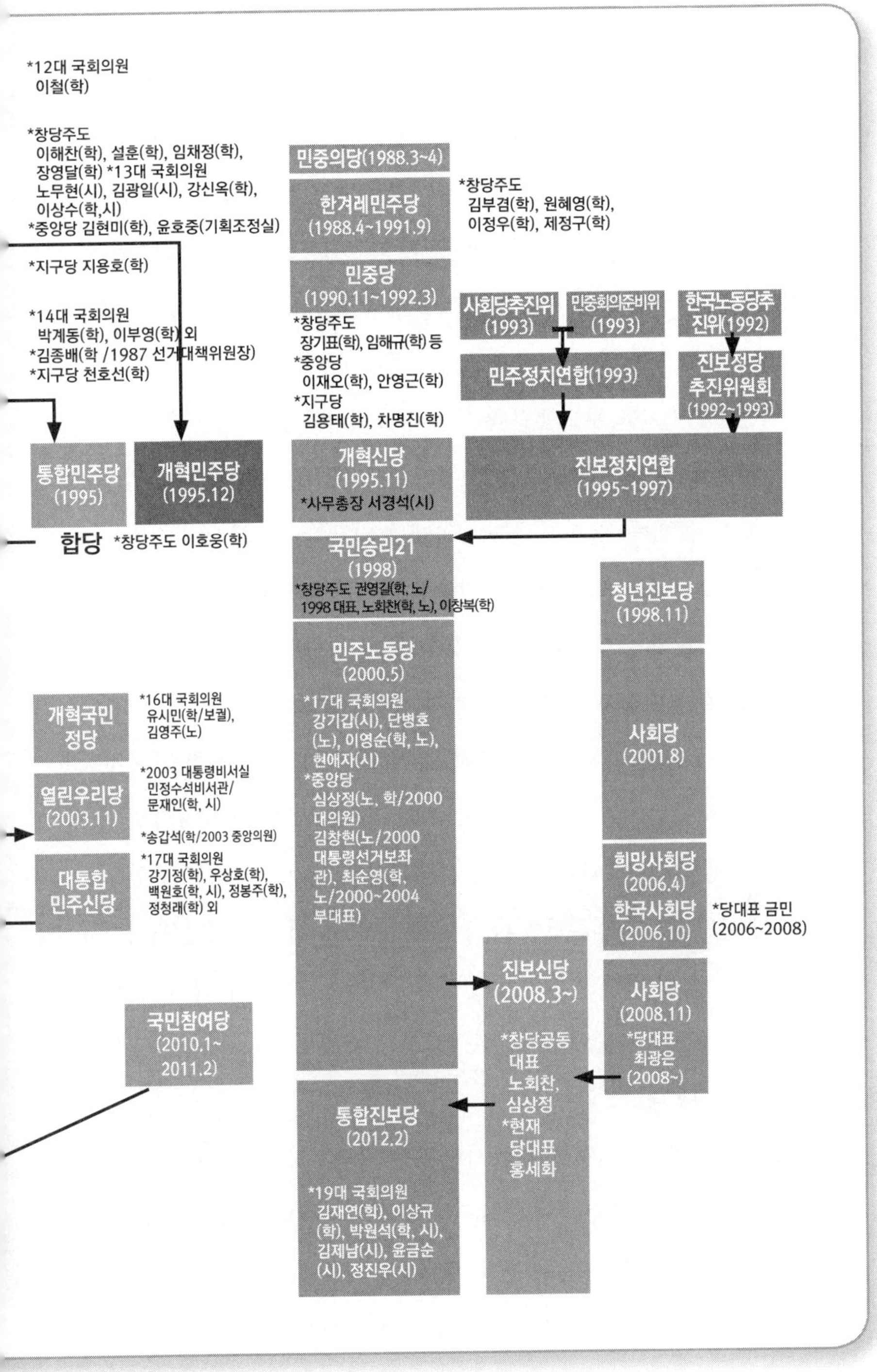
*12대 국회의원
이철(학)
*창당주도
이해찬(학), 설훈(학), 임채정(학),
장영달(학) *13대 국회의원
노무현(시), 김광일(시), 강신옥(학),
이상수(학,시)
*중앙당 김현미(학), 윤호중(기획조정실)
*지구당 지용호(학)
*14대 국회의원
박계동(학), 이부영(학) 외
*김종배(학 /1987 선거대책위원장)
*지구당 천호선(학)
통합민주당
(1995)
개혁민주당
(1995.12)
합당
*창당주도 이호웅(학)
민중의당(1988.3~4)
한겨레민주당
(1988.4~1991.9)
*창당주도
김부겸(학), 원혜영(학),
이정우(학), 제정구(학)
민중당
(1990.11~1992.3)
*창당주도
장기표(학), 임해규(학) 등
*중앙당
이재오(학), 안영근(학)
*지구당
김용태(학), 차명진(학)
사회당추진위
(1993)
민중회의준비위
(1993)
한국노동당추진위(1992)
민주정치연합(1993)
진보정당
추진위원회
(1992~1993)
개혁신당
(1995.11)
*사무총장 서경석(시)
진보정치연합
(1995~1997)
국민승리21
(1998)
*창당주도 권영길(학, 노/
1998 대표, 노회찬(학, 노), 이창복(학)
청년진보당
(1998.11)
민주노동당
(2000.5)
*17대 국회의원
강기갑(시), 단병호
(노), 이영순(학, 노),
현애자(시)
*중앙당
심상정(노, 학/2000
대의원)
김창현(노/2000
대통령선거보좌
관), 최순영(학,
노/2000~2004
부대표)
사회당
(2001.8)
개혁국민
정당
*16대 국회의원
유시민(학/보궐),
김영주(노)
*2003 대통령비서실
민정수석비서관/
문재인(학, 시)
열린우리당
(2003.11)
*송갑석(학/2003 중앙의원)
*17대 국회의원
강기정(학), 우상호(학),
백원호(학, 시), 정봉주(학),
정청래(학) 외
대통합
민주신당
희망사회당
(2006.4)
한국사회당
(2006.10)
*당대표 금민
(2006~2008)
진보신당
(2008.3~)
*창당공동
대표
노회찬,
심상정
*현재
당대표
홍세화
사회당
(2008.11)
*당대표
최광은
(2008~)
국민참여당
(2010.1~
2011.2)
통합진보당
(2012.2)
*19대 국회의원
김재연(학), 이상규
(학), 박원석(학, 시),
김제남(시), 윤금순
(시), 정진우(시)

먼저, '경계정치'의 형태로 존재하고 있었던 '재야'가 제도정치에 진입하여, 구 독재적 보수정당과 경쟁하는 것으로 나타났다. 87년 이후의 대체정당운동은 운동정치의 온건한 흐름이 주도하는 한겨레당, 개혁민주당 등으로 나타났으며, 급진적 흐름이 주도하는 민중의 당, 민중당, 국민승리21, 민주노동당 등의 흐름으로 나타났다. 먼저 한겨레민주당은 88년 4월 총선을 앞두고 3월에 창당되었다. 한겨레민주당은 87년 대선에서 후보단일화를 주도했던 인사들이 중심이 되었고, 그러한 흐름을 강력하게 내부에 보유하고 있었다. 한겨레민주당은 분열된 통일민주당과 평화민주당을 통합하겠다는 과제를 최고의 목표로 표방하기도 했다(임현진, 2009: 92). 당시 한겨레민주당에는 제정구, 김부겸, 조순형, 원혜영, 유인태, 박용일, 예춘호, 이강철 등이 참여하였다.

다음으로 문민정부 이후 95년 개혁민주당의 출현을 들 수 있다. 개혁민주당은 95년 지자체 선거에서 지역주의 구도가 고착화되는 것(김대중과 김종필이 주도하는 민주당과 김종필의 자민련이 선거에서 강력한 위치를 확보하게 되었다)에 대한 비판적 문제의식을 배경으로 하고 있었으며, 특히 야당의 평화민주당이 호남 지역정당으로서 전국적인 개혁성을 충분히 수렴해 내지 못한다는 문제의식이 있었다. 이를 위해서, 95년 7월에 '정치개혁시민연합'이 만들어졌고, 이를 중심으로 11월 개혁신당이 만들어졌다.

원래 정치개혁시민연합에는 시민운동출신의 최열, 한명숙, 박인제, 정성헌 등과 구 민중당 출신의 장기표, 노회찬, 임재경, 성유보 등의 언론계, 학계의 장을병, 신경림, 장두환, 김홍신 등이 참여하였다. 개혁신당으로 확장되는 과정에서 경실련의 서경석, 장신규, 송운학,

당시 20·30대 모임인 '젊은 연대'의 고진화, 이성헌 등이 참여하였다(임현진, 2009: 163). 특히 개혁신당에는 당시 경실련 등의 시민운동 인사들의 적극적인 정치 진출이 하나의 중요한 흐름을 구성하고 있었다.[68]

개혁민주당은 88년 총선에서 의석 획득에 실패한 한겨레민주당과 92년 총선에서 의석획득에 역시 실패한 민중당 운동(후술)이 합류하는 성격을 띠고 있었다.

개혁신당은 90년 3당 합당에 참여하지 않은 '꼬마'민주당과 '당대당 통합' 형식으로 95년 12월 '통합민주당'을 만들었다. 이때 노무현, 이부영, 김정길, 제정구, 이철, 유인태, 박계동, 원혜영 등이 주도적으로 참여하였다. 이처럼 민주당의 개혁그룹은 통일민주당으로 이동한 반면, 민주당의 다수는 탈당하여 김대중이 새로 창당한 새정치 국민회의로 이동하게 되었다.

96년 총선은 김대중이 이끄는 새정치국민회의와 '반3김' 지역주의에 반대하는 통일민주당이 경쟁하는 구도로 치루어지게 되었다. 그 결과 호남의 지역적 기반을 독점적으로 장악하는 새정치국민회의가 제1야당이 되는 반면에, 통일민주당은 지역구 9명, 전국구 6명으로 원내교섭단체를 구성하지 못하게 되었다(지역구 당선된 장을병을 제외하고 김홍신, 이미경, 하경근 등이 전국구로 되었다).[69] 여기서 야당의 주도권이 새

68 정계련이 본격화되면서 민주당 내에는 당시 이기택 총재와 결별하면서 새로운 당을 만들어야 한다는 흐름과 이기택 총재의 '백의종군'을 전제로-3김의 지역구도에 대항하는 정치구심으로서의-민주당을 확대 재편해야 한다는 논의가 갈라져 있었다. 이후 민주당과 개혁신당이 통합한 이후에는 이기택으로 상징되는 정통보수야당적 분파, 민주당 내 개혁세력, 개혁신당 그룹이 공존하는 식이 되었다(임현진, 2009: 195).

69 김대중은 95년 지자체 선거에서 민주당이 대승을 한 후 민주당에 입당하는 방식을 선

정치국민회의로 가게 된다. 97년 대선이 임박하게 되면서, 결국 김대중 지지와 이회창 지지 가운데 선택해야만 하는 상황이 발생했다. 여기서 김정길, 노무현 등의 통추는 김대중을 지지했고, 홍성우, 이철, 서상섭, 안영근, 김부겸, 이부영 등은 신한국당에 입당하였다.

정치지체에 대응하는 운동정치의 급진적 흐름 역시 대체정당운동으로 표현되었다. 앞의 한겨레민주당, 개혁신당 등의 흐름이 시민정치의 대체정당운동이라고 한다면, 민중의 당, 민중당, 국민승리21, 민주노동당 등의 흐름은 민중정치의 대체정당운동이라고 할 수 있다. 이러한 흐름은 87년 12월 대선에서의 독자후보 혹은 민중후보, 88년 4월 총선에서의 민중의 당, 92년 총선에서의 민중당, 92년 대선에서의 민중후보, 97년 대선에서의 '민주와 진보를 위한 국민승리21' 운동 등으로 표출되었다.

먼저 88년 총선에는, 한겨레민주당과 달리 민중적 급진성을 표방하며 87년 대선에서 민중후보를 지지했던 인사들을 중심으로 하는 민중의 당이 있었다. 이 민중의 당은 인천지역민주노동자연맹(인민노련)과 제헌의회 그룹(CA)의 노동자 해방투쟁동맹(노해동)에 참여했던 인사들이 중심이었다(임현진, 2009: 80). 한겨레민주당이 반독재민주주의 운동의 개혁자유주의적 지향을 담보하고 있었다고 한다면, 민중의 당은 급진진보적 지향을 갖고 있었다. 민중의 당은 총선에서 의석을 획득하

호했으나, 당내 반발이 큼으로, 1995년 9월 5일 당시 김근태 등이 속한 새정치국민회의와 87년 평화민주당의 구성원들, 민주당의 탈당한 의원들을 중심으로 새정치국민회의를 결성하였다. 이후 96년에 53석을 차지해, 제1야당으로 복귀한다. 그러나 통합민주당과 새정치회의로 야당이 난립되어 있음으로써 여당인 신한국당이 승리하는 결과가 나타났다.

지 못하였고, 5월에 열린 대의원대회에서 '민중정당 재건추진위원회'로 재편하였다. 이후 9월 14일 한겨레민주당과 통합하여 '진보정당 결성을 위한 정치연합'을 결성하였다. 한겨레민주당은 88년 총선에서 아래 표에서 보는 바와 같이 1석을 얻었고, 민중의 당은 1석도 얻지 못하였다. 두 당 모두 해체해야 했다.

정당	민정당	통일민주당	평화민주당	공화당	한겨레 민주당	민중의 당
득표율(%)	33.96	23.83	19.26	15.59	1.28	0.33
의석수	87	46	54	27	1	0
전국구	36	13	16	8	0	0
총의석	123	59	70	35	1	0

출처: 임현진, 2009: 91(박상병, 1997: 83)

민중당의 경우, 전민련(전국민족민주운동연합)은 1989년 8월 영등포을 보궐선거에서 고영구 변호사를 범민주후보라는 이름으로 추대했다. 이를 계기로 이우재, 장기표, 조춘구 등이 합법정당 건설을 위해 전민련 간부직을 사퇴하였다. 89년 11월에는 '진보적 대중정당 건설을 위한 준비모임'이 만들어졌다. 이후 이부영, 이재오, 여익구 등이 2차로 탈퇴하였고, 90년 3월에는 '민중의 정당 건설을 위한 민주연합추진위원회'(민연추)를 건설했다(4월에는 "민중당' 건설 전국추진위원회'(전노추)가 건설되었다). 민연추는 분열된 야권전체를 대통합해야 한다는 입장과 독자정당론 간의 대립이 심하였다. 여기서 민주연합 추진파가 민연추를 탈퇴하여 '범민주통합 수권정당 촉구를 위한 추진회의(통추회의)'를 결성했다. 선통합파가 탈퇴한 후, 민연추는 독자적인 창당작업을 서둘렀고, 6월 21일 창당발기인대회가 열렸다(당시 평민당, 민주당, 통추회의 사이에 통합논의가 진행되었음). 이 민중당엔 이우재, 이재오, 오세철, 김문수, 장기표, 정태윤, 안영근 등이 참여하였다(90년 10월에는 남한사회주의노동자동맹 사건이 발생하였다). 당시 각 지구당에는 인천지역민주노동자연맹, 사노맹, 기타 PD파의 정파조직원들이(130) 참여하고 있었다(이 시기는 90년 5월 투쟁이 전개되던 시기이기도 했다).[70]

다른 한편에서 91년 7월에는 '인민노련(인천지역민주노동자연맹)', 노동계급, 삼민동맹(민족통일 민주주의 노동자동맹)을 중심으로 하는 이른바 '3파연합'이 '한국 사회주의노동당 창당준비위원회'(한사노 창준위)를 만들기도 했다. 이후 한사노는 '한국노동자정당건설추진위원회(노정추)'를 건설하였고, 92년 1월 19일에는 '한국노동자정당(가칭) 창당준비위원회'(한노당 창준위)를 구성하였다. 이 한노당 창준위는 92년 2월 민중당과 통합을 하게 된다. 이렇게 통합한 위에서, 96년 14대 총선에 참여하였으나, 1.5%의 득표율을 얻고, 1석도 의석을 얻지 못하였다(이 총선에서 민자당은 149석, 민주당은 97석, 국민당은 31석을 획득하였다). 민중당은 선거에서 패배한 이후 당을 해산하고 전국연합 등 재야세력과 협력하자는 안과 새로운 진보정당 창당으로 가자는 의견으로 나뉘었다. 후자는 한노당 창준위로 나아가고, 전자는 '민사협(민주개혁과 사회진보를 위한 협의회)'을 만들었다. 전자는 4월 14일 '진보정당추진위원회'를 구성하는 방향으로 나아갔다. 실패한 진보정당은 이후 극히 일부만이 민주노동당 등의 실험으로 이어지고 다수는 기성정당의 변형주의

70 민중당의 이 무렵 90년 12월 1일에는 전국연합이 결성되었다.

적 재편과정에 흡수되게 된다. 이러한 일련의 흐름이 각 선거에서 얻은 표를 표시한 것이 아래의 표이다.

시기	민중진영의 진보정치세력화 전술	결과
87년 대선	독자 후보	후보 사퇴
88년 총선	민중의 당	당선자 없음
92년 총선	민중당	50명의 후보 출마. 당선자 없음. 유효 득표율 1.5%
92년 대선	민중후보	20여만 표 득표. 1.0%
97년 대선	국민후보(국민승리21)	306,000표(1.6% 득표)
2002년 지자체 선거(비례대표)	민주노동당 사회당 녹색평화당	1,340,376표(8.1%) 261,960표(1.6%) 220,505표(1.3%)
2002년 대선	민주노동당(권영길 후보) 사회당(김영규 후보)	957,148표(3.9%) 22,063(01.%)
2004년 총선	민주노동당	정당명부식 투표 2,066,072표(1.6%) 획득으로 비례대표 8석, 지역구 2석 등 총 10석(원내 제 3당)
2007년 대선	민주노동당	1. 권영길 후보 712,121표(3.0%)
2008년 총선	민주노동당과 진보신당	민주노동당 5석
2012년 총선	통합진보당, 진보신당	민주노동당, 진보신당 탈당파(통합연대), 국민참여당이 연합한 '통합진보당' 13석, 진보신당, 녹색당은 의석 획득 못함.

97년 국민승리21은 대체정당운동에서 한 전기라고 할 수 있다. 앞서 언급한 민중의 당, 민중당은 민중운동의 급진 PD진영, 즉 소수파를 중심으로 하는 실천이었다고 할 수 있었다. 민중운동의 다수파는 때론 시기상조론으로, 때론 민주연합정당론의 형태로 그 입장의 유형은 달랐지만, 크게 보면 개혁자유주의정당에 대한 '비판적 지지'의 입장을 견지하고 있었다. 이러한 다수파의 입장은 97년 대선 무렵부터 변화하

기 시작했다. 반미자주파의 흐름이 진보정치세력화를 표방하는 대체정당운동에 본격적으로 참여하기 시작하였던 것이다.[71]

97년까지만 하더라도 구 독재적 보수정당에 대항하여, 반독재중도개혁자유주의 세력이 주도하는 민주정부의 수립 자체가 중요한 개혁의 과제였었다. 이 때문에, 중도개혁자유주의정당과 경쟁하는 급진진보정당은 '분열' 혹은 '보수정당을 이롭게 한다'라는 비판에 노출되었다. 그러나 97년 대선에서 김대중 후보가 선출되면서, 조건이 변하였다. 구 독재적 보수정당이 주도하는 시대에서 민주정부 시대로 이행하면서, 대체정당운동에 소수파인 평등파뿐만 아니라 다수파인 반미자주파 등도 폭넓게 참여하여, 대체정당운동이 힘을 받게 되었다.

이러한 진보정치세력화 시도들의 연장선상에 민주노동당의 실험이 이루어진다. 2000년 1월 창당된 민주노동당은 과거의 진보정당운동과는 몇 가지 점에서 구별된다.

먼저 과거의 진보정당 운동은 민중운동의 특정 정파 내지는 그룹들을 중심으로 전개되었던 데 반하여, 민주노동당은 비록 적극적이고 실질적인 조직적 결합이 이루어진 것은 아니지만 진보적인 노동조합운동의 대표체인 민주노총의 조직적인 지원 하에서 전개된다.

다음으로 저항적 지역주의를 배경으로 하는 민주당이 집권당이 됨

71 앞서 서술한 대로 노동운동 및 민중운동의 조직적·정치적 발전에도 불구하고 계급정치와 노동정치에 대한 '배제의 정치학'으로 운영되는 제도정치에 대한 노동운동 및 민중운동의 진보정치세력화를 위한 노력은 지속되어 왔다. 87년 이전까지의 시기는 제도정치에서 배제된 온건정치세력과 급진민중운동세력의 연합운동의 성격을 띠고 있었다고 한다면, 87년 이후는 친제도정치적 민중운동세력이 운동 내부에서 주류를 차지하고 있었음에도 불구하고 그에서 분리된 진보정치세력화를 위한 시도들이 지속적으로 전개되어 왔다.

으로써 민중진영 내부에서 친민주당적인 노선이 정리되고(특별히 집단적인 흐름으로 나타나지는 않고, 예컨대 정책연합이나 등등과 같은 형태), 민주노동당을 중심으로 하는 진보정치세력화가 중심노선이 되었다. 물론 여기서 청년진보당과 같은 청년좌파들을 중심으로 하는 나름대로 유의미한 소수정파운동이 있었기는 하지만, 청년진보당의 경우는 기존의 제도정당을 대체하는 대안진보정당운동이라기보다는 선거국면을 이용하려는 급진적 정파운동의 제도정치공간에 대한 개입이라고 할 수 있다. 반면에, 민주노동당은 진보적 제도정당을 창출한다는 목적 하에 전개된 운동이었다. 민주노동당은 전국득표율에서는 1.18%이지만, 출마지역구에서는 13.09%의 득표율을 기록했으며, 울산 북구와 창원을 선거구에서는 당선권에 육박하는 선전을 하였다.[72]

민주노동당의 진보정치세력화가 주로 노동정치세력화의 의미를 가지고 진행된 반면에, 녹색정치 지향, 여성정치지향, 풀뿌리 지향 정치 등의 흐름도 존재하였다. 큰 틀에서 '운동의 정치화'의 흐름들이라고 할 수 있다.[73]

---

72 이것이 이른바 '쉐보르스키의 딜레마'다. 즉 자기 기본대중의 지지와 중간층의 지지 사이에는 긴장과 충돌이 존재할 수 있다는 것이다. 자기 기본대중의 지지를 호소하기 위한 행동과 일반 대중의 지지를 호소하는 행위 사이에는 긴장이 있을 수 있다. 나는 진보정치세력화에 있어서는 일차적으로 전자가 더욱 중요한 것이라고 생각한다. 자기 기본대중의 지지 없이 중간층 대중이나 일반대중의 지지로 나아가는 것은 불가능하다. 그런 점에서 현 단계에서 전자에 주안점을 놓으면서 후자를 종합하기 위한 섬세한 전략이 요구된다.

73 제도정치영역이 협소할 때, 저항적 제도정치활동이 억압될 때에는 사회운동의 정치적 성격은 제도정치에 저항하는 형태로 표출되지만, 제도정치적 공간이 확장되면서 사회운동의 정치적 성격은 사회운동과 분리되어 정치화(政治化)되어 다양한 제도정치적 진출 형태로 표출된다. 이것은 '운동의 정치화'의 집단적 표현이라고 할 수 있다. 사회운동이 자신의 목표를 실현하기 위하여 제도정치 영역에 집단적·조직적으로 진출하는 것을

먼저 여성정치의 진출노력을 들 수 있다. 가부장적 국가 속에서 배제된 여성의 정치적 요구를 실현하는 노력은 여성정치세력화 혹은 성주류화전략 등으로 표현되어 왔다. 그런데 흥미로운 것은 여성의 정치세력화는 대체정당의 방향을 취하기보다는, 기성 제도정치가 제공하는 여성할당제와 같은 통로를 요구하는 운동으로 전개되었다는 점이다. 90년대 이후 여성단체들은 연합운동의 차원에서 여성들의 정치 진출을 위한 훈련과정을 개설한다거나 바람직한 여성 후보를 추천한다거나 하는 등 다양한 노력을 기울였다. 94년에는 보수적 여성단체와 진보적 여성단체 모두가 참여한 '할당제 도입을 위한 여성연대'가 만들어져 활동하였으며, 1999년에는 '여성정치세력민주연대'가 만들어지기도 하였다. 여성단체연합 등 진보적 여성운동은 환경운동연합 및 참여연대 등과 함께 낙천낙선운동의 핵심적인 역량으로 활동하였으며, 2002년 지방의원 선거에서는 광역의원 비례대표 50%, 지역구 30%를 여성에게 할당 공천하도록 압박하는 운동을 전개하였다. 여성의 세력화, 그 일부로서의 정치세력화를 위한 노력은 국회의원 등 고위 공직에서의 할당제 도입, 지방의회 의원 및 국회의원의 비례대표 공천 시 50%의 여성할당 등의 성과로 나타났다. 2002년 광역 지방의회 선거에서 2인 2표제가 도입된 이후 광역의원의 비례대표에서 여성을 50%로 공천하는 진전이 이루어졌으며, 이는 2004년 국회의원 비례대표 선거에서도 적용되었다.

다음으로 환경정치세력화의 시도를 보기로 하자. 환경정치세력화

의미하였다. 이제 운동의 연장선 상에서 제도정치에 진출하게 된다는 것이다. 물론 운동은 자신의 목표를 성취하기 위하여 제도정치로 운동을 연장하는 것이지만, 제도정치의 관점에서 보면 제도정치가 확장되고 제도정치의 정당성이 제고되는 것을 의미한다.

는 서구의 녹색당과 같은 사례를 지향하여 대체정당을 건설하려는 운동을 말한다. 본래 녹색연합의 경우 출범 당시부터 대한녹색당창당준비위원회를 그 일의 구성부분으로 하고 있었다. 녹색연합의 일부 구성원들과 외부의 녹색당 지향 그룹이 녹색평화당을 2003년 건립하였다. 이들은 한국노총이 일부 사회민주주의자들과 함께 추진하는 정당건설의 한 부분으로 참여하여 2000년 4·15총선에서는 녹색사회민주당으로 출마하였다. 환경운동연합의 녹색정치위원회를 중심으로 시작된 환경정치세력화의 흐름은 2000년 4·15총선에서는 지지당선운동을 하였다. 4·15총선 이후 녹색정치모임은 2004년 6월 10일 초록정치모임으로 전환하여 환경정치세력화의 가능성을 모색하였다. 2012년 총선에서도 녹색당이 결성되어 대체정당운동을 전개하였으나 의석을 획득하지는 못하였다.

1995년 첫 지방자치제가 실시된 무렵에는 많은 시민운동가들이 풀뿌리정치의 중요성을 강조하고 이에 참여하고자 하였다. 그 후 1996년 지자체 선거와 2002년 지자체 선거에서도 많은 풀뿌리 운동가들이 생활정치라는 명목으로 참여하였으며, 이 중 다수가 당선되기도 하였다.

대부분의 시민운동은 제도정치와 거리를 두면서 제도정치 감시운동을 전개하여 왔는데, 이러한 감시운동의 근저에는 정치적 중립성이라는 담론이 존재한다. '정치적 중립성'이라는 담론은 시민운동의 반(反)정치성을 상징하는 것인데, 이러한 반정치성 내에도 정치성이 내재되어 있다. 그래서 시민운동의 상징적인 인사들의 경우 중도자유주의적인 정당으로 진입하기도 했다. 물론 시민운동가들이 노동운동이

주도하는 민주노동당에 합류하는 경우는 드물었다.[74]

'운동의 정치화'의 진전은 사회운동이 제도정치로 환원되는 것을 의미하지 않는다. 특정 국면에서 '운동의 정치화'가 이루어지더라도 그것을 뛰어넘는 사회운동의 급진성과 역동성이 새롭게 조성되기 때문이다. 예컨대 민주노동당은 급진주의적 사회운동의 제도정당화를 의미한다. 그러나 그것을 뛰어넘는 좌익적, 급진적 운동, 제도적 노동당을 뛰어넘는 탈제도적 노동정치세력, 녹색당으로 환원되지 않는 급진적 환경사회운동, 제도정치로 진입한 여성운동가들과는 별개로 출현하는 급진적인 페미니스트운동들이 존재하게 된다. 이것이 사회운동의 역동성을 구성하게 된다.

진보정당운동은 2004년 이전까지 운동정치 정당으로 존재하던 시기와 2004년 이후 원내정당으로 존재하는 시기로 나누어 볼 수 있다. 흥미로운 것은 진보정당운동의 '성공'이 반독재민주정부 시기에 비로소 가능하게 되었다는 것이다. 준비기 동안에는 주로 반독재개혁자유주의 정당에 '수혈'되었고, 진보정당 운동은 원내정당으로 될 수 없었다.

이처럼 기존 제도정치를 대체하기 위한 운동들이 진보정치세력화라는 이름으로 전개되었다고 한다면, 기존의 제도정당들은 이러한 흐름들에 응전하면서, 운동정치의 중요한 인사들을 수혈함으로써 스스

74 오페의 정당과 신사회운동의 관계를 상징한다. 신사회운동이 좌파사회민주당과 연합하는 유형이 있고 우파정당과 결합하는 유형이 있을 수 있으며(우리의 경우에는 중도자유주의정당과 결합하는 것), 기성 좌우파 정당이 연합하여 신사회운동을 주변적인 것으로 배제하는 유형이 있을 수 있다. 한국에서도 신사회운동적 성격을 부분적으로 지니고 있는 시민운동이 좌파사회민주당과 어떤 관계를 맺을 것인가는 향후의 상황 전개에 따라 달라지게 될 것이다. 이에 대해서는 클라우스 오페(1993)를 참조하라.

로의 정당성을 제고하고자 했다. 기성 제도정치의 변형주의적 재편은 정치지체와 그에 따른 정치불신을 극복하면서 스스로의 대중적 기반을 유지확대하기 위한 전략이기도 하다.

3. 제도정치와 운동정치의 인적 교류

제도정치와 운동정치의 인적 이동과정을 큰 틀에서 드러내 보면 아래의 그림과 같다.

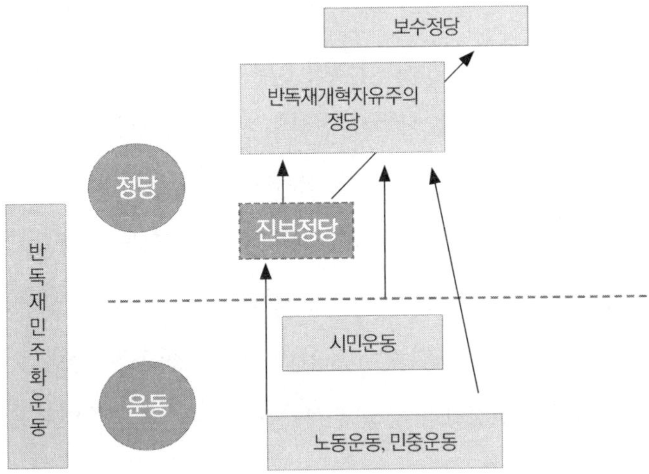

운동의 정치화는 반독재민주화운동의 젊은 운동가들이 '사회운동가'에서 반독재개혁자유주의정당으로 이동하는 경로와 진보정당으로 이어지는 경로로 나타났다.[75] 제1경합국면의 후반부에 구 독재적 보수

75 진보정당운동사에 있어 흥미로운 점은, 진보정당운동의 '성공'이 반독재민주정부 시기에 비로소 가능하게 되었다는 것이다. 2004년 진보정당의 원내 진입 이전에는 주로 반독재개혁자유주의정당에 '수혈'되는 식으로 이동했으며, 반대로 진보정당에 참여하는

정당이 3당 합당을 통해서 자기정당성을 제고하고자 했다면, 야당 역시 자기혁신 및 변화를 위하여 주로 재야출신 인사들을 흡수하는 형태로 전개되었다. 독재정권 시기 야당정치세력과 연대관계에 있었던 인사들 중, 국민적으로 도덕성이 있다고 인정되는 재야인사의 영입을 통하여, 야당은 보수적 집권당의 자기혁신에 대응할 수 있었다. 이러한 영입·수혈의 과정은 한편에서는 직접적으로 운동정치의 인사를 흡수하는 것으로 나타났으며 다른 한편에서는 실패한 대체 정당운동의 인사를 흡수하는 식으로도 나타났다.

우리가 여기서 발견하게 되는 흥미로운 사실은, 민주화 이후 국면에서 보수정당과 중도개혁자유주의정당이 운동정치, 그리고 그 일부로서의 대체정당운동을 하던 시민정치세력과 민중정치세력을 포섭(co-optation)하기 위해 각축한다는 점이다. 이는 이미 85년 1·21 총선에서 시작되었고, 87년 이후 정치 피규제자에 대한 규제가 전면적으로 해제되면서 88년 4월 총선으로 전면적으로 이루어졌다. 이 총선에서, 경계정치로 존재하고 있었던 '재야'가 제도정치에 전면적으로 진입하여 구 독재적 보수정당과 경쟁한 것이다. 그러나 지역주의적 정치구도로 왜곡화된 모습으로 나타났다.

먼저 88년 총선에서는 재야운동과정에서 양김과 함께 경계정치의 영역에서 활동하고 있었던 운동권 인사들이 대거 반독재야당에 진입하였다. 88년 총선에서 '재야'활동을 하고 있었던 김영삼과 김대중은 '재야운동'의 과정에서 그들과 긴밀하게 연대하여 활동하고 있었던 반

운동은 원내정당으로 성공적으로 안착하지 못하였다.

독재민주화운동가들을 대거 정치인으로 영입하였다. 88년 13대 총선에서는 통일민주당과 평화민주당이 재야인사들을 영입하기 위한 각축의 중심에 서 있었다. 87년 12월 대선에서 양김이 분열되어 별도의 정당을 창당했기 때문에, 이후 반독재민주주의 운동의 '정통성'을 누가 계승할 것인가 하는 각축과정이 특히 중요했다.

87년 대선 과정에서 평화민주당이 창당될 때 이해찬, 임채정, 설훈, 장영달 등 민통련 인사들이 이른바 '비판적지지'를 내걸면서 대거 평화민주당에 진입하였다. 물론 신계륜 등 통일민주당에 가입하는 재야인사도 있었다. 이런 의미에서 비판적 지지는 반독재민주주의 운동과정에서 형성된 '재야' 내의 친김대중 '제도정치세력－운동정치세력'의 네트워크형 관계를 말한다고 할 수 있다. 통일민주당의 경우, 신계륜 등 학생운동가들을 포함하여 '후보단일화'에 참여하였던 인사들이 대거 영입되었다. 87년의 국면에서 도덕적 정당성과 반독재민주주의 운동의 정통성을 담지하고 있는 인사를 누가 더 광범위하게 영입하는가가 정치적 정당성을 제고해 주는 상황이었다. 집권당과 야당의 '변화'경쟁에서 상대방의 공세를 방어할 수 있는 최선의 인물은 도덕성과 개혁성을 갖는다고 여겨지는 구재야운동적 인물이었다(97년 대선 과정에서 민중당과 통합민주당의 일부가 한나라당으로 이동한다).

제도정당들의 변형주의적 재편의 과정에서 대체정당운동을 하였던 흐름들이 반독재야당에 수혈되기도 하지만 일부는 구 독재적 보수정당에 수혈되는 경우도 나타났다. 변형주의적 과정에서 '전향'에 해당하는 이동을 하는 경우라고 할 수 있었다. 96년 14대 총선은 김대중의 정계 복귀 이후의 상황이었기 때문에, 김대중은 새롭게 운동정치의 주요 인사들을 영입하여 스스로를 민주주의 블록의 헤게모니정당으로서의 위치를 강화할 필요가 있었다. 김대중은 외부에서 김근태 등을 중심으로 만들어진 '새정치국민회의'와 '당 대 당' 통합을 하는 형식으로 운동정치 엘리트들을 수혈하고자 했다. 이에 대응하여 신한국당은 안상수, 이재오 등을 영입하는 식으로 대응하였다. 평민당부터 국민회의에 이르는 변화과정은 재야인사의 주기적인 충원과정이었다고 해도 과언이 아니다. 신한국당이 96년 총선을 앞두고 민중당 재야인사들을 충원하였다고 한다면, 김근태 의원 같은 경우가 문민정부의 개혁드라이브에 대항하는 재야수혈의 의미에서 국민회의에 충원된 대표적 예라고 할 수 있다. 사실 당시 여당이건 야당이건 국민적 신뢰를 일정하게 가지고 있는 인사들이 대부분 재야운동출신이라는 것은 이상스러운 일이 아니었다. 이것은 그람시가 이탈리아의 예에서 지적한 것처럼, 적진에 속해 있던 개인이나 집단의 영입을 통하여 자신을 변신시키는 경우와 다르지 않다. 이러한 경쟁은 2000년 총선에서는 새천년민주당이 이창복, 송영길, 임종석, 김태홍 등을 영입하는 식으로 나타났고, 이에 대응하여 한나라당에서는 원희룡, 심재철(80년 서울대 총학생회) 등을 영입하는 식으로 나타났다.

이러한 운동정치의 인사를 흡수하여 제도정치를 재정당화하는 과정은 상호각축의 과정이었다. 이러한 각축의 흥미로운 예를 2002년 8월 8일 금천구 선거에서 찾아볼 수 있다. 한나라당에서는 이우재 후보가, 민주당에서는 이목희 후보가, 민주노동당에서는 최규엽 후보가, 사회당에서는 김향미 후보가 나섰다. 모든 후보가 재야진보진영의 상징적인 인물들인데 이우재 후보는 90년 민중당의 대표였고 이목희 후보는 경인지역 노동운동의 상징적인 인물이었으며 최규엽 후보는 전민련, 전국연합 등 재야연합조직에서 중심적으로 활동하였던 인물이었다. 김향미 후보는 젊은 사회주의 후보라고 할 수 있었다. 또 하나 흥미로운 상황은, 현대상선의 대북지원을 둘러싼 대여공세에 정형근, 이재오, 김문수 의원이 나란히 선봉에 서서 투쟁하던 일이었다. 6·15 남북정상회담이 돈으로 흥정한 것이라는 대정부 공세의 선봉에서 과거 독재정권 시절 억압과 고문의 상징이던 정형근 의원과 그에 맞선 싸운 재야 인사인 이재오, 김문수 의원이 '힘을 합쳐' 맹활약을 하였다. 제도정치의 운동정치 언론보도(출처를 확인 못함)를 재구성 · 보충하여 도식화하면 다음과 같다.

영입시도는 기본적으로 제도정치와 운동정치의 각축으로 구성되는 민주주의의 구성적 각축과정에서 제도정치가 대중의 정치성을 수렴하는 운동정치를 다시 재전유하는 방식으로 '제도정치와 사회의 괴리'를 좁히고 스스로를 재정당화하고자 하는 시도라고 할 수 있다. 이러한 영입경쟁 자체가 대중의 정치성을 제도정당만이 담보하는 것이 아님을 역설적으로 보여주고 있다.

이러한 분류를 근거로 87년 이후의 변화를 분석하게 되면, 자유주의우파세력이 구 독재적 보수세력과 결합한 것이 3당 합당이다. 그 다음 자유주의 좌파세력이 집권한 것이 바로 김대중정부와 노무현정부이다. 이명박정부의 헤게모니 세력을 나는 신보수세력이라고 규정한다. 김대중정부의 핵심세력과 노무현정부의 핵심세력의 차이를 주류 자유주의 좌파세력과 비주류 자유주의 좌파세력으로 구분할 수 있다. 기본적으로 시민운동은 개혁자유주의적 지향을 지배적으로 갖고 있다고 규정한다.

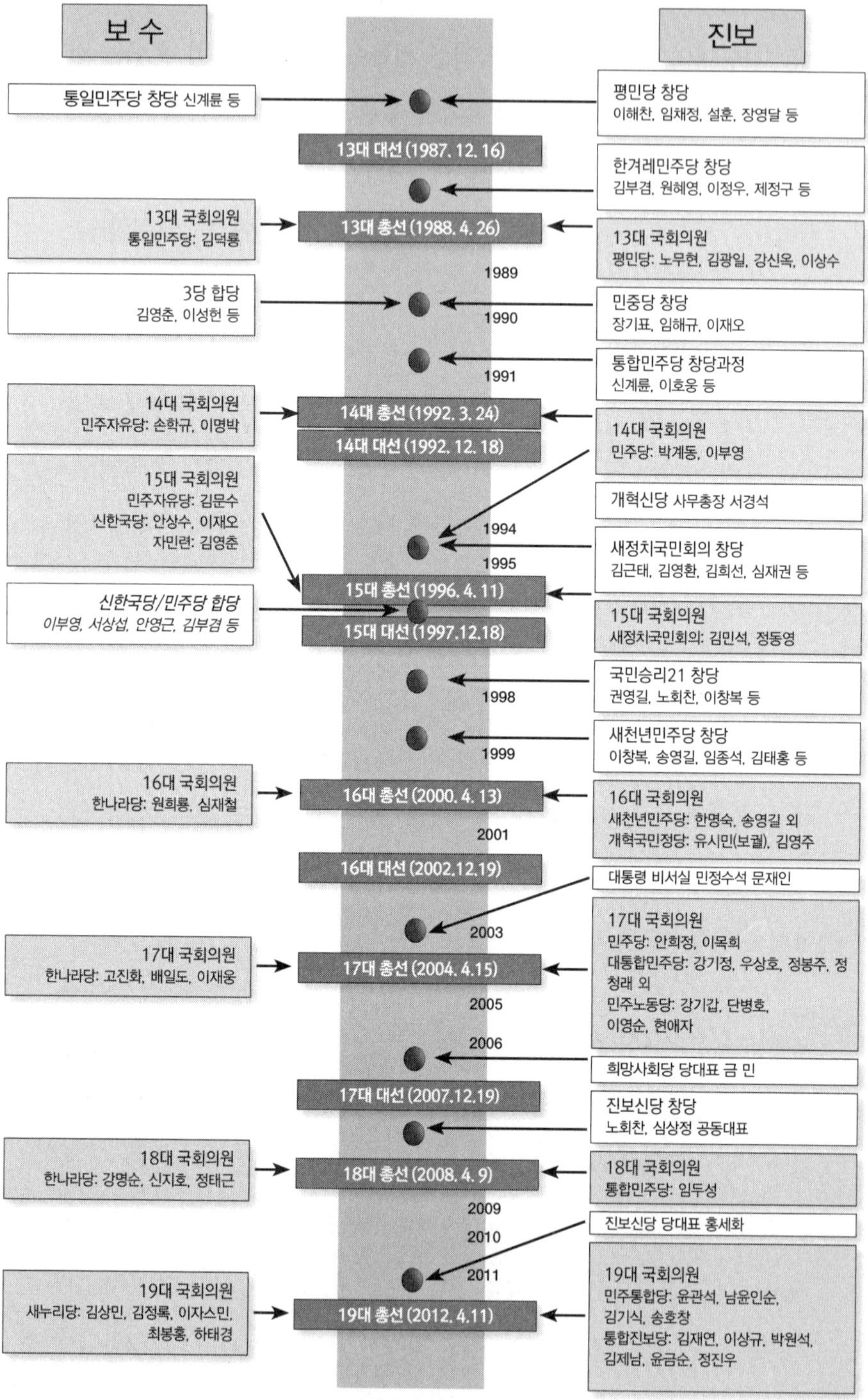
보 수
진보
통일민주당 창당 신계륜 등
평민당 창당
이해찬, 임채정, 설훈, 장영달 등
13대 대선(1987. 12. 16)
한겨레민주당 창당
김부겸, 원혜영, 이정우, 제정구 등
13대 국회의원
통일민주당: 김덕룡
13대 총선(1988. 4. 26)
13대 국회의원
평민당: 노무현, 김광일, 강신옥, 이상수
1989
3당 합당
김영춘, 이성헌 등
민중당 창당
장기표, 임해규, 이재오
1990
통합민주당 창당과정
신계륜, 이호웅 등
1991
14대 국회의원
민주자유당: 손학규, 이명박
14대 총선(1992. 3. 24)
14대 대선(1992. 12. 18)
14대 국회의원
민주당: 박계동, 이부영
15대 국회의원
민주자유당: 김문수
신한국당: 안상수, 이재오
자민련: 김영춘
개혁신당 사무총장 서경석
1994
새정치국민회의 창당
김근태, 김영환, 김희선, 심재권 등
1995
15대 총선(1996. 4. 11)
신한국당/민주당 합당
이부영, 서상섭, 안영근, 김부겸 등
15대 대선(1997.12.18)
15대 국회의원
새정치국민회의: 김민석, 정동영
국민승리21 창당
권영길, 노회찬, 이창복 등
1998
새천년민주당 창당
이창복, 송영길, 임종석, 김태홍 등
1999
16대 국회의원
한나라당: 원희룡, 심재철
16대 총선(2000. 4. 13)
16대 국회의원
새천년민주당: 한명숙, 송영길 외
개혁국민정당: 유시민(보궐), 김영주
2001
16대 대선(2002.12.19)
대통령 비서실 민정수석 문재인
17대 국회의원
민주당: 안희정, 이목희
대통합민주당: 강기정, 우상호, 정봉주, 정청래 외
민주노동당: 강기갑, 단병호, 이영순, 현애자
2003
17대 국회의원
한나라당: 고진화, 배일도, 이재웅
17대 총선(2004. 4.15)
2005
2006
희망사회당 당대표 금 민
17대 대선(2007.12.19)
진보신당 창당
노회찬, 심상정 공동대표
18대 국회의원
한나라당: 강명순, 신지호, 정태근
18대 총선(2008. 4. 9)
18대 국회의원
통합민주당: 임두성
2009
진보신당 당대표 홍세화
2010
2011
19대 국회의원
새누리당: 김상민, 김정록, 이자스민, 최봉홍, 하태경
19대 총선(2012. 4.11)
19대 국회의원
민주통합당: 윤관석, 남윤인순, 김기식, 송호창
통합진보당: 김재연, 이상규, 박원석, 김제남, 윤금순, 정진우

운동 내부의 민족주의세력이 이른바 민중진영의 다수파로 존재하고 있으며,[76] 이는 97년까지 개혁자유주의(특히 자유주의 좌파정당)에 대한 '비판적지지'의 입장을 취하고 있었으나, 이후 1999년에는 민주노동당 건설에서부터 독자적 정치세력화로 선회하였다. 이는 투 트랙 상에서 민주주의 블록 내부의 동맹관계에 변화가 나타나는 것을 의미한다. 2000년 6·15남북정상회담은 자유주의 좌파 집권세력이 운동의 민족주의적 지향을 수용하여 남북대결주의를 남북평화공존주의로 전환한 것이고, 남북평화공존주의를 중심으로 하여 일부 온건보수까지 포괄하는 연대관계를 헤게모니적으로 형성했다고 할 수 있다.

사회경제적 급진주의의 흐름은 PD적 흐름을 포함하는 다양한 반자본주의적, 사회주의적 흐름까지를 포괄한다. 반독재민주정부까지 사회경제적 급진주의는 개혁자유주의와 동맹관계에 있었다고 할 수 있다. 민주주의 헤게모니 블록 속에서 말이다. 그러나 97년 이후 자유주의 좌파 집권세력이 신자유주의적 정책기조를 수용하면서 대립관계에 돌입하게 되며, 이는 노무현정부 붕괴의 한 요인이 되었다. 특히 신

76 건설국민승리21(建設國民勝利21)은 1997년에 창당된 대한민국의 진보정당으로, 약칭은 국민승리21이다. 1996년 노동법 날치기 사건을 겪은 뒤 자극받은 노동운동계가 1997년 대한민국 대통령 선거에서 진보 진영의 대통령 후보를 추대하기 위해 전국민주노동조합총연맹에서 창당을 주도하였다. 이후 1997년 9월 7일에 당시 민주노총 위원장이던 권영길을 대통령 후보로 추대했는데, 그는 '일어나라 코리아'라는 구호 아래 '기성정치세력을 물리치고 참된 개혁과 진보의 정치를 펴자'라는 말로 대선에 뛰어들었으며, 투표 결과 306,026표를 획득하여 1.2%의 득표율을 기록하였다. 1998년에 실시된 대한민국 제2회 지방 선거 때에는 노동계와 연대하면서 무소속 후보로 출마했으며, 울산광역시에서 2명의 기초단체장을 당선시키는 데에 기여했다. 이후 정당보다는 시민단체 성격의 활동을 이어오다가 1999년 11월 15일 정당 해산 신청을 하고 민주노동당 창당준비위원회로 전환하였다.

자유주의적 정책기조의 모순이 표면화되는 노무현정부 하에서 사회경제적 급진주의세력은 자유주의좌파세력과 더욱 갈등적 관계에 놓였다고 분석할 수 있다.

이 시기에 국민정치 공간은 진보정치세력에게 개방되지 못하였다. 국민정치 공간에서 민주주의 블록의 대표성은 반독재중도자유주의정당이 배타적으로 가지고 있는 셈이었다. 이런 속에서, 87년 이후 진보정치세력화의 시도는 주지하다시피, 1987년 민중후보, 1988년 민중의 당, 1992년 민중당, 1992년 민중후보, 96년 국민승리 21, 1997년 진보후보 출마 등의 일련의 형태로 이루어졌다. 이 시기에 진보운동 내부에서의 다수파적 입장은 반독재중도자유주의정당에 대한 '비판적 지지' 전략을 선택하였고 소수파적 입장은 독자출마의 전략을 선택하였다. '합법정당건설론 대 시기상조론' 같은 논쟁이 이러한 구도를 잘 보여준다. 이 시기의 대중적 기반은 진보정당의 국민정치 공간에의 진입을 허용할 정도로 강력하지 못하였다고 생각된다.

국민정치 공간에의 진보정치가 독자적으로 진입하게 된 것은 반독재민주정부 시기였다. 이른바 '97년체제'의 등장에 따라, 반독재민주정부 시대가 열리고 또 그 민주정부에 의해 신자유주의적 개방화전략이 본격적으로 추진되었다. 이전 시기가 진보정치세력화의 '준비기'에 해당한다면, 반독재민주정부 시기는 국민정치 공간에의 진입기에 해당한다. 이로써 민주노동당(민노당)이 원내정당으로 변화하고 국민정치 공간에서 반독재중도자유주의 세력과 일정하게 경쟁하게 되었다(조현연, 2009). 민노당의 출범은, 진보운동의 다수파적 입장이 반독재중도자유주의정당에 대한 '비판적 지지'의 입장으로부터 독자적인 진보정당노선으로 전환되고 그것이 현실화되었다는 것을 의미한다. 이런 상황 변화는, 국민정치공간에서의 민주주의 블록의 대표성을 중도자유주의 세력이 배타적으로 가지고 있던 시기에서, 민주주의 블록 내부의 '경쟁적 각축'이 존재하게 된 것을 의미한다. 물론 진보정당이 '주변적으로' 정립된 것이기는 하지만, 진보정치의 역사에서 2004년 총선은 하나의 전환점을 이룬는 것이었다. 2004년 4월 총선에서 민주노동당이 10석(창원 을과 울산 북구에서의 지역구 2석, 비례대표 8석)을 획득하면서, 원내 제3당으로 부상하였다. 탄핵이라고 하는 보수적 정치세력들의 '전략적 오류'와 그에 반대하는 대중정치의 역동성에 크게 기인하는 것이기는 하지만, 2004년 총선에서 진보정치세력이 국민정치적 공간에 진입하는 것과 동시에, 반독재적 중도개혁자유주의정당이 다수당으로 변화하는 등, '보수의 의회 독점'이 균열되는 상황이 나타나게 되었다. 국민정치 공간에서 중도자유주의정당이 보수정당과 '경쟁적' 관계에 돌입함과 동시에, 민주주의 블록 내부에서의 '정치적 경쟁'관계가 반독재자유주의정당과 진보정당 간에 출현하게 된 셈이다. 이것은 국민정치와 진보정치의 관계가 기본적으로 변화하였음을 보여준다. 이와 같이 보수의 의회 독점이 균열되고, 진보정치세력의 의회진입과 중도자유주의 세력의 다수당화가 동시에 출현했다는 것은 흥미로운 사실이다.

이후 민주노동당은 2008년까지 다수파와 소수파가 민노당 내부에서 공존하면서 반독재중도자유주의정당과의 '경쟁전략'을 채택하였다. 2000년 총선에서의 민노당, 2002년 대선에서 권영길 진보후보의 재출마, 2004년 민노당이 10석으로 의회 진입, 2007년 대선에서의 권영길 후보 출마, 2008년 총선에 이르기까지 이러한 전략은 지배적으로 관철되었다. 이 시기에 소수파와 다수파의 갈등이 존재하고 있었고, 그것은 '당내 갈등'으로 전개되었다. 반독재민주정부 시기에 진보정치의 대중적 기반이 점진적으로 확대되는 추세에 있었다고 할 수 있으나, 그 안엔 물론 여전히 취약성이 있다.

4. 제도정치 감시운동의 전개

대체정당운동이 기존의 보수정당 및 새롭게 제도정치에 복귀한 반독재개혁자유주의정당과 경쟁하는 대체정당을 만들고자 하는 운동이었다고 한다면, 운동정치는 이와 달리—물론 결합되면서—제도정치 일반을 감시하고 개혁하고자하는 압력운동을 전개하였다. 이는 제도정치 외부에서 제도정치의 합리화와 민주화를 위한 압박운동이라고 할 수 있다.

시민정치와 민중정치에 의한 이러한 외부로부터의 감시운동은, 민주적 전환 이후 제도정치의 '선택적 포섭'의 기제가 작동하고 그를 통해서 제도정치의 재구조화를 위한 혁신이 진행되고 있는 상황을 전제했다. 이 운동은 이런 조건에서 출현한 '정치의 사회화'를 위한 노력의 한 형태라고 할 수 있다. 이것은 물론 제도정치의 경계를 문제삼는 운동이기도 하다. 기성정치의 혁신이 진행되고 있는 상황에서 이를 더욱 가속화하고 촉진하기 위한 '정치의 사회화'의 행위라고 할 수 있다.

주지하다시피 87년 이후 민주화가 본격화되면서, 과거의 독재 시대의 국가와 정치의 민주화를 위한 개혁이 진행되게 된다. 이러한 정치와 국가 민주화는 다양한 방식으로 진행되지만, 그 중요한 내용은 과거 반독재민주화운동의 요구와 인물들을 포섭하는 방식으로 진행되게 된다. 이는 긍정적인 요소가 있었다. 왜냐하면 이 과정에서 반독재민주화운동이 요구하였던 이슈들-악법개폐, 재벌개혁, 정치개혁 등-이 제도정치권의 핵심적인 의제로 수용되었기 때문이다. 곧 '선택적 포섭'의 동학이 작동하게 된다. 물론 이는 반독재민주화운동으로 민주주의 혹은 민주개혁이 시대정신이 되었기 때문이었다. 즉 정치의 국가화가 금단이나 배제의 방식으로 이루어질 수 없게 되는 상황, 정치와 사회(변화해가는 사회)의 괴리가 극단화되어, 정치 자체의 위기가 출현하는 상황에서, 정치의 재구조화가 나타난 것이다.

여기서 '정치의 사회화'를 지향하는 사회활동들은 한편에서는 제도정치에 진입하는 시도로, 다른 한편에서는 선택적 포섭으로 형성되고 있는 제도정치의 재구조화를 감시하는 활동으로 분화한다. 후자가 표현된 것이 시민운동이나 민중운동에 의한 정치개혁운동이나 2000년 낙선운동과 같은 운동이었다.

선택적 포섭의 동학은 위기의 구 제도정치가 새로운 제도정치로 재구조화되는 과정에서 출현한다. 이 때문에 제도정치의 가변성이 더욱 극명하게 드러나게 된다. 정치의 영역이 무엇이고 무엇이 비정치적인 사회영역인가가 사회구성원들의 태도와 저항에 의해서 변화하게 된다. 이 과정에서는 정치와 사회의 괴리를 축소하기 위한 정치의 개혁과정이 진행되는데, 이때 기존의 제도정치에 의해서 반영되지 않았던 다양한 사회적 요구와 목소리들이 분출하게 된다. 이것이 불안정성과 역동성을 잉태한다. 여기서 금단의 대상이 된, 배제의 대상이 된 사회적 요구와 목소리를 반영하기 위한 다양한 시도들이 나타나게 된다. 시민운동의 여러 가지 개혁활동을 예로 들 수 있다. 시민운동은 정치개혁의 병목지점에서 사회적 정치가 제도정치를 '대행'하는, 일종의 '대의의 대행'이었다. 선택적 포섭의 정치에 대응하여, '대의의 대행'이 나타나게 된 것이다. 대의정치의 불구화란 상황에서 시민사회, 사회가 바로 준정당적 기구를 수행하는 독특한 상황이다. 이러한 대의의 대행이라는 의미에서 이를 70·80년대의 재야운동과 동일한 '경계정치'의 한 범주로 파악할 수 있다. 제도정치의 경계를 상대화시키면서, 제도정치가 수행하지 못하는 역할을 오히려 운동정치가 담당하는 것이기 때문이다. 형식상으로는 제도정치 외부의 운동정치이지만, 내용적으론 사실상의 제도정치 대행적 활동인 것이다. 이런 점에서 경계정치라고 표현할 수 있다.[77]

1) 정치체제 개혁운동과 낙선운동

제도정치의 지체성에 대응하는 정치개혁시민운동은 주로 외부적 감시운동의 형태로 전개되어 왔다. 먼저 '의정감시운동'을 살펴보자. YMCA 등을 중심으로 하여 의정감시운동, 조례제정운동 등으로 시작된 의정감시운동은 94년 9월 참여연대가 출범하면서 의정감시센터 형

77 내 관점에서 보면, 시민운동, 특별히 종합적 시민운동의 급부상은 정치의 불구화 혹은 지체성의 이면이다. 즉 제도정치의 대의성(代議性)의 왜곡성이 대의기능을 '대행'(代行)하는 '종합적 시민운동'의 역할을 부각시켰다는 점이다.

태로 조직화되었으며, 정치개혁시민연대 등 여러 시민단체를 중심으로 국회감시운동, 지방자치단체 수준에서의 의정감시운동 등으로 확대되어 갔다. 이러한 외부적인 감시운동과는 별개로, 96년 총선에서는 지역주의 타파라는 명목으로, 일부 시민운동 인사들이 제도정치권의 일부 개혁정치그룹과 연합하여 집단적인 정치세력화를 시도했으나 성공하지 못하였다.

국회감시운동은 1999년 정기국회 시 국정감사를 모니터하는 운동으로 더욱 발전하였는데, 이는 상임위원회에 대한 참여 감시를 통하여 의정활동에 대한 압박을 시도하는 운동이었다. 그러나 이는 국감방청 불허 등 국회의원들의 격렬한 저항에 부딪혀 소기의 성과를 내지 못하였다. 의정감시형태의 정치개혁운동의 정점에 2000년 총선시민연대의 낙천낙선운동이 있다. 여타의 감시활동들은 기본적으로 제도정치의 외부에서 '압력'을 가하는 운동의 성격을 띠고 있으나, 낙선운동은 정당정치의 '내적' 과정 자체에 개입하여 정당의 활동을 특정한 방향으로 유도하고 제약하는 속성을 띠고 있었다. 그런 의미에서 대의기능 자체를 대행하는 운동이었다고 할 수 있다.

낙선운동은 독재 시대의 재야운동과 같이 '대의의 대행'의 대표적인 사례라고 할 수 있다. 그렇다면 낙선운동의 전개과정에 대해 구체적으로 살펴보기로 하자.[78]

87년 6월 민주항쟁 이후 제도정치적 공간이 확장되면서, 새롭게 출현한 시민운동은 이러한 제도정치 자체의 개혁을 강제하는 활동을 해왔

78 여기서의 논의는 조희연(2004a)를 기초로 함.

다. 앞서 재야운동에서 설명한 바와 같이 87년 6월 민주항쟁 이전의 운동은, 제도정치의 존재론적 긍정 위에서 이를 민주화를 지향하는 운동과, 제도정치 자체의 혁명적 극복을 지향하는 운동의 성격이 공존하고 있었다. 그러나 87년 6월 민주항쟁 이후 '위로부터의 보수적 민주화'가 지배적이 되면서 후자는 주변화되었고, 이제 제도정치 자체의 존재론적 긍정 위에서–제도정치에 진입하거나 복귀하는 운동보다는–이를 감시하고 개혁하고자 하는 운동을 전개하게 된다. 이는 '정치의 사회화'의 급진적 흐름이 주변화되고 온건한 흐름이 지배적인 되는 것을 의미한다.

한국의 신사회운동은 서구에서의 신사회운동적 성격과 동시에 구독재체제의 민주적 개혁을 지향하는 구사회운동적 성격을 동시에 지니고 있다. '구'사회운동이라고 하는 것은 정치적 민주주의의 확충과 대의민주주의의 실질화와 같은 서구 근대 대의민주주의의 강화라고 하는 지향을 가지고 있기 때문이다. 그러나 신사회운동이라는 측면에서 보게 되면, 근대 대의민주주의 자체의 한계를 넘어서고자 하는 성격도 지니고 있다. 서구에서 그렇듯, 신사회운동은 근대 대의민주주의 프레임에서 '비정치'로 간주되었던 것들을 정치의 영역으로 끌어들이는 역할을 하였다. 바꾸어서 말한다면 근대대의민주주의 정치 자체의 확장이라는 성격을 지니고 있다. 낙선운동을 포함한 시민운동이 나는 서구적 맥락에서의 구 사회운동적 성격과 신사회운동적 성격을 동시에 지니고 있다고 생각한다(조희연, 2004a.: 조희연 · 김동춘 외, 2000).

낙선운동에는 '대의'민주주의의 실질화라는 성격도 있지만, 대의민주주의에서의 제도정치 자체를 사회적 요구가 반영되어야 하는 가변적이고 구성적 현실로 인식한다는 성격도 있다. 우리 사회에서는 낙선운동을 통해서 시민사회운동이 정부나 기업과 더불어 이른바 '제3섹터'로서의 위상을 가지게 된 셈이다. 낙선운동은 정치라는 것이 제도정치로만 한정될 수 없는 것이며, 제도정치는 사회적 정치를 반영해야 하는 '종속변수'적인 성격도 동시에 지니고 있음을 확인시켜 준 운동이었다고 할 수 있다. 그런 점에서 낙선운동에서 표현된 비정치의 정치는 한편에서는 독재 하에서 배제적 기제로 인하여 왜곡되고 민주화 이후 선택적 포섭과정에도 불구하고 불완전한 대의민주주의의 불완전성 보완운동으로서뿐만이 아니라, 그것을 뛰어넘어 대의민주주의 자체를 상대화하고 대의민주주의를 정치와 사회의 관계 속에서 재위치하고자 하는 운동으로서의 성격도 지니고 있었다.

낙천낙선운동은 기존의 정치개혁 압박운동, 외부에서의 제도정치의 감시운동을 뛰어넘어, 민주적 공천과 부패무능정치인의 퇴출을 목표로 한 직접적인 정치개혁압박운동이다. 낙선운동을 조직적으로 추동하기 위하여 참여연대, 환경운동연합, 여성단체연합 등 주요한 단체들을 중심으로 총선시민연대가 구성되었고 이 조직에는 1,000여 개에 이르는 전국의 시민·사회단체가 결합하였다. 총선 시민연대의 낙천낙선운동은 점차 지역과 부문으로 확대되어 갔다. 종교계, 학계, 보건의료계 등 각 부문운동 별로 총선시민연대가 조직되기도 하였다.

낙선운동으로 통칭되는 이러한 경계정치는 두 단계로 전개되었다. 첫째 단계는 시민사회단체들이 만든 부패인사 리스트에 포함된 인사들을 제도정당들이 자신들의 공천과정에서 공천하지 못하도록 하는 '낙천(落薦)운동'이었으며 둘째 단계는 제도정당의 공천을 획득하여 입후보한 정치인들 중에서 부패인사 리스트에 포함된 인사들을 당선되지 못하도록 하는 '낙선(落選)운동'이었다.

총선시민연대는 부패에 연루된 국회의원들에 대한 각종 정보–재판 기록, 이를 보도한 신문기사 등–를 종합하여 부패정치인들의 명부인 '블랙리스트(blacklist)'를 만들었고 이를 낙천운동과 낙선운동의 자료로 활용하였다. 낙천낙선운동의 대상이 되는 부패정치인을 선발하는 기준들로서는, 부패행위, 선거법 위반, 헌정 파괴·반인권 전력, 지역감정 선동행위, 의정활동의 성실성, 개혁 법안 및 정책에 대한 태도, 기타 선관위에 등록토록 되어 있는 기초사항의 진위(재산등록/병역사항/납세실적/전과기록 등) 등이었다.[79]

처음 총선시민연대가 발표한 공천반대자는 102명이었는데, 이 중 총 64명이 공천되었다. 여기에 추가로 입후보한 부패정치인들을 망라하여, 2000년 4월 3일 총 86명의 명단을 낙선명단으로 발표하였다.

낙선운동기간에도 다양한 캠페인 전략이 동원되었다. 전국을 몇 개의 권역으로 나누어 지역별총선시민연대가 지역별 캠페인을 전개하였고, 중앙 총선시민연대 지도부는 전략지역을 중심으로 낙선운동을 하였다. 지역감정 극복 캠페인, 낙선운동을 지지하며 개혁적 투표를 하기로 약속하는 유권자 서약운동(227개 선거구 별로 10,000명의 서명을 모은다는 취지에서 유권자 약속 227만 명 모으기 운동으로 전개되었다), 전국 버스 투어(2000. 3. 20~26), 22개 전략지역을 중심으로 하는 집중낙선

79 당시에는 낙천낙선 명단을 발표하는 것이 선거법 상(특별히 선거법 87조) 불법이 되어 있었기 때문에, 캠페인 기간 동안 선거법 개정운동도 동시에 전개되었다. 낙천운동의 단계에서는 다양한 캠페인 전략이 동원되었다. 낙천낙선명단 기자회견, 각 정당 항의 방문 및 농성, 공천규탄 전국 집회, 공천 철회를 위한 서명운동, 공천철회 공익소송 등을 예로 들 수 있다.

운동, 대학생 및 청년유권자 투표 참여운동, 미국의 반전 페스티벌이었던 우드스탁과 유사한 정치문화행사로서의 '레드 2000' 페스티벌 개최 등이 시도되었다.

80년대 후반부터 활발한 활동을 벌여왔던 900여 개의 자생적인 지역적 시민사회운동단체들이 선거국면에서 선거혁명과 정치개혁이라는 단일사안을 중심으로 전국적 연대망을 형성하고 이 연대망을 중심으로 전국적인 수준에서의 활동을 추진하는 상황은 한국사에서 획기적인 사건이었다. 이 운동은 부패정치인을 반대하는 '부정적' 캠페인이었기 때문에 적극적으로 대안적인 정치세력을 형성하는 운동으로서의 한계는 있었지만, 부패와 결합된 제도정치를 정화하는 획기적인 계기를 제공하였다고 평가되었다. 이는 낙천낙선운동 기부금 액수로도 알 수 있는데, 5,667명의 후원자로부터 총 3억 5천만 원이 모금되었다.

총선시민연대의 성공은 선거결과에서도 여실히 드러났다. 한국보수정당의 지역적 근거지인 영남지역에서의 결과는 성공적이지 못하였지만, 기타 전국적 지역에서 낙선운동은 예상 밖으로 국민들의 지지를 받으면서, 유력한 낙선대상자들을 대거 낙선시키는 효과를 거두었다. 〈표〉에서 보는 바와 같이, 전국의 낙선율이 70%에 이르고 있으며, 지역주의가 상대적으로 적게 작용하는 수도권만을 놓고 보면 95%의 낙선율을 기록하고 있다. 특별히 총선시민연대가 전략적 지역으로 선정한 수도권지역에서는 압도적인 우위를 보이던 후보들이 낙선하는 등 크나큰 영향력을 발휘하였다.[80]

---

80 낙선운동과 관련해서, 호남권과 수도권에서는 의미 있는 영향력을 가졌으나, 영남권에

낙선대상자 수 및 낙선율

	낙선대상자 수(명)	실제 낙선자 수(명)	낙선율(%)
전국	86	59	68.6
수도권	20	19	95.0
전략지역(22개)	22	15	68.2
수도권 집중낙선지역	7	7	100.0

(1) 낙천낙선운동의 효과

낙천낙선운동으로 여러 가지의 직간접적 효과가 있었다. 먼저 '정치의 국가화'와 '정치의 사회화'라는 상반되는 압력 속에 존재하는 제도정치가 '사회'의 압력을 재발견하는 기회를 제공하였다. 제도정치권이 부패할 경우 시민사회로부터 '응징'당할 수 있다고 하는 선례를 만들었으며, 제도정당의 공천과정이 주로 밀실에서 카리스마적 지도자의 의중에 따라 이루어지던 상태에서 여론의 향방을 의식하면서-즉 사회의 요구를 반영하도록-이루어지도록 하는 효과를 발휘하였다. 개별 정당들에게는 밀실공천, 뇌물이 오가는 부패한 공천 등을 개혁할 수 있는 계기를 제공하였다. 또한 선거와 연관된 각종 국가기구들-선거관리위원회 등-이 전향적으로 각종 개혁조치를 취할 수 있는 계기를 마련하였다.

또한 낙선운동은 의회 및 제도정당, 시민사회의 자체적 변화와 상호 관계구조의 변화를 촉진하였다. 국가, 정당, 기업들에 대항하여 시

서는 의미있는 영향력을 발휘하지 못하였고 부분적으로는 역효과가 있었다는 분석도 제출되었다(안문석 · 황민섭, 2002).

민사회, NGO, 사회운동의 영향력을 획기적으로 제고하는 효과를 가져왔다. 낙천낙선운동은 '정치의 사회화'를 위한 온건한 흐름이라고 할 수 있기 때문에, 제도정치 자체의 구조적 변화를 촉발하지는 못하였다. 하지만, 제도정치 자체의 합리화와 민주화를 촉진함으로써 정치와 사회의 괴리를 축소하는 계기로 작용하였다. 그리고 낙선운동을 계기로 민중들의 자부심과 능동성이 회복됨으로써, 이후 다양한 시민사회의 능동적인 개혁운동이 전개되는 계기를 마련하게 된다.

시민사회운동단체들의 대(對)제도정치적 위상도 강화되었다. 시민사회운동의 국민적 위상이 강화됨으로써, 시민사회단체의 정치적·사회적 영향력이 증대되는 결과가 나온 것이다. 4·13 총선 이후 강화된 시민사회운동단체들의 위상 때문에, 시민사회운동단체들이 전국적 수준에서나 지역적 수준에서 중요한 정치적·사회적 행위자로 인정받게 되었다.

제도정치 내에서도 자정적 잠재혁과 개혁 잠재혁이 현재화되는 계기를 제공하였다. 그 예로 제도정치 내의 중요한 행위자들이 탈(脫)지역주의적·반(反)부패적 방식으로 행위할 수 있는 잠재력이 확산되는 계기가 된 것이다. 나아가 시민사회의 위상이 강화되면서, 시민사회의 요구에 대한 제도정치의 감수성과 개방성이 이전에 비해 증대되었다. 시민사회, 특별히 시민사회단체의 각종 요구에 대해서, 이전에는 제도정치권이 배타적인 태도가 중심이었다. 그런데 일정한 변화가 나타난 것이다.

그러나 비판도 많았다. 낙천낙선운동은 제도정당의 계급적 한계나 그 정치적 성격을 문제시하기보다는 부패한 정치인 개인들을 쟁점화하는 운동이었다. 이는 역설적으로는 제도정치의 '존재론적 긍정' 혹은 정당화하는 효과를 가질 수 있다는 것이 비판의 중심이었다. 이는 낙선운동이 제도정치의 투명성과 민주성을 제고시키고자 하는, 제도정치 '지향'의 정치의 사회화 운동이었음을 의미한다. 또한 낙선운동의 효과를 어떤 정당이 '전유'하는가는 열린 문제였다. 나아가 부패한 정치인 개인들을 타겟으로 삼음으로써 당시의 정책적·이념적 쟁점들—예컨대 '신자유주의'라던가 기성정당의 반노동자적 성격 등—들을 주변화시키는 효과를 가지고 있었다는 비판이 전개되었다. 부패가 사회경제적인 쟁점을 대체하는 효과가 발생했다는 것이다.

이 점은 바로 낙선운동이 재야운동과 같이 양면적인 성격을 보유하고 있었음을 말해 준다. 즉 한편에서는 제도정치 자체를 긍정하는 효과가 있고, 다른 한편에서는 급진적인 방식은 아니지만 제도정치의 경계를 상대화하면서 그것을 재구성하는 운동, 곧 제도정치 자체의 사회화를 지향하는 운동으로서의 성격이 있었다.

(2) 재야운동과 낙선운동의 비교적 성격

'대의의 대행'을 담당하는 장외(場外)정치의 두 가지 예인 재야운동과 낙선운동을 정치와 사회의 관계라는 면에서 비교하는 것은 흥미롭다.

먼저 재야운동은 배제의 정치에 대응하는 경계정치이며, 낙선운동은 '선택적 포섭'의 정치에 대응하는 경계정치이다. 두 형태 모두 기존의 제도정치의 경계를 허물면서 그것을 뛰어넘어 정치를 확장하는

'비정치의 정치'의 성격을 가지고 있다. 경계정치는 기성 제도정치가 획정해 놓은 경계를 뛰어넘어 그 경계 위에 존재하는 정치를 의미한다. 재야운동은 권위주의적 국가가 설정한 정치의 경계의 외부에서 그 경계를 상대화시키는 장외정치를 행하는 것이다. 낙선운동 역시 경계 자체를 상대화시키면서 그 경계 내에 존재하는 정치의 '질'을 사회적 요구에 따라 개혁하려는 장외정치였다고 할 수 있다.

다음으로 재야운동과 낙선운동은 근대 대의민주주의의 형식성을 뛰어넘어 민의 자기통치를 실현하고자 하는 온건 타협적 흐름의 사례들이라고 할 수 있다. 즉 이러한 운동은 근대대의민주주의를 전제로 하면서, 그 대의성이 갖는 한계를 뛰어넘어 실질적인 참여를 강화하고자 한다. 또한 제도정치를 근본적으로 혁파하거나 재구조화하기보다는 제도정치 자체의 혁신과 개혁을 지향하는 운동이라고 할 수 있다.

셋째, 재야운동과 낙선운동은 제도정치의 상대성과 불완전성을 전제한다. 정치는 사회적으로 재구성되는 것이라는 전제 위에서 볼 때, 제도정치는 사회를 완전히 반영할 수 없고 또한 사회와 일체화될 수 없다. 곧 정치와 사회의 괴리가 상존하게 된다. 더구나 제도정치가 독재에 의해서 국가화되는 경우 이러한 정치와 사회의 괴리는 더욱 커지게 된다. 독재 하에서는 정치와 사회의 괴리라고 하는 보편적인 문제가 더욱 특수한 형태로 투명하게 드러난다. 재야운동과 낙선운동의 존재 자체가 제도정치를 상대화할 수 있는 인식의 근거가 된다. 재야는 그 자체로 독자적인 정치세력으로 성립하였는가하는 점에 관계없이 또한 낙선운동은 그것이 얼마나 성공적이었는가에 관계없이 그 존재 자체로 제도권 정치의 불완전성과 상대화를 보여주는 것이다(박종성, 1997: 124).

2) 경제체계의 민주화를 위한 운동의 전개

정치행정체계의 민주화를 지향하는 정치개혁 운동만 존재했던 것은 아니다. 경제민주화운동도 존재하였다. 경제민주화운동은 독재체제하에서 왜곡화된 경제체제의 개혁을 지향하는 운동이었다. 경실련은 80년대 후반~90년대 초반 경제민주화운동에서도 그 의제와 활동면에서 주도적인 역할을 하였다.[81] 경실련이 쟁점화한 경제개혁 이슈에는 다음과 같은 것들이 있다. 토지공개념의 도입을 통한 부동산 투기 억제, 공공영구임대주택 공급 확대, 1가구 다주택과 중대형주택 보유자에 대한 보유과세 강화, 조세감면규제법 폐지, 공공용지 불하 중단, 종합토지세의 과표의 공시지가로 현실화, 모든 비과세 및 감면조처의 철폐를 통한 세제개혁, 금융실명제 조속 실시, 한국은행 독립성 보장, 명실상부한 금리자율화 실시, 재벌개혁과 관련하여 재벌가문 주식의 매각 유도, 총액출자제한제도의 강화, 그룹집중 경영체제의 폐지, 은행법상 동일인의 소유한도 축소, 재벌에 대한 여신규제 강화, 증여·상속세제 강화 등이 그 예이다.

이러한 여러 의제들 중, 토지공개념, 한국은행독립, 금융실명제 등은 경제체계의 민주화를 위한 대중적 이슈가 되었고 정책적으로 실

81 경실련의 경제개혁운동에 대해서는 경실련 창립 기념 자료집 각 호(1990~2002년); 이 책의 경제개혁운동 논문(위평량 집필) 참조. 경제개혁 의제에 대해서는 경실련정책위원회(2000) 참조.

현되기도 하였다. 예컨대 80년대 후반 토지 및 주택가격이 급등함에 따라 경실련은 토지공개념 개념을 기반으로 하는 정책들을 통해서 서민생활을 위협하는 한국경제의 왜곡성을 바로잡고자 하였다. 토지공개념과 관련된 정책은 가격상승을 기대하고 토지를 유휴지상태로 두는 것을 막기 위한 토지초과이득세, 개인이나 법인이 서울과 6대 광역도시에서 보유할 수 있는 택지의 상한을 개인 2백 평, 법인 금지로 묶고자 했던 택시소유상한제, 토지개발과정에서 생기는 개발이익을 최소화해 부동산 선호심리를 막고자 했던 개발이익 환수제 등이었다. 이러한 정책들은 국민적 지지를 받으면서 경제개혁의 대안으로 인식되고 추진되었다.

캠페인의 결과, 노태우정부에서 100만 호 건설과 같은 위로부터의 공급 확장 정책을 추진하였다. 또한 토지공개념을 부분적으로 수용하는 정책들도 시행되었다. 이후 문민정부에서는 토지공개념의 정책적 사안들을 대거 정책사안으로 흡수하였으며, 경실련의 경제개혁운동의 최대의 상징적 이슈였던 금융실명제가 92년 8월부터 전격적으로 실시되었다. 나아가 한국은행의 독립 문제는 독재정권 하에서의 관치주의를 극복하는 가장 핵심적인 정책으로 인식되고 추진되었다.

IMF 이후 한국경제는 구조조정의 대격동에 돌입한다. 많은 대기업과 중소기업들이 부도처리되면서 산업, 금융, 공공, 노동 등 각종 영역에서의 구조개혁이 핵심적인 의제로 부상한다. 50년 만의 야당정부의 수립이라고 하는 정치적 조건, IMF사태라고 하는 긴급한 경제적 조건에 부응하면서 시민운동은 다양한 경제개혁운동을 전개하게 된다. 이 시기에 참여연대는 경제개혁센터를 중심으로 소액주주운동을 방법론으로 하여[82] 새로운 재벌개혁운동을 전개한다. 참여연대는 소액주주의 입장을 전제로 재벌의 투명하지 못한 경영, 각종 비리, 독단, 불법성 등을 쟁점화하였다. 참여연대는 주주총회에 참여하여 공방을 하거나 주주대표 소송을 하는 등의 방법을 통하여 부실경영과 황제경영, 비리경영을 구체적으로 응징하기 위한 노력들을 행하였다. 부실경영 법적 책임추궁의 한 대표적인 사례로서 제일은행 상대 소액주주운동을 전개하였으며, 삼성에 대항해서는 변칙증여를 쟁점화하고 그 일부로서 전환사채발행무효소송을 제기하였다. 1999년에는 '5대 재벌대상 소액주주운동'과 '기업지배구조개선' 운동을 시작하였다. 참여연대는 99년 1월 삼성전자, SK텔레콤, ㈜대우, 현대중공업 등 4개 기업 주주총회에 참석하여 사회적 쟁점화를 시도하였다. 나아가 2000년에는 증권관련 집단소송제도를 도입하는 위한 입법운동을 전개하였으며, 삼성일사의 편법적 증여 및 경영권 승계에 항의하기 위한 운동을 전개하였다. 그 외에도 현대투신의 불법자금운용 적발, 송자장관 사례를 통한 사외이사 실권주취득의 문제의 쟁점화, 집중투표제 의무화와 증권집단소송제 도입 입법운동 및 정책모니터 활동을 전개하였다.

---

82 참여연대의 소액주주운동이 시작되기 이전부터 법적으로 '소수주주권'은 상법상에 존재해 왔고, 이를 이용한 법적 대응행위들이 있어 왔다. 그러나 1997년 4월 증권거래법 개정 이후 소액주주의 법적 권리를 무기로 재벌개혁과 경제개혁을 추동할 수 있는 가능성이 생기게 되었다. 예컨대 주주총회에 참석하여 질의, 의결권 행사, 위임장 경쟁, 이사, 감사에 대한 대표소송제기, 해임청구권 행사, 1% 지분 확보 시 경영권에 대한 견제, 장부열람권, 주주총회소집요구권, 소액주주를 대표하는 사외이사 선임 등 법적으로 보장된 권리를 '방법론'으로 하여 재벌개혁을 촉구하는 운동으로 전개되었다 (참여연대의 경제개혁운동에 대한 자세한 내용은 조희연·홍일표·김정훈(2003)을 참조).

김대중정부 이후, 경제개혁운동의 하나로 납세자운동이 부상했다. 납세자운동 같은 경우, 예산감시운동, 정보공개운동, 조세개혁운동 등이 복합되어 있다. 초기 납세자운동의 형성과 추진에서 1998년 경실련 예산감시위원회의 활동이 중요하였다. 이 위원회는 '조세의 날'을 '납세자의 날'로 재규정하면서 다양한 예산감시운동을 전개하였다. 경실련은 또한 99년 조세정의실현시민운동본부를 출범시키면서 조세정의를 새롭게 개혁의제화하기 위해 다양한 캠페인을 전개하기 시작하였다. 금융소득 종합 과세 등은 이전에 제시되었는데, 김대중정부 하에서 새롭게 국민적 의제로 부각되게 된다. 1998년에는 참여연대 정보공개사업단의 정보공개청구운동이 있었고 납세자 운동본부(후에 조세개혁센터로 통합됨)가 설치되었으며, 1999년에는 한국납세자연합회와 함께하는 시민행동이 있었다. 이 바탕 위에서 1999년 10월에는 문화, 환경, 여성 등 부문단체들과 지역의 풀뿌리 시민단체 등 28개 단체로 예산감시 네트워크를 결성하였다. 납세자운동의 대표적인 사업으로서 주목을 받았던 것은, 함께하는 시민행동의 '밑빠진 독상' 수여, 참여연대의 판공비 공개운동, 경실련의 공공사업비 분석 등이었다고 할 수 있다. 2000년 부산 경실련이 행한 지방자치단체 예산낭비에 대한 소송은 이러한 납세자운동의 상징적인 사례라고 할 수 있다. 경실련은 인천국제공항의 부조리를 쟁점화하기도 하였다. 특히 '함께하는시민행동'에서는 특별히 예산감시 시민행동 부서를 두어 예산감시를 특화하고 있다. 함께하는시민행동에서는 2000년 8월 '밑빠진 독'상을 제정하여 최악의 선심성 예산 배정과 어처구니없는 예산낭비 사례를 선정하여 매월 이 상을 수여하였는데, 하남민주연대 등과 함께 하남국제환경박람회의 예산낭비사례를 쟁점화하는 데 성공하였다.

김대중정부 하에서 중요한 쟁점 사항의 하나는 비정규직 문제였다. 이 문제는 민주노총과 비정규직대책활동단체 등을 중심으로 정치사회적 쟁점화가 시도되었다. 민주노총, 한국노총, 경실련, 참여연대, 서울YMCA, 여성단체연합, 민변 등 시민사회단체들은 비정규직노동자공동대책위원회 구성을 통하여 비정규노동자 기본권 보장과 차별철폐활동을 전개하기도 하였다.

이 시기에 하나의 모범적인 경제개혁운동 사례로서는 민주노동당이 참여연대 등과 함께 전개한 상가임대차보호법안 제정 노력이었다. 2001년에는 민주노동당, 참여연대 등 시민사회단체들로 구성된 '상가임대차보호공동운동본부'가 '상가임대차보호법안'의 제정을 위한 캠페인을 지속하였고 이는 법 제정으로 이어졌다.

경실련이나 참여연대 등 경제개혁활동에는 다양한 시민운동방법이 도입되었는데, 이를 제도적 방식과 비제도적 방식, 전문적 방식과 대중적 방식 등으로 유형화 할 수 있다. 제도적 방식으로는 소송, 입법청원, 공문 발송, 위원회 참가, 주주총회 참가, 비제도적 방식으로 전문적 방식으로서는 논평 및 성명서, 보도자료, 기자회견, 토론회, 정보제공, 언론 기고, 대중적 방식으로는 시위 및 집회, 캠페인 등이 활용되고 있다.

5. 철저한 민주개혁을 위한 민중운동의 급진민주주의투쟁

시민운동의 체계민주화운동 혹은 합리화운동과 병행하여, 민중운동진영에서도 87년 이후 불완전한 민주주의적 조건 속에서, 민주개혁을 철저화·급진화하기 위한 투쟁을 전개하였다. 87년 6월 항쟁을 통해서 획득된 형식적 민주주의는 그 자체가 사회경제적 민주화의 내용을 담보하는 것은 아니었기 때문에, 87년 이후의 민중투쟁은 불완전하게 획득된 형식적 민주주의를 실질화하며 그것을 급진적으로 확장하기 위한 투쟁을 다층적으로 전개하게 된다. 민중운동이 특히 중요한 역할은 시민운동이나 언론에 의해 의제화되지 않는 의제들을 쟁점화함으로써 민주개혁운동의 지평 자체를 확장하는 것이었다.

정치의 사회화를 향한 '외적 감시운동'을 시민운동이 주도하기는 하였지만, 다른 한편에서는 이러한 정치개혁운동을 포함하여 민주개혁을 철저화하기 하기 위한 민중운동의 급진민주주의 운동이 동시에 전개되었던 셈이다.

반독재민주화운동의 진보주의적 구성을 대표하는 민중운동은 87년 이후 복원된 형식적 민주주의 조건을 활용하면서 스스로 정치적·조직적 발전을 지향하게 된다. 합법적인 운동공간이 확장됨으로써 과거 비합법적이나 반(半)합법적인 운동들이 합법적인 단체로 전화하게 된다. 민주주의로의 변화가 제공하는 정치적·사회적 공간 속에서 과거의 전투적인 저항운동이 다양한 지역적, 전문적 사회영역으로 확장되며, 군부권위주의정권의 극단적인 탄압 속에서 그 대중적, 조직적 확장을 제약당하고 있었던 노동운동 등 대중운동의 발전이 나타나게 된다. 87년 이후의 진보주의적 사회운동이라고 할 수 있는 민중운동의 조직적 발전은 노동자운동에서 특별히 두드러진다. 이미 이것은 87년 6월 민주항쟁 이후 전개된 7·8·9월 노동자대투쟁에 의해 예비되고 있었다. 노동자대투쟁은, 노동자운동이 선진노동자투쟁으로부터 대중적 노동조합운동으로 자기발전하고 있음을 상징적으로 보여준 사건이었다. 이후 노동자운동은 지역별 민주노동조합운동, 업종별 노동조합운동의 발전, 90년 1월 전노협의 건설 및 95년 11월 민주노총의 건설 등으로 발전해 간다. 노동운동뿐만 아니라 농민운동, 교사운동, 빈민운동 등 다양한 민중적 운동들이 정치적·조직적 발전을 이루게 된다. 87년 6월 민주항쟁을 계기로 혹은 그 이후 민주화를 위한 변호사모임, 인도주의실천의사협의회, 건강사회를 위한 약사회, 건강사회를 위한 치과의사회, 청년한의사회, 민주화를 위한 전국교수협의회, 학술단체협의회 등 다양한 전문직 영역에서 민주적 지향을 갖는 활동조직들이 등장하게 된 것도 예가 될 것이다. 이들은 한편으로는 정치적 민주화운동을 추동하는 역할을 함과 동시에, 자기가 속한 전문적 영역 내부에서의 민주적 개혁을 추동하는 역할을 수행하게 된다.

민중운동은 위로부터의 보수적 민주화의 경로를 따라 전개되는 민주화 혹은 민주개혁의 불철저성을 비판하면서 민주개혁의 철저화와 급진화를 추동하고자 하였다. 특별히 민중운동의 전선조직들은 국민적인 이슈로 제기되는 민주개혁 이슈들을 추동하는 데 기여하였다. 89년 1월 21일 출범한 전국민족민주연합, 91년 12월 6일 출범한 민주주의민족통일 전국연합 등은 자주, 민주, 통일 투쟁, 민중생존권 투쟁 등을 통해서 87년 이후의 민주개혁의 지평을 확장하고자 하는 투쟁을 전개하였다. 최근의 전선조직으로서는 2001년 3월 14일 출범한 전국민중연대를 들 수 있다. 이 조직은 4대 투쟁영역으로 신자유주의반대투쟁, 민중생존권 쟁취투쟁, 민주주의 쟁취투쟁, 민족자주권 쟁취투쟁을 설정하고 있는데, 이러한 투쟁들은 위로부터의 불철저한 민주개혁의 한계성을 여러 가지 측면에서 확장하는 투쟁으로서의 의의를 지니고 있다고 할 수 있다.

이러한 정치적·조직적 발전과정은 민중운동 내적 구성의 변화과정이기도 하였다. 단적으로 87년 이전에는 인텔리적 요소나 비조직적 요소가 강하게 존재하였다고 한다면, 87년 이후에는 상대적으로 조직운동적 요소와 대중운동적 요소가 강화되어 갔다고 평가할 수 있다. 전선운동 혹은 연합운동 내부에서도 이전에는 학생운동이나 지식인운동 등의 지위가 강력하던 상태에서, 노동운동과 같은 기층민중운동의 지위가 강화되는 상태로 옮겨 갔다. 주지하다시피 87년 7·8·9월 노동자대투쟁 이전의 민중운동에서는, 노동운동의 중심성이나 주도성이 강력하지 않았다. 즉 87년 6월 항쟁만 하더라도 다양한 민중적 운동의 연합운동적 성격이 강하였지만, 87년 7·8·9월 노동자대투쟁 이후 민중운동 내에서 노동운동의 중심성과 주도성이 더욱 강력하게 된다. 그 이유 중 하나는 노동운동이 대중에 기반을 둔 노동조합운동으로 전개된 데 있었다. 이것은 민중정치 내에서 '노동정치'의 중요성이 더욱 강화되어 왔다는 것을 의미한다.[83]

83 89년 1월 성립한 전민련과 90년 성립한 국민연합의 이중적인 전선조직의 존재가 이를

민중운동이 87년 이후의 민주화에 기여하는 방식은, 87년 이후의 제한된 민주주의공간에서 자신들의 계급계층적·정치사회적 요구를 실현하기 위한 투쟁을 통해서였다. 루시마이어가 지적한 대로, 부르주아 혁명과정에서 부르주아가 자신의 이해실현을 위해 투쟁한 것이 시민혁명의 동력이었는데, 이들은 부르주아적 자유와 권리를 획득한 이후 부르주아체제의 확장이 아니라 안정화에 기여하고자 한다. 이에 노동자계급이 자신들의 자유와 권리를 획득하기 위한 투쟁과정에서 민주주의를 부르주아적 민주주의상태 너머로 확장하게 된다(루시마이어 외, 1997). 그런 점에서 '부르주아 없이 민주주의 없다'는 무어(배링턴 무어, 1985)의 명제와 '노동자계급 없이 민주주의 없다'는 테르본이나 루시마이어의 명제를 빌려 온다면 다음과 같이 표현할 수 있을지도 모른다(Therbon, Goran, 1978). 87년 이후 시민운동적 실천을 통해 민주주의는 확장되어 왔지만, 민중운동적 실천이 없었다면 현재의 민주주의도 없다고 표현할 수 있다.

시민운동이 제도정치와 민주개혁의 지형 자체를 공유하는 운동이

상징적으로 드러내 준다. 87년 이후 7·8·9월 노동자대투쟁은 그동안 파시즘적 독재하에서 억압되었던 노동자운동이 대중적인 노조운동으로 발전하게 된다는 것을 의미하였다. 학생운동의 경우는 이미 반독재정치투쟁 과정에서 학생대중운동으로 발전되어 나오고 있었다. 이러한 대중운동조직들이 1991년 국민연합을 구성하게 되는데, 이로써 87년 이전의 민주화운동을 직접적으로 계승하는 '상층' 전선조직과, 87년 이후의 변화 발전하는 대중운동의 조건을 반영하는 '하층' 전선조직이 이원적으로 존재하는 상황이 나타나게 되는 것이다. 그 후 두 조직은 1991년 민주주의민족통일 전국연합으로 통합되지만, 전국연합의 위상이 달라지면서 다시 2001년 3월 전국민중연대가 성립되고 여기에 전국연합이 일 구성부분으로 재위치지워지는 것도 이러한 것을 반영한다. 물론 이러한 분화재편 속에서 반미투쟁이나 통일투쟁과 같은 운동영역을 바로 보는 시각의 차이, 총체적인 이념적 차이가 존재하지만, 거시적 흐름에서 보면 민중운동이 87년 이후의 변화과정에서 그 구성이 변하는 것을 반영한다고 볼 수 있다.

라면, 반독재민주화운동의 진보주의적 요소를 계승하는 민중운동은 민주개혁의 지형 자체를 확장하고 민주개혁 자체를 급진화·심화시키는 운동이라고 할 수 있다. 87년 이후－'위로부터의 보수적 민주화'의 경로에 따라－이전의 권위주의세력들이 일정한 이니셔티브를 가진 상태에서 민주개혁이 전개되기 때문에, 이 민주개혁의 제한적 시행을 지향하는 구세력과 민주개혁의 철저화를 지향하는 민주세력 사이의 투쟁은 강화되게 된다. 시민운동과 민중운동은 후자의 입장에 서서 민주개혁의 실질화와 심화를 지향하며 싸우는 공통성을 갖고 있으나, 민주개혁의 수준이나 내용에서는 시민운동과 민중운동 간에도 일정한 차이가 존재한다. 또 시민운동은 합법적이고 제도내적인 운동의 성격을 지니고 전개되어 온 데 비해, 민중운동은 그러한 합법성과 제도내적 영역 자체의 확장을 지향하는 운동을 전개한 것으로 보인다.

6. 제도정치의 변화와 시민운동적 정치성의 분화

낙천낙선운동은 87년 이후의 민주주의 이행과정에서 진행된 시민운동의 대의 대행 과정의 정점이라고 할 수 있다. 낙천낙선운동은 대의역할을 위임받지 않은 시민사회단체들이 제도정당의 공천기능 및 공천된 후보들의 선별을 위한 운동을 전개하는 것이었기 때문이다. 그런데 대의의 대행현상의 하나의 전제는 시민사회운동의 '정치적 중립성' 혹은 비당파성(non－partisanship)이었다. 시민사회운동의 자원은 제도정당을 상회하는 국민적 신망과 지지를 받는 대신에, 비당파적이고 정치적으로 중립적이어야 한다는 규범으로부터 오는 것이었다. 일종의 국민적 신뢰와 정치적 중립성의 교환관계가 존재하고 있었다고 볼 수 있다. 흥미로운 것은 낙천낙선운동이 한편에선 대의의 대행 현상의 정점에 서는 사건이었지만, 다른 한편에서는 바로 이러한 교환관계를 넘어서는 운동이었다는 점이다.

2002년 대선에선 시민운동과 정치적 중립성의 관계가 또 한 번 해체된다. 2002년 대선에선 제도정당의 개혁적 재편을 향한 지향을 정치적 중립성의 틀 내에서 수행하고자 하는 시민운동 진영뿐만 아니라, 노사모와 같이 당선운동 및 중도자유주의정당의 참여적 개혁운동 등도 등장하기 때문이다. 노사모의 예는 이 점에서 매우 중요하다. 노사모는 '노무현을 사랑하는 사람들의 모임'을 말한다. 노무현이 2000년 4월 13일 제16대 국회의원 선거에서 새천년민주당 후보로 부산 북강서을 지역구에 출마하였으나, 지역주의적 장벽에 의해서 낙선하자 지역주의에 비판적인 청장년층이 자발적으로 모여서 만들어졌다. 노사모는 노무현 정치를 외곽에서 지원하는 캠페인을 수행했고, 이것이 효과를 보아 광주 지역 경선에서부터 노무현 후보가 부상하는 효과를 만들어 냈다. 결국 노무현은 민주당의 대선후보로 결정되기에 이르렀다. 이후 노사모는 노무현의 대통령 당선 이후에도 노무현 대통령을 지지하는 모임으로 지속되었다.

노사모와 같은 운동형태들은 과거 시민운동의 '정치적 중립성'의 틀을 벗어나는 개입 전략이라고 할 수 있다. 어떤 점에서 '정치적 중립성' 틀 내에서 개입할 수 있는 영역은 선거비용의 투명화, 불법 선거자금의 감시, 정책선거로 가도록 하는 압력 등에 머물 수밖에 없었다. 반면에 노사모를 비롯한 젊은 세대의 온라인-오프라인 참여운동은 보다 적극적으로 노무현 후보의 당선운동을 통해서 정치개혁에 개입하고자 했다.

사실 2002년 대선에서도 시민사회단체는 대선유권자연대를 통해서 선거비용 감시, 정책선거 제고, 유권 참여라는 구호를 내걸고 활발한 활동을 벌였다. 정책선거라는 점에서는 상당한 역할도 수행하였다. 그러나 시민사회단체의 운동은 기본적으로 '정치적 중립성'의 틀 내에서 전개될 수밖에 없었고 대선과 같이 2명의 후보 간의 선택이 문제로 되는 상황에서 보다 직접적인 개입력으로 작용하기는 어려웠다. 이런 점에서 노사모를 비롯한 온라인-오프라인 운동은 시민사회의 역동성을 전제로 하여 일보 전진한 정치사회개혁 개입운동의 성격을 띠고 있었다고 생각된다. 시민사회단체가 규칙을 감시하고, 압박하고 때로는 부패한 인사를 배제해 내기는 하지만, '정치적 중립성'의 틀 안에서 할 수 있는 일을 제한받은 사이에 그것을 뛰어넘는 적극적 행동주의가 노사모 같은 형태로 표출되었다는 것이다. 그런 점에서 노사모, 20·30대 네티즌들의 행동주의는 정치사회와 시민사회의 괴리, 그 결과로서의 정치지체의 상황 속에서 시민사회의 비판적 역동성이 표출되는 다양한 형태의 하나라고 적극적으로 해석할 수 있다.[84]

84 이런 점에서 '정치적 중립성'의 잣대로만 시민사회의 역동성을 판단하는 데에는 주의가 요구된다고 생각된다. 정치적 중립성은 감시자에게 적용되는 규칙이고 시민사회단체가 아래로부터 만들어 내는 정치개혁의 열망이 노사모와 같은 정치개혁적 행동주의로 표출되었다고 해석할 수 있다. 사실 90년대 이후 시민운동의 정치적 영향력은 '정치적 중립성'이라는 반대급부를 전제로 하여 주어진 것이었다. 그러나 바로 그 중립성의 자기규칙이 일정한 영역 이상의 행동양식을 취할 수 없는 한계를 동시에 부여하는 것이었다(조희연, 2003b).

앞서 지적한 대로, 87년 이후 이행국면에서는 정치사회와 시민사회의 괴리 때문에 정치사회의 개혁을 위한 시민사회의 역동성이 지속적으로 존재한다. 이러한 역동성은 다양한 형태로 표출된다. 공명선거감시운동에서부터 의정감시운동, 국정감사 감시운동, 낙천낙선운동에 이르기까지 다양하게 존재하였다. 낙천낙선운동은 '정치적 중립성'의 틀 내에서 시민사회가 취할 수 있는 거의 '최고의' 개입형태라고 할 수 있었다. 낙천낙선운동과 같은 광범한 운동을 펼치고 개혁압력을 전개했음에도 불구하고, '지체되는 정치'에 대한 불만과 개혁요구가 강력하게 존재했던 것이다. 노사모와 인터넷을 통한 세대혁명은 바로 기존의 시민사회 역동성이 개혁적 '중도자유주의' 후보의 지지(支持)라는 형태로 표출된 것이라고 할 수 있다.

낙선운동으로 상징되는 시민운동의 '대의의 대행' 현상에는 다양한 정치적 요구와 기대가 복합되어 있었다고 할 수 있다. 예컨대 지체된 정당질서의 근대적 정당질서로의 변화를 바라고 이를 개혁하기 위한 요구, 제도정치의 이념적 폐쇄성을 극복하고 진보정당의 진입을 향한 요구(이것 역시 근대적 정당질서의 일부를 구성한다), 근대적 정당 자체의 한계를 넘어서고자 하는 '생활'정치적인 요구, 제도정치 자체에 대한 '외적' 감시 요구 등이 존재하고 있었다.

이를 분석적으로 보게 되면, 낙천낙선운동에서 정점에 이르렀던 시민운동의 '대의의 대행' 현상에는 다음의 표에서 보는 바와 같이 복합적 요구들과 지향들, 즉 정치성들이 내재되어 있었고, 그것이 분화되어 갔다. 첫 번째의 지향은 2002년 대선 국면에서는 노사모나 개혁국민정당 같은 형태로 표출되었으며, 두 번째는 민주노동당의 약진으로 표출되었다. 시민운동 입장에서는 시민운동의 준정당적 역할을 가능하게 하던 국민적 지지동력을 상실하게 되는 것이다. 그런 점에서 이처럼 시민운동에 중첩되어 있던 역할들이 분화되어 가고, 그러면서도 '정치적 중립성'을 견지하면서 제도정치 외부에서의 정치개혁 압력운동을 지속하고 동시에 근대 정당정치 자체를 넘어서고자 하는 생활정치적 지향[85]이 분화되어 갔다고 할 수 있다.

표. 시민운동의 사회적 기반을 구성하는 복합적인 요구 및 지향들

순서	요구의 성격	변화 및 전망
1	기성 제도정당의 개혁을 바라는 요구	노사모나 개혁국민정당 같은 형태로 표출
2	기성 제도정치영역의 이념적 개방화를 진보정당의 출현을 바라는 요구	진보정당을 지지하는 100표에 이르는 지지로 표출
3	기성 '제도'정치의 한계를 뛰어넘어 '생활'정치를 실현하고자 하는 반제도주의적 요구	시민운동에 내재해 있는 '신'사회운동적 성격
4	제도정당에 대한 '외적' 감시 요구	정당의 '근대화'를 바라는 구(舊)사회운동적 성격

85 이러한 탈제도정치적인 생활정치 지향은 시민운동의 향후 방향과 관련하여 큰 의미를 갖는다. 한편에서는 시민운동은 제도정치 외부에서의 제도정치개혁운동의 동력으로서도 표출되겠지만, 다른 한편에서는 기성제도정치의 정치독점 자체와 제도정치의 한계성을 보다 적극적으로 넘어서고자 하는 지향이 강화될 것이기 때문이다. 이것은 이른바 '탈근대적' 지향이라고도 할 수 있을 것이다. 근대대의민주주의는 바로 이러한 시민사회 내에 존재하는 다양한 정치행위 중의 일부를 제도화된 정치로 합법화하고 제도정치로 반영하게 된다. 본질상 근대 대의민주주의는 한편으로는 시민사회의 다양한 정치를 제도정치로 대의하고 표상하지만, 다른 한편에서는 정치를 제도정치로 한정하는 한계를 지니고 있다. 87년 이후의 시민사회의 제도정치에 대한 저항적 역동성은 단순히 개혁적 정당을 구축하는 지향으로, 계급정당을 구축하는 지향으로만 해석될 수 없는 역동성을 내포하고 있다고 생각된다.

제도정치와 운동정치의 각축에서 운동정치는 제도정치가 대의하지 못하는 다양한 정치성을 전유하면서 제도정치와 다른 트랙에서 민주주의를 추동한다. 이런 점에서 87년 이후 민주화체제하에서 구 독재적 유산에 의해 왜곡되어 있는 제도정치와－반독재민주주의 운동을 통해 변화한－시민사회 및 대중의 괴리 속에서 제도정치에 대항하는 운동정치의 대체정당운동과 감시운동이 전개되었다고 할 수 있다. 그러나 이러한 운동정치 자체도 제도정치의 변화에 영향을 받으면서 그 내용성이 변화되어 가고 그것이 담지하고 있던 대중의 정치성 자체도 다양한 형태의 운동정치로 분화되면서 표현된다는 것을 알 수 있다.

[보론 2]

한국 과거청산 과정에 대한 병행 접근 분석

제도정치와 사회적 정치의 상호작용을 잘 보여주는 사례가 바로 광주항쟁·학살과 관련된 과거청산이다. 제2경합국면에서 이 과거청산 투쟁이야말로 제도정치 내의 타협적 공존의 지형을 사회적 정치가 부단히 바꾸어 가면서 개혁을 추동한 사례라고 할 수 있다.

다음의 그림에서 보는 것처럼 제도정치와 운동정치는 과거청산을 둘러싸고도 복합적으로 상호작용했다.

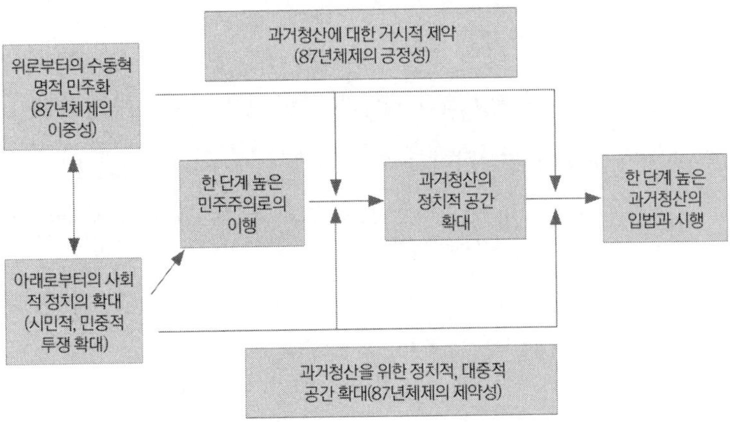

먼저 '과거청산의 정치적 공간(political scace for redressing the past injustices)'을 이야기할 수 있다.[86] 과거청산의 정치적 공간이란 과거체제하에서 자행된 범죄적 국가폭력의 문제를 정치사회적 '의제화'할 수 있는 여지가 생기는 것이다. 그런 점에서 과거청산은 역사발굴작업이 아니라 현재적 투쟁이라고 할 수 있다. 사회운동론에서의 '정치적 기회구조'라고 표현할 수도 있을 것이다. 과거청산의 정치적 공간은 과거청산의 질적 성격을 규정한다.

과거청산의 정치적 공간 자체가 계급투쟁의 결과물이고 과거청산을 진행시키는 현재적 과정 자체도 계급적·사회적 투쟁의 연장선상에 있는 것이다. 과거청산이 현재적인 계급적·사회적 투쟁의 결과로 나타나는 역관계에 의해서 그 복합성이 결정되게 된다는 것이다. 하나의 시공간에서의 제도정치 내의 역관계와 이전 사회적 정치의 투쟁효과로 인하여 특정한 수준·형태의 과거청산이 이루어질 수 있다. 이것은 특정한 정치적 공간을 전제로 하는 것이다. 그러나 이후의 사회적 정치의 투쟁에 따라서 제도정치의 지형－기존 제도정치세력이 정치적 지지를 획득하기 위해서 경쟁하는 조건－이 변화하게 되면, 즉 특정한 과거청산에 타협했던 기존 정치들이 이제 한 단계 높은 과거청산을 위해 노력을 하는 것이 정치적 지지에 도움이 된다고 판단하게 되면, 새로운 과거청산의 단계로 나아갈 수 있다.

이러한 과거청산의 정치적 공간은 한편에서는 거시적 권력관계에

86 통상적인 개념을 사용한다면 '정치적 기회구조'(Tarrow, S., 1998)가 될 것이다. 아래부터의 변동이냐 위로부터의 변동이냐와 같은 변동의 구조적 성격은 정치적 기회구조를 결정하게 된다.

의해 규정되며, 다른 한편에서는 그러한 거시적 권력관계 내에서 이루어지는 현재적인 투쟁에 의해서 그 양상이 결정되게 된다.

전자와 관련하여, 과거청산의 거시적 규정성은 구체제의 전복과정이 아래로부터의 힘에 의해 혁명적으로 전개되느냐 아니면 위로부터의 힘에 의해 타협적으로 전개되느냐와 같은 거시적 정치변동의 성격에서 나온다. 과거청산은 현재적인 권력투쟁이 부여한 지형을 뛰어넘어서 전개될 수는 없다. 한국의 경우 87년 이후 국면에서 구세력이 재집권한 상태였기 때문에, 과거청산이 혁명적인 양상으로 전개될 수는 없다. 그러나 그러한 거시적 제한성에도 불구하고, 현재의 공간에서 전개하는 주체적 실천에 따라 과거청산 및 역사청산의 양상이 달라질 수 있다. 다음으로 그러한 제한성에도 불구하고 과거 피해자 가족들이나 운동세력이 이 문제를 지속적으로 쟁점화하고 투쟁하는 경우 과거청산의 공간은 일정하게 확장될 수 있다.[87]

과거청산은 구체적으로 피해자집단이 명백하게 존재하기 때문에, 그 피해자집단을 중심으로 하면서 동시에 그와 결합되어 있는 운동정치의 주체적 실천이 중요하다. 피해자집단 및 사회적 정치세력들이 얼마나 과거청산의 이슈를 쟁점화하고 투쟁하느냐에 따라 과거청산의 범위는 달라질 수 있다. 구체제에서 신체제로의 이행은 어떤 형태로든 과거청산의 '최소공간(minimum space)'을 부여하게 된다. 이전과 달리, 공개적으로 과거청산을 요구하거나, 구체제의 범죄를 공개적으로 문

87 정근식(2001)의 표현을 빌면, 과거청산의 초기에는 '죽은 자들에 대한' '살아남은 자들의' '부채의식'이 운동을 추동하게 된다. 그러나 이들의 활동을 통해 '진실'에 대한 인식이 확산되면서, '앞서 간 자들에 대한 부채의식'이 나타나게 된다.

제삼을 공간이 나타나게 된다. 그러나 이것이 자동적으로 과거청산으로 나아가는 것은 아니다. 피해자집단이나 운동세력의 투쟁이 가해자집단의 저항에도 불구하고 과거청산이 시행되는 단계로 나아가도록 한다.

1. 과거청산에 대한 이론적 논의

과거청산이란 과거의 국가 및 권력집단에 의해서 행해진 권력 남용 및 반인도주의적인 범죄적 행위에 대하여 사후적으로 진상규명과 상응한 처벌 및 배상을 행하는 과정이다. 과거청산에는 언제나 권력관계에 의해 억압된 진실 및 신원(伸冤)이 근저에 존재한다. 과거청산이라는 이슈를 둘러싸고는 청산의 대상이 되는 가해적 행위와 가해자가 한쪽에 존재하고 다른 쪽에는 가해로 인한 피해자(victim)가 존재한다. 그리고 이러한 피해자는 가해자의 권력과 자신의 피해에 대한 진상규명과 해결이 제약되기 때문에, 과거청산은 일회적인 사건으로서가 아니라 과거청산을 위한 장기간의 투쟁과 노력에 의해 비로소 가능하게 된다.

과거청산에는 정치적 전환이라고 하는 계기가 주어지는 것이 일반적이다. 구(舊)체제가 아래로부터의 민중적 저항에 의해 신체제로 대체되는 경우 신체제하에서 구체제의 '범죄적'[88] 국가폭력에 대한 법적·도

88 여기서 구체제의 어떤 행위가 '범죄적'이냐 하는 것은 신체제하에서의 국민들의 의견

덕적 책임을 묻는 절차가 진행된다. 하나의 체제가 국민적 동의기반이 약화되고 이 약화된 동의 기반을 상쇄하기 위해 더 큰 국가폭력으로 구체제를 유지하다가 그것이 붕괴하는 경우, 대체로 이전 체제하에서 국민적 동의 없이 자행된 범죄적 국가폭력에 대한 청산의 문제가 제기된다. 구체제하에서의 국가폭력이 야만적인 학살이나 인종 청소, 고문 등 반인도주의적 범죄를 동반하였을 때[89] 이러한 과거청산의 필요성과 당위성은 중요해지고 도덕적 의무가 된다. 이러한 작업을 포괄적으로 역사청산, 과거청산이라고 할 수 있겠다. 독일 파시즘 지배하에서의 유태인 학살의 책임이 2차 대전 이후 현재까지 전개되는 것도 같은 맥락이라고 할 수 있다. 한국의 경우에 있어서도 전체주의화된 독재체제가 민중적 저항으로 민주적 체제로 전환되는 87년 6월 민주항쟁 이후 구체제에 책임을 갖는 자들을 처벌하기 위한 노력이 과거청산의 형태로 전개되게 된다.

그렇다면 어떤 행위는 과거청산의 대상이 되고 어떤 행위는 과거청산이 되지 않는가? 구체제하에서 행해진 구 권력자의 행위가 모두 청산의 대상이 되는 것은 아니다. 어떤 행위가 청산의 대상이 되느냐

에 따라 달라질 수 있다. 통상 구체제하에서 실정법적으로 억압과 탄압을 받던 행위(예컨대 반독재투쟁)들이 국민적 지지를 받게 되면서 구체제의 입장에서 억압과 탄압을 하던 행위들이 신체제하에서 재평가와 처벌의 대상이 된다. 특별히 민주주의가 보장한 보편적인 권리들을 침해하는 행위들(고문이나 학살 등)이 대표적인 것이 될 것이다.

89 73년 피노체트 정권이 아옌데 정권을 무너뜨리고 군부통치를 실시한 이후 3,000여 명이 고문 등으로 살해되었고 10만 명 이상이 실종된 것으로 추정되고 있다. 76년 이후 아르헨티나의 군부정권 하에서도 '좌익색출'이라는 이름의 '더러운 전쟁'(dirty war)으로 실종자만 3만 명에 이르는 것으로 보도되었다. 74년 인도네시아가 포르투갈 퇴각 이후 동티모르를 점령한 후 총 80만의 인구 중 20여 만 명이 살해되었다.

하는 것의 경계가 선험적으로 명확히 정해져 있는 것도 아니다. 신체제하에서 민중들의 '변화된' 의식의 관점에서 구 권력자의 행위가 반윤리적이고 반도덕적인 것으로 규정될 때 그것은 청산의 대상이 되며, 처벌과 진실규명의 요구가 제기되는 것이다. 특별히 집단학살이나 강간, 극단적인 인종 학대, 인종 청소 등의 경우 그것이 권력자의 횡포와 자의적 폭압으로 규정되면서 청산과 정정의 대상이 되게 된다. 이런 점에서 과거청산에서 청산의 대상이 된 행위가 당시에 합법적이냐 아니냐는 것은 중요하지가 않다. 고문과 같이 당시에도 불법적인 행위가 있는 반면에, 위수령 등과 같이 당시에는 실정법적으로 시행된 경우도 있다고 생각된다. 그러나 당시에 실정법적이라고 정당하더라도 이후의 정치발전 및 민중들의 의식 발전에 따라서 과거의 실정법적인 문제행동이 정의에 반하는 것으로 혹은 부당한 것으로(injust) 한 것으로 재규정되게 된다. 물론 공권력의 정당한 행사라고 강변되는 극단적인 폭력행위들에 대해서는 그러한 행위를 자행한 권력자들 자신도 인정할 정도의 공감대를 가지고 있는 경우가 일반적이다. 바로 이러한 공감대를 전제로 하여, 구 권력자의 특정 행위가 문제로 되는 것이다. 즉 과거청산에는 윤리적 차원이 내포되어 있다는 것이다.[90]

그렇다면 이러한 윤리적 차원을 규정하는 것은 무엇인가? 그것은 피해자 혹은 넓은 의미의 민중들 권리의식의 강화 등의 주체화이고 이

---

90 한국의 과거청산 과정에서 이른바 '광주 5원칙'이라고 하는 것이 있었다. 즉 진상규명(truth finding), 책임자 처벌(justice), 피해 배상(ompensation), 명예 회복(honor−restoration), 정신계승(commemoration)은 일반적으로 과거청산에 적용되는 일반적인 원칙을 잘 집약하고 있다고 생각된다.

책에서 서술하는 사회적 정치의 강화이다. 과거청산의 대상이 되는 행위가 자행될 당시에는 그 행위가 문제가 되지 않을 수도 있다. 그러나 이러한 부도덕한 행위들이 문제화되는 것은, 다양한 형태의 억압과 차별, 반인륜적인 폭압에 의해서 유지되는 지배체제에 대항하는 민중들의 다양한 투쟁 속에서 민중들이 주체화되어 가고 이와 함께 권리의식이 강화되어 가기 때문이다. 과거에는 당연히 용인되어 왔던 권력자의 학정이나 만행, 과거에는 국민국가의 권력자들의 당연한 권리의 범주에 든다고 인식되어 용인되던 공권력의 남용이 문제로 되는 것은, 바로 이러한 권리의식의 성장을 배경으로 하고 있는 것이다.

과거청산의 주제 또한 민중들의 주체화의 정도와 사회적 정치의 전개에 따라서 확대되어 가게 된다. 예컨대 중세시대에 이루어진 집시들에 대한 학살, 동성애자들에 대한 억압, 이교도들에 대한 폭압적 탄압들은 그 자체로 쟁점화되지 않고 역사적 사실로 묻혀져 갔다.[91] 그러나 민주주의적 공간의 확장과 민중들의 권리 의식 변화 등에 따라서, 과거청산의 이슈는 확장되고 또한 제도화된 민주주의적 통로를 따라서 전개될 수 있었다는 것이다. 사실 유엔 인권선언에서 인권의 전인류적인 공통의 가치로 선포되고 최근 국제사법재판소의 설립 및 그것에 의해 다루어지게 되는 반인도주의적 범죄에 대한 국제적 처벌의 문제가 제기되는 것도 이러한 발전과 변화를 상징한다고 하겠다.

체제를 인간화하기 위한 민중들의 투쟁은 때로는 혁명적 방식으로

91 서동진(1993)은 동성애가 죄악이나 질병으로 인식되어 혹독한 탄압을 받던 단계에서 근대사회로의 이행과 함께 동성애적 정체성이 정립되는 과정을 보여주고 있다.

표출되어 지배체제의 혁명적 변화를 촉진하기도 하지만 때로는 수동혁명적 방식으로 지배체제의 변형적 재편을 촉진하기도 한다. 지배체제의 변화에는 능동혁명적 방식에서부터 수동혁명에 이르기까지 다양한 형태가 가능할 것이다. 그런데 이처럼 지배체제의 변화가 진행되면서 새로운 체제가 등장하였을 때 과거체제에서 진행된 차별과 억압, 반인륜적 폭압에 대한 처벌과 진상규명 등의 문제가 제기된다. 특별히 새로운 체제하에서의 민중들의 관점에서 구체제하에서의 억압과 차별이 반인륜적이고 도덕적으로 지탄받아야 하는 것으로 인식되고 공감될 때, 그러한 행위들에 대한 청산의 문제가 자연스럽게 제기되게 된다.

또한 권력자의 가해라고 할 때, 사적 권력도 있을 수 있고 공적 권력도 있을 수 있다. 사적 권력은 공적 권력에 의해 고발되고 처벌되나 공적 권력은 그 권력을 처벌할 또 다른 공적 주체가 별도로 존재하는 것은 아니기 때문에, 과거청산은 바로 공권력과 긴밀히 연관되어 있다고 할 수 있다.[92] 과거청산의 중요한 대상은 공권력이 내포하는 폭력성의 남용(과잉폭력성)이나 자의적 사용(공권력의 왜곡된 사용)이 연관되어 있다.[93] 특별히 근대 이후의 맥락에서 과거청산은, 권력자의 행위가 근대적인 법적 권한의 범위를 넘어서서, 반인류적인 부도덕성을 내포하는 폭력적 행위를 내포하게 될 때 제기된다고 할 수 있다. 사실 공권력에는 민중들에 대한 폭력행사가 정당한 것으로 위임받았다는 의미가

92 범죄적 행위의 주체가 되는 공권력은 주로 억압적 국가기구-군대, 경찰 등 물리력을 보유한 기구-와 국가요원에 의해 행사된다. 그러나 이 외에도 민병대와 같이 민간가해집단일 경우도 있고, 미군과 같이 외국인 가해자가 될 수 있고, 베트남 민간인학살에서와 같이 한국군이 외국인 가해자로 되는 경우도 있다.

93 Stohl, Michael and George A. Lopez eds(1994) 참조.

있다. 그러나 과거청산은 바로 이러한 정당성을 담지한다고 하는 공권력의 부당한 폭력성을 문제 삼는다.[94] 그러한 폭력성은 약자나 폭력의 피해자가 감당할 수 없는 폭력성을 수반하면서 발휘되는 것이기 때문에, 과거청산에는 언제나 권력자의 통제되지 않은 폭력성, 즉 넓은 의미에서의 국가폭력성이 문제로 되는 것이다.

이상의 논의를 기초로 할 때, 과거청산에는 단순히 이전 시기의 행위를 처벌하는 것과 구별되는 다음과 같은 특징을 가지고 있다고 말할 수 있다. 첫째 이전 시기의 행위가 반인류적이라고 파악되는 사회적 공감이 존재한다. 실정법적으로 그것이 절대자의 권한 내에 존재하느냐 않느냐와는 무관하게 그것이 반인류적이고 도덕적으로 지탄받는 대상이라고 하는 일정한 공감이 존재하는 경우에 과거청산이 문제가 된다. 과거청산에는 윤리적 차원이 개재된다는 것이다. 둘째, 그래서 과거청산은 고문, 집단학살, 강간, 인종 청소 등 통상적인 전쟁 수행이나 정권 유지를 위해서 용인되는 혹은 불가피한 행위를 넘는 행위를 대상으로 하게 된다. 사실 전쟁은 많은 민간인들의 죽음을 동반한다. 권력쟁투의 과정에서 많은 민중들이 죽어가기도 한다. 그러나 과거청산의 대상이 되는 것은, 불가피하지 않았으면서 반인류적인 의도 하에서 정치적 목적을 위해서 자행된다는 것이다. 이런 점에서 과거청산의 대상이 되는 행위는 당시에 실정법적인 규칙을 따랐느냐와는 무관한 것이라고 할 수 있다. 셋째, 과거청산의 가장 중심적인 주제는 국가 및

94 과거청산에서 특별히 구체제하에서 자행된 국가폭력(공권력으로 표현됨)이 문제가 되는 것은 비록 구체제의 국가폭력 행사자들이 합법적 절차에 의해 선출된 위임받은 대표자라고 하더라도 그들의 행위 전체가 위임받은 것은 아니라는 점에 기인한다.

공권력의 자의적인 폭력성이라는 것이다. 공권력의 합법적 사용을 정당한 권리로 위임받은 권력기관이나 권력자가 그 공권력의 부당한 사용을 하게 되고 그것의 정당성이 쟁점화되면서 과거청산이 제기되게 된다. 넷째, 과거청산이라는 것 자체가 근대적 현상이라고 할 수 있다. 이는 근대 민주주의 하에서 공권력의 부당한 행사에 대한 저항이 제도적·법적으로 보장되고 있기 때문이다. 근대 민주주의 하에서는 민중들이 만든 공권력 행사의 규칙, 이른바 지배의 규칙이 존재한다. 그러나 이러한 지배의 규칙을 뛰어넘어 자의성과 과잉폭력성, 왜곡된 반인륜적인 차별이 자행될 때, 그것은 이후에 과거청산이 되게 된다는 것이다. 다섯째, 과거청산은 정치적 격변을 계기로 제기되고 요구된다. 이것은 정치적 격변을 통해서 민중들의 권리의식이 성장하고 과거 권력자에 의해 자행되던 범죄적 행위를 비판적으로 보는 인식이 증대되었기 때문이다.

이상이 과거청산에 대한 일반론적 논의라고 한다면, 현실 속에서 과거청산은 단일한 형태가 아니라 다양한 형태로 나타나게 되며, 단선적인 과정을 따라서가 아니라 복잡한 우여곡절의 과정을 통해서 전개된다고 말할 수 있다.

먼저 과거청산은 정치적 변화에 의해 계기지어진다. 가해자의 권력에 일정한 변화가 수반되는 정치적 변화에 따라서 과거청산이 쟁점화된다. 그런데 문제는 이러한 정치적 변화가 어떻게 이루어지느냐에 따라 과거청산은 상이하게 전개된다는 점이다. 일차적으로 구체제의 전복과정이 아래로부터의 힘에 의해 혁명적으로 전개되느냐 아니면 위로부터의 힘에 의해 타협적으로 전개되느냐에 의해 과거청산은 달라진다.

아래로부터의 힘에 의해 혁명적 이행이 이루어지는 경우, 구체제의 개혁 및 혁신과정이 구체제와 단절된 신세력에 의해 급진적으로 전개되기 때문에 과거청산은 보다 철저하고 비타협적인 방향으로 전개되게 된다. 예컨대 시민혁명이 성공한 프랑스에서 구 국가의 폭압과 학정이 반국민적 범죄로 정의되고 그들이 단두대의 이슬로 사라진 것이나, 독일 파시즘이 붕괴된 이후 프랑스에서, 단절적이고 급진적으로 과거청산이 이루어질 수 있었던 것도 바로 전자의 예라고 할 수 있다.[95]

그러나 반대로 구세력이 이니시어티브를 갖는 방식으로 위로부터의 타협적 방향으로 정치변동이 이루어지는 경우 과거청산은 대단히 복잡한 경로를 따라서 전개되며 복합적 성격을 띤 채로 전개된다. 위로부터의 타협적 이행의 경로에서 타나는 과거청산의 특징 중 하나로, 먼저 하나의 정치적 변화가 나타난 이후에도 특정한 과거청산 이슈들은 쟁점화되지 못하거나 쟁점화되더라도 불철저하게 다루어지게 된다. 특별히 새로운 변화된 체제가 구체제와 연속성이 강한 경우 과거청산의 이슈들은 쟁점화되지도 못한 채로 묻혀져 버리게 되는 경우가 있다. 그래서 이러한 이슈들은 다시 망각 속에 묻혀지거나 피해자들의

95 1940년 히틀러 군대에 의해 점령당한 후 4년 만인 44년 8월 파리가 해방되자 프랑스는 즉각 '정의의 법정'을 세우고 나치 부역자 단죄로 나섰다. 그 결과 99여만 명의 나치협력자들이 투옥되고 이 중 6,700여 명에게 사형, 2,700여 명에게 종신강제노동형, 1만여 명에게 유기 강제노동형, 2만 2,800여 명에게 징역형이 선고되었다(주섭일, 1999 참조). 물론 정치적 단절의 철저함과 처벌의 강력함을 동일시할 필요는 없을 것이다. 한홍구 교수(2003: 106)는 "임시정부를 비롯한 독립운동세력이 집권했다 하더라도 인적 청산의 폭이 결코 프랑스에서처럼 광범위하지 않았을 것이다"라고 말하고 있다.

새로운 힘겨운 투쟁의 과제로 되게 된다. 이러한 힘겨운 투쟁의 결과로 오랜 시간이 흐른 후에 새로운 정치적 변동이 일어난 후 과거의 이슈들이 다시 쟁점화되기도 한다. 체제 전환 이후에 구체제의 유산을 척결하는 차원에서 제기되는 이슈를 과거청산의 '현재적 이슈'라고 한다면, 이처럼 억압되고 묻혀져 버린 주제를 과거청산의 '역사적 이슈'라고 표현할 수 있겠다. 특정한 정치적 변화가 있은 이후 과거청산의 현재적 이슈들은 곧바로 구체적인 정치적 쟁점이 되게 된다. 그러나 역사적 이슈들은 피해자나 저항세력이 새롭게 제기하여 공론화함으로써 구체적인 정치적 쟁점이 되게 된다. 과거청산의 역사적 이슈들은 왕왕 직접적인 피해자와 그 이슈에 대해서 특별한 관심을 갖는 집단의 문제로 왜소화된 채로 존재해 왔다가, 이러한 이슈들 중 몇몇 이슈들은 다행스럽게 특정한 정치적 공간에서 다시 제기되어 현재적 과거청산 이슈로 변화되기도 한다.

다음으로 과거청산의 복합성은 가해자나 그와 연관된 세력의 저항에 의해 주로 야기된다는 점을 지적할 수 있다. 과거청산의 이슈들은 구체제하에서 자행된 범죄적 국가행위에 대한 처벌이나 진상규명을 내포하고 있기 때문에 특정 개인이나 집단(때로는 그 후손들)의 격렬한 저항을 받을 수밖에 없다. 이는 과거청산이라고 하는 것이 구체적으로 특정 개인들이나 집단이 책임을 묻거나 처벌을 받아야 하는 상황을 조성하게 되고 여기서 그 세력들은 자신들이 보유한 제도적·비제도적 자원을 동원하여 다양한 방식으로 저항하기 때문이다.[96] 특별히

96 94년 남아프리카 만델라 집권 이후 '진실과 화해위원회'(Truth and Reconciliation

타협적 이행의 경우 구체제에 이해관계를 갖는 개인이나 집단, 세력이 제도적·비제도적 권력을 보유하고 있기 때문에, 이러한 과거청산에 대한 강력한 저항이 폭넓게 전개된다는 것이다.

물론 과거청산의 현재적 이슈와 역사적 이슈 사이에 차이가 있을 수 있다. 과거청산의 현재적 이슈들은 형사처벌을 위한 공소시효가 끝나지 않은 경우가 대부분이라고 한다면, 역사적 이슈들은 공소시효가 끝난 경우가 많기 때문에 구체적인 처벌의 문제가 아닌 경우들이라고 할 수 있다. 예컨대 국민정부 하에서의 친일청산의 문제는 후자의 예라고 할 수 있으며, 문민정부 하에서의 김근태 고문사건의 진상규명은 전자의 예라고 할 수 있다. 물론 국회 등에서 공소시효의 정지라든가 소급적 적용을 위한 법을 제정하게 되면 달라지게 되나(예컨대 유태인 학살의 문제 등), 기본적으로 과거청산의 역사적 이슈들은 도덕적·정치적 단죄의 문제이지 형사법적 처벌의 문제는 아니라고 할 수 있다. 그렇기 때문에 가해세력의 저항은 현재적 이슈와 역사적 이슈 사이에 상이하게 나타날 수 있다.

또한 과거청산에 대한 가해세력의 저항은 과거청산에 의해 직접적으로 단죄되는 개인이나 집단의 저항만을 의미하는 것은 아니다. 청산의 대상이 되는 과거와 이데올로기적으로나 정당성의 측면에서 관계되어 있는 현존하는 제 집단이나 개인이 저항하게 된다. 예컨대 2003

Commission)가 설치된 후 백인정권 하에서의 아파르트헤이트(Apartheid)와 그와 관련된 범죄적 행위에 대하여 '처벌 없는' 진상규명을 추구하였으나, 가해자 집단 측이 폭탄 테러 위협을 가하거나 청문회 중지 가처분 신청을 내는 등 집요한 방해공작을 행하였다.

년 3월 독립기념관 전시관에서 일제시대 조선일보의 윤전기가 철거되었는데, 친일의 문제가 현 단계 조선일보의 일제 시기의 행위에 대한 도덕적 정당성의 문제와 긴밀히 연관되어 있고 조선일보로 상징되는 보수적 세력의 정당성과 연관되어 있기 때문에 격렬한 저항을 받게 되는 것이다.

제도정치세력은 청산되어야 할 과거와 연관되어 있고 이에 저항한다. 제도정치 내의 다른 세력이 제도정치 외부의 운동정치세력과 연대하기보다는 그들과 '타협적 공존'을 하도록 노력한다.

구체제 세력의 저항은 일차적으로는 과거청산 자체가 의제화되는 것을 저지하는 방향으로 활동하게 된다. 구세력들이 가지고 있는 제도적·비제도적 권력을 통해서—여기에는 언론도 포함된다—의제화를 방해하기 위한 노력을 행하게 된다. 다음으로 구체제하에서 행해진 고문, 의문사, 학살 등 다양한 범죄적 행위에 대하여 그 진상이 규명되는 것을 방해하기 위한 다양한 시도를 행하게 된다. 때로는 과거청산에 대하여 '과거를 들추어 사회통합을 방해하려는 노력'으로 매도하기도 하고, 과거 범죄적 행위의 책임소재를 가리기 어렵게 부인으로 일관하거나 증거를 인멸하거나 혹은 관련기구들이 과거의 정보를 의도적으로 제공하지 않는 등 다양한 시도를 행하게 된다. 가해자가 과거를 참회하고 가해의 진실을 올바로 밝히고 피해자의 용서를 구하는 방식보다는, 가해 행위 자체를 부인하거나 자신의 책임이 아니라는 식으로 관련자들의 부인 전략을 통해 진실 규명을 방해하는 경우가 일반적이다. 다음으로는 과거의 피해자들에 대한 보상 및 명예회복을 하는 과정에 대해서도 그 범위를 최소화시킨다거나 비협조적인 태도를 구사하는 등의 행위들을 하게 된다. 이러한 다양한 방식으로 과거청산은 불철저하게 진행되거나 형식적으로 진행되는 결과가 나타나게 된다. 가해자 세력의 위협이나 과거청산에 대한 저항적인 사회심리적 조건 때문에, 때로는 피해자 집단이 가해자의 불처벌(inpunity)을 요구하는 경우도 나타날 수 있다. 가해자가 저항하는 경우와 달리 피해자가 처벌을 반대하는 이러한 경우도 과거청산의 복합성을 보여주는 사례라고 할 수 있다.

이상의 논의를 토대로 하여 볼 때, 과거청산은 과거의 이슈를 둘러싼 현재적 투쟁이라고 해야 할 것이다(Hirsch, Herbert, 1995). 과거청산은 현재적 권력관계에 의해 그 범위와 성격이 결정되게 된다는 점에서 '현재성(現在性)'을 갖는다.

2. 해방 공간과 4·19혁명 이후의 과거청산과 그 좌절

이런 프레임 속에서 구체적으로 한국현대사 속에서의 과거청산을 둘러싼 각축과 투쟁을 살펴보기로 하자. 몇 개의 시기에서 과거청산의 이슈가 제기되었다. 먼저 해방공간에서 한국전쟁 종전까지에 이르는 시기는 민족국가의 성격을 둘러싼(이에는 친일의 잔재를 어떻게 청산할 것인가 하는 과거청산의 과제를 포함하고 있었다) 전면적인 계급적·사회적 투쟁의 시기였다.

해방이 되면서 한국 사회에는 한편으론 해방된 민족국가의 건설이라고 하는 과제가 있었고 다른 한편에서는 일제의 유산을 극복한다는 과제가 있었다. 후자와 관련된 핵심적인 과제가 바로 과거청산이라고 할 수 있다. 앞서 지적한 대로, 이러한 과거청산은 정치적 공간 및 그 성격에 따라 달라지게 된다. 미군정청의 방침이 좌우합작적 정부에서 반공주의적 친미정부를 구성한다는 방침으로 전환되는 상황에서, 친일청산은 정치적 장벽에 부딪히게 된다. 친일파로 단죄되어야 할 집단들은 친일청산을 좌절시키기 위한 다양한 투쟁을 전개했다. 또한 친일파가 반공주의자로 변신하면서, 미국을 배경으로 반공주의적 우산 속에서 친일청산의 과제를 무력화시키게 된다. 구체적으로 보게 되면, 1948년 9월 22일 '반민족행위자처벌법'이 국회를 통과하였다. 이 반민특위에서 1949년 9월까지 취급된 682건은 체포 305명, 미체포 173명, 자수 61명으로 나타났다. 이 중 559명이 특별검찰에 송치되고 202명이 기소되었다. 재판결과 사형 1명, 무기징역 1명이 있었고, 징역형 12명, 공민권 정지 18명, 무죄 6명, 형 면제 2명 등도 있었다. 그러나 이들마저도 1950년까지 모두 풀려났다. 그런데 그들의 다수가 '공산당을 토벌한 애국자'로서 자신을 정당화하고 반민특위에 적극적인 의원들과 특위위원을 친공적 인물로 매도하고 테러를 가하는 위협 속에서 실질적인 친일청산을 할 수 없었다. 1949년 국회 프락치 사건 이후, 49년 6월 6일 대대적인 우익적 위협 속에서 이승만 대통령의 지시를 받는 무장경찰에 의해 반민특위 위원들이 체포됨으로써 막이 내리게 된다(김진국 · 정창현, 2000: 71). 이로부터 20일 후인 6월 26일 백범 김구 선생이 암살당함으로써 친일청산 작업은 우익적 테러 속에서 과거청산의 '역사적 이슈'로 변화되게 된다. 이처럼 해방공간에서의 친일파 청산을 둘러싼 과거청산 투쟁은 완전하게 해결되지 못하고, 분단이 고착화되면서 과거청산 역시 주변화되어 버리고 중단되게 된다.

한국전쟁은 친일청산의 문제를 '역사적인 과거청산의 이슈'로 만들어 버림과 동시에 민간인학살이라고 하는 또 하나의 과거청산의 이슈를 남기게 되었다. 그것은 4·3제주항쟁기의 민간인학살[97]을 비롯하여 한국전쟁기의 다양한 민간인학살의 문제이다. 한국전쟁을 전후하여 미군, 남한 국방군 그 산하부대인 특무대 등 특별기관, 경찰, 서북청년단과 같은 비정규무장대 등과 같은 기구에 의한 주로 남한 우익권력에 의한 민간인학살과 북한 인민군, 빨치산, 지방좌익 등 좌익권력에 의해 저질러진 좌익 민간인 학살이 광범위하게 이루어졌다. 피학살자의 경우에도 평택이남의 보도연맹원, 형무소 수감자, 후방지역 주민, 피난민, 부역혐의자, 공비 및 통비 혐의자 등 다수의 민간인들이 무고하게 학살된 것으로 알려져있다.[98] 학살의 주체와 관련하여 남한군대나 북한군뿐만 아니라 미군에 의한 학살도 존재하였다. 전쟁 과정에서 나타난 정상적인 교전행위에 의해서가 아니라, 민간인에 대한 보복적·야만적 학살은 이후 해결되어야 할 과거청산의 이슈로 남겨지게 된다. 그러나 한국전쟁 이후의 '반공규율사회'적 조건과 좌익잔류세력에 대해 백색테러리즘이 자행되는 조건 속에서 정상적인 공론의 공간

97 이에 대해서는 양조훈(1998) 참조.

98 이에 대해서는 '한국전쟁 전후 민간인학살 진상규명 범국민위원회'가 발행한 『전쟁과 집단학살』(2002)을 참조할 수 있다. 특별히 강정구 교수의 '한국전쟁 전후 민간인학살 실태'는 시기, 학살 주체, 피학살자, 학살행위 유형 등의 기준에 의해 학살의 총체적 그림을 보여주고 있으며, 2장 지역의 학살 실태는 지역별로 확인된 다양한 학살의 구체적인 상황을 보여주고 있다.

에서 이슈화될 수 없었다.

1950년 한국전쟁을 통해 이미 남한 내부에서의 친일파 문제는 소멸되고, 반북적인 대치선만이 존재하는 상황으로 전화되게 된다. 한국전쟁 이후, 분단은 이제 기정사실화가 되었다. 이러한 분단으로 인해 남한에서는 친미·친일적인 극우반공주의적 정권이 성립되었으며, 북한에서는 반미적인 사회주의 정권이 성립하였다. 남한의 친미·친일적인 극우반공주의 정권이 과거의 친일관료들과 지배세력들과 유착함으로써, 친일 과거청산이 가능한 정치적 공간은 없어지게 된다. 이처럼 과거청산의 공간이 소멸하는 것은, 분단으로 인해 해방공간에서의 계급적·사회적 투쟁은 단절되었기 때문이다. 과거청산을 강제할 아래로부터의 투쟁적 힘이 소멸한 것이었다.

다음으로 50년대 이승만 정권이 아래로부터의 학생-시민혁명이었던 4·19혁명에 의해 무너진 후 다시 과거청산의 문제가 제기되었다. 4·19혁명 과정에서 희생을 촉발한 발포 책임자들과 이승만정권하에서의 부패책임자들 더 나아가 과거 해방공간에서 성취하지 못하였던 친일청산 및 한국전쟁기 민간인학살의 문제가 4·19혁명 이후 제기되었다(4월혁명연구소 편, 1990: 361-2). 4·19혁명의 발단이 된 부정선거 및 부패청산은 과거청산의 '현재적 이슈'라고 한다면, 해방공간에서의 친일문제나 한국전쟁기의 민간인학살의 문제 등은 과거청산의 '역사적 이슈'라고 할 수 있다.

과거청산의 새로운 정치적 공간이 열려지게 되었고 해방공간에서 단절되었던 과거청산 시도가 새로운 정치적 공간의 출현에 발맞추어 전개되게 되었다. 60년 11월 개헌을 통해 '반민주행위자 공민권 제한법', '부정선거관련 처벌법', '부정축재특별처리법',[99] '특별재판소 및 특별검찰부 조직법' 등 4개의 특별법을 제정하였고(김인걸 외 편저, 1998: 214), 부분적인 과거청산작업이 진행되었다. 이승만 시기 고위관료 609명의 공민권이 제한되었으며 특별감찰부가 만들어져 활동했다. 앞서 지적한 바대로 4·19혁명은 구 정권의 혁명적 붕괴를 의미하는 사건이기 때문에, 과거청산 역시도 보다 철저한 단죄를 지향하는 방향으로 진행된다. 그 최고 중심이 되는 이기붕 부통령 후보가 자살한 것도 이러한 혁명적 분위기를 반영하는 것이라고 할 수 있다. 그러나 여러 한계로 인해 4·19혁명에도 불구하고 국가기구의 혁명적 개혁이 이루어지지 못하였다. 때문에 과거청산의 정치적 공간이 열렸음에도 불구하고, 일정 측면에서 불철저한 식으로 종료되게 된다. 반민특위는 61년 2월 중단되는데 4·19 당시의 발포 최고 명령자를 밝히지 못하는 등 상당한 한계를 지닌 채로 종결되게 된다(4월혁명연구소 편, 1990, 361－2).

이와 함께 이미 '역사적 과거청산 이슈'가 되어 버린 한국전쟁기의 민간인학살 문제가 현재적인 과거청산 이슈로 제기되게 된다. 4·19 직후 60년 5월 11일 '박영보 타살사건'을 계기로 공론화되기 시작한 한국전쟁기 민간인학살사건 규명은 학살 진상의 폭로 및 학살책임자 처벌 등을 요구하는 유족들의 조직적인 운동으로 전개되었다. 이런 활

99 부정축재특별처리법은 61년 5월 28일 국가재건 최고회의령에 의해 제정되었다가 61년 6월 14일 부정축재법에 의해 폐지되었다. 새로운 부정축재법은 보다 일반적인 부정축재법으로 확대되면서 부정축재 문제는 유야무야되어 버리게 된다(일월서각 편집부 편, 1983).

동 속에서 국회가 60년 5월 31일부터 6월 6일에 이르는 진상조사반을 결성하여 활동하게 된다. 그러나 진상조사반 속에 민간인 학살 당시의 경찰 간부직이 포함되는 등 조사활동의 한계가 명확했다. 6월 21일 국회 본회의에 "경남의 거창, 거제, 함양, 동래, 울산, 충무, 구포, 마산, 산청군과 경북의 대구시 문경, 전남 함평, 전북 순창군에서 8,716명의 인명 피해와 가옥 피해 10,041이 있었다는 보고서를 내고 행정부에 군·검·경 합동수사본부의 설치에 의한 조속한 진상조사와 일사부재리 원칙과 시효의 저촉규정에 관계없는 특별법으로 민간인학살사건처리특별조치법 제정을 촉구하는 건의안을 보내는 것으로 활동의 막을 내렸다"(김동춘, 2002: 247).

그러나 이러한 불철저한 과거청산 마저도, 4·19혁명 이후의 사회 혼란을 명분으로 하는 '반혁명적인' 군부정권이 성립함으로써 다시 소멸하게 된다. 4·19혁명 이후에 분출하였던 정치적·사회적 투쟁의 힘–그것은 동시에 과거청산을 가능하게 하는 아래로부터의 힘을 구성하는데–이 '반혁명적' 탄압에 의해 불법화되고 억압됨으로써, 과거청산은 다시 '억압된 의제'로 전환되게 된다. 해방공간에서 절박한 시대적 과제로 부각되었던 친일청산이 미국의 반공주의적 노선으로의 선회 및 분단체제로의 이행에 따라 주변화되고 중단되었던 것처럼, 4·19 이후 절박한 시대적 과제로 부각되었던 반민주인사 처벌의 문제도 5.16혁명이 발발하면서 중단되고 주변화되게 된다. 단지 5.16군사쿠데타 주도세력들이 정치적 고려에 의해 4·19 이후 좌절된 반민주 처벌의 요구를 위로부터 시행하고자 하는 의도에서, 몇몇 반민주인사들이 처벌받게 되는 상황이 나타났을 뿐이다.

과거청산의 계기	과거청산의 주제	정치적 조건 및 과거청산의 진행
해방	친일청산	일제시대로부터의 해방. 친일청산의 정치적 공간. 미군정청의 정책 변화, 한국전쟁, 분단으로 과거청산의 중단.
4 · 19혁명	반민주인사 처벌	4 · 19혁명으로 인해 부정선거 책임자를 포함한 반민주인사 처벌, 부정축재 등의 정치적 공간 형성. 4 · 19 이후 해방공간에서 좌절된 '역사적 이슈'(한국전쟁기 민간인학살 등)를 부각시키려는 피해자들의 노력이 전개됨. '역사적 과거청산 이슈'도 제기됨. 그러나 5 · 16군사쿠데타 이후 과거청산의 주 변화. 군부정권의 정당성 제고를 위한 선택적 처벌.
87년 6월 민주항쟁	학살 및 독재의 진상규명 및 처벌, 독재시기의 의문사 등 규명	87년 6월 민주항쟁과 6 · 19선언, 12월 대선에서의 민주화운동 진영의 패배. 아래로부터의 투쟁에 의해 점진적인 진행. 야당정부의 성립 이후 제도화된 진행. 그러나 불철저.

여기서 한 가지 중요한 사항은, 4·19혁명 이후 과거청산의 정치적 공간이 열리면서, 이전 시기에 좌절되었던 과거청산의 이슈를 부각시키기 위한 노력들이 전개되고 이것이 새롭게 부상하게 된다는 것이다. 4·19혁명 이후의 과거청산에서 해방공간에서 좌절되었던 '구 과거청산 이슈'가 한편에서 존재하고, 다른 한편에서 부정선거, 군중에 대한 발포 책임 및 부정축재 등을 포함하는 '신 과거청산 이슈'가 공존하게 되는 셈이 된다. 즉 4·19 이후 혁신계운동의 출현과 학생운동이 통일운동으로 발전해가면서 자연스럽게 과거로 묻혔던 친일파 청산 문제나 한국전쟁기의 민간인학살 등의 문제가 부각되게 된다. 민간인 학살문제는 피해자 중심의 '신원' 운동의 성격으로 전개되게 된다. 4·19혁명 공간에서 보면 친일파의 이슈는 10여 년 전의 이슈가 되게 된다.

이러한 구 과거청산 이슈들은 대체로 형사법적인 의미에서 '공소시효'가 종료된 것이기 때문에, 도덕적이고 정치적 의미의 과거청산의 성격을 띠게 된다. 그러나 신 과거청산 이슈들의 경우는 공소시효가 종결되지 않은 이슈들이 대부분이기 때문에 특정 개인이나 집단의 처벌과 연관된 현실적인 갈등과 투쟁이 이슈가 된다.

3. 1987년 이후 민주주의 이행과정에서의 과거청산의 동학

61년 5.16 군사쿠데타 이후 27년간 한국에는 군부권위주의정권 시대가 열리게 된다. 이 정권은 전체주의화된 독재체제로 운영되었으며, 학살, 고문, 억압 등 국가폭력이 전면화된 체제였다. 이 군부권위주의정권이 70년대 후반부터 아래로부터의 민중적 저항을 전면적으로 받게 되었으며, 87년 6월에 정점에 이른 민주항쟁에 의해 비로소 극복되면서 한국 사회는 민주주의체제로 이행한다. 이처럼 4반세기가 넘는 군부권위주의정권이 아래로부터의 계급적, 사회적 투쟁에 의해 극복되고 87년 이후 민주주의이행이 본격화되면서, 군부권위주의정권하에서의 각종 범죄적 국가폭력이 쟁점화될 수 있는, 과거청산의 공간이 나타나게 된다.

87년 6월 민주항쟁 시기까지에는 민주화의 두 가지 길이 각축하고 있었다. 첫째는 '위로부터의 보수적 민주화'의 길이며, 둘째는 '아래로부터의 급진적 민주화'의 길이었다. 전자는 타협적 이행의 길이며 후자는 혁명적 이행의 길이라고 할 수 있다. 주지하다시피 87년 6월 민주항쟁은 60, 70년대를 관통하면서 전개되어온 반독재민주화 투쟁의 정점을 상징한다. 학생뿐만 아니라 중간층 샐러리맨 등 서민이 1백만 명이 운집하는 대투쟁이었던 6월 민주항쟁은 군부권위주의정권의 퇴진위기를 결정적으로 조성하였다. 그러나 이 항쟁은 군부권위주의 세력이 위기극복의 방편으로 취한 형식적인 민주화조치, 즉 6·29선언을 수용하는 방식으로 중단됨으로써, 대통령 직선제의 공간만을 확보하였을 뿐, 군부권위주의정권의 퇴진을 성취하지는 못하였다. 이후 87년 12월에 열린 대통령 선거에서 반독재민주화운동을 주도하였던 김대중과 김영삼이 분열함으로써 군부 출신의 노태우 후보가 당선되게 된다. 이는 탈군부정권의 과정이 '아래로부터의 급진적 민주화'의 길이 아니라 '위로부터의 보수적 민주화'의 길을 따라서 전개되는 것을 의미하였다. 이러한 거시적 조건은 한편에서는 새로운 과거청산의 정치적 공간을 제공하지만 다른 한편에서 그것이 대단히 제한적이며 현재적 투쟁에 의해서 쟁취되어야 하는 결과를 낳게 된다.

'위로부터의 보수적 민주화'의 경로는, 구 군부권위주의 세력이 주도하는 '선거혁명'을 통하여 군부권위주의정권이 재집권에 성공함으로써 '민선군부정권'의 형태로 출발하게 된다. 이 민선군부정권은 90년 3당 합당을 통하여 반독재민주화운동 진영의 온건야당을 포섭한 새로운 집권당을 구축하여 재집권하는 방식으로 나아간다. 6·29 선언을 통해 6월 항쟁의 국민적 열기를 무력화시키고 저항세력의 분열을 이용하여 군부정권의 재집권에 성공한 것이 노태우정부라고 한다면, 90년 3당 합당을 통해 일부 타협적인 야당세력을 끌어들여 군부세력과 타협적 야당세력의 연합정권을 성공적으로 구축한 것이 김영삼정부라고 할 수 있다. 이러한 과정은 구 집권당의 '변형주의'적 재편을 통하여 지배의 위기를 극복하면서 지배를 재생산하는 과정이라고 할 수 있다.

이처럼 '위로부터의 보수적 민주화'로 인하여 과거청산의 거시적 한계가 주어지는 속에서도 과거청산을 위한 아래로부터의 투쟁과 노력은 지속적으로 전개되었다. 앞서 서술한 바와 같이 과거청산의 거시적 한계라고 할 때 그것은 구조결정론적으로 작용하는 것이 아니고 구 지배블록과 저항세력 간의 전략적 상호작용에 '구조적 선택성'으로 작용하게 된다.

노태우정부 하에서의 기본적인 방향은 과거청산을 억압하고 막으려는 것이었다. 이에 대하여 과거청산을 강제하려는 야당 및 시민사회세력의 '외부로부터의' 투쟁이 전개되던 시기였다. 다행히 여소야대 국회 구성은 야당이 시민사회의 압력을 배경으로 하여 국회 내에서 광주청문회와 5공비리 청문회를 통하여 과거청산을 위한 압박을 가능하게 하였다. 그러나 80년 광주학살의 진상을 규명하고 책임자를 처벌하려는 노력은 88년 12월 전두환 전 대통령의 국회사과와 백담사 유배를 하는 정도로 타협되고 제약되었다.

이러한 타협적이고 미봉적인 과거청산이 제도정치권에서 이루어졌음에도 불구하고 아래로부터의 과거청산과 독재의 과거를 극복하려는 노력은 계속되었다. 김영삼정부는 앞서 지적한 바와 같이 반독재야당세력의 일부가 구 독재세력과 집권연합을 구성하고 거기에 참여함으로써 탄생한 정부이다. 이런 성격 때문에, 집권연합에 참여한 구 야당세력이 '위로부터의' 타협적 과거청산을 위한 시도를 전개하게 된다.

김영삼정부, 즉 문민정부에서 광주민중항쟁이 '광주민주화운동'으로 재정의되고 12·12사건이 '쿠데타적 사건'이라고 하는 사법적 판단이 내려지게 되는 것도 그 예라고 할 수 있다.

특히 3당 합당은 과거 반독재민주화운동의 일부가 제도정치의 주류집단에 합류하는 것을 의미하게 되는 것이고 그래서 과거청산을 공론화하지 못하도록 하고 억압하던 전략에서 '선택적 포섭'의 전략으로 전환이 이루어졌다고 평가할 수 있다.

물론 이러한 위로부터의 과거청산은 대단히 큰 한계를 가지고 있었다. 노태우정부와 김영삼정부로 이어지는 '위로부터의 보수적 민주화'의 경로에서 주어지는 거시적 한계는 아래로부터의 투쟁에도 불구하고 과거 독재정권 시기의 가장 극단적인 집단학살 사건에 대해서만 진상규명과 처벌이-그것도 제한적으로-이루어지게 만들었다.

이러한 과거청산의 불철저성에 대항하여, 아래로부터의 과거청산운동이 성공적으로 전개된 것이 바로 광주학살 진상규명 및 책임자 처벌운동이었다. 광주학살에 대한 형사적 처벌의 공소시효가 만료되는 시점인 95년을 기점으로 해서, 94년부터 '5·18 내란음모자 구속기소 및 특별법 제정 촉구운동'이 전개되었다. 95년 7월 18일 5·18비상계엄의 확대에서 전두환의 취임에 이르는 일련의 행위가 사법심사의 대상일 수 없다는 이유로 검찰은 '공소권 없음' 결정을 내렸다. 이에 전두환·노태우의 구속을 위한 투쟁이 전면화하게 된다. 특별히 이 투쟁에는 지식인들이 대거 참여하여 국민적 여론을 선도하였고(강남훈 1997) 그 결과 김영삼정부는 전두환 전 대통령과 노태우 전 대통령을 구속하게 된다. 그러나 문민정부의 근본적인 한계성 때문에 아래로부터의 압력에 의해 과거청산이 강제되었음에도 불구하고 대단히 불철저하게 이루어졌다. 광주학살의 경우에도 발포명령의 책임소재가 분명하게 가려지지 않았고, 학살의 책임을 묻는 것보다는 비리사건을 명분으로 하는 '우회적' 처벌의 성격을 지니고 있었다.

문민정부 하에서 이루어진 두 가지 과거청산의 법을 살펴보기로 하자. 먼저 1990년 8월 6일 광주민주화운동 관련자 보상 등에 관한 법률이 제정되었는데, 광주민주화운동과 관련하여 사망, 질병, 투옥, 해직, 제적 등 각종 희생에 대한 명예회복 및 보상, 기념사업, 묘역 조성 등을 추진하기 위한 것이었다. 이 법의 제정은—이 자체도 아래로부터의 투쟁을 통해 강제된 것이기는 하지만—사실 광주민주화운동의 학살과 관련한 진상규명 및 법적 처벌은 유보한 채 희생자들에 대한 보상만을 행함으로써, 광주민주화운동의 이슈를 '과거청산'의 영역으로부터 배제하기 위한 법이었다. 이런 광주민주화운동 관련 과거청산의 불철저성을 비판하면서 아래로부터의 과거청산 투쟁은 지속되었다.

이 시기에 사회적 정치의 제도정치에 대한 압박투쟁으로 인하여 두 가지 변화가 나타났다. 하나는 전두환, 노태우의 사법적 처벌의 진전이고 다른 하나는 광주항쟁에 대한 한 단계 높은 과거청산을 실현하는 '5·18민주화운동 등에 관한 특별법'의 제정이다.

우선 광주학살과 관련하여, 80년 당시 신군부 쿠데타를 주도한 전두환, 노태우에 대한 처벌요구는 지속적으로 전개되었다. 그럼에도 불구하고 정부와 사법부의 입장은 '공소시효'가 지났거나 검찰은 1995년 7월 '성공한 쿠데타는 처벌할 수 없다'는 입장을 견지하고 있었고 그 논리에 따라 반란죄 혹은 내란죄 등을 적용하지 않고 신군부 인사들을 불기소 처분하였다. 어떤 의미에서 일정한 지형에서 제도정치의 다양한 행위자들이 일정하게 '타협적 공존'의 상태에서 신군부세력에 대해 '불처벌'의 입장을 취하고 있었다고 할 수 있다. 바로 이처럼 특정한 지형 내에서의 제도정치의 특정한 배열은 사회적 정치의 투쟁이 아니면 변화할 수 없는 것이었다. 이런 의미에서 1995년 7월부터 1995년 말까지는 광주학살의 이슈를 둘러싸고 제도정치에 대한 사회적 정치의 대공세가 전개된 시기라고 할 수 있다.

다양한 사회운동단체들이 전두환, 노태우의 처벌을 위한 연대체를 구성하고, 이를 위한 지속적인 투쟁과 캠페인을 전개하였다. 물론 이러한 투쟁은 단지 이 시기의 것만은 아니고 80년 광주학살 이후, 그리고 87년 이후 정치적 공간이 확장되면서 다양하게 전개되었다. 사실 광주학살에 대한 진상규명 및 책임자 처벌은 80년 이후 광주의 당사자들뿐만 아니라, 사회운동의 핵심적인 이슈였다고 할 수 있었다. 그러나 문민정부 이후 노태우정부에 비해서 확장된 정치공간을 활용하면서 다양한 투쟁들이 전개되었다. 하지만 이러한 투쟁들에도 제도정치 내의 기본 프레임은 변화하지 않고 있었다. 그러나 제도정치 외부에서의 투쟁이 강화되면서, 제도정치 내부에서도 적극적인 문제 제기 노력이 새롭게 추진되었다. 그 대표적인 것이 10월 19일 민주당 박계동 의원에 의해서 전두환·노태우 전 대통령의 비자금 비리사건이 폭로된 것이었다.

95년 '5·18 내란자 구속기소 및 특별법 제정 촉구 운동'은 운동정치가 제도정치의 사회적 지형을 변화시킴으로써 80년 광주학살에 대한 과거청산을 한 단계 높힌 상징적인 운동이라고 할 수 있다. 94

년 5월 13일 광주지역 인사를 포함하여 616명이 전두환 전 대통령 등 5·18 당시 군지휘관 35명에 대해 내란목적살인 혐의로 고소·고발하였는데, 이에 대해 검찰은 94년 10월 29일에 12·12 사건에 대해 군사반란 혐의를 인정하면서도 기소유예를 내렸다. 이후 95년 운동의 기폭제가 된 것은, 95년 7월 18일에 5·18에 대해서는 '비상계엄확대에서 전두환 대통령의 취임으로 이어진 일련의 행위'가 사법심사의 대상이 아니라는 이유로 공소권이 없음으로 결정을 한 것이었다. 이때부터 특별법이 제정되는 12월까지 교수사회를 비롯하여 사회 각계의 반대운동이 벌어졌다. 이 무렵부터 사회 각계에서 다양한 운동이 전개되었다. 7월 22일 민주화를 위한 전국교수협의회 등의 교수단체들이 반대성명을 발표하고 여기에 7월 31일 고려대 교수 131명이 '5·18 검찰수사와 결정에 대한 우리의 견해'라는 성명을 발표하는 것을 기폭제로 하여 대학별 교수서명이 이어졌다. 이 시기에 70개 대학 1,317명의 교수가 성명을 발표하였다. 8월 14일에는 민교협이 '5·18 내란 주동자에 대한 구속 기소를 다시 촉구한다'라는 성명을 발표하였고, 16일까지 농성을 하였다. 이를 이어서, 8월 24일에 전국 대학 서명교수 대표자 모임 주최로 「5·18 내란 주동자 구속 기소 및 특별법 제정을 촉구하는 전국 대학 서명교수 결의대회」를 개최하였고, 국회의사당 앞까지 가두시위를 하였다. 이와 함께 전국 대학 서명교수 대표 12인 명의로 「광주 민주화운동 진상규명 등에 관한 법률(안)」과 「헌법 파괴적 범죄의 공소시효 등에 관한 법률(안)」을 입법청원하였으며, 8월 25일에는 전국 대학 서명교수 대표 4인 명의로 「헌법소원에 대한 교수들의 의견서」를 헌법재판소에 제출하였다. 사회적 투쟁과 동시에 과거청산에 대한 이러한 일련의 법적 투쟁은 대중적으로도 크게 영향을 미쳤고, 김영삼 정부와 검찰이 이 문제를 한 단계 높은 과거청산의 방향으로 처리하지 않을 수 없는 사회적 지형이 형성되어 갔다.

이 시기에 사회적 상징성이 큰 교수집단의 역할이 컸다.[100] 민주화를 위한 전국교수협의회는 이를 대중적 이슈로 부각시키기 위해 농성을 지속하였다. 90년 광주민주화법의 제정 수준에서 광주문제의 타협적 해결을 기정사실로 받아들이던 시민사회도 한 단계 높은 광주문제의 해결을 요구하는 방향으로 역동화되기 시작하였다. 이처럼 5공화국 인사의 처벌을 요구하는 방향으로 제도정치의 지형 자체가 변화하

100 이 운동에는 전국 100개 대학 6,678명의 교수들이 서명에 참가한 것으로 알려졌다. 교수단체들의 운동이 이처럼 광범위한 참여를 촉발한 것도 드물었고, 그것이 사회적 의제의 처리 방식에 크게 영향을 미친 경우도 드물었다. 이 운동에서 교수집단이 중요한 역할을 할 수 있었던 이유를 강남훈은 다음과 같이 정리하고 있다. "첫째로, 이 운동은 보수와 진보 등의 대립구도와는 다른, 그러한 구분보다 훨씬 보편적인, 휴머니즘의 회복과 역사 청산을 둘러싼 운동이었다. 그렇기 때문에 7,000명에 육박하는, 아마도 해방 이후 가장 많은 교수들이 이 운동에 참여할 수 있었으며, 교수들의 운동에 대한 일반 국민들의 호응도 어느 때보다 높았던 것이다. 둘째로, 문제의 형식적인 쟁점은 공소시효가 만료되었는가, 위헌의 소지가 있는가 등의 법률적인 측면에 있었는데, 이러한 논쟁에서 교수들은 민주적인 변호사들과 연대하여 자기들이 가진 전문적인 지식을 활용하여 허구적인 논리들을 효과적으로 반박할 수 있었다. 셋째로, 운동의 전반적인 진행이 효과적으로 조정되었다. 대학별 성명은 각 대학의 민교협 회원들이 중심이 되어 지속적으로 추진되었다. 그리고 대학별 성명이 발표되는 중간 중간에 서명교수결의대회, 교수들의 농성, 가두시위 등이 적절하게 배치되어 상승효과를 야기시켰다. 뿐만 아니라, 필요에 따라 수차례에 걸쳐 법학 전공 교수들의 서명을 조직하여 헌법재판소 등 법조계에 의견을 개진하면서 여론을 주도하였다. 넷째로, 운동의 목표가 특별법 제정이었는데, 교수들은 그 법의 초안을 국회에 제출하여 법안의 골격을 만드는 데 큰 역할을 하였다. 이것은 대항하는 쪽에서 적극적으로 대안을 제시하였다는 것을 의미한다. 다섯째, 교수들은 5·18 관련 단체, 민변, 종교 단체, 야당들을 포함하는 범야권의 결속에 노력하였다. 특히 이때 야당의 당리당략에 따른 움직임을 제어하는 데 노력하였다."

게 되자, 김영삼 대통령은 비자금 사건에 대한 수사를 명하였으며, 11월 24일 5·18 관련 특별법 제정을 지시하였다. 김영삼이 이렇게 조치를 취하게 된 것은, 변화된 지형으로 인하여, 그렇게 하는 것이 자신의 정치적 지지에 도움이 되는 상황으로 변화한 것이다. 정치적 지지 획득을 고정된 지형 내에서가 아니라, 사회적 정치는 지형 변화를 통해서 제도정치 행위자들의 행위양식을 바꾸게 된다.

헌법재판소 역시, 95년 11월 검찰의 '5·18 사건 불기소 처분'과 관련하여 '성공한 쿠데타도 처벌할 수 있다'고 하는 방향으로 전향적으로 결정을 내렸다. 이것은 사회적 정치의 투쟁에 따라서 제도정치 내에서 법적 해석 자체도 달라질 수 있음을 보여주는 흥미로운 사례일 수도 있다. 여기서 기존의 공소시효에 대한 해석을 다시 하는 방식으로 사회적 정치투쟁의 의제가 제도정치의 의제로 수용되었다. 이에 따라, 11월 16일 노태우가, 12월 3일에는 전두환이 구속되었다. 12월 19일에는 드디어 5·18 특별법도 제정되었다(민주화를 위한 전국교수협의회, 1995, 1996 참조). 80년 5월 18일부터 93년 2월 24일까지의 기간을 '국가의 소추권 행사에 장애사유가 존재한 기간'으로 상정하여, 이 기간을 공소시효의 진행이 정지된 것으로 간주하여 재정신청을 가능하게 하는 방식으로 광주학살 책임자들의 처벌 조건을 만들었다. 또한 5·18민주화운동과 관련하여 유죄판결을 받은 경우 이에 대한 재심이 가능하도록 하였으며, 5·18민주화운동과 관련한 기념사업도 가능하도록 하였다. 특징적인 것은 5·18민주화운동 관련자 보상 등에 관한 법률에 의해 '보상'을 받은 경우 이를 '배상'으로 간주한다고 하는 전향적인 조치도 취하였다. 이는 과거청산운동이 불철저하게 마무리되었음에도 불구하고 새로운 아래로부터의 투쟁과 노력으로 과거청산의 수준이 높아진 상징적인 사례라고 할 수 있다.

이에 따라 11월 16일, 노태우가 구속되었고 이어서 12월 3일에는 전두환이 구속되었다. 그리고 신군부 인사들의 새로운 혐의를 밝힌다는 취지하에 검찰이 1995년 12월에 12·12사건과 5·18 사건 재수사에 나섰다. 이 기간에도 물론 광주사건의 새로운 수사와 관련자 처벌을 요구하는 투쟁이 지속적으로 전개되었다. 결국 5·18 사건 공소시효 만료 하루 전인 1996년 1월 23일 전두환과 노태우등 관련자 8명을 구속 기소하였다(김영삼은 군정과의 관계를 끊고자 1996년 2월, 민주자유당의 당명을 '신한국당'으로 바꾸고 첫 전당대회를 열었다).[101] 물론 이 투쟁은 광주항쟁에서 학살을 명령한 '최종책임자'를 가리지 못하는 상태로 불철저하게 종결되었다. 전두환과 노태우가 처벌되었지만, 부패사건과 '반란'에 의해서 처벌을 받은 것이지 광주학살을 최종명령자로서 처벌을 받은 것은 아니었다. 그러나 95년 12월에 제정된 5·18특별법은 한 단계 높은 광주청산을 가능하게 하였다. 5·18민주화운동과 관련하여 유죄판결을 받은 경우 이에 대한 재심이 가능하도록 하였으며, 5·18 민주화운동과 관련한 기념사업도 가능하도록 하였다.

---

101 전두환과 노태우는 1996년 8월, 각각 사형(전두환)과 징역 22년형(노태우)을 선고받았으나 96년 12월, 항소심에서 무기징역(전두환)과 징역 17년형으로 감형됐다. 그 이듬해인 1997년 12월 20일, 전두환과 노태우는 사면 복권되었다. 사면 당시 많은 논란이 있었고 당시 김영삼의 청와대는 김대중 당선자(12월 18일 대통령당선)와의 협의로 전두환 노태우를 사면시켰다고 전해졌다. 1996년 8월, 연세대에서 터진 한총련사태로 1200여 명의 전경, 학생들이 부상당하는 참사가 일어났다. 1996년 12월 26일, 집권당인 신한국당은 안기부법과 노동법 날치기통과로 노동계와 정계에 엄청난 반발을 샀고 이듬해 1월, 노동법파동으로 정국은 큰 혼란에 빠졌다.

광주민주화항쟁뿐만 아니라 문민정부 하에서는 다른 '과거청산의 역사적 이슈'를 둘러싸고 일보 진전이 이루어지기도 하였다. 그 대표적인 것이 '거창사건 등 관련자 명예회복에 관한 특별조치법'이다. 한국전쟁을 전후하여 한반도 전역에서 전쟁과 직접 관련이 없는 많은 민간인들이 국군, 경찰, 미군 및 우익청년단에 의하여 사망하거나 상해를 입는 등 무고하게 희생된 민간인이 수없이 많이 있었다. 특별히 각 지역별로 집단학살이 자행된 곳도 많았다. 4·19 혁명 이후의 공간에서 이것이 좌절된 이후에, 이 각각의 사건을 둘러싸고 권위주의 시대 하에서 피해자나 유족들을 중심으로 각 지역별로 혹은 전국적으로 명예회복을 위한 노력을 지속하여 왔다. 함평 민간인학살사건, 여순반란사건, 문경민간인학살사건, 고양금정굴 민간인학살사건, 여수순천 10.19 사건, 강화 민간인학살사건, 나주 동창 민간인학살사건, 산청(시천, 삼장, 단성) 민간인 학살사건 등이 예가 될 것이다. 이 중 특별히 거창사건을 둘러싸고, 사망자 및 유족 결정, 사망자 및 유족의 명예 회복에 관한 사항, 묘지단장, 위령제례 및 위령탑 건립 등 추진되게 된 것이다. 이는 비록 한 사례에 국한되었고 불철저한 것이었으나 40여 년이 지난 시기에 '과거청산의 역사적 이슈'가 쟁점화되는 중요한 사건이었다.

표. 문민정부 하에서의 과거청산 관련 입법

유형	명칭	제정	법안 내용	배경
과거 청산의 현재적 이슈	광주민주화운동 관련자 보상 등에 관한 법률	1990. 8.6.	광주민주화운동과 관련하여 사망, 질병, 투옥, 해직, 제적 등 각종 희생에 대한 명예회복 및 보상, 기념사업, 묘역 조성 등을 추진.	광주학살에 대한 진상규명 및 책임자 처벌은 80년 이후 광주의 당사자들뿐만 아니라, 사회운동의 핵심적인 이슈였음. 노태우정부 하에서의 광주청문회를 거쳐, 보상관련법 제정, 진상규명 및 책임자 처벌 관련 특별법 제정으로 이어짐.
	5 · 18 민주화운동 등에 관한 특별법	1995. 12.21	광주항쟁 당시의 범죄행위에 대하여 공소시효를 정지함. 80년 5월 18일부터 93년 2월 24일까지의 기간을 '국가의 소추권 행사에 장애사유가 존재한 기간'으로 상정하여, 이 기간을 공소시효의 진행이 정지된 것으로 간주하는 방식으로 광주학살 책임자들의 처벌을 가능하게 함.	
과거 청산의 역사적 이슈	거창사건 등 관련자의 명예회복에 관한 특별조치법	1996. 1.5.	사망자 및 유족 결정, 사망자 및 유족의 명예회복에 관한 사항, 묘지단장, 위령제례 및 위령탑 건립 등 추진.	한국전쟁기 민간인학살의 문제는 5.16 이후 억압된 이슈였으나, 희생자 및 유족들을 중심으로 하는 운동이 지속적으로 전개되어 옴.

이러한 위로부터의 보수적 민주화의 경로에서 김대중정부, 즉 국민정부의 수립은 일정한 반전(反轉)의 의미를 갖는다. 노태우정부와 김영삼정부가 집권세력의 '변형'을 통해 구 체제의 재생산을 성공적으로 지속시킨 경우라고 한다면, 국민정부의 성립은—그것이 자민련과의 연합에 의한 것이기는 하지만—반독재야당세력에 의한 집권이었다.

이러한 결과로 과거청산을 위한 정치적 공간이 이전에 비해 대폭 확장되게 된다. 과거청산이 법 제정의 형태로 보다 제도화된 방식으로 전개될 수 있는 여지가 생긴 것이다. 이것이 바로 반전의 의미라고 할 수 있다.

그러나 이러한 반전은 87년 이후 '위로부터의 보수적 민주화'가 부여하는 거시적 한계 내에 존재하게 된다. 이러한 거시적 한계는 김대중정부가 자민련이라고 하는 구 지배블록의 주변적 정파와 연합해야 하는 불가피성에서 나온다. 한편에서는 야당 정부라는 점에서 전향성을 가지고 있으나, 다른 한편에서는 구 세력과의 절연에 기초하기보다는 그것과 연합하여 성공한 정권이라는 점에서 '태생적 이중성'을 지니고 있었다. 그 결과 김대중정부의 개혁, 그 일부로서의 과거청산은 복합적인 성격을 지닌 채로 진행되게 된다. 바로 이러한 국민정부의 복합성은 국민정부 하에서의 다양한 과거청산의 제도적 공간들이 확장되면서도, 그것이 위로부터의 거시적 한계(구세력들의 다양한 저항으로 표출됨)와 아래로부터의 부단한 투쟁이 각축하는 형태로 전개되게 만들었다.

87년 이후 지속되고 있는 과거청산의 거시적 한계, 그러한 한계 속에서도 국민정부의 출범으로 인한 과거청산의 정치적 공간의 확대, 이 공간을 활용하는 아래로부터의 주체적인 투쟁이 상호작용하면서 여러 가지 과거청산 입법을 포함한 '제도화'가 나타나게 되는데, 이러한 제도화는 복합적 양상을 띠면서 전개된다.

4. 국민정부 하에서의 과거청산의 동학

이 절에서는 국민정부 이후 과거청산이 어떻게 역동적으로 전개되는가를 살펴보고자 한다. 50년 만의 야당정권인 김대중정부의 수립 이후 '위로부터의 타협적 민주화'라고 하는 거시적 한계 속에서 독재 시기의 국가폭력 및 국가범죄에 대한 규명 및 역사적 희생에 대한 명예 회복과 보상이 이루어지는 과정의 동학(動學)에 대한 분석이 된다.

먼저 국민정부 하에서 법제화된 형태로 이루어진 과거청산과 관련된 법을 살펴보기로 하자. 50년 만의 야당정부의 성립은 과거청산의 정치적 공간을 대폭 확장하였고 이 과정에서 다음의 표에서 보는 바와 같은 다양한 과거청산 관련의 진전이 있었다. 먼저 50년 만의 야당정부가 성립함으로써 구 집권당 시기의 억압과 관련된 각종 과거청산 이슈들이 부각되고 이의 해결을 위한 노력이 진행되었다. 과거청산의 현재적 이슈들은 구 정권 하에서 자행된 의문사 사건의 규명이나 민주화운동 희생자들의 명예회복 등의 문제였다. 이와 관련하여, 민주화운동 관련자 명예회복 및 보상 등에 관한 법률, 민주화운동기념사업회법, 의문사 진상규명에 관한 특별법이 제정되었고, 나아가 광주민주유공자 예우에 관한 법률이 제정되었다. 다음으로 이전 시기에 미해결된 과제로 남아 있었던 '역사적 과거청산 이슈'를 둘러싸고 '제주 4·3사건 진상규명 및 명예회복에 관한 특별법'이 제정되었다. 마지막으로 이러한 과거청산 이슈들이 발생하지 않도록 하기 위한 '예방적 제도화'의 사례로서 국가인권위원회법이 제정되었다.

표. 국민정부 하에서의 과거청산과 관련된 법

유형	법 명칭	제정	법안 내용	배경
과거 청산의 현재적 이슈	민주화운동 관련자 명예회복 및 보상 등에 관한 법률	1999. 12.28	민주화운동으로 인하여 사망, 행방불명, 상이, 해직, 투옥 등 각종 희생을 당한 사람들에 대한 명예회복 및 보상, 기념사업(묘역사업)	99년 7월 9일 국민회의 유선호 의원회 104명 발의, 98년 7월 30일 한나라당 이신범 의원회 29인의 발의
	의문사 진상규명에 관한 특별법	1999. 12.28	과거 권위주의 통치 시대에 민주화운동과 관련하여 국가공권력에 의하여 사망한 것으로 보이는 사건에 대한 진상규명	1994. 전국민족민주유가족협의회에서 입법청원, 99년 이상수의원 외 155명 발의
	민주화운동기념사회법	2001. 6.28	민주화운동기념관 거립 및 민주공원 조성, 민주화운동사료의 수집, 보존 및 DB화, 민주화운동 관련 연구, 민주주의 시민교육사업, 민주화운동 정신 선양 사업, 민주주의발전을 위한 지원사업	99년부터 민주재단 중심으로 법제정운동이 전개되고, 2000년 4월 발족한 '민주화운동정신계승국민연대'가 캠페인을 전개
	광주 민주유공자 예우에 관한 법률	2002. 1.26	광주 희생자에 대한 지원을 확대하여, 국가유공자에 준하는 지원책(교육지원, 취업지원, 의료 지원 등)을 실시하기 위한 법	1990년 8월 6일 공포된 '광주민주화운동관련자보상등에관한법률'에 의거하여 광주 민주화운동의 의미재규정 및 명예회복 및 보상이 이루어진 바 있었는데, 광주 희생자를 '국가유공자'로 전환하기 위한 캠페인이 전개되었음(이전 단계의 과거청산의 상향)

과거 청산의 역사적 이슈	제주 4.3사건 진상규명 및 희생자 명예회복에 관한 특별법	2000. 1.12	47년 4.3일을 기점으로 하여 48년 4.3일 발생한 소요사태 및 54년 9.21까지 제주도에서 발생한 무력충돌과 진압과정에서 희생당한 주민에 대한 진상조사, 자료발간, 위령사업, 희생자 명예회복 및 각종 지원사업 등을 규정	제주 4.3연구소 등을 중심으로 '제주 4.3사건 제50주년 기념사업 추진 범국민위원회'(1997.4.1)가 만들어졌고 이후 '제주 4.3 진상규명 · 명예회복 추진 범국민위원회'로 변경. 기념사업과 동시에 특별법 제정을 위한 캠페인이 전개됨
예방적 제도화	국가인권위원회법	2001. 4.30.	인권에 관한 법령 등의 조사연구 및 개선권고, 인권침해 및 차별행위의 조사과 구제, 인권교육 등	'올바른 국가인권기구 실현을 위한 민간단체 공동대책위원회'가 98년 9월부터 2001년 4월까지 활동

이를 보다 자세하게 살펴본다면 다음과 같다. 먼저 과거 민주화운동과정에서의 희생자들에 대한 명예회복과 보상을 다루는 '민주화운동 관련자 명예회복 및 보상에 관한 법률'이며, 둘째는 독재시기의 민주화운동과 관련하여 '국가공권력에 의해 사망한 것으로 보이는 사건' 즉 의문사 사건에 대한 진상규명을 규정하고 있는 '의문사 진상규명에 관한 특별법'이고, 셋째 독재정권 시대에서 이루어진 바와 같은 인권탄압과 각종 차별과 억압 사례들이 재발되지 않도록 하는 장치로서의 '국가인권위원회법'의 제정이다. 넷째는 각종 민주화운동을 국가적 사업으로 기념하고 그 정신을 후대에 계승하기 위한 '민주화운동기념사업회법'이다.

먼저 99년 7월 9일 여야의원들에 의해 발의되었던 민주화운동 보상 관련법은 99년 12월 28일 본회의에서 의결되었다. 이어 2000년 1

월 12일 대통령 서명을 거쳐 민주화운동과 관련하여 희생된 자와 그 유족에 대하여 국가가 명예회복 및 보상을 행하는 '민주화운동과 관련자 명예회복 및 보상에 관한 법률'(이하 민주화운동 명예회복법)이 공포되었다.

둘째, 민주화운동과 관련된 법은 '의문사진상규명에 관한 특별법'이었다. 이 법은 사실 1994년 9월 전국민족민주유가족협의회(회장 배은심)에서 입법 청원한 것을 여야의원들에 의해 수정안으로 발의한 것으로서, 민주화운동명예회복법과 함께 99년 12월 28일 본회의에서 의결되었다.[102] 이 법에 의한 활동기간이 2000년 10월 17일부터 2002년 9월 16일까지 진행되었고, 이후 2002년 11월 법개정을 통해 의문사진상규명위원회가 2년 연장되었다.[103]

셋째, 민주화운동을 정당한 역사적 행위로 자리매김하고 그것을 기념하기 위한 사업이 가능하도록 하는 민주화운동기념사업회법이다. 이 법은 99년부터 민주재단 중심으로 법제정운동이 전개되고, 2000년 4월 발족한 '민주화운동정신계승국민연대'가 캠페인을 전개하는 등 제도정치권 내·외부의 노력이 합류하면서 제정되었다. 이 법에 의해 민주화운동기념사업회가 준(準)국가적 기구로 설립되어 다양한 기념사업을 관장하게 되었다.[104] 이러한 기념사업에는 민주화운동기념관 건립

102 의문사 진상규명의 역사적·사회적 의의에 대해서는 안병욱(2001) 참조.

103 의문사진상규명위원회는 유가족 및 시민사회단체의 요구에 따라 법 개정을 통해 '2기 위원회'가 출범하여 2004년 6월 말까지 추가로 활동하였다.

104 1979년 부산마산 민주항쟁 등 영남지역에서의 민주화운동을 기념하기 위하여 부마항쟁 20주년을 기념하여 99년 10월 16일 부산민주공원이 조성되었으며 부설로 부산민주주의사회연구소가 설립되었다.

및 민주공원 조성, 민주화운동사료의 수집, 보존 및 DB화, 민주화운동 관련 연구, 민주주의 시민교육사업, 민주화운동 정신 선양 사업, 민주주의 발전을 위한 지원사업 등이 포함되어 있다.

넷째, 광주민중항쟁의 희생자들을 민주유공자로 예우하기 위한 '광주민주유공자 예우에 관한 법률'이 제정되었다. 앞서 서술한 바와 같이 1990년 8월 6일 공포된 '광주민주화운동관련자보상등에관한법률'에 의거하여 광주 민주화운동의 의미재규정 및 명예회복 및 보상이 이루어진 바 있었는데, 광주 희생자를 '국가유공자'로 전환하기 위한 캠페인이 전개되었고, 이것이 결실을 거둔 것이라고 할 수 있다. 광주민중항쟁 희생자가 국가유공자로 인정되고, 민주화운동의 정신이 국가적 기념사업으로 되는 과정은 헌법정신의 근본적 전환을 의미한다.[105] 이전 시기에 '국가'유공자, 즉 정부에서 세금으로 그 공을 기리는 사람들의 범주는 주로 반공유공자, 전몰자, 경찰 및 군인들의 죽음 등이었다. 이러한 유공의 범주들은 대체로 '탄압'의 편에 서서 희생을 당하거나 죽음을 당한 경우에 대한 보상과 명예회복을 의미하였다. 그러나 저항의 편에 서서 희생을 당하였던 사람들이 국가유공자로 인정되는 것은 이제 안보를 위한 희생뿐만 아니라 민주주의를 위한 저항과정에서의 희생도 국가유공의 범주에 든다는 것을 의미한다. 질적 전환이라고 아니할 수 없다.

105 이처럼 민주화운동 관련자가 명예회복이 되고 광주민주화운동 관련자가 국가유공자가 되고 5.18묘역이 국립묘지가 되는 것에 대하여, 문부식 시인이 '기억의 국가화'라는 견지에서 비판하였고, 이를 둘러싼 논쟁이 전개된 바 있다. 문부식(2002); 조희연(2002b). 또한 〈황해문화〉 2002년 겨울호에서도 이 주제를 둘러싼 학자들 간의 별도의 논쟁이 전개된 바 있다.

이상은 민주화가 진행되면서 과거 권위주의정권 시기의 범죄적 행위에 대한 직접적인 청산의 과제로 제기된 이슈들인 반면에, '제주 4·3사건 진상규명 및 명예회복에 관한 특별법'은 과거청산의 '역사적 이슈'들을 둘러싼 것이라고 할 수 있다. 47년 4.3일을 기점으로 하여 48년 4.3일 발생한 소요사태 및 54년 9.21까지 제주도에서 발생한 무력충돌과 진압과정에서 희생당한 주민에 대한 진상 조사, 자료 발간, 위령사업, 희생자 명예회복 및 각종 지원사업 등을 목적으로 하는 이 법은 제주 지역을 중심으로 오랜 동안의 과거청산 노력에 의해서 성취된 것이다. 보다 직접적으로는 제주 4.3연구소 등을 중심으로 '제주 4.3사건 제50주년 기념사업 추진 범국민위원회'(1997.4.1)가 만들어지고, 이후 '제주 4·3 진상규명·명예회복 추진 범국민위원회'로 변경되었다. 이를 중심으로 특별법 제정을 위한 캠페인이 성공적으로 전개되었기 때문이었다.

마지막으로 국가인권위원회법은 독재정권 하에서와 같이 시민적·정치적 인권이 철저히 유린되는 상황을 극복하고 인권보장을 제도화하기 위한 법으로서 2001년 4월 30일 국회를 통과하고 5월 24일 공포되었다. 이는 98년 9월부터 2001년 4월까지 '올바른 국가인권기구 실현을 위한 민간단체 공동대책위원회'에 속한 인권단체들의 지속적이고 비타협적인 노력에 의해 여타의 나라에 비해서 상당히 진보적인 형태로 구현된 것이라고 할 수 있다. 과거청산 작업은 "공권력의 권력행사의 자의성을 최대한 억제할 수 있는 법적 제도적 장치, 군대와 경찰 등 억압적 국가기구의 민주화" 등이 없으면 완결될 수 없고, 그런 점에서 "과거청산 문제는 곧 현재의 정치적 민주화, 인권에 대한 안전

장치의 문제가 된다”(김동춘, 2001: 98)는 점에서, 이 국가인권위원회는 과거의 국가적 범죄를 청산하는 차원을 넘어서 과거와 같은 행위가 재발하지 않도록 하는 예방적 제도화의 성공적 사례라고 할 수 있다.

이 외에도 국민정부 하에서 2002년 12월 11일 ‘일제하 일본군 위안부 피해자에 대한 생활안정지원 및 기념사업 등에 관한 법률’도 제정되었다. 일본을 대상으로 하는 사과 및 배상에 대한 국제적인 캠페인에도 불구하고 일본이 이를 거부하고 있는 상황 속에서, 이 법은 국민기초생활보장법에 의한 생계 급여, 의료급여법에 의한 의료 급여, 생활안정지원금 지급 등을 규정하고 있다.

그런데 이러한 법제정은 결과일 뿐이며, 과거청산의 ‘과정’에 대한 정치사회학적 분석이 요구된다. 먼저 국민정부가 출범한 이후 저항진영은 김대중정부가 50년 만의 야당정부이기 때문에 내부 동력에 의해서 과거청산을 위한 각종 제도적 노력이 진행될 것으로 기대하였다. 그러나 집권한 이후 이러한 과거청산에 있어 적극성을 보이지 않자, 아래로부터 과거청산을 위한 다양한 노력들이 전개되기 시작하였다. 먼저 민주화운동 명예회복법과 의문사 진상규명에 관한 특별법의 경우에는 독재 하에서 희생을 당한 부모님들의 헌신적인 투쟁이 존재하였다. 이러한 노력들의 가장 극적인 사례는 유가족들을 중심으로 진행된 국회 앞 천막농성이라고 할 수 있었다. 국회 앞에서 1년여에 걸친 장기 천막농성을 유가협 및 민가협 어머니, 아버지들이 지속하였다. 또한 이에 발맞추어 시민·민중단체들로 이루어진 ‘민주화운동정신계승국민연대’가 2000년 4월에 만들어져 외부에서의 국민 설득과 지속적인 압박 전략을 구사하였다. 물론 멀리는 독재정권에 대항하는 학생, 노동자, 농민, 지식인들의 목숨을 건 투쟁이 있었지만, 유가족들의 헌신적인 주체적 실천과 시민·민중단체들의 과거청산을 위한 조직적 노력들로 과거청산의 새로운 입법과 정부차원의 제도화가 가능하였다고 할 수 있었다. 앞서 지적한 거시적인 구조적 한계 내에서도 50년 만의 야당정권 출범이 부여한 정치적 공간을 활용하는 지속적인 투쟁을 통해서 과거청산을 진전시킨 경우이다.

87년 이후의 민주개혁의 과정을 돌이켜 보면, '위로부터의 보수적 민주화'의 경로가 지배적인 상황에서 개혁이 전개되기 때문에 개혁은 아래로부터의 강력한 추동(推動)이 없는 한 유지되기가 어렵다. 민주화운동 명예회복과정 역시 그러한 과정으로 전개됨을 여실히 보여주었다. 이것은 국민정부의 복합성이 그대로 민주화운동 명예회복 과정을 포함한 과거청산의 복합성으로 반영된다는 것을 의미한다.

이처럼 국민정부 성립으로 인한 과거청산의 정치적 공간 확대, 그 공간에서의 87년부터 이어지는 과거청산의 거시적 한계와 과거청산을 위한 아래로부터의 투쟁의 상호작용은 민주화운동 명예회복법이나 의문사진상규명특별법의 제정에도 나타났을 뿐만 아니라, 그러한 법에 의거하여 과거 민주화운동 희생자들이 명예회복을 받고 보상을 받는 과정, 의문사 사건들의 진상규명이 이루어지는 과정에도 나타나게 된다.

먼저 민주화운동명예회복법의 경우 민주화운동 관련자의 범위를 '최소주의'적으로 협소하게 규정함으로써 민주화운동 명예회복 및 보상 인정을 둘러싼 긴장과 갈등을 발생시켰다. 김대중정부의 복합적 성격은, 민주화운동 명예회복과 보상을 진행하면서도, 민주화운동의 명예회복 및 보상이 '최소주의'적 방향으로 규정되고 법제화되게 만들었다. 주지하다시피 법에서 "민주화운동이라 함은 1969년 8월 7일 이후 자유민주적 기본질서를 문란하게 하고 헌법에 보장된 국민의 기본권을 침해한 권위주의적 통치에 항거하여 민주헌정질서의 확립에 기여하고 국민의 자유와 권리를 회복·신장시킨 활동을 말한다". 이러한 규정은 민주화운동을 최소한의 활동으로 규정함으로써 이것을 '최대주의'적인 것으로 만드는 과정은 전적으로 아래로부터의 압력과 투쟁의 몫으로 남겨 놓았다.[106] 그 결과 명예회복 및 보상을 둘러싸고 지속적인 비판과 갈등이 존재하게 되는 것이다. 구체적으로 민주화운동명예회복법에서 독재정권의 시기 구분 자체가 현실적 권력관계를 반영하고 있다고 해석할 수 있다. 국민정부 하에서 여당의 소수파로 존재하고 있고 구집권정당인 야당이 다수당으로 존재하고 있으며 구 박정희체제를 계승한다고 하는 자유민주연합이 '캐스팅 보트'를 쥐는 위치에 있는 상황에서 이 법이 통과되면서, 명예회복 및 보상의 대상을 61년 5·16군사쿠데타에서부터가 아니라 '3선개헌'을 국회에 발의한 시점에서부터의 민주화운동만을 규정한 것이다. 또한 종기(終期) 역시 모호하게 규정되어있다.

문민정부까지의 과거청산이 광주항쟁에서와 같은 명명백백한 극악한 집단학살에 대한 진상규명과 처벌에 한정되었다고 하면, 의문사

106 이처럼 민주화운동에 대한 최소주의적 법률 규정은 이를 '최대주의'적인 것으로 확장하기 위한 투쟁과 갈등이 출현하게 만든다. 민주화운동 범위를 5 · 16 쿠데타 이후로 확장하는 문제나, 민주화운동의 범위를 각종 반국가사범, 국가보안법 사범 등으로 확장하는 문제 등이 쟁점이 되고 있다('민주화운동정신계승 국민연대'의 '민주화운동 명예회복 및 보상에 관한 법률' 개정안 http://www.krdemo.org 참조).

진상규명특별법의 제정은 과거 독재정권 하에서 자행된 작은 의문사 사건들에 대한 진상규명과 보상을 지향하고 있다는 점에서 과거청산의 시도가 보다 심화된 형태로 나타나는 것이라고 할 수 있다.

그러나 과거청산의 거시적 한계와 국민정부의 복합성은 의문사 진상규명특별법의 집행 과정에 다양한 한계를 부과하였다. 법적인 문제뿐만 아니라, 의문사를 자행한 구 국가기관들의 비협조로 인하여 과거청산이 불완전하게 진행되는 결과를 낳은 것이다. 2001년 후반기~2002년 초에 유가족들의 항의로 인한 위원장 및 상임위원의 사퇴 파동은 거시적 한계로 인한 딜레마를 반영하고 있다. 87년 이후의 민주화 과정에서 구 억압적 국가기구와 요원에 대한 철저한 해체적 작업이 진행되었어야 했으나 그것이 철저하게 이루어지지 못함으로써, 현재의 국가기구들과 요원들의 과거와 완전히 단절되지 않은 채로 존재하게 되었다. 따라서 관련 자료 제출을 거부한다거나 조사 자체에 비협조적이거나 하는 등의 형태로 의문사 진상규명 작업을 무력화하는 방향으로 행동하게 되는 것이다.[107] 당초 의문사 진상규명 특별법 상의 시한이 6개월간이었고 자료 제출을 거부하거나 비협조적일 경우 아무런 제재 수단이 없는 입법이었다. 1기 의문사진상규명위원회가 종결되면서 철저한 의문사 진상규명을 위한 법 개정을 시도하였으나 2002년 11월 1년 간의 활동기간 연장을 통해 2기 의문사진상규명위원회가

107 사실 의문사진상규명위원회가 설치될 수 있었던 것 자체가, 의문사의 가해자가 밝혀지더라도 공소시효 기간이 대부분 만료되어 도덕적·정치적 단죄나 가능할 뿐 실제적인 처벌이 불가능하다는 점 때문에 가능하였다고 평가할 수 있다. 만일 실제적인 처벌이 수반되는 진상규명이었다면 더 큰 저항이 제기되었을 것으로 추측할 수 있다.

성립하는 것으로 그쳤다. 이러한 현상 역시 국민정부의 복합적 성격 및 그것이 각인되어 나타나는 과거청산의 복합성을 반영하는 것이라고 할 수 있다.

국민정부 출범 이후 과거청산의 정치적 공간이 확장되어 민주화운동 관련자 명예회복 및 보상 작업이 진행되고 의문사 진상규명 작업이 진행됨에도 불구하고, 그것의 진보적 실현과 진행을 촉진하기 위해서는 부단히 아래로부터의 투쟁과 압박이 존재해야 하는 상황이 나타나게 되는 것이다. 이는 민주화운동 명예회복법의 경우 민주화운동에 대한 '최소주의'적 해석을 극복하고 '최대주의'적인 해석과 그에 기초한 명예회복·보상 시도로 나타나게 되고, 의문사진상규명의 경우에는 철저한 진상규명과 구 국가기관들의 철저한 수사 촉구노력으로 나타나게 되는 것이다.[108]

나아가 이러한 국가인권위원회가 만들어지는 과정에서도 과거청산의 복합성을 확인할 수 있다. 국가인권위원회의 위상과 권한 범위 등을 둘러싼 법무부, 검찰 등 구 억압적 국가기구들과 인권단체들 간의 대립, 국가인권위원회의 구성(규모 및 직급 등)을 둘러싼 주무 행정자치부와 국가인권위원회 설립단 간의 대립 등 국가인권위원회의 설립 과정은 87년 이후의 과거청산의 동학이 그대로 반영되고 있다고 할 수 있다. 즉 위로부터의 보수적 민주화로 인하여 구 국가기구가 해체되지 않고 엄존함으로써 나타나는 한계와 구세력들의 저항, 국민정

108 의문사진상규명위원회의 활동을 중심으로 하는 과거청산의 복합성에 대한 연구로는 김유진(2002) 참조.

부의 출범으로 확장된 정치적 공간-시민사회진영의 운신공간-의 확장, 그럼에도 불구하고 아래부터의 투쟁이 없으면 진전되지 않는 거시적 한계 등이 복합적으로 작용하면서 국가인권위원회가 성립되었다고 할 수 있다.

이상에서 서술한 바와 같이 과거청산-특별히 '과거청산의 현재적 이슈'-의 복잡한 동학이 민주화운동명예회복법, 의문사진상규명위원, 국가인권위원회법의 제정 및 시행과정에서도 그대로 관철됨을 확인할 수 있다. 국민정부의 권력적 복합성이 그대로 민주화운동 명예회복 과정을 포함한 과거청산의 복합성으로 반영되고 있다는 것이다.

이와 함께 국민정부 하에서 확장된 '과거청산의 정치적 공간'에 힘입어, '과거청산의 역사적 이슈'를 해결하기 위한 투쟁도 전개되었다. 역사적 이슈와 관련하여서 먼저 친일청산 이슈를 들 수 있다. 해방공간 및 4·19혁명 공간에서 친일문제가 제기되었으나 철저하게 해결되지 못한 채로 '역사적 이슈'로 존재하여 왔다. 그런 속에서도 민족적·역사적 이슈에 집중하는 시민사회기구들 및 민족주의적 인사들에 의하여 끊임없이 제기되었다. 이러한 노력에 힘입어, 국회 수준에서 친일청산작업이 추진되었고 그 결과, 2002년 2월 28일 '민족정기를 세우는 국회의원 모임'이 반민족행위자 708명의 명단을 발표하였다. 원래 광복회가 692명의 명단을 확정해 국회에 청원했으나, 국회의원 모임이 여기에 16명을 추가하여 발표하였다. 국회의원모임은 1948년 제정된 반민족행위자 처벌법의 기준에 따라 명단을 작성하였는데, 708명에는 한일합방에 적극 협력한 이완용 등 을사 5적, 정유 7적을 비롯해 일제 치하의 중추원 참여자, 일진회 등 친일단체 관련자, 고등계 형사, 1910년 합병 당시 수작자, 합방 이후 수작자, 일본제국 의회 의원, 애국자 살상자, 작위를 받은 자, 도지사 및 조선총독부 국장, 도 참여관, 조선총독부 사무관, 판사, 검사, 밀정, 경시, 군인, 군수산업 관련자 등이 포함되어 있다. 그런데 추가된 16명에는 김활란, 동아일보 창업자인 김성수, 조선일보 창업자인 방응모 등이 포함되어, 조선일보와 동아일보를 포함한 보수적 세력들이 강력하게 저항함으로써 이것이 치열한 사회적 쟁점이 되었다. 이것은 역사적 과거청산의 이슈 자체도 단죄의 대상이 되는 인물을 지원하는 현재적인 세력과의 대결과정이라는 것임을 잘 보여주고 있다.[109]

다음으로 한국전쟁 전후의 민간인학살을 해결하기 위한 노력을 들 수 있다. 문민정부 하에서 이루어진 거창사건 명예회복, 국민정부 하에서 이루어진 제주 4·3 사건 명예회복사건을 제외하고서 여타 사건에 대해서는 명예회복 조치가 이루어지지 않았다. 이를 해결하기 위하여 2000년 9월 7일 '한국전쟁 전후 민간인 학살 진상규명 범국민위원회'가 만들어져서 활동하고 있다. 이는 개별 사건들을 중심으로 하여 주로 피해자[110] 중심의 운동에서 보다 일반적인 과거청산운동으로 확대됨을 의미하였다. 이 위원회는 2003년 2월 27일 '민간인 학살 진상규명 통합특별법 쟁취 투쟁본부'를 결성하고 이를 위해서 농성, 캠페인 등 다양한 사업들을 전개하고 있다.

109 민족정기를 세우는 국회의원 모임은 '일제하 친일반민족행위 진상규명특별법'을 발의할 계획을 가지고 있다고 보도되었다.

110 전후 반공규율사회적 조건 속에서 좌익 관련 피해자들이나 유족들이 얼마나 많은 고통을 받았는가 하는 점을 여성 유족들을 중심으로 연구한 이령경(2003)의 논문 참조.

김원웅 의원 등 47명의 의원에 의해, '한국전쟁 전후 민간인 희생 사건 진상규명 및 피해자 명예회복 등에 관한 법률안'이 입법청원되어 있는 상태이다. 민간인 학살을 주도하였던 세력들이나 그 후손들이 전후의 반공규율사회 속에서 제도적·비제도적 권력을 가지고 있는 상황에 의해 어려움을 겪으면서도 과거청산의 실현을 위한 다양한 노력을 기울이고 있다.

이와 함께 '동학농민혁명군의 명예회복에 관한 특별법 제정운동'이나 '일제 강점 하 강제동원 피해 진상규명 등에 관한 특별법 제정운동' 등도 전개되고 있다. 이외에도 민주화운동 명예회복 및 보상에 관한 법률의 개정문제, 권위주의 시기 친북적 운동으로 낙인찍혀 고통을 받았던 '재일한국민주통일연합(한통련)' 명예회복 문제 등도 제기되어 있다. 2003년 1월 일제 강점 하 강제동원피해 진상규명 등에 관한 특별법 제정 추진위원회, 한국전쟁 전후 민간인학살 범국민위원회, 베트남전 진실위원회, 추모연대 등을 중심으로 '과거청산을 위한 민간네트워크'가 결성되어 보다 통합적인 과거청산을 위한 노력을 전개하려는 시도도 나타나고 있다.

앞서 서술하였듯이 과거청산은 단순히 과거와의 싸움이 아니라 현재의 계급적·사회적 투쟁에 의해 규정되는 역관계에 의해서 규정되는 현재적 투쟁이라고 할 수 있다. 과거청산이라는 이슈 자체가 제기되는 이유는 과거청산을 불가능하게 하는 현재적인 세력이 존재하기 때문이다. 그런 점에서 일정한 정치적 한계 속에서, 과거청산의 이슈를 쟁점화하는 아래로부터의 현재적 투쟁을 통해서 조금씩 과거청산이 진전된다고 할 수 있고, 바로 그러한 구체적인 예를 87년 이후의 민주주의 이행과정에서의 과거청산 사례 속에서 찾아볼 수 있다.

5. 참여정부 하에서의 과거청산의 동학

아래의 표는 참여정부 하에서의 과거청산과 관련된 입법을 보여준다.

유형	법 명칭	제정	법안 내용	배경
과거 청산의 현재적 이슈	삼청교육 피해자의 명예회복 및 보상에 관한 법률	2004. 1. 29	80년 전두환을 정점으로 하는 신군부가 쿠데타로 집권한 이후, 8월 4일 계엄포고에 의해서 실시된 순화교육, 근로봉사, 사회보호법 부칙 5조에 의해서 이루어진 보호감호에 의한 피해자들을 구제하기 위한 것	삼청교육사건으로 사망하거나 행방불명된 사람, 혹은 후유증을 겪는 사람들에 대한 명예회복 및 보상을 목표로 함. 삼청교육을 받은 피해자들의 조직을 중심으로 한 캠페인이 지속적으로 전개되었음
	군 의문사 진상규명 등에 관한 법률	2005. 6. 29	군인으로서 복무하다가 의문의 사망을 한 사례들에 대해서 진실을 규명하고 적절한 조치를 취하기 위한 법	반독재민주화운동과 관련하여 발생한 의문사사건에 대해서는 국민정부 하에서 특별법에 의해서 진실규명 노력이 있었으나 군 의문사에 대해서는 별도의 조치가 없었음
	진실 · 화해를 위한 과거사 정리기본법	2005. 5. 3	일제 강점기 또는 그 직전의 항일독립운동, 한국전쟁 전후 시기의 민간인 학살사건, 해방 이후부터 권위주의 정권 하에서 이루어진 공권력에 의한 인권 침해 사건 등에 대해서 포괄적으로 과거청산을 위한 법	기존에 특수 주제영역별로 이루어진 과거청산을 종합적으로 수행하기 위한 것. 국회심의과정에서 보수적 야당에 의해서, 해방 이후 대한민국의 정통성을 부정하는 테러나 폭력 사건 등에 대해서도 조사가 이루어지게 되었음

과거 청산의 역사적 이슈	노근리 희생자 심사 및 명예회복에 관한 특별법	2004. 3. 5	50년 7월 25일부터 4일간 충북 노근리 일대에서 미군에 의해서 이루어진 양민학살 희생자에 대한 명예회복 및 위령사업을 지원하기 위한 법	한국전쟁 기간 중 미군에 의해서 저질러진 대표적인 학살사건으로 쟁점화가 되었고 이를 한국 정부 차원에서 해결하는 방식으로 제정됨.
	동학농민혁명 참여자 등의 명예회복에 관한 특별법	2004. 3. 5	동학농민혁명 참가자들에 대한 명예회복과 기념사업을 지원하기 위한 법	이 법은 과거청산이 식민지 시기를 거슬러 근대 초기의 사건에도 적용된 경우. 농민항쟁의 역사적 사건을 재규정하고 참여자들에 대한 상징적 명예회복을 위한 법
	일제 강점하 강제동원피해 진상규명 등에 관한 특별법	2004. 3. 5	일제 시대 강제 동원된 사람들에 대한 피해조사, 명예회복 및 기념사업에 관한 법	만주사변 이후 태평양 전쟁에 이르는 시기의 강제동원피해자들에 대한 배상이 일본정부 차원에서 이루어지지 않는 상태에서, 한국정부 차원에서 명예회복과 진상조사를 지원하기 위하여 이루어짐
	한·일 수교회담 문서 공개 등 대책기획단의 설치 및 운영에 관한 규정	2005. 1. 14	64~65년 간의 한일회담 관련 문서공개와 관련한 논란을 해결하기 위한 정부 차원의 규정	한일수교회담이 60년대 이후 논란이 되어 왔는데, 이를 해결하기 위하여 대책기획단을 설치하고 관계기관의 협조를 통해 역사적 사실을 규명하기 위한 것

	일제 강점하 반민족행위 진상규명에 관한 특별법	2005. 1. 27	일제 시기의 친일행위의 진상규명행위를 조사하기 위한 법	민족민족연구소 등을 중심으로 친일반민족행위에 대한 조사와 관련자에 대한 명예박탈 및 재산환수조치 등을 행할 것을 요구하는 캠페인이 전개되었음
	친일반민족행위자 재산 국가 귀속에 관한 특별법	2005. 12. 29	친일행위로 축재한 재산의 국가귀속에 대한 법률	친일반민족행위자 재산의 국가귀속에 관한 특별법(親日反民族行爲者財産의國家歸屬에關한特別法)은 러일전쟁 이후부터 1945년 광복 이전까지의 친일행위로 축재된 재산에 대해 국가로 귀속시키는 것에 대한 법령이다. 그러나 선의의 목적으로 취득했거나 정당한 대가를 지급하고 취득한 경우에 대해서는 예외이다.

노무현정부에서 과거청산 정부라고 할 정도로 폭넓은 과거청산 시도가 이루어졌다. 구체적으로 살펴보자. 과거청산의 현재적 이슈를 해결하기 위한 법은 '군 의문사 진상규명 등에 관한 법률'(2004년 1월), 삼청교육 피해자의 명예회복 및 보상에 관한 법률(2005년 6월), 진실·화해를 위한 과거사 정리기본법(2005년 5월) 등을 대표적으로 들 수 있다.

먼저 2004년에는 '삼청교육 피해자의 명예회복 및 보상에 관한 법률'이 제정되었다. 이는 80년 전두환을 정점으로 하는 신군부가 쿠데타로 집권한 이후, 8월 4일 계엄포고에 의해서 실시된 순화교육, 근로봉사, 사회보호법 부칙 5조에 의해서 이루어진 보호감호에 의한 피해자들을 구제하기 위한 법이다. '10·26사건'과 '12·12사건' 등 일련의 정치적 격변을 거쳐 권력을 장악한 신군부는 1980년 5월 17일 비상계엄을 발령한 후 5월 31일 국가보위비상대책위원회를 설치하였고, 국보위는 안보태세 강화·경제난국 타개·사회안정으로 정치발전을, 사회악 일소로 국가기강을 확립한다는 명분으로 소위 '정치·사회정화'를 위한 제반 조치들을 실시하였는데, 그 일환이 바로 '삼청교육'이었다. 핵심적으로 '불량배'를 소탕한다는 이름으로 계엄사령부가 내무부와 법무부를 지휘·감독하여 불량배라고 간주되는 사람들을 대거 검거하여 순화교육 및 근로봉사를 시켰다.

그런데 이 교육사업이 폭력적이고 자의적으로 시행되었기 때문에, 이 과정에서 많은 피해자들이 발생하였다. 이 사건으로 사망하거나 행방불명된 사람, 혹은 후유증을 겪는 사람들에 대한 명예회복 및 보상을 목표로 한 캠페인이 지속적으로 전개되어 왔었고, 이것이 이 법으로 결실을 맺은 셈이었다.[111]

1999년 김대중정부 하에서 '의문사 진상규명에 관한 특별법'이 제정되었었다. 반독재민주화운동과 관련하여 발생한 의문사사건에 대해서는 국민정부 하에서 특별법(앞서 서술한 '의문사 진상규명에 관한 특별법')에 의해서 진실규명 노력이 있었으나 군 의문사에 대해서는 별도의 조치가 없었다.[112] 2004년 제정된 '군 의문사 진상규명 등에 관한 법률'

111 이 삼청교육사업에 의해서 '개전의 정이 없이 주민의 지탄을 받는 자, 불건전한 생활영위자 중 현행범과 재범우려자, 사회풍토 문란사범, 사회질서 저해사범' 등 총 6만 755명이 체포되었는데, 이 중 3만 9,742명이 순화교육 대상자인 B, C급으로 분류되었다. 이들 중에는 학생 980명과 여성 319명이 포함되었다. 이들 중 다수가 '전과'도 없는 사람들로서 무고한 피해자들이었다.

112 단지 민주노동당 등에서는 '공소시효 정치제도'나 '금융자료 요구권' 제외와 동행명령

은 군인으로서 복무하다가 의문의 사망을 한 사례들에 대해서 진실을 규명하고 적절한 조치를 취하기 위한 법이다.

다음으로, 2005년 5월 31일 '진실·화해를 위한 과거사정리 기본법'이 공포되었는데, 이 법은 기존에 특수 주제영역별로 이루어진 반민주적·반인권적 공권력 행사에 대한 과거청산을 종합적으로 수행하기 위한 것이었다. 일제 강점기 또는 그 직전의 항일독립운동, 한국전쟁 전후 시기의 민간인 학살사건, 해방 이후부터 권위주의 정권 하에서 이루어진 공권력에 의한 인권침해 사건 등을 포괄적으로 다루게 되었다. 국회심의과정에서 보수적 야당에 의해서, 해방 이후 대한민국의 정통성을 부정하는 테러나 폭력 사건 등에 대해서도 조사를 하는 방향으로 확장되었다.[113] 이 위원회는 진상규명 후, 필요한 피해에 대한 배상이나 보상, 명예회복 조치, 가해자와 피해자 간 화해의 권유, 과거사 연구재단 설립 등을 행하도록 되어 있었다.

이러한 법률 제정을 통한 과거청산 이외에 검찰, 법원, 군, 경찰 등 '억압적 국가기구'라고 범주화되는 과거의 범죄적 인권탄압 등에 연루되었던 기관들에서 자체적으로 과거의 문제를 드러내고 개선하기 위한 위원회와 기구들이 만들어져서 다양한 작업이 시도되었다. 대표적으로 경찰과거사조사위원회, 국가정보원과거사조사위원회, 국방부(기무사령부)과거사조사위원회 등을 들 수 있다. 검찰의 경우, 이러한

거부시 '과태료 부과' 건에 대해 취약하다고 하는 비판을 제기하였다.

113 진실화해위원회는 장관급 위원장 1명과 차관급 상임위원 3명, 비상임위원 11명 등 총 15명으로 구성되었으며, 위원회 밑에는 업무 보조를 위해 정책보좌관, 홍보담당관, 행정관리국, 조사1국, 조사2국, 조사3국 등으로 구성된 사무처를 둔다. 이 위원회는 2010년 12월 31일로 종결되었다.

과거사 청산 작업에 가장 소극적이었다.

참여정부 하에서의 과거청산의 특징은 그것이 독재 시기뿐만 아니고 해방 이전 근대 및 식민지 시기까지 폭넓게 이루어졌다는 것이다. 그 상징적인 법의 하나가 2004년 제정된 '동학농민혁명 참여자 등의 명예회복에 관한 특별법'이다. 이는 사실 100여 년도 넘는 근대 초기 동학농민혁명 참가자들에 대한 명예회복과 기념사업을 지원하기 위한 법이었다. 이는 농민항쟁의 역사적 사건을 재규정하고 참여자들에 대한 상징적 명예회복을 위한 법의 성격을 가지고 있었다.

다음으로 일제 시기의 역사적 이슈와 관련된 과거청산법으로서는 2004년 제정된 '일제 강점 하 강제동원피해 진상규명 등에 관한 특별법'이다. 이는 일제시대 강제동원된 사람들에 대한 피해조사, 명예회복 및 기념사업에 관한 법이었다. 특히 만주사변 이후 태평양 전쟁에 이르는 시기의 강제동원피해자들에 대한 배상이 일본정부 차원에서 이루어지지 않는 상태에서, 한국 정부 차원에서 명예회복과 진상조사를 지원하기 위하여 제정된 것이었다. 이 법은 1965년 한일협정으로 인하여 일본 정부가 국가차원이나 기업 차원에서 배상을 거부하고 있는 것에 대응하여, 한국 정부가 이를 지원하기 위한 것이었다.

다음으로 이른바 '친일파'와 관련된 과거청산 법이 상대적으로 철저하게 이루어졌다. 이와 관련하여 두 가지 법이 대표적인데, 2005년 제정된 '일제 강점 하 반민족행위 진상규명에 관한특별법'과 '친일반민족행위자 재산 국가 귀속에 관한 특별법'이었다. 전자는 일제시기의 친일행위의 진상규명행위를 조사하기 위한 법으로서, 민족문제연구소 등을 중심으로 친일반민족행위에 대한 조사와 관련자에 대한 명예박탈 및 재산 환수조치 등을 행할 것을 요구하는 캠페인이 전개되어온 것이 결실을 맺은 것이라고 할 수 있었다. 후자는 2005년 말 제정되었는데, 이 법은 친일반민족행위자 재산을 몰수하는 것을 목표로 하고 있다는 점에서 상당히 획기적인 법이라고 할 수 있었다. 이 법은 러일전쟁 이후부터 1945년 광복 이전까지의 친일행위로 축재된 재산에 대해 국가로 귀속시키는 것에 대한 법령이다. 물론 이 법은 선의의 목적으로 취득했거나 정당한 대가를 지급하고 취득한 경우에 대해서는 예외로 하고 있다. 이에 대해, 친일파의 후손들은 대부분 재산 환수에 불복하고 행정소송 및 헌법소원을 제기하고 있으나, 거의 모두 패소·각하되고 있다.

한국전쟁기의 사건들을 둘러싼 과거청산은 2005년 '진실·화해를 위한 과거사 정리기본법'으로 종합되었는데, 노근리 사건이 한국전쟁기에 미군에 의한 대표적인 학살사건으로 대내외적으로 문제가 되면서, 2004년 '노근리 희생자 심사 및 명예회복에 관한 특별법'이 제정되었다. 이는 1950년 7월 25일부터 4일간 충북 노근리 일대에서 미군에 의해서 이루어진 양민학살 희생자에 대한 명예회복 및 위령사업을 지원하기 위한 법이었다.

다음, 60년대 독재시기 이전의 과거청산 법안으로서는 2005년 '한·일 수교회담 문서 공개 등 대책기획단의 설치 및 운영에 관한 규정'이 있다. 이 법은 그동안 64~5년 한일회담을 둘러싼 의혹이 강력하게 존재하고 있었기 때문에, 이를 검증하고 투명하게 하기 위한 법이었다. 이 법에 의해 대책기획단이 설치되어 한일회담 관련 문서를 공개하였다.

앞서 노무현정부 하에서 '보수의 능동화' 현상에 대해서 설명하였다. 이러한 보수의 능동화에 중요한 촉매적 계기는 바로 이러한 과거청산이었다. 보수세력은 이러한 과거청산에 대해 '과잉과거청산'이라고 비판하면서 저항하였다. 이것은 사실 과거 보수세력의 '정체성'에 관한 것이고, 과거 50년대 극우반공분단체제가 갖고 있는 '친일'적 성격이나, 개발독재체제가 갖고 있었던 반인권적·폭력적 측면이 법에 의해 '공인'되고 그 결과 자신의 조상이 호국영웅이나 반공영역에서 반민주주의적 인사로 재규정되는 것이기 때문에, 더욱 격렬히 저항하였다.

이러한 과거청산을 지향하는 운동정치는 과거 제도정치의 정체성적 기반을 재구성하는 의미를 담고 있기도 하다. 즉 50년대 극우반공분단체제와 개발독재 하에서 고착화되고 강요된 인식적 프레임이 도전을 받게 되고 재구성되는 것을 의미하였다. 예컨대 광주학살이 재조명되는 과정은 광주항쟁의 참여자들이 폭도나 북한의 사주를 받는 빨갱이에서 민주화운동로 나아가 국가유공자로 되어 가는 과정이었다.

이 과정에서 흥미로운 점은, 과거 제도정치의 프레임 속에서 이른바 '보훈이념'이 존재하고 있었는데, 과거청산 과정에서 과거의 보훈이념이 전제로 하고 있는 정체성과 새로운 과거청산이 동반하는 새로운 정체성의 형성 간에 긴장과 모순이 생기게 되었다는 것이다.

예컨대 광주진압과정에 참여한 군인들은 희생된 경우 국가유공자가 된다. 광주항쟁의 피해자들은 2002년 1월 '광주 민주유공자 예우에 관한 법률'에 의하여 국가유공자의 반열에 올랐다. 이 법에 의해, 광주 피해자들은 국가유공자에 준하는 지원책(교육지원, 취업지원, 의료 지원 등)을 받게 되었다. 통상 한국의 국가유공자는 독립유공자와 호국유공자로 분류된다. 여기서 호국유공자는 대체로 군인, 경찰 등 국가안보와 관련된 일에 종사하다가 희생된 사람들을 국가 수준에서 예우하는 것이다. 이들 중 일부는 시위나 데모를 진압하다가 희생된 경우도 포함한다. 당연히 광주 진압작전에 참여한 군인도 포함한다(물론 광주 진압작전으로 인하여 훈장을 받은 군인들의 경우 추후 일부 '서훈'이 취소되었다). 그런데 문제는 여기에 '민주유공자'가 생기게 된 것이다. 민주유공자는 당연히 시위과정에서 혹은 진압과정에서 희생된 존재들이다. 결국 이렇게 되면, 일부나마 '진압유공자'와 '저항유공자'가 동시에 국가유공자가 되는 딜레마가 출현한 것이다. 이것은 기존의 제도정치를 포함하는 국가질서의 기본프레임이 그대로 유지되면서 동시에 그에 대항하는 사회적 정치의 성과가 높은 수준으로 보장되게 됨으로써 나타난 '의도하지 않은 결과적 딜레마'라고 할 수 있을 것이다.

이명박정부 하에서 과거청산 작업은 역전되거나 주변화되었다. 특히 '진실과 화해위원회'의 종결과정은 '과거청산의 정치적 공간'이 변화하면서 어떻게 과거청산의 실제적 과정이 축소되고 역전되는가를 잘 보여준다. '진실·화해를 위한 과거사 정리기본법'의 경우 2005년 시작되어 4년을 지속한 다음에 2년을 연장하기로 되어 있었다. 그래서 이 진실과화해를 위한 과거사위원회는 2010년 12월에 최종적으로 종결되었다. 그런데 이명박정부에 들어서면서, 위원장에 뉴라이트 학자 출신인 이영조 교수가 임명되면서 이 위원회의 활동 자체가 논란이 되었고, 조직 내부적으로 적극적인 과거청산의 의지가 약화되면서, 과거청산의 확장보다는 '조기종결'의 방향으로 나아갔다. 특히 이명박정부의 초기 국면에서는 앞서 언급한 '보수의 능동화'가 과거청산에 대한 격렬한 우익적 저항을 내포하고 있었기 때문에, 참여정부 하에서 진행되어져 오던 과거청산 작업은 대대적인 약화 및 역전을 보게 되었다. 앞서 검찰, 국정원, 군, 경찰, 사법부 등에서 자체 조직에 의해서 진행되어져 오던 과거사 청산 작업도 지체되거나 조기 마무리의 경로를 가게 되었다. 이 역시 보수적 운동정치에 의한 중도자유주의적 정부의 과거청산 작업이 제약되거나 역전되는 것을 보여주는 것이다.

과거청산의 과정은 제도정치와 운동정치가 어떻게 역동적으로 상호작용하는가를 잘 보여주는 사례이다. 운동정치가 기존 제도정치의 사회적 지형을 아래로부터의 대중적 운동을 통해서 변화시켜 감으로써 제도정치를 변화시켜 가는 과정에는 이처럼 과거청산에서도 그대로 표현되었다고 생각된다.

11장

포스트민주화체제

11장

포스트민주화체제

'제4경합국면'은 반독재민주정부로부터 '신보수정부'로 정권이 변화한 이후, 신보수정부 하에서 발생한 새로운 각축의 시기이다. 노무현정부의 위기로 인해, 신보수정부로서의 이명박정부가 등장하였다. 이에 제도정치−운동정치−시민사회의 관계가 변화하면서, 민주주의의 구성적 각축의 지형이 새롭게 형성된 시기가 바로 제4경합국면이다. 제3경합국면에서 반독재민주정부의 헤게모니가 유지되면서, 반독재민주정부의 집권시기가 '장기화'되는 경우도 생각해 볼 수 있다. 그러나 실제로는 과거 반독재세력의 헤게모니 균열과 유사하게 반독재민주세력이 주도하는 정부 역시도 헤게모니 균열의 경로를 겪었다. 그 결과 이른바 '포스트민주화체제'를 둘러싼 각축이 진행되었다. 제 4경합국면은 바로 이 각축의 국면이다. 이 제4경합국면은 비록 신보수정부의 출범을 계기로 열렸지만, 일관된 방향을 갖기보다는 상호각축하는 국면으로 전개됐다.

포스트민주화체제는 기본적으로 반독재민주정부와 민주주의 블록의 헤게모니의 균열로 시작되었기 때문에, 보수적 방향으로 나아갔다. 그러나 제3경합국면에서 노무현정부의 위기가 단지 대중들의 보수적 이반으로 조성된 것이 아니라 '진보적 이반'에 의해서 조성된 것이라는 점이 중요하다. 즉 반독재민주세력은 일정한 정치사회적인 민주개혁을 수행한다는 점에서 긍정적이었으나, 반대로 사회경제적 측면에서 친세계화정책을 수용함으로써 대중들의 사회경제적 삶을 불안정하게 만들었다. 이에 대응하는 대중의 진보적 이반이 있었다. 이러한 양면적 이반이 민주주의 블록의 헤게모니적 기반을 균열시키는 계기가 되었다. 제4경합국면은 두 지향 중 어떤 것이 새롭게 헤게모니적인 것이 될 것인가를 둘러싸고 각축과정이 전개되는 국면이다.

1. 포스트민주화체제의 성격

한국에서 1961년을 기점으로 개발독재 시대가 열렸고 87년 6월 민주항쟁으로 민주주의 체제로의 이행이 시작되었다. 그리고 1997년부터 반독재세력이 집권하는 민주정부 10년의 국면이 열렸으나, 2007년 12월 대선에서 보수세력이 승리함으로써 구 독재적 보수정당이 새롭게 집권하는 시대가 열렸다. 이명박정부 이후 한국 민주주의의 지형을 어떻게 분석할 것인가는 흥미로운 주제이다. 나는 2008년 2월 이명박정부의 성립을 87년 이후 민주화의 과제를 둘러싸고 각축하던 시기가 종결되고 새로운 각축의 지형이 출현하는 전기로 본다. 그 새로운 각축의 지형을 '포스트민주화' 체제라고 표현한다. 2008년 이명박정부의 출현은 새로운 지형으로 변화하는 '전환적 체제 재편 사건'의 하나이다. 포스트민주화체제하의 민주주의는 민주화 시기의 민주주의와 그 질적 성격이 다르고, 민주주의의 구성적 각축의 지형이 달라진 민주주의라고 할 수 있다. 이것은 '신자유주의적 지구화'라는 국제적 계기, 그리고 '신보수정부'의 출현이라고 하는 국내적 계기에 의해서 이중적으로 규정되면서 작동하는 민주주의이다.

1) 신자유주의적 경제와 신보수정치의 결합

2008년 이명박정부의 성립은 97년체제의 전환의 의미를 갖는다. 이명박정부의 성립은 국민정부와 참여정부 하에서 긴장 속에 결합하고 있었던 '신자유주의 경제와 민주개혁 정치의 모순적 결합'이 해체되고, 신자유주의적 경제와 그에 잘 조응하는 신보수정치의 결합이 출현하고 있음을 의미한다. 신자유주의적 기조는 이미 국민정부 이전부터 시작되고 있었다. 예컨대 문민정부에서의 세계화 국정기조의 등장과 우루과이라운드에의 참여 등을 들 수 있다. 그러나 국민정부와 참여정부를 관통하며 이러한 기조는 정부와 정당의 기조로 광범위하게 스며들어 가고 있었다. 민주개혁적 정치와 신자유주의적 기조 간에 긴장도 존재하였다. 그러나 이제 이명박정부 하에서 양자 간에 긴장과 모순이 없어지면서, 신자유주의적 기조는 더욱 전면화되고 대중들의 수준에서 더욱 분명하게 드러나게 되었다.

신자유주의는 두 개의 지향으로 나타났다. 하나는 시장 경쟁원리를 전 사회의 지배적인 운영원리로 만들고자 하는 시장절대주의(market fundamentalism)적 지향이고, 다른 하나는 전면적인 개방화 지향이다. 시장절대주의적 지향과 개방화 지향을 두 축으로 하는 이러한 신자유주의적 기조를 이명박정부는 더욱 전면화했다. 이러한 일련의 변화는 서구에서 신보수세력이 계급권력을 회복해 가는 과정과도 자못 유사하다. 데이비드 하비(하비, 2007: 1장)에 따르면, 1960·70년대의 '계급타협체제'로 인하여 유럽에선 '착근된 자유주의'(embedded liberalism)가 성립하였다. 국가는 적극적으로 산업정책에 개입했고 다양한 복지체계(보건의료, 교육 등)를 구축함으로써 사회적 임금을 위한 표준을 설정하려고 했다. 이것은 시장과 기업활동이 사회적·정치적 제약과 규제에 둘러싸이게 되는 것이었는데, 신자유주의는 바로 이러한 제약으로부터 자본을 탈(脫)착근시키는 과정이라고 할 수 있다. 1970년대 이후 경제적 위기 속에서 유럽의 계급타협체제는 균열된다. 보수세력은 이 조건을 활용하여 자본을 탈착근하기 위한 대반격을 전개하는데, 신보수정부는 바로 이런 의미에서 자본의 계급권력 회복 프로젝트였다.

한국의 경우에도 1987년 6월 민주항쟁이라고 하는 민중적 저항에 의해 한국 사회가 민주주의 이행의 도정에 들어서게 되었고, 이 과정에서 노동자계급의 조직적·정치적 발전, 대중들의 사회경제적 요구의 수용 등이 일정하게 진전되었다. 하지만 이것에 대한 보수세력의 반격은 크게 나타나지 않았다. 왜냐하면 대중들의 민주주의를 향한 요구가 강렬했고, 한국 경제의 전반적인 호조가 민중적 요구를 수용할 수 있는 경제적 공간을 창출했기 때문이다. 그러나 1997년 경제 위기 이후 한국의 자본세력과 보수세력은 국민정부와 참여정부 하에서 이루어진 '민주개혁의 제도화', 비록 제한적이었음에도 사회정책의 확장에 위기의식을 느꼈다. 또한 97년 경제 위기 이후 진행된 한국경제 호조건의 상대적 퇴조, 개방화 이후 전개된 자본의 축적기제의 전반적인 재조정, 세계경제의 불안정 등으로 자본과 보수세력은 위기의식을 갖게 되었다. 이에 자본과 보수세력은 계급권력의 회복을 위해 대대적인 반격에 나선다. 이 대반격은 개발독재의 전략적 지원 하에 구축된 자본계급의 물적 기반을 한편으로 하고, 강력한 보수 언론권력을 또 한편으로 하여 진행되었다. 그 결과는 대반격의 '성공'이었다.

2) 신보수정부

'신(新)보수'라는 규정은 60·70년대의 박정희식 파쇼적 개발독재가 구(舊)보수정권이라는 전제 하에 적용된다. 먼저 신보수 정부라고 할 때의 신보수는 구(舊)보수와 한편에서는 차별성을, 다른 한편에서는 연속성을 가지고 있다. 차별성이라는 견지에서 보면, 신보수정부는 경제적 측면에서 초기 산업화 단계의 개발독재와는 '구별'되는 포스트독재 정부이다. 또한 신보수는 과거의 구 반공주의적 보수나 '안보형 보수'와는 구별되는 '시장형 보수' 혹은 '신자유주의적 보수'라는 특징을 보인다. 구보수가 국가 개입주의와 보호주의를 표방하고 있었다면 신보수는 시장자율주의와 개방주의를 주장한다. 60·70년대에는 세계경제 내에 '보호주의적 경제공간'이 존재하고 있었기 때문에 구 보수정부는 국내시장에 대해서는 보호주의적 정책을 취했으나, 지구화 시대 신보수정부는 WTO, FTA 등으로 상징되는 개방화와 탈국가 시장주의 정책을 전면화한다. 정치적 측면에서, 신보수는 독재정권 시대의 '독재 대 반독재', 민주화 국면에서의 '개혁 대 반개혁'의 구도로부터 상대적으로 자유로운 세력의 집권을 의미한다. 태국과의 비교는 흥미롭다. 태국에서의 군사쿠데타는 역설적으로 독재 대 반독재, 개혁 대 반개혁의 구도를 강화하는 효과가 있었다면, 한국 신보수정부의 등장은 과거의 독재 대 반독재구도를 해체하는 효과를 낳았기 때문이다. 여기서 신보수가 시장형 보수 혹은 신자유주의적 보수라고 하는 성격이 중요하다. 신자유주의적 지구화 시대에 보수적 정치세력의 변화가 나타난 것이라고 볼 수 있기 때문이다. 돌이켜 보면 60·70년대 구보수는 개발독재적 보수였고 그런 점에서 한편에서는 독재 혹은 권위주의라고 하는 성격이 있는 반면에 다른 한편에서는 초기 산업화 단계의 개발주의세력이라고 하는 성격이 있었다고 할 수 있다. 구보수 후자의 성격이 신자유주의적 지구화라고 하는 새로운 조건 속에서 신보수라는 '혁신된' 모습으로 부활하는 것이라고 할 수 있다.

반대로, 연속성이라는 견지에서 보면, 개발독재적 보수·반(反)개혁적 보수를 계승하는 정치세력이 집권당으로 재복귀하는 의미가 있다. 한국 사회의 보수와 진보의 거대한 각축에서 '진보정권'이라고 규정되던 참여정부의 실패와 문제점에 도움을 받으면서, 일정하게 변화된 외양을 띤 보수가 재집권한 것이다. 신보수는 구보수의 가장 핵심적인 성격이라고 할 수 있는 '개발주의'와 '성장주의'를 '신개발주의' 혹은 '신성장주의'라는 형태로 정확히 계승하고 있다. 박노자(2012)의 표현을 빈다면, '친재벌적 중상주의'가 관철되고 있다. 어떤 의미에서 구

보수가 자본이 자기 발로 서지 못하고 국가적 지원에 힘입어 성장해야만 했던 '원시적 축적'기의 친기업주의를 구현하고 있었다고 한다면, 이제 자본이 자기 발로 서고 자력으로 중소자본과 시민사회를 통제하고 국가적 지원 없이도 글로벌 경영을 추구할 수 있는 단계에 적합한 친기업주의를 신보수가 구현하는 것이라고 할 수 있다. 구보수의 친기업적 국가개입주의와 신보수의 친기업적 시장자율주의는 '시장과 국가의 관계의 형태'는 다르지만 정확히 친자본적 성격과 국가개입주의 성격을 공유하고 있다. 왜냐하면 신보수가 경쟁의 원리의 전 사회적 확산과 함께 시장자율을 촉진한다고 하고 있지만, 여전히 국가개입주의적 친기업정책을 그 근간으로 하고 있기 때문이다. 또한 신보수 정부는 부패, 신권위주의, 불도적인 개발주의 등과 같은 구 보수의 부정적인 측면을 반복하고 있다. 이는 BBK사건에서 볼 수 있는 것처럼 집권 과정부터 나타났다. 과거 박정희 세력이 '군사쿠데타에 의한 집권'이라는 점에서 '절차적 정당성의 부재'를 태생적 한계로 가지고 있었다고 한다면, 신보수는 탈세, 위장전입, BBK사건 등과 같은 '부패로 인한 도덕성 부재'를 그 태생적 한계로 한다. 또한 과거 구 개발독재적 보수가 성장이라는 이름으로 기타의 가치들-특히 환경 등-을 주변화시키고 희생시키는 기조였다면, 그런 근본적인 기조에는 크게 변화가 없다고 할 수 있다.

신보수 정부가 한국에서 출현한 것은 신자유주의적 지구화 시대 '(신)보수정치'의 회복을 말해 준다. 신보수정부는 신자유주의적 지구화 시대에 전 지구적으로 헤게모니적 지위를 갖는 일련의 신자유주의적 지향과 기조들[114]을 전면화했다. 반독재민주정부 시기에 이런 기조는 전체적인 민주주의정치 흐름과 긴장을 가지면서 존재했으나, 이제 신자유주의 지향과 기조는 그 제약을 벗어나 자신을 실현시킬 가능성을 보유하게 되었다. 이는 이명박정부 출범 이후 줄곧 확인할 수 있는 사항이었다. 신자유주의적 지향과 기조들이 정부의 지향과 기조들로 폭넓게 관철되었기 때문이다.

이런 점에서 신보수 정부 이후 국가는 '신자유주의적 국가'로 규정되어야 한다. 물론 이것은 이미 반독재민주정부 하에서, 이른바 '97년 체제' 하에서 관철되어 온 경향이었다. 하지만 친자본적인 신보수 정부 하에서 보다 강화된 것이다. 그러나 신자유주의만을 통해 한국 국가의 성격을 규정하는 것은 일면적이다. 왜냐하면 이는 한국형 개발독재국가가 신자유주의적 지구화 시대에 조응하는 국가로 재구조화된 것이기 때문이다. 이 때문에 나는 이 국가를 '권위주의적 신자유주의국가'라고 부른다. 초기 산업화 단계의 친자본적 국가는 '신중상주의적 준(準)전시국가'의 성격을 가지고 있었다(조희연, 2010a).[115] 그러나 이러한 초기산업화 시기의 국가는 반독재민주화운동 등 민중적 투쟁으로 정치적으로 위기에 처했다. 또한 자본·시장·기업권력의 성장에 따라 '국가-자본'관계가 변화하면서 새로운 도전에 직면하게 되었다. 80·90년대의 일정한 과도기적 각축기를 거쳐 등장한 김영삼정부 시

114 작은 정부, 국유화를 해체하는 민영화, 국가 실패에 대응하는 시장자율의 확대, 비정규직화 혹은 연공서열적 노사관계의 해체 등으로 상징되는 노동시장의 유연화, 탈규제, 지구적 경쟁의 격화에 따른 국제경쟁력 강화, 사회정책보다는 경제정책의 지배적 지위 등을 주창하는 것을 의미한다.

115 영어로는 Listian warfare state(Cho and Jessop, 2001)라고 표현한다.

기의 '세계화' 드라이브, 97년 외환 위기 이후 김대중정부의 친IMF적 개방화 드라이브 등을 거치면서 이 국가는 신자유주의 국가로 재편되는 경로에 접어들었다. 이명박정부 이후 이러한 재편은 더욱 가속화되었다. 한국 신자유주의 국가는 개발독재에 저항하면서 변화한 대중들의 주체화 및 시민사회의 저항적 활성화로 인한 정치적 요구에도 일치하는 국가 유형이었다. 또한 개발독재를 통해서 이루어진 한국 자본주의의 물적 기초의 확충에 비추어 볼 때도 모순되지 않은 국가라고 할 수 있다. 시장만능주의(시장근본주의)와 투기적 금융자본주의를 기반으로 하는 신자유주의가 한국에서 정치적 신보수주의와 결합해 작동한다고 표현할 수 있다.

3) 한국 신보수정부의 특성

'한국형' 신보수정부와 서구의 신보수정부를 비교하는 것은 흥미롭다. 이를 통해 한국형 신보수정부의 특수성을 파악할 수 있기 때문이다. 서구 신보수정부는 복지국가를 전제로 하여 그것을 비판하면서 80년대 이후 출현하였다. 그러나 한국은 이와 다르다. 서구의 신보수정부는 사회민주주의시대의 문제점을 '복지병', '산업공동화', '과부하국가' 등으로 진단·비판하면서 출현했다. 사민당 정부 스스로도 '복지 요구의 확대와 그것을 충족시킬 조세 기반 간의 괴리'라고 하는 구조적 위기에 직면해 가고 있었다. 그러나 한국의 경우는 존재한 적도 없는 복지국가, 또는 제대로 된 복지정책을 취한 적도 없는 중도 자유주의정부를 '좌파 사회주의정부'로 비판하는 우익의 이데올로기적 추동력을 바탕으로 신보수 정권이 수립되었다. 즉 '포스트복지국가적' 신보수가 아니라 '전(前) 복지국가적 신보수'인 것이다. 또한 6·70년대 복지국가를 통한 자본주의의 '개량화'가 진전된 상태에서 등장한 서구의 신보수 정권과 달리, 한국의 신보수정부는 그런 조건이 결여되어 있다. 따라서 한국에서는 민주노총 내부에서 온건파가 리더십을 가져도 자본에게서 아무것도 양보 받을 수 없는 '비타협적인' 자본과 대면해야 한다. 이것은 구보수 정권도 그랬던 것처럼, 신보수정부도 대중을 체제내로 개량적으로 포섭할 능력이 제한되고 그만큼 불안정할 것임을 말해 준다.

둘째, '한국형' 신보수정부는 '신국가주의'적 성격을 띤다는 점이다. 전 지구적으로 존재하는 글로벌 신자유주의는 개별 국가 내의 계급적·사회적 역관계에 따라 상이하게 구현된다. 신자유주의적 국가라고 하더라도, 북구형의 '신조합주의적 유형', 영미식의 '순수 신자유주의적 유형', 동아시아의 신국가주의적 유형으로 나눌 수 있다(Peck). 한국형 신보수정부는 동아시아의 '신국가주의적 유형'이라고 말할 수 있다. 이는 신보수가 시장자율과 자율경쟁을 이야기하고 있지만, 개발독재적 국가개입주의의 관성과 친자본적 국가개입, 경부운하와 같은 친자본적인 대규모 국가프로젝트의 개발 등과 결합하면서 복합적 특성을 보일 것임을 말해 준다.

셋째, 신보수정부는 동아시아적 친미주의에 의해 규정된 특수성을 띤다는 점이다. 전후 냉전체제 속에서 상대적으로 친미주의가 성공적으로 뿌리내린 지역이 바로 동아시아인데, 이런 조건 때문에 좌파적·급진적 대안의 사회심리적 공간이 제약되어 있다. 그 결과 인종적·사회적으로 동질적이고 잠재적이며 강력한 평등주의적 지향이 존재함에도 불구하고 좌파적·급진적 대안이 대중 수준으로 부상하지 못한다. 이는 중도자유주의 개혁정부의 붕괴가 남미에서 좌파적 경로를 열었던 것과는 대비된다. 이처럼 대중의 평등주의적 지향이 급진적 지향으로 표현되는 것이 제약된 조건에서, 거대한 계급적·사회경제적 기득권세력의 조력을 디딤돌로 하여 글로벌 신자유주의에 부응하는 신보수정부가 성립하게 된 것이다.

넷째, 서구와 달리 한국형 신보수정부는 가족의 역할 확대가 아니라 '사회의 역할 확대'가 요구되는 사회적 기반 위에서 성립하고 있다는 점이다. 서구에서 신보수는 이전 시기의 국가 실패를 강조하고 '큰 정부'를 축소하여 작은 정부를 구현하고자 한다. 이는 자연스럽게 한편에서는 시장 역할 확대와 다른 한편에서는 '가족의 강조'로 나타나게 된다. 그리고 그것은 '보수적 도덕주의'를 동반한다. 동성애나 낙태반대 같은 것이 우파를 결집시키는 도덕적 이슈가 되는 이유도 여기에 있다. 그러나 한국의 신보수정부는 '도덕성이 밥 먹여주냐'라는 식의 '탈(脫)도덕적 경제주의'로 무장하고 있다. 또한 사회복지가 미발달된 조건에서 한국의 가족은 '과부하' 상태에 있다. 97년 경제위기 이후 우리 사회의 경제적 양극화로 인하여 많은 중하층 가족은 사회의 부담을 이전보다 과도하게 떠안게 되고 그 부담으로 인해 해체 위기가 커지고 있다. 이런 조건은 '가족의 역할' 확대가 아닌, '사회의 역할' 확대 요구를 만들고 있다. 여기에 신보수정부의 딜레마와 위기가 존재한다. 이명박 정권의 최대의 화두가 경쟁이라고 할 때, 이러한 경쟁의 논리가 더욱 전면적으로 대중들의 삶을 지배하는 원리로 확대될 것이다. 이는 예컨대 사교육비의 증가가 한국의 가족을 충분히 위기 속에 몰아넣는 것처럼, 대중들의 삶에서 해체적 위기를 동반하게 될 것으로 판단된다. 결국 한국의 신보수정부는 상이한 국가-시장-시민사회-가족관계 위에서 작동하고 구현된다.

다섯째, 한국의 신보수정부를 성립시킨 대중들의 요구가 단지 보수적 요구만을 담고 있지 않다는 점이다. 사실 이명박정부는 참여정부라고 하는 중도자유주의 정부에 대한 대중들의 불신에 기초하여 성립하였다. 그런데 그러한 불신에는 양극화와 소득분배 악화의 극복, 사회복지 확대, 일자리의 확대 등 진보적 기대가 내포되어 있다. 여론 조사를 보면, 각종 진보적 요구들이 모두 이명박정부에 투사되어 있음을 알 수 있다. 중도자유주의 정부에 대한 보수언론의 적극적 비판은 보수정권에게 더 많은 정치적 지지기반을 제공하였지만 반대로 대중들의 기대수준을 높이는 계기도 되었다. 이를 나는 '조중동의 진보적 효과'(조희연, 2007a)라고 부른 바 있다.

이렇게 본다면, 서구의 신보수정부와 달리 사회복지적 기반 같은 것은 제약되어 있지만 반대로 대중의 사회경제적 기대수준은 높은, '괴리'상태가 한국 사회에 존재한다. 영국의 대처정권은 6·70년대 복지국가라고 하는 제도적 기반 위에서-복지병을 고친다는 개혁을 하더라도 복지국가의 기반 위에서-신보수적 개혁들을 수행하면서 존립할 수 있었고, 1955년 이후 일본의 자민당 체제는 사회당의 파트너인 노동자계급과 중간층에 대한 헤게모니적 포섭체제로서 장기 지속할 수 있었다. 그러나 한국에는 일부 대기업 노동자들을 제외하고는 체제에 '순응적 대중'으로 살아가기 어렵다. 대자본의 천민적 비타협성으로 인하여 다수의 노동자 계급과 심지어 중간층 및 하층 자영업자층까지도 생활기반 자체가 위협받고 있는데, 이것은 이를 상쇄할 수 있는 복지의 제도적 기반이 취약하기 때문이다. '벼랑 끝 전술'을 쓰지 않고서는-예컨대 노동자들과 철거에 직면한 도시빈민들이-자신들의 권리를 누릴 수 없는 '낭떠러지 사회'와 같은 현실이 존재하기 때문에 신보수 정권은 정치·사회적으로 대단히 불안정할 수밖에 없다. 이것이 한국형 신보수정부가 '권위주의적 통제정책'을 병행하지 않을 수 없는 이유이다. 신보수정부가 신자유주의적 기조를 전면화하면 할수록 정치·사회적 불안정성은 증대되고 이에 대한 저항은 확대된다. 그만큼 신보수정부가 권위주의적 정책수단에 의존하게 될 가능성이 크다. 이런 점에서 나는 이명박정권을 한국형 '권위주의적 신보수정부'라고 규정한다.

여섯째, 통상적으로 보수가 배외적인 민족주의적 성향을 띤다면 한국의 보수는 3·1절과 8·15에 친미데모를 할 정도로 왜곡된 보수라고 할 수 있다. 나는 한국의 보수가 극우적 반공주의, 일면적인 성장주의, 전통적인 보수의 국가자율적 배외주의와는 대립되는 극단적인 친미주의, 복지와 공동체적 삶에 대해 전혀 고려가 없는 천민적 친자본주의적 성격 등을 띠는 것 자체가 바로 한국적 보수의 특성이라고 생각한다. 3·1절과 8·15에 친미데모를 하는 것이 바로 뉴라이트의 모습이다. 사실 돌이켜 보면, 한국의 보수와 진보는 식민지, 냉전, 개발독재, 약탈적 세계화의 흐름 속에서 스스로를 구성적으로 변화시켜 왔다. 한국의 보수는 어떤 의미에서 역사가 없는 보수이다. 그러나 이제 서서히 박정희시대를 보수의 중요한 역사적 자산으로 만들어 가고 있다. 개발독재 시기를 통해서 '자주적 근대화'를 성취한 새로운 보수의 자부심을 형성하고 있는 것이다. 나는 한국의 보수가 이명박정부 하에서 자신의 근대화적 성장주의를 신자유주의적 성장주의로 전화하면서 스스로를 재구성하고 있다고 판단한다. 이런 점에서 새로운 의미의 보수와 진보의 대립구도가 존재하며 그것의 이념적, 정치적, 사회경제적 성격은 상이하며 그 내적 구성 또한 다르다.

4) 포스트민주화체제의 성격

포스트민주화체제의 등장은 민주주의의 구성적 각축의 지형이 근본적으로 변화했다는 것을 의미한다. 당연히 그 동력 또한 변화하였다. 1987년 이후 구 독재체제를 민주주의 체제로 전환해 가는 거대한 여정이 시작되었다. 이를 '87년체제' 혹은 '민주화체제'라고 표현한다. 1987년 이전 진보의 핵심적 과제가 '반독재'였다면, 1987년 이후 지난 20여 년 동안의 핵심 과제는 민주개혁 혹은 독재체제의 민주화였다. 포스트민주화라는 개념을 사용하는 것은 우리 사회가 바로 그러한 민주화를 시대적 과제로 하던 시대 '이후' 체제로 돌입했다는 점을 강조하려는 것이다. 한국 사회는 이미 민주화체제 아래서 '정형화'되어 존재했던 정당, 정부, 통치, 운동, 시민사회, 대중의 거대한 변화를 겪는 중이다. 포스트민주화라는 말은 탈(脫)민주화, 민주화 시대 '이후' 등 여러 의미로 해석 가능할 것이다. 최장집 교수는 그의 책『민주화 이후 민주주의』(2002)에서 '이후'라는 표현을 사용하는데, 이때 '민주화 이후'는 1980년대 민주화가 시작된 이후 시기, 따라서 크게 보면 87년체제를 주되게 가리킨다. 이에 반해 '포스트민주화'는 이른바 '독재 대 반독재', '민주개혁 대 반개혁'의 구도가 주변화 되고 새로운 대치선을 둘러싼 각축의 시기가 출현했다는 의미이다. 돌이켜 보면, 87년까지의 민주주의 운동은 박정희의 폭압적 독재에 대한 분노와 광주의 희생을 자양분으로 하여 전진해 왔다. 87년 이후의 민주개혁은 바로 박정희·전두환 시기의 독재적 체제의 유산을 민주화하는 것을 지향하고 있었고, 그것은 동일한 에토스에 의해 추동되었다. 그러나 역설적으로 민주정부 10년은 민주개혁의 과제를 보수의 입장에서 볼 때 과잉개혁으로 볼 수 있을 정도로 현실화시켰다. 하지만 동시에 민주정부의 집권에도 해결되지 않는 새로운 모순이 출현하여, 한국 민주주의는 과거와 동일한 에토스로 전진할 수 없는 지형에 진입했다.

포스트민주화체제의 정부 성격은 다양할 수 있다. 어쩌면 포스트민주화체제하에서 민주당이 재집권해 '중도개혁자유주의 정부'가 다시 등장할 수도 있을 것이다. 그러나 그 경우에도 그것은 과거 민주화체제로의 회귀는 아니다. '민주 대 반민주 구도'가 87년체제의 민주주의 중심 갈등 축이었다. 비록 87년체제의 과제 실현과 실현된 과제의 방어를 위한 투쟁의 의미가 소멸하지 않는다 하더라도, 민주 대 반민주의 대립구도는 포스트민주화체제에서 소멸하거나 혹은 주변화된다. 이는 포스트민주화체제에서 과거 '독재 대 반독재', '개혁 대 반개혁'이라는 균열이나 갈등 대치선으로 환원되지 않는 새로운 갈등의 균열이 중심으로 부상함을 의미한다.[116] 민주주의는 부단히 현실 권력에

116 사회계급들은 역사적 성장의 어떤 시점에서 자신들의 전통적인 정당들로부터 멀어진

의해 포획되면서 상이한 방식으로 구성된다. 그리고 이에 대응하는 계급적·사회적 투쟁을 통해 민주주의는 질적으로 상이한 형태로 재구성된다. 87년 민주화체제하에서도 민주주의의 구성적 각축과정은 지속적으로 전개되었지만, 그에 대응하여 현실 권력은 신자유주의적 지구화의 거대한 흐름 속에서 민주주의를 상이한 방향으로 구성해 냈다. 이 과정에서 독재에 저항했던 중도자유주의마저 이른바 '신자유주의적 블록'에 포섭되는 형태로 한국 민주주의의 현실이 변화했다. 이러한 변화의 전기로 신보수정부가 성립했다. 포스트민주화 시대의 시작이다.

포스트민주화의 핵심은 87년체제를 관통해온 민주주의 헤게모니 블록의 해체이다. 헤게모니 블록의 해체란 시민사회-사회운동-제도정치 수준에서 헤게모니 집단의 부재 상태로 한국 민주주의가 돌입한다는 의미이다. 이에 따라 새로운 헤게모니 각축에 들어가게 된다. 모든 경합국면에서의 구성적 각축은 헤게모니 각축이다. 헤게모니 각축

다. 다시 말해 전통적인 정당들은 기존의 특정한 조직 형태, 그리고 그 정당을 구성하고 대표하며 이끌어 온 기존의 인물들을 가지고 더는 자신들의 계급(또는 계급 가운데 어떤 분파)의 표현으로서 인정받을 수 없다는 점이다. 이런 위기가 발생하면 상황은 즉각 미묘하고도 위험스럽게 된다. 왜냐하면 그 상황의 폭력적 해결의 가능성이나 카리스마적 '신의神意를 입은 인간'이 대표하는 알려지지 않았던 세력들의 활동 가능성이 커지기 때문이다. …… 이런 갈등적 상황은 맨 처음에 어떻게 발생하는가? 나라마다 과정과 내용은 다르지만 한 가지 공통적인 지점은, 지배계급의 헤게모니의 위기다. 이 위기는 지배계급이 그것을 위하여 폭넓은 대중의 동의를 요구, 또는 짜내었던 바의 어떤 주된 과업(예컨대 전쟁)에 실패했다거나, 아니면 많은 대중(특히 농민과 프티부르주아 지식인들)이 돌연히 정치적 수동성의 상태에서부터 능동성의 상태로 넘어가서, 비록 위기적으로 정식화된 것은 아니지만 다 합치고 나면 결국 혁명을 뜻하는 요구를 내걸기 때문에 발생한다. '권위의 위기'라는 말도 있지만 이것은 바로 헤게모니의 위기, 또는 국가의 일반적 위기를 뜻한다"(Gramsci, 1971: 210-211).

은 다양한 층위로 진행된다. 국면과 국면을 나누는 각축이 존재하는 반면, 국면을 경유해 한 체제를 또 다른 체제로 전환시키는 체제 구성 각축 또한 존재한다. 제1, 제2, 제3경합국면은 87년체제 내부에서 진행된 체제 전체의 질서 부과를 둘러싼 헤게모니 각축이었다. 이 때문에 각 경합국면은 차이에도 불구하고 일정한 공통성을 보유한다. 그러나 신자유주의적 지구화와 신보수정부의 중첩을 통해 등장한 현재의 네 번째 경합국면은 이전의 경합국면과 달리, 87년체제가 부과한 앞의 경합국면 전체를 관통하는 공통성이 해체되고 재편되는 또 다른 체제로의 전환을 위한 이행의 경합국면이다.

이것은 민주주의를 포획하는 현실 권력의 형상과 조건이 87년체제를 성립시킨 권력이나 조건과 질적으로 변화했음을 의미한다. 먼저 개발독재 시기에 자본권력과 시장권력은 제 발로 서지 못하고, 국가에 의해 육성되면서 존재하는 취약한 상태에 있었다. 그러나 자본과 시장은 개발독재적 국가의 강력한 지원을 받으면서 강력하게 성장했고, 이제는 제 발로 서서 민주주의를 내부로부터 포획하는 거대한 힘으로 작동하고 있다. 또한 군부독재권력의 붕괴 이후, 의회 공간은 새롭게 성장한 자본권력에 의해서 제약된다. 이런 점에서 점점 더 민주주의 투쟁은 반자본적 투쟁의 성격을 띨 수밖에 없다. 동시에 강력한 보수적 언론권력이 민주주의 내부의 공론장을 보수적으로 왜곡하고 재생산하는 거대한 힘으로 존재하고 있다. 언론권력은 민주주의를 포획하는 거대한 사회적 권력으로 존재한다. 보수적 주류 언론은 이른바 '유교문화적인' 문(文) 숭배적 현실 속에서 보수적 전문가를 부각시키고, 그들의 지식권력을 활용하면서 자신의 시각을 국민적 시각으로 전환시키는 방식으로 민주주의를 특정한 방향에서 구성한다. 여기에 기독교의 보수세력이나 개발독재하의 국가조합주의적 메커니즘 속에서 성장한 다양한 사회적 세력이 97년체제하에서 재활성화 되어 내부로부터 민주주의를 제약하는 힘으로서 작용하고 있다.

이처럼 민주주의를 왜소화하는 새로운 구성적 권력은 개발독재 하에서 반독재민주화운동이 대면하지 않았던 현실이다. 포스트민주화의 조건 속에서 민주주의를 포획하고 특정한 방향으로 구성하는 힘인 셈이다. 87년체제하에서 민주주의의 구성적 확장의 계기로 작용하던 다양한 사회적 투쟁은 이제 민주주의의 내부에 효과적으로 진입하지 못하고 있다. 삶에서 발생하는 불화와 모순은 민주주의 정치의 계기로 되지 못하고 민주주의의 외부로 전치되고 있다. 민주주의가 대중의 권리와 이해의 증진을 위한 투쟁의 무기가 아니게 된 것이다. 민주주의가 신자유주의적 지구화의 논리 앞에서 무력하게 된 상황에서, 대중은 자신의 삶에서 체험하는 모순을 '불가피'한 것으로 수용하거나 새로운 성장논리 하에서 자신을 순응적 경쟁에 몰입시킨다. 87년체제하에서 획득된 자유는 이제 신자유주의적 경쟁을 위한 '자기계발의 의지'로 전화된다. 결국 다양한 불화가 정치의 계기가 되고, 민주주의의 왜소화를 넘어 그것을 변화시키는 힘으로 작용하지 못한다. 바로 여기에 포스트민주화체제하에서의 사회진보의 위기가 있다.

이런 상황이 바로 '포스트민주화' 시대의 '민주주의의 위기'이다. 87년식 민주주의에서 민주주의는 인민의 요구와 이해를 실현하는 통로로서의 위치를 갖고 있었다. 그래서 인민들은 민주주의에 대해서 희망을 가지고 환호했다. 그러나 역설적으로 민주화 20년이 지난 지금, 그 민주주의는 절차적으로 더욱 '훌륭하게' 작동하고 있지만 자본권력, 미디어 권력 등 현실권력들에 의한 민주주의의 식민화가 확장되고 민주주의의 일부를 구성하는 제도정치와 사회의 괴리가 확장되어 인민들이 민주주의에 대한 희망을 포기하게 되는 상황이 출현하고 있다. 바로 이 맥락이 새로운 민주주의 투쟁이 위치하는 곳이다. 단지 민주주의를 회복하거나 옹호하는 투쟁이 아니라 민주주의를 급진적으로 재구성하지 않으면 안 되는 상황이 출현한 것이다. 이 상황이 민주화 이후 한국 민주주의의 제4경합국면이자 민주화체제에서 포스트민주화로의 이행이 중첩되고 있는 현재 경합국면이 직면한 상황이다.

결국 포스트민주화라는 체제 규정은 한국 민주주의가 한 사이클에서 새로운 사이클로 바뀌었음을 말한다. 동시에 '포스트민주화'라는 규정은 민주화 이후의 시대적 성격이 '여백'을 가진 채로 존재한다는 것을 뜻한다. 그런 의미에서 우리는 '민주화 이후 시대'의 구성투쟁 중이라고 말할 수 있다. 그런데 나는 이를 '신자유주의적 지구화를 배경으로 하는 포스트민주화'라고 표현한다. 왜냐하면 민주화체제에서 포스트민주화체제로 전환되는 결정적인 요인은 신자유주의적 지구화의 영향과 긴밀하게 결합되어 있기 때문이다. 국민국가의 주체들이 전략적으로 대응해 그 파괴적 영향을 상쇄하고 다른 국민경제적 결과가 나오도록 만들 수 있는 공간도 존재하긴 하지만, 신자유주의적 지구화의 효과는 대단히 큰 영향력을 갖는 일종의 상수로 존재한다. 그러나 포스트민주화체제의 성격이 명확하게 정의되고 고정된 것은 아니다. 그러므로 보수적 발전이 지배적인 경로일 수도 있으며, 진보적 발전이 지배적인 경로로 나타날 수도 있을 것이다.

2. 포스트민주화체제의 새로운 정치성

포스트민주화체제 아래에서 새로운 '정치성'이 출현한다. 여기서 정치성이란 표현은 다소 생소할 수 있다. 어느 사회에서건 체제의 모순으로 인해 대중의 삶에서 발생하는 불만과 잠재적 저항성이 존재한다. 이러한 것들은 즉자적인 '사회적인 것'(the social)으로 존재한다. 그러나 그것은 어느 임계점에 이르면 '정치적인 것'으로 전환된다. 우리는 매일의 생활 속에서 많은 불만과 분노, 좌절을 경험하지만, 그 대부분은 현존하는 정치와 통치, 권력에 관한 불만, 분노, 좌절이 아닌 '개인적인 것'으로 인식된다. 특정한 불만과 잠재적인 저항성이 기존의 정치와 통칭에 대한 적극적인 불만과 비판, 저항의식으로 나타나게 될 때, 나는 이를 '정치성'이라고 표현하고 싶다. 여기서 정치성은 기성의 정치로부터 이반된 새로운 정치적 요구와 이해, 지향, 감수성 같은 것을 총칭하는 개념이라고 이해해 두면 좋겠다. 이러한 과정을 촉진하는 것은 체제의 모순에 전면적으로 노출되는 희생자 집단의 저항이나 다양한 '목적의식적인' 사회운동 집단의 실천이다. 이러한 저항이나 실천이 대중의 주목을 받고 사회구성원들의 의식이 변화할 때 불만과 잠재적 저항성은 정치적 요구와 이해, 지향, 감수성으로 전환된다. 이러한 정치성들이 기성 정치조직들에 의해 충분히 대의·반영되지 않을 때, 그것은 정치적 불신과 이반으로 나타난다. 현재 한국에서 나타나고 있는 기성 정당에 대한 광범한 불신과 이반은 이러한 현상 가운데 하나라고 할 만하다.

이러한 정치성이 기존의 정치체제와 관련해서 어떤 정치적 성격을 갖는 것으로 '구성'될 것인가? 가능성은 다양하다. 기존 제도정치의 혁신 과정에서 일정하게 수렴될 수도 있고, 어떤 것은 기성 정당으로 수렴될 수 없는 급진적 정서로 나타날 수도 있으며, 나아가 그러한 급진적 정서가 기성정당이 '반동적'이 됨에 따라 반체제적이고 기성체제를 이탈하는 정치성으로 나타날 수도 있을 것이다. 이러한 새로운 정치성은 한국적 특수성과 지구적 일반성을 함께 가지고 있다. 즉 국내적으로 보면 개발독재를 거친 후 민주화의 단계를 거쳐 변화하고 있는 한국 특유의 모순이 응축되어 있는 것이고, 국제적으로 보면 신자유주의적 지구화 시대의 전 세계의 자본주의와 정치가 겪고 있는 진통이 표현되는 것이라고 할 수 있다.

이러한 새로운 정치성의 확산은 신보수정부가 자본운동에 대한 공적 통제보다는 국제경쟁력 강화를 위한 자본운동에 대한 지원 전략을 구사하면서 자본의 축적운동이 일부의 산업분야가 아니라 전 경제 분야, 대중의 삶의 전 영역으로 확장하게 됨으로써 촉진된다. 남한의 개발독재는 1970년대 이후 중화학공업화 과정에서 산업 복합집단(industrial conglomerate)인 재벌을 탄생시켰다. 이들 재벌은 개발독재 아래서 일종의 '원시적 축적'을 한 이후에 축적 영역을 넓혀 왔다. 그런데 1987년 이후 민주화가 되면서 '재벌개혁'이라는 이름으로 이러한 자본운동에 '공적 통제'를 하려는 운동이 강하게 일어났기 때문에, 축적 영역의 확장은 상대적으로 제약을 받아왔다. 더구나 외환 위기 이후의 구조조정 과정에서는 재벌 간의 관계, 재벌 내의 서열구조, 재벌의 축적 기반 등이 재조정되었다. 그러나 외환 위기가 극복되고 '국제경쟁력 강화'라고 하는 새로운 성장 담론이 떠오르면서 이러한 축적 영역

확대가 가속화되었다. 외환 위기 이후 탈관치, 시장 자율의 담론이 지배하면서 자본에 대한 공적 통제의 문제 설정은 주변화 되고 반대로 자본이 국제경쟁력 강화의 견인차로서 재인식되었다. 이 과정에서 산업이나 금융영역뿐 아니라 유통영역, 서비스 영역 등에 자본이 대규모로 침투하면서, 자영업자들이 주로 기반을 두는 영역에서도 급속한 '하강분해'가 나타났다. 이러한 현상은 신보수정부 아래서 친기업적 정책이 부상하면서 더욱 두드러졌다. 한국에서는 자영업 부분이 하층대중의 경제활동이 이루어지는 영역인데, 이 영역에서 하강분해가 확대되었다. 이 경향이 정규직 부문에서 비정규직이 확대되는 것과 결합하면서, 대중의 사회경제적 삶은 더욱 불안정해졌다.

이는 칼 폴라니가 말하는 '악마의 맷돌'이 작동하는 것이라고 표현할 수 있다. 시장의 논리가 전 사회에 확대되고, 그에 대응해 사회의 자구적 저항이 확대되는 것이다. 지구화를 배경으로 하는 신자유주의 국가·경제 운영의 확대는 '사회 해체의 위기'를 강화하고, 이에 대한 대응은 저항을 낳는다. 이것이 포스트민주화 시대의 저항의 역동성을 낳는 또 다른 요인이 된다. 또한 신자유주의적 지구화가 전 세계적으로 기성의 정치를 불안정하게 만든다. 왜냐하면 신자유주의적 구조전환과 개방화의 결과, '사회 해체의 위기'가 정치를 끊임없이 토대에서부터 불안정하게 만들고 있기 때문이다. 한국과 같이 민중의 평등주의적 기대수준이 높은 곳에서는 이러한 불안정, 정치적 불안정이 더욱 크게 나타나고, 포스트민주화 시대의 각축도 더욱 치열하게 나타난다고 할 수 있다.

이런 조건에서 포스트민주화 시기의 정치성은 다음과 같은 세 가지로 나뉜다. 첫 번째 정치성은 미완의 민주주의 개혁, 민주주의 개혁의 후퇴에서 발생하는 정치성이다. 이는 민주화체제 아래서 성취된 민주주의 개혁의 후퇴와 퇴행에 따른 위기감에 기초해 민주화체제의 성과를 방어하고 민주화 정신의 확장과 심화를 지향하는 데서 발생하는 정치성이다. 이것이 협의의 '민주주의 정치'를 추동하는 정치성이라고 할 수 있다. 두 번째 정치성은 신자유주의적 지구화의 도전 속에 허구화된 민주주의를 사회경제적 차원으로 확장하고자 하는 지향에서 발생하는 정치성이다. 비정규직, 양극화, 고용불안정 및 실업, 청년 실업, 중소 자영업자 층의 붕괴, 도시 및 농촌 빈곤의 증대 등 대중의 사회경제적 삶의 악화에서 발생하는 정치성이다. 그 근저에는 평등과 공평에 대한 가치성향이 존재한다. 이것이 전통적인 의미에서의 계급정치를 추동하는 동력이다. 그러나 이는 신자유주의적 지구화라는 배경, 그것과 결합된 포스트민주화의 조건 속에서 현대적 형태로 표현된다. 세 번째는 이런 정치성으로 포괄되지 않는 지구화·지식정보혁명 시대와 포스트 개발자본주의화의 조건 속에서 발생하는 새로운 정치적 요구와 이해, 지향들이다. 이를 포스트민주화체제의 '제3의 정치성'이라고 볼 수 있다. 이는 지구화와 이른바, 탈근대화, 지식정보화로 인해 변화된 삶의 변화와 그 삶을 규율·통제하던 기존의 정치시스템·통치시스템 사이의 괴리에서 발생하는 새로운 정치성이라고 할 수 있다. 나는 이 세 번째 정치성이 복합적 성격을 가지고 있으며, 이것이 현대적인 생활정치 혹은 사회문화적 정치를 추동하는 동력이라고 생각한다.

기본적으로 제1의 정치성이 반독재민주화운동, 1987년 6월 항쟁, 이후 20년간의 민주화를 통해서 성취된 정치적 민주주의를 옹호하는 정치성이라고 한다면, 제2의 정치성은 사회경제적 차원에서의 인간다운 삶을 향한 정치성이라고 할 수 있으며, 제3의 정치성은 사회문화적 생활세계 차원에서의 인간다운 삶을 향한 정치성이라고 할 수 있다. 첫째의 정치성은 민주정부 10년 동안에 성취된 민주주의적 성과에 맞선 이명박정부의 '역행'으로 쉽게 저항적으로 활성화되었다. 사회경제적 모순을 중심으로 하는 제2정치성은 대중에 큰 규율효과를 발휘하고 있었던 '신자유주의 프레임'이 균열되면서 가속화되었다. 반면에 제3의 정치성은 이미 기성의 통치와 정치체계가 대중에게 충분한 규율기제를 확립하지 못했기 때문에 쉽게 저항적 성격을 드러내면서 발휘된다. 요컨대 신자유주의적 지구화를 배경으로 하는 포스트민주화 시대의 21세기 초 한국의 국가·경제·사회가 대중의 높은 기대에 부응하는 형태로, 공정하며 합리적·민주적으로 구성되어 있지 못한 데서 오는 저항성과 새로운 정치성들이 이런 식으로 존재한다는 것이다.

3. 포스트민주화체제하의 제도정치와 운동정치

포스트민주화체제에 내재된 구조적 모순과 불일치로 한국 신보수정치로부터 대중의 이반이 발생하면서 새로운 정치성이 출현하고, 그것에 대응하여 운동정치 또한 변화한다. 이에 따라 포스트민주화체제에서 제도정치와 운동정치의 관계가 새롭게 구성된다. 신보수정부 하에서 한국 민주주의 정치를 구성하는 제도정치에는 두 가지 공백이 존재한다. 첫째, 신보수정치가 대중의 요구와 이해를 수렴해내지 못해, 다층적인 균열이 발생한다. 이에 따라 제도정치와 사회와의 괴리가 확대되었는데, 이는 민주주의 정치 자체의 위기와 제도정치 공간의 공백을 발생시켰다. 둘째, 제도정치 공간 내부에서 반독재자유주의 세력의 헤게모니가 균열되고 그 결과로 나타나는 제도정치의 공간의 공백이다. 이러한 공백 확대로 이전보다 정치세력 간에 더욱 치열한 각축이 촉발된다.

1) 권위주의적 신보수정부의 균열

신보수정부는 노무현정부 아래서 대중이 겪은 다양한 실망과 대중의 이반들을 잠정 통합하는 '의사-헤게모니 접합'을 통해 등장하였다. 이 접합의 핵심 원리는 과거의 국가 개발주의 전략과 신자유주의 원리를 결합한 국가 경제 성장 전략이었다. 신보수주의의 이 접합 전략은 개발독재를 통해 구축된 과거의 성장연합과는 다른 새로운 성장연합을 만들어 냈다. 1차 성장연합은 박정희를 정점으로 하는 개발독재세력에 의해서 주도되었다. 군부독재는 1차 성장연합을 만들어내는 핵심 동력인 동시에, 군부독재의 권위주의는 이 1차 성장연합 해체의 내부 요인이었다. 군부독재가 주도한 산업화 과정을 통해 창출된 모순과 군부독재 자체에 맞서는 대립이 격화되면서 1차 성장연합 내부에서 저항연합이 성장하였기 때문이다. 이 저항연합은 군부독재에 대항하는 반독재연합의 성격을 띠면서 동시에 평등과 분배를 지향하는 연합의 속성 또한 보유한다. 이 분배와 평등연합이 1987년 이후 독재체제의 민주적 개혁을 지향하는 민주개혁연합의 토대가 되었다. 여기에서 '연합'이란 상이한 이해와 요구를 갖는 집단과 세력들, 대중들이 헤게모니 전략에 의해 하나로 결합된 것을 말한다. 2002년 노무현정부의 등장과 함께 민주개혁연합은 1987년 이후의 민주개혁 요구를 한 단계 더욱 높혀 실현할 것을 제기하였으나, 이런 제기는 민주정부의 능력 제한과 이를 둘러싼 맥락의 한계로 인해 실패하였다. 이 과정에서 민주개혁연합은 내부로부터 균열된다. 바로 이러한 민주개혁연합의 내부 균열을 한국 신보수주의가 자신의 프로젝트 내부로 통합해 내면서 2차 성장연합이 등장한다. 2차 성장연합은 1987년 이후 진행되어 온 시장과 자본에 대한 민주적 규제를 거부하고 신자유주의적 지구화에 조응하는 탈규제와 친기업적인 정책, 국가의 적극적인 성장제고 정책을 추구하는 것을 핵심 특징으로 한다.

그러나 2차 성장연합 또한 내적인 모순에 직면하고 해체의 위기에 처한다. 신보수주의의 성장주의는 두 가지 전제 위에 진행되었다. 하나는 이전 민주정부의 경제 정책을 '반시장적', '반기업적' 기조의 정책으로 규정하고, 이를 보다 완전한 신자유주의 방향으로 재편하는 프로젝트였다면, 또 다른 하나는 민주정부로부터 대중의 이반을 초래한 양극화, 고용불안 등의 문제를 새로운 성장 전략, 기업의 글로벌 경쟁력 강화를 촉진함으로써 해결할 수 있다고 하는 것이었다. 이는 곧 신자유주의가 국가경제의 성장으로 연결되고, 국가경제의 성장을 통해 산업화 국면과 동일하게 국가경제가 국민경제의 발전으로 이어지는 순환을 잉태할 수 있다는 전제 위에 구축된 신보수주의의 성장주의였다. 그러나 이런 전제는 신보수주의의 조건이자 전제인 신자유주의적 지구화가 1960·70년대의 산업화와는 전혀 다른 결과를 동반한다는 것을 고려하지 못하거나 이를 의도적으로 배제시킨 전제였다. 1960·70년대 산업화 국면에선 경제가 팽창하면서 고용의 절대적 규모도 성장하고, 대기업 중심의 성장 전략 속에서 대기업이 성장하면 중소기업이 동반 성장할 수 있는 혜택의 분배가 존재할 수 있었다. 곧 경제의 절대적 성장 속에서 성장의 효과에 대한 특정한 방식의 분배 기제가 존재한 것이다. 그러나 신자유주의적 지구화는 그 자체 속에 '양극화의 축적' 기제를 내재하고 있다. 이로 인해 신자유주의적인 국가경쟁의 강화는 국가 내부의 분배 메커니즘 자체를 약화시킨다. 이 때문에 성장의 지속을 통한 국가경제의 발전은 국민경제의 악화로 연결되는 산업화와 정반대의 효과가 발생한다. 문제는 성장의 강화와 지속이 바로 이러한 국내 이익 공유와 분배 기조의 내적 파괴를 불러오면서, 성장주의의 지속적인 추진 자체가 성장을 추동할 수 있는 특정 집단 및 계급과의 동맹을 강화하는 방향을 구조적으로 요구한다는 것이다. 곧 성장의 사회적인 기반인 자본과의 동맹은 강화하되, 일반 시민의 경제생활과 연결된 문제들은 국가경제의 우선순위에서 배제되는 문제가 발생한다. 이로 인해 신보수정부가 헤게모니를 구축하기 위한 물질적 토대가 지속적으로 약화되고, 일반 시민의 경제생활은 악화되는 악순환이 발생한다. 이런 악순환이 신보수정부의 구조적인 위기를 가속화한다.

동시에 전 지구적 신자유주의에 기반을 둔 한국 신보수정부의 이런 의사-헤게모니 접합을 통해 창출된 2차 성장연합 또한 이를 주도한 신보수주의에 내재된 권위주의로 인해 광범위한 저항에 직면하게 된다. 한국 신보수주의는 권위주의를 그 내적 요소로 가지고 있다. 이는 한국 신보수에 의해 주도되는 신자유주의 국가의 작동 방식에 각인되어 있는 것이다. 통상 신자유주의와 국가주의는 대립하는 것으로 여겨지지만, 신자유주의의 작동 과정은 끊임없는 국가의 권위주의적인 개입을 통해 이루어진다는 점에서 권위주의는 신자유주의 프로젝트의 또 다른 이름이다. 이런 신자유주의 프로젝트를 추구하는 신자유주의 국가의 권위주의 요소가 과거의 강력한 국가 전통과 결합하면서 한국 신보수주의 정부의 권위주의로 나타난다. 신보수주의는 자본의 경쟁력을 강화하기 위해 국가의 다양한 수단을 통해 지원하고 때로는 대형 국책 사업을 전개하기도 한다. 이러한 국가와 자본의 동맹은 자본에 대한 도전을 통제하고 대중을 탈정치화 하는 방법으로서의 권위주의와 결합한다.

이 권위주의는 개발독재적 국가개입주의의 관성과 친자본적 국가개입으로 나타나는 동시에 전체사회에 자신의 특정 가치와 도덕을 부여하는 과정으로도 전개된다. 곧 민주화체제를 통해 쟁취된 자유와 평등, 그리고 연대의 요소를 신보수주의가 내세우는 국가의 도덕을 중심으로 재편하는 과정이 출현한다. 사실 87년 6월 민주항쟁에는 단순히 독재의 장기집권에 대한 저항뿐만 아니라, 국가의 '통제'에 대한 시민사회와 근대적 개인들의 자율과 자유, 다원성을 쟁취하기 위한 저항이기도 하였다. 김정훈(2010)이 87년 민주항쟁을 '현대성'의 출발이라고 볼 때의 문제의식도 바로 이것이었다. 이미 한국의 국가주의나 집단주의에 의해서 통제될 수 없는 자율과 자유, 다원성에 대한 요구가 87년 이후 민주주의의 구성적 힘으로 지속되고 있으며, 자율과 분화를 요구하는 사회적·개인적 요구와 이를 억제하고자 하는 권력의 규율과 탈

분화 간의 긴장이 새롭게 민주주의의 촉진적 힘으로 작동하게 되었다. 이러한 현상은 87년체제와 97년체제하에서의 대중의 주체화의 진전, 대중의 정치적·사회적 감수성 자체의 변화를 고려할 때 매우 중요하다. 87년체제와 97년체제하에서 진전되어 온 대중의 주체화는 새로운 보수정부가 선택하는 '신권위주의'적 경향 자체에 대해서 과거보다도 더 큰 저항을 촉발하게 만들 가능성이 있다. 어떤 의미에서 개발독재를 경험했던 구세대들의 입장에서 보면, 신보수정부에서의 각종 통제와 폭압 조치는 과거 독재의 방식에 비해서는 완화된 것으로 보일 수 있다. 그러나 이명박정부의 뒤를 이어 박근혜 정부에서도 지속되고 있는 집회 통제, 인터넷에서의 자유로운 의사표현의 통제, 사법부의 독립성 상실, 검찰의 권력 종속화, 시위에 대한 더욱 폭력적인 진압 등은 87년체제와 97년체제를 경험한 대중들의 인식 차원에서 한국 민주주의를 '퇴행'시키는 행위로 규정된다.

(1) 민주정부 10년의 연속성과 단절성

첫째, 이명박정부는 초기 개혁과정에서부터 김대중·노무현정부의 이른바 일련의 '개혁'정책들을 과잉개혁으로 규정하고 있었기 때문에 이전 민주정부의 정책기조들과 민주정부 하에서 실현된 사항들을 역전시키고자 했다. 이명박정부는 과거 개혁과의 단절을 강조하였고, 이는 신보수정부가 주도하는 제도정치의 타협적 공존을 불가능하게 하는 데 크게 기여했다.

이명박정부의 초기 국면에는 다양한 영역에서 역전이 시도되었다. 먼저 김대중정부의 대표적인 개혁정책이라고 할 때, 국가인권위원회와 여성부의 설치를 든다. 노무현정부에서는 지방분권화 사업(공기업의 지방이전이나 복합행정도시 건설 등)이나 다양한 과거청산 사업들, 10·4 남북정상 선언 등도 대표적인 개혁정책들에 해당된다. 그러나 이명박정부에서-경제정책은 차치하고-이러한 개혁정책들은 대부분 축소되거나 역전되었다.

2009년 1월 22일 208명 규모의 국가인권위원회 인력을 2/3 수준인 148명으로 축소하고 인권위 지역사무소 3곳을 폐쇄하는 방침을 정한 후, 이를 시행하고자 했다. 이에 따라 인권위 상임위원이 동반사퇴하면서 현병철 위원장의 사퇴를 요구하는 일도 벌어졌다. 지방분권화를 위한 정책들도 많은 부분 역전되었다. 때로 형식적으로는 유지되나, 내용 면에서 대폭 축소되거나 무력화된 경우도 많았다. 여성부(여성가족부)는 이미 집권 초기 정부구조개혁의 차원에서 보건복지부와 통합되어 그 기능이 대폭 축소되었다. 또한 각종 과거청산과 관련된 기구들은 '진실과 화해위원회'로 통폐합하거나 예산을 대폭 축소하는 것은 물론 기간 연장을 하지 않는 등의 방법으로 축소되었다. 여기서 이러한 역전이 시민사회와 운동정치의 흐름에 어떤 영향을 미치는가 하는 것이 중요할 것이다. 이러한 역전은 치열한 쟁투의 영역이 되면서 제도정치-운동정치-시민사회의 향방에 영향을 미쳤다.

민주정부 시기에 진행된 제한적인 개혁정책조차 역전되는 현상은 사실 '정권 교체'가 보수적인 방향으로 이루어졌다는 점에서 자연스럽다고 말할 수도 있다. 왜냐하면 보수세력이 지향하는 방향으로 전반적인 정책 변화를 하는 것은 불가피할 뿐만 아니라, 민주주의의 원리상

받아들일 수밖에 없다고도 말할 수 있기 때문이다. 그러나 이런 정책의 역전이 많은 경우 '과잉 과거회귀'적으로 이루어졌다는 점에서 문제가 발생하고 균열이 확대 되었다. 2004년 탄핵의 사례는 여기에서도 중요하다. 당시 의회의 다수세력은 2/3의 표로 '탄핵'을 가결할 수 있었다. 곧 형식적 합법성을 내세울 수 있었다. 그러나 국민들은 이러한 형식적 합법성이 87년 6월 민주항쟁이 설정한 '민주주의의 마지노선'을 침범했다고 인식했다. 이에 오히려 거대한 '진보적 방향으로의 역전'이 이루어졌다. 이는 바꾸어서 말한다면, 정권 교체에도 불구하고, 각 정권이 수행할 수 있는 정책 전환에는 일정한 '한계'가 존재한다는 것을 의미한다.

보수가 '잃어버린 10년'이라고 하는 시기에 이루어진 많은 개혁정책들은 단순히 '보수 대 진보의 대립' 구도로 진행된 것은 아니다. 오히려 그것들은 '독재 대 반독재' 혹은 '개혁 대 반개혁'의 구도에서 진행된 것이다. 즉 민주주의 블록의 헤게모니적 과제로서 실현된 과제들이 많았다. 이런 점에서 그것을 추진하고 찬성하는 사람들에게는 신보수정부의 '개혁의 개혁'이 민주개혁의 역전을 의미한다. 국가인권위원회 같은 경우 아시아의 많은 나라에서 '찬사'를 받는 모범적인 기구로 알려져 있다. 국가기구 내에서 하나의 국가기구가 다른 국가기구에 대해서 인권침해 가능성에 대해서 상당히 구속력 있는 권고를 하는 것은—비록 내부 인권 운동 관점에서 보면 가야 할 길이 많지만—세계적으로 대단히 높은 수준이다. 그런데 이러한 민주정부 10년의 성취가 역전되는 것이다.

또한 보수정권이 이전 '진보'정권의 정책을 계승·단절하는 것과

진보정권이 이전의 보수정권의 정책을 계승·단절하는 것은 상이한 정치적 의미와 효과를 낳는다.[117]

가장 대표적인 것은 북한과의 유화정책(engagement policy)의 중단 내지는 전환이다. 2007년 10·4 남북정상회담의 합의는 사실 남북한 간의 경제협력 확대를 핵심으로 하는 경제프로젝트였다. 2000년 6·15 정상회담이 남북관계를 과거의 대결적 관계에서 평화공존형 관계로 전환하는 전기였다고 하면, 10.4 남북정상합의는 실질적인 경제협력의 확장·강화라고 하는 대단히 실리적인 협력프로젝트 합의였기 때문이다. 어떤 의미에서 '이명박식 경제주의'와도 잘 부응하는 것일 수도 있었다. 그러나 집권연합 내부 강경보수파들의 적극적인 남북 대결주의와 이전 정부의 대북화해정책에 대한 역전 요구는 이명박정부로 하여금 상대적으로 '어정쩡한 입장'을 취하게 만들었다. 여기에 2008년 7월 금강산 관광객 박왕자 씨 사망사건과 같은 '우연적 사건', 그리고 10·4선언에 대한 이명박정부의 묵시적인 거부 정책 등이 맞물리면서, 북한과의 관계는 긴장과 대결로 고착화되어 가는 추세이다.

117 보수정권이 구 진보정권의 정책의 일정 부분을 계승하는 것은 구 보수와 다른 진일보한 보수정권으로서의 성격을 부여한다. 반면에 진보정권이 구 보수정권의 정책의 많은 부분을 계승한다면 이는 '타협'적이고 '변했다'라고 하는 비판을 받게 된다. 진보정권에게는 진보적 기대를 배경으로 하여 출범하였으므로, 과거 보수정권의 '보수적' 정책을 역전시키는 것은 시대적 과제로서 요구받는다. 예컨대 노무현정부의 경우, 기대되는 정책들을 수행하지 않거나 반대로 행동한다고 하여 노무현정부를 지지했던 많은 진보적 세력들의 이탈을 수반하였다. 보수정권이 구정권의 진보적 정책을 역전시키는 것은, 민중들의 오랜 투쟁을 통한 '성과'를 무화(無化)시키는 의미를 담고 있기 때문에, 정반대의 정치적 효과를 갖는다. 이는 투쟁을 통해서 쟁취한 많은 성과를 무력화시킴으로써 반동적이고 반개혁적이라고 하는 저항을 받게 된다. 이는 '의사(擬似)헤게모니적 접합'을 통해서 포섭한 많은 중도적 대중들을 이반시키는 결과를 가져올 수 있다.

이전 정부의 긍정적 정책에 대한 '경직된 단절'은 사실 올드 라이트뿐만 아니라 보수의 능동화를 주도한 '뉴'라이트의 의연한 반북주의 때문이기도 하다. 사실 뉴라이트의 새로움(new-ness)은 노무현정부로부터의 다양한 대중들의 이반들을 '의사헤게모니적 접합'을 하는 계기를 마련하였다. 구 우익들의 경우 수십년 동안의 빛바랜 슬로건으로 대중들에게 새로운 이미지를 줄 수 없었다. 하지만 뉴라이트의 경우 진보나 좌익으로부터 '전향'한 '새로움'으로 인하여, 대중들에게 '새로운 이미지'를 주었을 뿐만 아니라 이명박 세력이 대중들의 다양한-모순적인-요구들을 접합하여 전유하는 데 중요한 계기가 되었다.

그러나 뉴라이트의 반북주의는 이명박정부 스스로가 내건 '실용주의'를 대북관계에서 적용할 수 없는 모순을 만들어 냈다. 더구나 북한과의 긴장을 유지하는 정책 자체가 '경제위기를 증폭시킬 수 있는 효과'를 가지고 있다는 점에서 이른바 이명박정부 실용주의의 딜레마가 되었다.

이런 갈등을 보여주는 또 하나 대표적인 사례가 바로 사학분쟁조정위원회를 통해 관선이사 파견대학으로 지정된 대학들을 원래의 주인에게 되돌려 주는 결정들이었다. 예컨대 상지대, 조선대, 세종대, 영남대 등 민주화의 과정에서 부패사건으로 인하여 관선 이사가 파견되었던 많은 대학들을 '주인 찾아주기'라는 이름으로, 원래의 부패한 소유주들에게 대학을 돌려주는 결정이 내려진 것이다. 나는 이러한 일련의 시도에 대해서 전적으로 비판적이다. 그러나 보수의 입장에서 한번 생각해 본다면, 2010년대의 보수가 80년대 혹은 70년대의 보수와 다르려면 최소한 이와는 다른 결정이 내려져야 했다. 관선 이사 파견

대학들 중에서 '옥석(玉石)'을 가려서 결정을 하는 정도의 폭이 허용되었어야 하기 때문이다. 그러나 민주정부의 관선 이사의 파견과 부패사학에 대한 정책을 '사회주의적' 곧 사적 소유권을 침해하는 반자본주의적이라고 규정한 신보수정부 일각의 시선들이 이런 폭조차 허용할 수 없도록 만든 것이다. 이것은 결국 신보수 정부로서의 이명박정부와 과거 구보수와의 차이를 매우 협소하게 만드는 결과를 초래했다. 그 결과 신보수정부가 새로운 대중적 기반을 창출하지 못하는 상황이 나타나게 되었다.

한국에서는 반독재민주정부 하에서의 변화가 반독재민주주의나 민주개혁 민주주의의 실현이라는 의미로 인식되어져 왔다. 그래서 이것이 역전되는 것은 단지 정책 전환의 차원이 아니라, 민주주의 자체의 역전이라고 하는 의미를 담게 되었다. 이것은 단순한 정책 변화보다도–'민주주의적 상식' 대 '반민주주의적 비상식'과 같은 대립구도로–더욱 강력한 저항성과 정치성을 발생시키게 된다.

(2) 신권위주의 통치양식의 부활

이명박정부는 점점 더 권위주의적 통치양식에 의존하는 방향으로 나아갔다. 2008년 촛불시위에 대한 강경책의 채택, 2009년 1월 10일 미네르바에 대한 구속, 2009년 1월 20일 용산 세입자 농성에 대한 강경진압은 이러한 경향의 예증이었다. 이 과정은 국가기구 내부에서 구개발독재적 국가요원들 세력의 전면화 과정과 궤를 같이 한다. 우리가 국가기구의 작동을 완전히 '전일적인(monolithic)' 것으로 볼 필요는 없다. 국가요원과 국가기구들 상호 간의 긴장과 모순적 결합을 인정해야 한다는 풀란차스의 통찰력을 받아서 생각해야 한다. 87년 이후 민주화 과정에서 그리고 98년 이후 '민주정부 10년'의 과정 동안 비록 제한적이기는 하지만 국가기구의 민주적 변화가 진행되었다. 이에 국가기구 내부에 민주적 요소들이 투입될 수 있었다.

사실 개발독재적 국가기구들엔 개발주의관료, 억압적 지향과 반북주의적 지향을 갖는 극우적 관료 등이 강력한 힘을 가지면서 존재하였다. 이런 권력은 민주정부 10년 동안에 일정하게 억제되어 있었다. 그런데 신보수정부 하에서 권위주의적 관성과 체질을 갖는 국가 관료들, 특별히 억압적 국가기구의 국가요원들이 그 억제로부터 풀려난 것이다. 과거의 보수 세력을 계승하는 이명박정부의 출현으로 자연스럽게 구 관료들의 개발주의적 관성과 억압적 관성이 쉽게 발현되는 정치적 국가구조가 만들어진 것이다. 일종의 '억제된 억압의 관성'의 회복이다. 용산 참사 같은 사건도 이런 맥락에서 이해될 수 있다. 이는 바꾸어서 말한다면, 국가기구 내에서 억압적 관성이 이렇게 쉽게 표출되는 구조로의 전환이 또 다른 용산을 불러올 수도 있다는 것이다. 이는 매우 중대한 문제이다.

이러한 권위주의적 경향의 강화에서 2008년 촛불시위는 하나의 계기가 되었다. 촛불시위가 지배블록 내부의 위기의식을 증폭시키면서, 강경파의 입지를 강화시킨 것이다. 이명박정부는 '신'보수정권으로서의 성격을 갖지만 그 '신'보수정권이 박정희식의 '구'보수정권과 갖는 차이가 대단히 제한적이기 때문에, 촛불시위와 같은 대중들의 요구 분출은 쉽게 내부의 강경기조 득세로 이어졌다.

신보수적 정치 하에서 민주개혁적 정치의 과잉을 교정하고자 하는 시도는 여러 통제적 정책의 부활로 나타났다. 신보수정부는 민주정부 10년을 '과잉개혁의 시기' 및 '정당한 규율의 해체'의 시기로 보고 다양한 사회적 영역에서 새로운 규제와 통제적 정책들을 시행하였다. 시청광장 활용을 허가제로 변경하고, 인터넷 논객 미네르바를 구속했다. 그리고 촛불시위 과정에서 중요한 역할을 한 아고라 등의 사이버 공론장에 대한 통제를 강화했고, 광우병 관련 보도를 한 PD수첩 제작진을 허위사실 유포로 기소하기도 했다. 또한 인터넷 실명제의 확대 등의 조치를 통해 대중의 새로운 역동성 창출 수단을 근본적으로 제약하고자 하였다. 또한 방송사와 언론사의 책임자를 임기가 남았음에도 불구하고 탈법적 방식으로 교체를 시도하였다. KBS 사장 정연주에 대한 배임혐의 수사는 후에 재판에서 무죄로 밝혀졌다. 이는 표현의 자유와 언론의 자유에 대한 폭넓은 규제와 비공식적인 규제의 한 사례일 뿐이다. 서울 G20 정상회담에서 포스터에 쥐를 그린 사람에 대해 무리하게 구속영장을 신청하여 영장이 기각되었던 사례도 있다.

촛불시위에 대한 정부의 강경책은 국제적으로도 논란을 촉발했으며, 앰네스티 등에서 2008년 촛불집회, 2009년 용산 참사에서의 과잉진압 등을 근거로 한국의 인권 후퇴에 대한 비판이 제기되기도 했다. 2010년 5월에는 표현의 자유에 대한 침해를 조사하기 위해 방한한 UN 특별조사관 프랑크 라 뤼를 국정원이 미행하여 한국정부에 항의하는 사례가 있었다. 라 뤼는 5월 17일 '한국 표현의 자유 실태 조사 결과 기자회견에서 "촛불집회 이후 지난 2년간 한국에서 표현의 자유를 제약하는 일들이 많아졌다"고 진단했다. 2011년 2월에 발표된 유엔 보고서 초안은 "2008년 촛불시위 이후 한국에서 표현의 자유 영역이 줄어들고 있으며 정부의 입장과 일치하지 않는 견해를 밝힌 개인들을 국제법에 부합하지 않는 국내 법규에 근거해 기소·처벌하는 사례가 점점 늘고 있다"고 지적했다. 또한 이 보고서는 △명예훼손과 인터넷상 의사와 표현의 자유 △선거전 의사·표현의 자유 △집회의 자유 △국가안보를 이유로 하는 의사·표현의 자유 제한 △공무원의 의사·표현의 자유권 등 8개 분야에서 한국의 인권 상황에 우려를 표시하거나 개선을 권고했으며 표현의 자유를 제약하는 대표적 사례로 박원순 변호사에 대한 국가의 손해배상 청구 소송과 인터넷 논객 '미네르바' 사건을 꼽았다.

여기에 정권 초부터 국정장악과 언론장악을 위해 무리한 법 적용과 보복수사를 강행했다. 그리고 이러한 신권위주의적 규제가 강화되면서 검찰, 경찰, 국정원 등의 기능이 강화되고 이를 통한 사찰 및 수사가 강화되었다. 이러한 새로운 경향은 많은 진보·개혁적 세력들에게는 '민주주의의 후퇴'로 인식되었고 젊은 세대들이나 네티즌들에게 신권위주의적 경향으로 인식되었다. 이러한 신권위주의적 경향에 항의하여 2009년 전국의 대학교수들이 시국선언을 하는 일도 있었다. 이러한 이명박정부의 신권위주의적 경향은 2009년 노무현 대통령의 자살로 인해 더욱 극적으로 부각되었다. 이명박정부는 촛불시위의 배후로 노무현 대통령 측을 지목하는 동시에, 측근비리의 문제를 통해 노무현 전 대통령을 압박했다. 그의 자살에는 이에 대한 항변의 의미가 있었다.

신보수정부는 '민주주의 대 권위주의'의 대립에서, 자신이 선택할 수 있는 다양한 정책수단을 가지고 있었다. 바꾸어서 말한다면 반드시 권위주의적인 정책수단을 활용해야 하는 것은 아니었다.[118] 이런 점에서 보면, 촛불시위와 촛불시위에 대한 폭력적이고 권위주의적 진압방식은 여러 가지 경로 중 하나의 극단적인 경로였다. 2008년 촛불시위의 경험을 보게 되면, 신보수정부의 균열과 거기서 파생되어 나오는 이반들은 이명박정부로 하여금 더욱 권위주의적 수단을 선택하게 만들었다. 이는 87년체제와 97년체제하에서 대중들 사이에 공감되어져 온 일종의 '민주주의의 마지노선'이 침식된다는 인식을 촉발시켰고 이것이 대중적인 저항으로 이어졌다. 신보수정부가 반독재민주정부에서 성취된 개혁들을 무력화하는 방향으로 퇴행하게 될 때, 대중들의 저항적 인식이 강화될 가능성이 있다. 이 과정에서 신보수정부는 아래로부터의 저항에 대응하여 억압적 수단에 경도되게 되고, 이 과정은 억압적 국가기구와 국가요원들의 권위주의적 관성을 불러낸다. 이에 점차 '권위주의적 신보수정권'(조희연, 2008f)으로 변화해 갔다.

2) 포스트민주화체제하의 운동정치의 특성

신보수정부의 친신자유주의적·친자본적 정책기조가 관철되면서, 시장의 지배력은 더욱 확대되었다. 또한 그것이 대단히 가혹하게 관철되었다. 이에 대항하는 전체사회의 저항성은 더욱 확대된다. 포스트민주화체제에서의 새로운 운동정치는 바로 이런 시장과 자본의 지배영

---

118 그러나 영국에서도 신보수정부라고 하는 대처 정부가 광산노동자의 파업 등에 대해서 강경정책을 취했던 것처럼, 이명박정부 역시 강경정책을 취하였다.

역과 밀접하게 결합된 대중의 삶의 영역에서 다양한 형태로 전개된다. 이것의 단적인 예가 바로 대기업, 특별히 유통대자본이 골목 상권이나 재래시장의 상권에 침투해서 지배력을 확장하는 것에 대항하는 소규모 자영업자들이나 재래시장 상인들의 새로운 저항이다. 이런 점에서 보면 신자유주의적 지구화는 저항성의 성격 자체를 변화시키고 있다고 할 수 있다. 신자유주의적 시장사회로의 전환 과정이 과거와는 다른 저항을 촉발한 것이다.

여기서 서구에선 시장사회로의 전환이 복지국가를 전제로 하여 그것의 해체 방향으로 전개되는 데 반하여, 한국에서 시장사회로의 전환은 복지국가 자체가 성립되지 않은 전(前)복지국가적 가혹성을 지닌 채로 전개된다는 점을 주목해야 한다. 나아가 '천민적 사유화'와 '천민적 독점화'의 성격을 가진 채로 전개된다. 사실 이러한 경향은 자본주의 일반의 경향성이기도 하다. 하지만 한국의 경우 이러한 천민성은 더욱 가혹하게 때로는 폭력적으로 관철된다고 말해야 한다. 신자유주의적 지구화의 영향 속에서 자본, 기업, 시장의 논리는 더욱 힘을 얻고, 천민적 독점을 추구하면서 전사회를 시장화해 가는 것이다. 이러한 모순이 한국에서 더욱 가혹하게 나타나는 것은, 서구에서는 아래로부터의 계급적·사회적 투쟁, 노동운동의 발전, 노동자의 정치세력화, 계급정당의 발전, 이에 촉진되는 기득권 집단 내부에서의 자정 등을 통해서 그 모순이 일정하게 완화되었기 때문이다.

'사회의 저항화'는 대중이 계급적·사회적 기득권 세력을 어떻게 인식하고 기억하는가에 따라 다르게 나타난다. 한국에서는 대중의 기득권 세력에 대한 기억이 부패의 기억, 부정축재, 탈법의 기억과 긴밀히 결합되어 있다는 것도 하나의 특징이라고 할 수 있다. '사회의 시장화'에 대응하여 나타나는 '사회의 저항화'는 한국 사회 시스템의 여러 층위 간의 부조화에 의해서 더욱 가속화된다. 주지하다시피 압축적 산업화가 진행된 이후 그 모순에 대응하는 민주화가 진행되었음에도 불구하고, 현 단계 한국 사회는 '비동시성의 동시성', 정치적·사법적 층위와 사회경제적 층위 간의 부조응, 산업화로 인한 물적 변화와 사회문화적 규범 간의 모순, 새로운 관계와 행위영역으로서의 사이버 공간에서의 규제와 자율의 충돌 등 다양한 부조응으로 고통 받고 있다. 이러한 부조응에서 발생하는 불만과 저항이 포스트민주화체제 정치성의 중요한 배경을 이룬다.

이렇게 보면 포스트민주화체제는 다음과 같은 기본 구도를 형성한다. 한편으론 높은 평등주의적 기대를 갖는 민중이 존재하는 반면에, 다른 편으론 강력한 경제적 기반을 갖고 전체 경제와 전체 사회를 지배화하고자 하는 대자본권력, 기업권력이 존재하는 상황이 창출된다. 개발독재 하에서 반독재운동에 공감하고 참여하면서 자신의 평등주의적 기대의 실현을 기대했던 대중은, 역으로 포스트민주화 시대가 되면서 신자유주의적 지구화를 배경으로 하는 자본운동의 확장에 의해 더욱 피폐한 현실을 대면하게 된 것이다. 여기서 기정정치에 대한 좌절과 실망, 이반이 다시 나타나게 된다.

이처럼 '전사회의 시장화'가 '사회의 저항화'를 동반함으로써 새로운 정치성이 출현한다. 만약 신보수정치가 이를 수렴한다면, 새로운 정치성은 주변적인 것으로 남고 현재 한국정치에서 보는 것처럼 기성정치에 대한 거대한 위협으로 작동하지는 않을 것이다. 그러나 민주개혁의 실패가 한국 신보수주의의 조건이었다면, 이제 그 대안으로 등장한 신보수주의 정치가 또 다시 실패하는 순환이 발생하고 있다. 이를 도식화해 보면 아래와 같다.

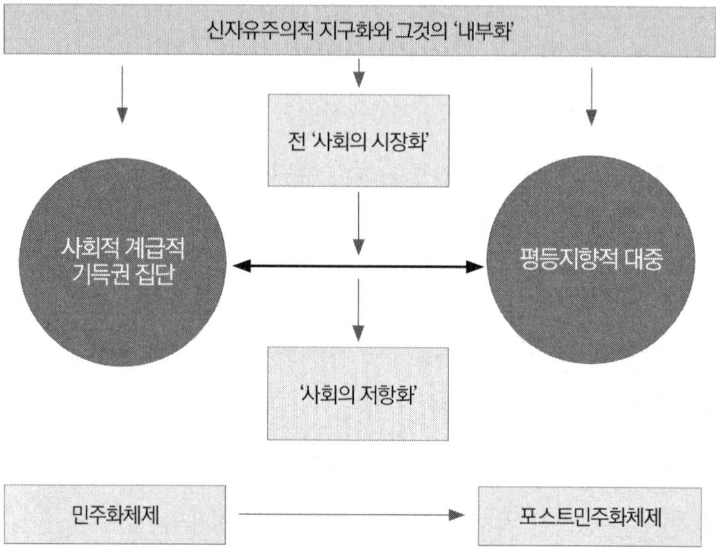

(1) 민주정치의 저항 억제효과 쇠퇴

사실 한국에서 개방화와 시장친화적 구조개혁이라고 하는 신자유주의적 정책기조는 김대중정부와 노무현정부 등 반독재민주정부 하에서도 진행되었다. 그리고 이에 대한 저항도 있었다. 하지만 이들 정부 하에서는 이런 저항이 '억제'되거나, 그 대중적 파급력이 제약되는 경향이 있었다. 왜냐하면 신자유주의적 정책을 추진하는 민주정부 통치세력이 신자유주의적 정책에 반대하는 진보개혁세력과 상호 교차하는 갈등관계를 구성했기 때문이었다. 정치적 개혁을 둘러싸고는 반독재민주정부세력과 진보개혁세력이 결합하여, 보수세력에 대결했다. 따라서 일종의 '저항의 분산화' 경향이 발생했다. 이는 다양한 사회적 갈등이 교차하면서 저항의 억제효과를 낳았다.

비정규직 노동자들을 포함한 사회경제적 약자들의 한 맺힌 투쟁들은 계속되었지만 그것이 대중적 주목을 받지 못하였다. 어떤 의미에서 민주개혁적 정치가 갖는 '정당성'과 '진보성'이 대중들의 저항적 인식의 발전을 일정하게 제약했다고 하면, 이제 우파적 정치와 신자유주의적 정책기조의 전면적 결합은 정치적 저항과 경제적 저항을 일체화시키는 효과를 동반한다.[119] 신자유주의적 구조조정의 파괴성에 대한 경제적 분노가 정치적 분노와 쉽게 결합하는 상황이 나타나는 것이다. 이러한 상황은 직접행동적 투쟁으로도 나타나지만, 선거에서의 야당에 대한 지지투표 등으로 나타나게 된다. '자본주의와 민주주의의 전쟁'에서 자본주의의 논리만이 지배적이고 민주주의적 논리가 주변화 되는 상황은 역설적으로 그러한 전쟁을 '치열'하게 만드는 효과를 가지고 있다.

친기업적이고 성장 위주의 이명박정부 하에서 역으로 대중들의 사회경제적 좌절은 정치적 분노와 저항적 요구로 변환되기 시작하였다. 민주정부 10년, 그리고 이명박정부의 초중반은 이른바 신자유주의적 경쟁논리를 '불가피한'것으로 수용하면서 그것에 대해서 대중이 적응

119 이러한 논의는 97년체제와 신보수정부를 동일시하려는 손호철(2009a)의 분석과 구별된다. 이런 점에서도 신자유주의라는 점에서 민주정부나 이명박정부나 동일하다는 식의 접근은 신자유주의적 경제가 어떠한 정치적·제도적 형태와 결합하는가에 따라서 그 균열이 상이할 수 있다는 점을 주목하지 못하게 만들 수 있다고 생각한다. 손호철(2009a)이 강조하고자 하는 신자유주의적 경제체제로서의 97년체제가 이중적인 성격을 띠고 있었다면, 손호철이 강조하는 신자유주의적 경제체제로서의 성격을 신보수정부는 보다 전면화하고 있다고 본다.

적 경쟁을 하던 시기(이른바 '신자유주의적 통치성'이 작동하던 시기)였다고 한다면, 이명박정부 중후반은 이제 대중의 저항성이 확대되는 시기라고 할 수 있다. 비정규직이나 정리해고의 현실을 순응 혹은 적응적 경쟁을 해야 할 것으로 받아들이던 상태에서, 변화가 가능하다고 생각하고 저항의 대상으로 삼는 방향으로 변화가 나타나기 시작했다. 한진중공업 정리해고에 대한 김진숙의 크레인 고공투쟁, 희망버스로 상징되는 전국적 연대투쟁이 이러한 변화를 가장 극적으로 상징한다. 이것이 바로 새로운 정치성을 구성한다.

(2) 보수언론의 진보적 효과

여기서 우리가 주목할 것은, 참여정부에 대한 대중들의 이반을 가능케 했던 대중들의 높은 기대가 역으로 이명박정부에 대한 강한 불신을 촉발하는 동력으로 전환한다는 점이다. 이 점은 97년체제하에서의 긍정적 변화의 결과이기도 하다.

신보수정부 초기의 균열과 정치적 위기는 87년체제와 97년체제하에서 진전된 대중의 주체화 및 정치적·사회적 감수성의 변화에 의해서 가능하였다. 97년체제는 그 성과에 대한 보수적 저항에 의해서도 균열되었지만, 다른 한편에서는 높은 기대를 갖는 대중들의 좌절과 실망, 즉 '대중의 복수'라는 성격을 띠고 있었다. 즉 신보수정부를 가능하게 했던 대중의 요구와 이해에는 노무현정부에서 민주개혁의 진전에도 불구하고 악화된 사회경제적 조건을 해결할 수 있는 더욱 '진일보한 대안'의 요구가 있었다. 반독재민주정부의 사회경제적 정책에 맞서 대중이 분노하고 이반하도록 노력했던 보수 언론의 비판은 역설적으로 대중들의 사회경제적 기대수준을 한층 제고하는 데 기여하였다. 즉 보수언론은 양극화, 소득 분배의 악화, 실업 확대, 고용불안정 증대 등 일련의 경제적 현상을 근거로 노무현정부의 무능을 집중 공격하면서, 이러한 문제에 대한 전향적인 해결을 차기 보수정부에 기대하도록 만들었다. 당연히 그렇게 높아진 대중들의 기대수준에서 볼 때, 이명박정부의 초기의 일련의 보수적 기조는 대단한 배반과 실망으로 다가왔다. 참여정부로부터 대중들을 이반하도록 촉진했던 '참여정부의 사회경제적 무능'이 역으로 이명박정부의 균열을 촉진하는 요인이라는 것은 역설적이다.

(3) 젊은 세대의 저항 가속화

'사회의 저항화'는 젊은 세대들이 신자유주의적 경쟁프레임에 대한 순응적 적응에서 저항으로 이동하는 것을 통해서도 표현된다. 젊은 세대의 경우, 이른바 신자유주의적 경쟁프레임을 수용하고, 스펙 쌓기 등을 통해서 '개인주의적' 출구를 찾고자 했다. 어떤 의미에서 '순응적 적응'을 했었다. 그럼에도 고실업, 비정규직화, 고용불안정, 좋은 직장의 축소, 취업 이후의 빠른 도태 등의 상황은 신자유주의적 경쟁구조에 적응하면서 개인주의적 출구를 모색했던 젊은 세대들의 태도를 변화시키고 있다.

신자유주의적 프레임은 "자기 인생을 기업으로 대상화시키고 그를 위해 자기를 기업가로 주체화하는 자기경영"(서동진, 2009: 302)을 요구한다. 이것은 단지 신자유주의적 프레임이 외재적 논리로서만이 아니라 한 개인이 자기 삶을 신자유주의적 방식으로 '주체화'하는 새로운 내재적 권력으로 작동한다는 것을 의미한다(350). 특히 이러한 현상은 경쟁의 최일선에 있는, 그리고 그 최대의 피해자인 젊은 세대들에게서 잘 드러난다.

포스트민주화 시대 신자유주의적 자본주의의 최대의 피해자 집단인 젊은 세대가 지식정보화의 진전에 따른 정보 독점 해체의 흐름과 결합하면서, 젊은 세대의 제도정치에 대한 불만이 저항적 정치성으로 표현되기 시작했다. 인터넷의 확대, 모바일폰, SNS 서비스의 확대는 기존의 기득권 집단, 보수적인 언론 등에 의한 '정보독점'을 해체시키는 효과를 동반하였다. 이는 민중들 간의 '진보적이고 자율적인 소통'을 촉진하는 수단이 되었고, 그 결과 저항의 역동성을 만들어내는 새로운 채널이 되었다.

(4) 2008년 촛불시위

촛불시위는 내가 이야기하는 포스트민주화체제라고 하는 민주주의 운동의 헤게모니적 지위가 균열된 상황에서, 운동정치가 새로운 역동성을 만들어 내는 중요한 계기였다. 이것은 민중운동이나 시민운동과 같은 기존의 운동정치와는 다른 주제와 세대를 역동화하는 계기가 되었다. 소고기와 먹거리 안전이라고 하는 새로운 생활세계적 이슈가 중심 계기가 됨으로써, 이전과는 다른 방식으로 운동정치의 활성화가 나타난 것이다. 이는 독재 대 반독재, 개혁 대 반개혁, 노동권의 확대

대 탄압의 구도를 벗어나는 '소비자-시민'의 새로운 이슈였다. 또 하나는 기존의 민중운동이나 시민운동 참여세대와는 구별되는 '신'세대가 운동정치의 참여자가 되는 기회가 되었다는 것이다. 이는 진보 운동정치의 기반을 확장하는 데 기여하였다.

2008년 5월부터 시작되어 한국 사회를 달군 촛불집회는 90년대 이후 사회운동 현상과는 매우 다른 성격을 보여주고 있다. 몇 가지 점에서 그 특징을 서술해 보자.

첫째, 촛불시위는 주체, 이슈, 소통양식, 조직 등의 차원에서 90년대 이후의 사회운동을 뛰어넘는 새로움(new-ness)을 보여주고 있다. 90년대 이후 한국 사회 운동은 독재의 유산을 척결하고 국가와 시장의 민주화를 지향하는 이른바 '민주개혁(democratic reform)' 운동으로 전개되었다. 그러한 민주개혁을 추동하는 운동의 대표적인 형태가 시민운동이었다. 87년 이전의 반독재민주화운동을 구(舊)사회운동이라고 한다면 90년대 이후의 민주개혁운동, 그 일부로서의 시민운동은 신(新)사회운동적 성격을 강하게 띠고 있었다. 그런 신사회운동과 비교하면 촛불집회는 '신'-신사회운동의 성격을 갖는다고 해도 과언이 아니다.

주체의 측면에서는-조직화된 민중운동과 시민운동의 참여자나 후원자로서의 대중이 아니라-비조직적이고 무정형적인 대중이 새롭게 중심으로 부상하였다. 또한 이 대중 속에는 중고등학생을 포함한 젊은 세대 및 이른바 '포스트-386세대'도 있다. 이것이 사실 특기할 만한 현상이다. 예컨대 90년대의 맥락에서 일반 시민들은 시민운동단체들이 쟁점들을 가장 잘 알고 그래서 자신들의 이해를 잘 대변해서 싸워줄 것으로 생각하고, 모든 것을 시민단체에 '위임(委任)'하고 스스로는 단순한 '후원자적 대중'으로서 존재하였다. 그러나 현재 촛불집회에 참여하는 대중은 스스로가 문제 해결자가 되고자 하는 대중이다. 이들은 때로 90년대식 시민운동이나 민중운동에 대해서 '과도한 지도'의 자세를 취하지 말라고 훈계하기도 한다. 아마도 90년대 이후 지금처럼 '시민운동이 머쓱했던' 운동은 거의 없었을 것이다. 기존의 조직화된 시민운동이 주도하던 운동현상과 달리 대중의 역동성이 조직화된 운동을 끌어가는 형국이 출현한 것이다. 나는 2000년 낙천낙선운동을 정점으로 해서 이러한 대중의 주체화와 저항성의 변화가 가속화되었던 것이 아닌가 생각한다. 예컨대 '노사모 대중'만 하더라도 낙천낙선운동 지지 대중과는 구별되는 더욱 진일보한 '참여지향적 행동주의(activism)'를 드러냈다. 이것은 사실 멀리는 60·70년대 반독재민주화운동으로부터 90년대 민주개혁운동의 경험 속에서 대중이 주체화되어 온 것의 반영이다. 문제는 이를 기존의 조직화된 운동들이 어떻게 담아낼 것인가 하는 점이다.

이것을 구(舊)사회운동과 신(新)대중의 관계로 본다면, 구 운동의 위기로 보여질 수 있다. 실제 촛불운동과정에서 '시민운동의 위기'론이 제기되기도 했다. 그러나 촛불시위는 대중의 주체성, 특히 저항적 주체성이 더욱 고양되어 '직접행동'의 형태로 표현되는 것이고, '대리인운동'으로 만족하던 대중들이 새로운 권력조건 속에서 스스로 주체적인 직접행동으로 나아가고 있음을 의미한다. 따라서 이는 "노동운동이나 시민운동의 시대가 갔다"는 것을 의미하기보다, 노동운동이나 시민운동이 새로운 대중의 주체성과 결합하기 위해 운동방식을 변화해야만 국면에 진입했음을 의미하는 것으로 이해되어야 한다.

이슈의 측면에서 보면, 90년대 이후 민주개혁을 추동하는 과정에서 민중운동과 시민운동이 주로 쟁점화 했던 것은 '국가민주화'와 '시장 및 자본, 기업의 민주화'였다. 주로 정치적·경제적 권력이나 체제의 작동을 대상으로 하는 운동이었다. 촛불집회가 쟁점화한 미국산 쇠고기 수입 반대도 물론 이명박 정권의 정치적 결정과 집행을 문제 삼는 것이기는 하지만, 중심은 먹거리라고 하는 '생활세계적' 이슈라고 할 수 있다. 그것은 정치경제적 이슈이면서 '소비자운동'적 이슈이기도 하며, 체제와 관련된 이슈이기도 하지만 전형적으로 '생활세계적' 이슈라고 할 수 있다.

이런 점에서 2008년 촛불시위는 '생활밀착형 이슈의 공공문제화'(이완범, 2011)라고 하는 새로운 생활정치의 출현을 의미한다고 할 수 있다. 젊은 세대를 포함한 새로운 성격을 갖는 대중들이 자신들의 삶을 제한 혹은 억누르고 있다고 느끼는 새로운 이슈(미국산 쇠고기 수입)를 계기로 하여, 또한 상이한 소통방식–인터넷 등 모바일 소통방식–을 통해서 비판적 존재로 탄생한 것이다. 이는 향후 특히 이명박 정부 이후 저항성(性)이 어떻게 발현될 것인지에 대한 시사를 던져준다. 즉 이명박정부의 전면적인 신자유주의적 정책들이 추진되면서 그 파괴적 결과들로 '대중들의 일상적인 삶'의 영역에서 새로운 대중적 저항성들이 발현되게 될 것이기 때문이다.

다음, 촛불집회에 참여하는 대중들의 소통양식이라는 점에서 상당히 중요한 변화가 드러났다. 통상 '웹 2.0세대'(김호기, 2008)라고 규정할 수 있는 인터넷 등 IT시대의 새로운 전자적 방식들을 매개로 하는 새로운 소통양식이 중요하게 작동하였다. 대중들은 《다음》의 아고라에서 치열한 논쟁을 하며, 인터넷, 이메일, SMS를 통하여 잠재적인 참여자들에게 참여를 독려하고 소통하는 새로운 모습을 보여주었다. 이러한 새로운 '디지털 소통양식'이 중요한 것은 기존의 주류언론의 매개를 거치지 않은 소통이 대중들 간에 이루어지기 때문이다. 기존의 주류언론의 매개를 거치게 되면 주류언론—특히 보수적 주류언론—의 해석과 판단에 의존할 수밖에 없게 된다. 그러나 이미 대중은 그것에 만족하지 않는다. 또한 90년대 이후 시민운동이나 노조운동의 소통양식과도 구별되는 점이 있다. 시민운동이 어떤 하나의 이슈에 대해서 캠페인을 한다고 해보자. 90년대에는 주류언론들이 대단히 우호적으로 보도를 해주었고 그것이 바로 정부와 정당에 대한 압력으로 작용하면서 '대중 참여'의 과정을 크게 거치지 않고 운동이 이루어졌다. 노조의 경우 일반적으로 주류언론의 적대적·비(非)우호적 보도가 이루어지기 때문에, 주류언론의 매개를 거치지 않고 스스로의 내부적인 소통을 —조합원 총회나 공간적인 집중으로 인한 대면적 소통—통해서 동원과 참여가 이루어졌다. 그러나 촛불집회의 대중은 이런 소통방식과는 전혀 다르게 소통하였다. '아프리카'에서의 다양한 동영상 혹은 현장중계, 칼라TV를 접속하는 방식으로, 혹은 오마이뉴스의 현장중계를 통하여, 다른 대중의 태도와 행동을 인지하고 행동하였다. 특히 현장에서의 '1인 인터넷 리포터'는 통상 방송이나 언론의 '현장중계'나 현장 인터뷰를 뛰어넘는 인터넷을 통한 대중간의 직접 소통이라는 새로운 전형을 보여주었다. 이는 국민정부 이후 한국이 '인터넷 강국'이 되고 'IT선진국'이 되는 정보기술적 인프라의 변화에 의해 촉진된 것이다. 집단적인 운동의 소통양식으로 이처럼 인터넷과 IT소통이 중요하게 작동하는 것은 세계적으로 선도적인 사례라고 할 것이다.

다음으로 촛불집회는 온라인조직과 오프라인조직, 조직적 사회운동과 인터넷상의 자발적 결사체(제4의 결사체)의 공동의사결정을 통해 진행되었다. 범국민대책위의 오프라인 회의를 통해서 모든 것이 결정되지도 않았다. 아고라를 통해 토론이 이루어지고, 온라인의 일정한 공감대가 오프라인에서 독립적인 집합행동으로 전환되기도 했다. 또한 집회 시 현장에서의 치열한 토론이 현장 의사결정의 기구가 되기도 한다. 통상 신사회운동은 위계적인 조직과는 구별되는 '네트워크형' 조직을 갖는다. 이것은 주로 오프라인 상에 있어 비(非)위계적인 여러 조직들 간의 느슨한 연대를 통해서 운동이 전개된다는 의미이다. 이런 방식은 거대조직을 통해서 대중이 동원되고 행동이 이루어지던 과거와 다른 것이다. 이런 점에서 촛불집회의 조직화 방식은 90년대의 일반적인 현상과도 구별된다.

그리고 바로 이 부분에서, 촛불집회는 조직화된 운동의 관성을 뛰어넘는 새로움을 사회운동에 부여하였다. 그리고 그러한 새로움과 조직화된 운동의 조직적 경험이 결합하는 형국으로 확산되었다. 젊은 세대들이나 인터넷 상의 누리꾼들의 참여를 중심으로 하는 비조직적 자발적 운동이 중심적인 역량으로 존재하고 여기에 조직화된 운동이 결합하는 형국이었다.

촛불운동은 이미 포스트민주화체제하에서의 민주주의의 구성적 각축에서 시민사회와 운동의 진보적 전개를 암시하는 것이라고 할 수 있다. 즉 민주개혁적 정치와 신보수적 정치로 담아낼 수 없는 시민사회적 역동성과 운동적 역동성이 출현하고 있다는 것을 보여준다. 또한 이 촛불시위는 '때 이른 표현'이기도 했지만,[120] 반대로 신보수정치 하에서의 저항의 역동성이 신보수정치의 한계 내에 갇힐 수 없음을, 갇혀서도 안 됨을 드러낸 것이었다.

(5) 생태민주주의적 차원

신보수적 정치 하에서 발생한 운동정치의 중요한 변화 중 하나는 생태주의적 차원의 확장이다. '4대강' 개발과 반대를 둘러싸고 기존의 민주주의의 구성적 각축에서 의제화되지 않았던 새로운 주제인 생태를 둘러싼 저항성과 정치성이 출현하였다.[121] 이는 신보수정치 하에서

---

120 촛불의 정치적 효과는 진보적 운동정치에 대해서는 그것이 새로운 정치적 역동성과 결합하도록 하는 계기가 되었지만, 반대로 그 의도하지 않은 '때 이른' 출현은 보수적 대중으로 하여금 정치적 지지를 더욱 고정되게 만드는 결과를 낳았다. 탄핵도 임기 초기에 탄핵을 보수세력이 감행함으로써 이른바 '역풍'을 만들어냈던 것처럼, 촛불시위는 그 정당성 때문에 '역풍'이 공개화되지는 않았지만, '너무 하다 싶지 않은가', '대선 실패세력의 준동'이라고 하는 식으로 보수를 결집시키는 효과도 낳았다(이것이 이명박 대통령의 지지가 일정 수준 이하로 하락하지 않는 원인이기도 하다).

121 현 단계 민주주의의 구성적 각축은 특정한 '지형'에서 작동하고 있다. 그 지형은 특정한 반민주주의적 효과들을 '주어진' 것으로 하면서 작동한다는 것을 의미한다. 지역풀뿌리 수준이나 생활세계적 수준에서 많은 주어진 조건들은 문제화되지 않고, 현단계 민주주의의 구성적 조건으로 존재하고 있다. 예컨대 민주화체제하에서 민주주의 세력은 중앙권력의 민주화와 '다원화'를 촉진하는 방향에서 일정한 성과를 거두었지만, 풀뿌리 보수주의를 혁파하고 변화시키는 데는 큰 한계를 가지고 있었다. 지역의 토호세력의 강력한 힘이 약화되지 않았으며, 개발독재 시기에 형성되어져 온 보수세력의 다양한 사회적 조직들은 해체되지 않았다. 지방자치제는 '보수 독점'의 구조로 작동하고 있다. 그만큼 진보는 지역 풀뿌리 수준에서 대중적 기반이 취약하다. 또한 대중들의 사회문화적 차원이나 생활세계적 수준에서는 뿌리깊은 보수주의적 태도와 인식이 존재하며, 그것은 현 단계 민주주의의 '주어진' 것으로 존재하고 있다. 구조적 차원과 이러한 사회문화적 차원이나 생활세계적 차원은 상호작용한다. 여기서 나는 급진적 사회경제적 정치, 급진적 지역풀뿌리 정치, 급진적 생활세계 정치의 필요성을 주

운동정치가 새롭게 재구성되는 것을 의미한다.

4대강 개발에 반대하는 투쟁은 운동정치의 새로운 변화를 동반하였다. 22조 원이 넘는 공사비가 투여된 막대한 국가적 토목사업인 '4대강 개발사업'에 대한 입장은 이명박정부 하에서 극단적으로 양극화되었다. 환경운동을 포함한 운동정치세력 일반에게 있어 이 사업은 '졸속·부실계획'에 기초해 진행된 사업이었다. 운동정치세력은 3년이라는 단기간에 속도전식 방법으로 완공된 4대강 개발사업이 국민의 생명과 안전을 심각하게 위협한다고 주장하였다. 4대강 개발사업은 운동정치세력에게 대규모 국가사업의 무분별한 추진을 막기 위한 예비타당성조사도 제대로 거치지 않고, 편법과 실정법 위반을 자행하면서 진행된 사업이었다. 그리고 '국민 70%의 반대에도 불구하고 제대로 된 환경영향 평가나 문화재 조사 없이 밀어붙인 최악의 反환경사업'이었다. 반대로 이 사업을 옹호하는 이들에게 4대강 개발사업은 60·70년대 개발독재 시기의 거대한 국가적 토건사업과 같이 국가경제 발전을 위한 경제사업이었고, 또한 치수와 홍수 방지 등을 위한 친환경적 사업으로 평가되었다.

이러한 논란에도 불구하고, 4대강 반대투쟁은 87년체제하에서 주변적으로 위치하고 있었던 생태민주주의적 차원, 환경운동적 감수성을 운동정치에 부각시키는 계기가 되었다. 그동안 생태민주주의적 차원은 운동정치에서 중요한 차원을 구성하지 못하였다. 사실 기존의 개발독재국가는 노동자와 농민을 억압하는 국가였지만, 다른 한편으론

장한다(조희연, 2008b).

전 국토에 개발주의적 광풍이 불었던 '토건국가(홍성태 편, 2005)'였다. 이러한 토건국가 모델은 '뉴타운'이라는 변형된 형태로 재생산·확대되었으나, 민주주의의 문제로 쟁점화 되지 못하였다. 이명박정부 하에서 4대강 반대투쟁은 역설적으로 한국 민주주의 운동의 생태주의적 지향성을 강화하는 방향으로 작동하였다. 어떤 의미에서는 '생태주의자'가 아니고는 진보주의자일 수 없는 조건을 출현시켰다.[122] 토건국가적 개발주의를 넘어서기 위한 투쟁들은 이미 이전 정부에서 새만금 반대투쟁이나 부안 방폐장 투쟁을 통해서 전개되었던 바 있다. 이러한 선행투쟁에 힘입어 이명박정부 하에서 민주주의의 생태적 차원이 대중적인 수준으로 성장한 것이다.

또 하나 흥미로운 것은 이명박정부가 '녹색성장(green growth)'을 지배담론으로 활용하면서 이에 대응하는 '탈성장' 담론이 확장된 것이다. 곧 녹색의 국가화에 대항하여 녹색을 다시 되찾기 위해 생태민주주의

122 20세기 서구에서 사회경제적 좌파운동과 생태주의는 분리되어 있었다. 즉 20세기의 사회민주주의는 생태주의의 거대한 도전을 자기화하지 못하면서 환경관리주의적 사회민주주의로 전락되어 갔다. 동유럽의 국가사회주의는 체르노빌 사태에서 보여지듯이 국가주의와 성장주의의 신화 속에서 생태주의 자체를 사회주의 권력이 억압되는 전도된 모습을 보여주었다. 1986년 체르노빌 제4원자력발전소의 폭발사고, 사고 이후의 소련 정부의 태도는 현존 국가사회주의의 몰환경성(environment-blindness)-그것도 사회민주주의적 자본주의보다도 더 저급한-을 잘 보여주었다"(조희연, 2007c: 21). 이런 상황에 대한 반성 속에서, 양자의 결합을 위한 논의들이 시도되고 있다. 예컨대 리피에츠(2002)는 '정치생태주의' 속에서 좌파와 생태주의자들의 결합을 주장하고 있다. Carl Boggs(1986)도 서구의 사회주의와 노동운동이 새로운 형태의 대중적 급진주의(new popular radicalism)와 결합되지 못하면서 동력을 상실해간 것을 비판하면서 '적녹 연합(red-green)'을 강조하고 있다. 서영표(2010)는 영국의 Red-Green 그룹이 시도하는 사회주의자와 환경주의자의 접점을 찾기 위한 노력을 소개하고 있다. 한국에서 민주주의의 생태주의적 확장을 위한 논의로는 문순홍(2006a, 2006b), 바람과 물연구소 편(2002) 참조.

의 차원이 보다 급진화된 것이다. 2011년 3월 11일 일본에서 일어난 원전사고는 '핵의 평화적 이용'이라는 기존 의식을 넘어서, '탈핵'·'탈성장'이라는 담론을 운동정치 내에 확산시키는 계기가 되었다. 이 점은 운동정치 내부에서의 일정한 긴장을 초래하기도 했다. 즉 과도한 급진생태주의라는 비판이 출현하였다. 그러나 민주주의의 생태적 급진화가 일정하게 촉진된 측면이 있었다.

(6) 뉴라이트운동의 분화

신보수 정치의 균열은 이명박정부의 출범을 가능하게 했던 뉴라이트운동의 분화를 초래하였다. 이 점은 정확히 반독재민주정부 하에서 진행된 시민운동진영과 민중운동 진영의 분화 과정과 유사하다. 사실 민주정부 후반에 발생한 '보수의 능동화'는 뉴라이트라고 하는 '전향파 보수'의 선도적인 역할 하에서 구 보수적 사회세력이 새롭게 재역동화된 결과였다. 보수가 국민 여론 공간에 능동적으로 개입하여 경계정치를 구성해낸 것이다. 그런데 신보수 정치가 균열되면서, 능동화된 보수 진영 또한 분화된다. 이명박정부와 보수정당(한나라당)에 대한 보수적 사회운동의 분화는 크게 보면, 신보수정부의 실용주의적 정책구사에 대한 입장 차이에서 발생했다. 극우보수는 신보수정치의 실용주의적 성격과 현실주의적 정책기조에 대해 불만을 갖고 있었다. 극우보수는 보다 강한 국가정체성의 정치학을 원했다.

보수적 운동정치 분화의 또 다른 차원은 이명박정부 권력엘리트의 인선과정에 개입한 인맥, 학맥, 지연 등 인적 자원 네트워크의 문제,

그리고 이와 연결되어 있는 부패의 문제 등과 연관해서 발생했다. 이런 문제가 보수의 합리적 혁신을 가로막는 위험이라고 보는 뉴라이트가 있었던 반면, 이를 관용하는 뉴라이트로 분화되었기 때문이다. "이 정부는 철저히 특정 인맥과 학맥, 지연으로 구성돼 합리적인 보수 세력을 배제했다"며 "이 대통령은 올드라이트의 아류에 불과하다"고 평가하는 사례도 나타났다. 부패사건을 계기로, 신보수 정치로부터 거리두기를 하는 신보수적 사회운동도 발생했다.

(7) 복지의 국민적 의제화 · 신보수정치에 대항하는 경계정치

포스트민주화체제하에서의 민주주의의 구성적 각축과정에서 진보적 운동정치는 복지민주주의의 방향으로 대중의 정치성을 구성하기 위한 실천에 주력하였다. 즉 신보수 정치에 대한 시민사회와 대중의 이반과 실망을 '복지 요구'라는 보다 적극적인 정치성으로 구성하기 위해 운동정치가 적극적으로 개입한 것이다. 신보수정부의 초기 국면에서 복지 요구는 여전히 주변적 의제였다. 이명박정부가 내건 748공약과 같은 신성장을 통한 해결의 방향을 대중들이 지향하고 있었기 때문이다. 사실 2009년 보궐선거에서 무상급식은 경기도 교육감 김상곤의 단독의제였다. 그러나 김 교육감이 당선된 후 이를 정책으로 실현하려는 과정에서 한나라당의 반대에 부딪혔고, 이 각축과정에서 무상급식은 대표적인 '국민적' 의제로 부상하게 되었다. 2010년 6월 지자체 선거에서 무상급식은 대표적인 복지 이슈가 되었다. 진보정당과 자유주의정당 모두 무상급식 정책을 수용하면서, '국민적' 의제로 부상하게 되었다. '보편적 복지'가 진보정당과 개혁자유주의정당을 관통하는 공통의제가 된 것이다.

보수적 미디어와 보수정당은 이른바 '복지파퓰리즘'이라는 담론을 통하여 이러한 흐름을 제약하고자 했다. 흥미로운 것은, 우파 제도정당이 파퓰리즘이라고 비판했던 이슈들이 대중들의 아래로부터의 요구에 의해서 제도정치로 진입하였다는 점이다. 민주주의의 구성적 각축이 한 단계 높은 방향으로 나아간 것이다. 이는 '복지민주주의' 혹은 사회경제적 민주주의로 표현될 수 있는 것으로서, 제도정치에 대한 대중의 불만이 상당히 분명한 정치성으로 전환되고 있음을 보여준다. 또한 아래로부터의 힘으로 초기 '복지동맹'이 출현하고 있다고도 볼 수 있다. 이처럼 복지와 같이 한 단계 높은 민주주의의 요구가 국민적 의제가 됨으로써, 민주주의의 구성적 각축은 이제 제도정당들 간에 '복지 이슈 경쟁'을 하는 양상으로 전개되었다. 2012년 1월 이명박정부는 기존의 보육정책을 대폭 개선하여, 무상보육을 실시하겠다고 밝혔다. 이것은 제도정치와 대중의 괴리, 그 괴리에서 나타나는 잠재적 저항성이, 이명박정부 4년 만에 '복지'라는 상대적으로 명확한 진보적 지향으로 구체화되었음을 의미한다.

3) 우익적인 헤게모니적 접합의 다층적인 균열과정

이명박정부는 60·70년대 개발독재적 정권과는 구별되는 '신보수정부'로서의 이미지를 부각시켜 왔으며, 참여정부로부터의 이반했던 다양한 요구와 이해들을 '우익적인 헤게모니적 접합'을 통해 자신의 동의 기반을 만들어 냈다. 그런데 이런 접합이 이후 다층적으로 균열되기 시작한다.

신보수정부의 초기 정책들에 이미 신보수·헤게모니적 접합의 급속한 균열 가능성이 내재하고 있었다. 사실 신보수 프로젝트에 의해 접합된 보수적 요구와 진보적 요구는 결코 화해할 수 없는 것으로서 불안정한 '봉합(縫合)' 상태였다. 상층에게는 종합부동산세 감면과 같은 형태로 대대적으로 세금을 축소시켜 주면서, 하층에게는 이전 정권에서 보다 더욱 확장된 복지를 보장하는 식이었기 때문이다. 이는 현실적으로 불가능하다. 이명박정부가 집권과정에선 모순적인 요구들을 불안정하게 봉합하는 데는 성공하였으나, 이후 친기업적·친재벌적인 성격이 강화되면서 이 봉합이 해체된 것이다. 바꾸어서 말한다면 대중의 이반이 시작된 것이다. 초기 '고소영 내각' 논란으로 시작된 이명박정부 지지율의 약화도 이런 예가 될 것이며, 촛불시위는 그러한 균열이 현실화되는 과정이라고 할 수 있다. 이후 '중도실용정책' 등은 이러한 초기의 균열을 상쇄하면서 포스트민주화체제의 정치적 기반을 강화하고자 하는 시도라고 할 수 있겠다. 이명박정부의 입장에서는 아래로부터의 도전에 대응하기 위한 전략이라고 할 수 있다.

특별히 이명박정부가 초기 단계에서 직면한 촛불시위와 같은 형태의 강력한 아래로부터의 저항은 정부가 이후에 대중들의 요구에 대해 '수동혁명적' 응전을 하도록 만들었다. 더구나 신보수정부는 내부 권력구성의 다양성 때문에 과거의 개발독재적 파쇼정권과 다른 차별적 정책을 구사할 수 있는 스펙트럼을 가지고 있었다. '온정적 보수주의'라는 이름으로 다양한 형태의 '중도적 사회경제 정책'들을 선택할 수 있는 가능성도 있었다. 2009년 이후 이명박정부가 과거 진보정당이나 진보적 사회운동, 반독재중도정당이 주장하였던 상대적으로 개혁적인 정책들-예컨대 등록금 후불제, 기업형 슈퍼마켓의 진출에 따른 '사업조정제'의 허용, 정운찬의 '이익공유제' 등-을 수용하는 것이 그 예가 될 것이다.[123] 그럼에도 이런 수용조차 보수블록 내부의 저항에 직면하면서, 우익적인 헤게모니적 접합은 다층적인 차원에서 균열되었다.

신보수 정치의 헤게모니의 다층적 균열과정은 '제도정치와 사회'의 괴리를 크게 하였고, 이 때문에 새로운 정치성이 출현하였다. 기본적으로 포스트민주화체제에서 상황은 민주개혁적 정치의 균열과 신보수적 정치의 새로운 균열이라고 하는 상황을 기반으로 하고 있다. 이를 3개의 정치성이란 범주로 구별하여 볼 수 있다.

제1의 정치성은 신보수적 정치의 신권위주의화에 따르는 새로운 민주주의적 요구와 이해들이다. 특히 민주정부 하에서 실현된 '민주개혁적 정치'의 역전에 반대하는 정치적 요구와 이해가 출현하게 된다. 제2의 정치성은 민주개혁적 정치 하에서 그 정치화가 제약되고 있었던, 사회경제적 요구와 이해 및 기대이다. 이명박정부에 기대를 걸었

123 나는 이명박정부를 60·70년대의 개발독재적·파쇼적 구 보수와 동일시하는 것에 대해서 반대하는 입장이다. '고소영 내각'으로 상징되는 것이 어떤 의미에서 이명박정부의 '우측경계'라고 한다면, 정운찬의 '이익공유제' 같은 것이 '좌측경계'라고 할 수 있겠다. 정운찬의 이익공유제는 대기업이 중소기업의 이익을 공유하는 것으로서, 판매수익, 순이익(판매수입-비용), 목표초과이익(실현이익-목표이익)의 3가지 유형 가운데 하나를 선택하는 것을 목표로 하고 있다(한겨레신문. 2011년 11월 14일 보도). 물론 이명박정부 내에는 다양한 분파들이 존재하고 있고 경향적으로 '우경화'의 경향을 보일 것이다. 그리고 내부의 정책적 잠재력 중 '좌경화'를 강제하는 것은 당연히 아래로부터의 대중의 이반과 분노, 지지, 이탈이다라는 것이 나의 입장이다.

다가 그것이 균열되면서, 신보수적 정치의 균열에 따라서 폭넓게 정치화되었다. 그런데 포스트민주화체제하에서 신보수 정치의 균열은 이미 민주개혁적 정치의 균열을 기반으로 하고 있기 때문에 제1의 정치성과 제2의 정치성으로 수렴될 수 없는 제3의 정치성을 낳게 된다. 민주화체제의 전환적 위기에 따라서 신보수적 정치가 부상했지만 그것은 대중의 요구와 기대를 충족하는 것은 아니었다. 여기서 정박지를 상실한 대중의 새로운 요구와 기대가 새로운 정치성의 형태로 출현한 것이다.

포스트민주화체제하에서 시민사회의 정치성들은 특정한 방향성으로 수렴되지 않고 부유하는 양상을 띠게 된다. 안철수 현상이나 박원순 현상도 이러한 현상의 일환이다. 여기서 제1의 정치성은 민주개혁적 정치의 복원(즉 반MB)을 통해 충족될 수 있는 것이었기 때문에, 제1의 정치성은 반MB정당으로 수렴될 수 있었다. 그러나 제2의 정치성은 민주개혁적 정치가 해결하지 못했던 것이고 또한 기존의 신자유주의적 프레임을 더욱 친기업적으로 극단화한 신보수적 정치에 의해 해결될 수 없는 것이기 때문에, 바로 이 제2의 정치성을 둘러싸고 제도정치세력들 간의 새로운 각축이 전개되었다. 또한 제3의 정치성은 기존의 정치세력들로 쉽게 수렴되지 않는 새로운 정치성이기 때문에, 기존의 정치세력들은 그것을 전유하기 위해서 자신을 재구성하는 각축을 전개해야만 했다.

4. 민주화체제 헤게모니 블록의 해체: 중도개혁 자유주의정당의 헤게모니 균열과 국민 정치 공간의 공백

포스트민주화체제로 이행했다고 말할 때, 가장 중요한 측면은 민주주의를 시대정신으로 하는 민주주의 블록의 약화와 그 내부에서 반독재중도개혁 자유주의정당의 헤게모니 약화이다. 민주주의 블록은 민주연합세력 또는 민주진영이라고 표현해도 좋다. 오랜 반독재민주화운동이 국민적 투쟁이 됨으로써, 독재에 반대하고 민주주의를 시대적 과제로 수용하는 국민, 운동세력, 제도정치세력들이 형성되었고 이들이 넓은 의미의 연합적 세력이 된 것이다. 이 민주주의 블록은 민주주의를 실현하고 독재의 유산에 대한 민주적 개혁을 이룩하기 위해 제도정치 및 국가 변화라는 목표를 공유하고 있었다. 바로 이러한 결합이 느슨해진 것이다. 민주주의의 상징성을 갖는 민주정부 아래서 자신들의 사회경제적 삶이 후퇴했다고 믿는 국민들에게 민주주의의 의미를 찾는 일은 쉽지 않았다. 즉 반독재민주정부 10년을 거치면서 신자유주의적 구조조정을 추동한 중도자유주의 정부는 보수세력에 집권세력의 자리를 내어 주는 것은 물론 민주주의 블록 내부에서, 나아가 민주주의를 염원하는 진보개혁적 대중에 대해서도 헤게모니를 잃는 위기에 직면한 것이다. 여기에 더해 1987년에 내걸었던 정치적 민주주의 요구들이 대체로 실현되었다고 믿는 국민들도 생겨났다. 이런 상황에서 민주주의를 중심으로 하는 연합적 관계에 균열이 생겼다. 이것이 포스트민주화의 한 가지 중요한 특성이다.

바로 이 때문에 한국 신보수정부의 연이은 정책 실패와 권위주의의 구현에도 불구하고, 민주당으로 대표되는 중도개혁 자유주의 정치정당이 과거와 같은 강력한 정치적 리더십을 행사할 수 없는 조건이 출현한 것이다. 이런 의미에서 포스트민주화 시대로의 변화는 반독재 중도개혁 자유주의정당의 헤게모니의 균열이다. 그 결과 '국민정치 공간에서 공백'이 출현했다. 이 공백의 출현으로 다양한 정당들, 정치세력들, 비정당세력들 간의 각축이 나타나게 된다. 이런 각축이 '연합정치'라는 정치 각축의 특정 양식을 발전시키고 있다(조희연, 2012b: 198).

1) 국민정치 공간의 공백: 제도정치의 재구축을 둘러싼 경합국면

국민 정치 공간은 제도 정치 공간으로서 다양한 정치세력들이 그 내부에서 각축하는 정치 공간이다. 정치 이념의 측면에서 볼 때 보수, 중도자유주의 그리고 진보/급진주의라는 정치이념을 공유하는 정치세력들이 경합한다. 이 국민정치 공간에서 두 현상이 집중적으로 나타나고 있다. 하나는 신보수주의 정치가 주도하고 있는 제도정치와 전체사회와의 균열이 강화되는 현상이고 또 다른 현상은 신보수주의와 경합하는 중도개혁 자유주의의 제2정당으로서의 위치가 지속적인 불안정성에 노출되거나 약화되는 현상이다. 이 두 현상은 제도정치 그 자체와 전체사회의 균열뿐만 아니라 제도정치와 국민정치 사이의 균열을 보여준다.

먼저 포스트민주화체제하에서 신보수정치의 새로운 균열이 나타나면서, 제도정치와 사회의 괴리가 확대되었다. 민주주의와 자본주의의 전쟁이라는 시각에서 보면, 한국 자본주의가 신자유주의적 개방기조로 전환하면서 새롭게 강화된 자본권력과 시장권력은 민주주의를 무력화하는 방향으로 나아갔고, 반독재자유주의 세력은 이를 역전시키지 못하고 이에 조응함으로써 민주주의가 무력화되었다. 한국 자본주의의 신자유주의적 재편속에서 사회경제적 약자들과 소수자들의 '정치적인 것'이 제도정치에 통합되지 못한 것이다. 문제는 친기업적인 신보수정부의 등장으로 자본권력과 시장권력에 의해 배제되는 정치적인 것은 확대되며, 제도정치와 사회의 괴리가 더욱 확대되어 갔다는 것이다. 신보수정부 하에서 한국 민주주의의 진정한 위기는 강화된 자본권력과 시장권력, 그리고 그것을 지원하는 신보수정부의 전면적인 신자유주의 정책으로 대중들의 삶이 파괴되었지만, 한국 민주주의로 거기서 발생하는 적대성이 반영되고 수용될 수 없었다는 점에 있다.

구 개발독재 하에서 희생되던 약자들과 희생자들의 목소리가 '조국 근대화'라는 담론과 협애화된 제도정치에 의해서 배제되었다고 한다면, 이제 그러한 약자와 소수자들의 요구와 이해가 선진화라는 새로운 담론 속에서, 그리고 이명박정부의 친기업적인 정책과 신개발주의적 지향 속에서 국가정책과 제도정치의 공간에서 더욱 폭넓게 배제되었다. 신보수정부 하에서 자본주의가 민주주의를 형해화시킴으로써, 민주주의 자체의 위기가 확대된 것이다. 이러한 위기가 사실 97년체제 하에서 반독재자유주의 세력의 헤게모니를 균열시킨 요인이기도 하다. 국가권력을 장악한 보수세력이 반독재자유주의 세력의 헤게모니를 균열시킨 그 위기 요인을 수습하기보다는 확대함으로써, 제도정치 그 자체와 사회의 괴리를 확대시켰다. 그러나 민주주의의 위기 자체는 기존의 제도정치를 뛰어넘는 정치세력이 자신의 기반을 확장할 수 있는 '정치적 공백'이기도 하다.

두 번째, 반독재중도자유주의 세력은 1997년을 경유하면서 의회의 다수 세력이 되고 행정 권력까지 장악하여 국가를 운영하는 위치에 올랐다. 그럼에도 세계화의 새로운 도전에 응전하지 못하고 '통치세력'으로서의 공신력까지 상실하게 되면서 그 헤게모니가 균열되었다. 1987년 6월 민주항쟁으로 민주주의가 국민적 '시대정신'이 된 이후, 민주주의 개혁을 향한 국민정치 특히 그 일부로서 야당 정치의 중심에는 언제나 민주당, 신민당, 열린우리당으로 상징되는 반독재중도개혁자유주의정당이 존재하였다. 그러나 이러한 정당들의 단일 리더십 혹은 정치적 주도성이 현저하게 균열된 것이다. 이 과정에서 반독재민주화 투쟁 과정에서 중도개혁자유주의정당이 민주대연합에 대한 일종의 '내부-헤게모니'가 와해되는 동시에 대중과의 결합 과정에서도 모순과 불일치, 불화가 나타나는 '외부-헤게모니'의 약화 과정이 중첩되어 나타났다. 포스트민주화 시기 국민정치의 불안정성은 보수적 지배질서가 헤게모니적으로 작동하지 않고 배제적·폭력적으로 작동하기 때문인 동시에, 바로 이러한 중도자유주의 정치세력의 정치적 헤게모니가 균열되어 현재의 상황이 안정적인 정치블록의 구성을 제약하기 때문이다. 이런 공백과 불안정으로 인해 국민 정치 공간의 재편을 둘러싸고 두 가지 수준에서의 각축이 전개된다. 하나는 보수 세력 대 중도자유주의, 그리고 진보정치세력 간의 각축이고, 다른 한 수준은 신보수주의의 권위주의에 대항하는 새로운 저항연합의 구축을 둘러싼 중도자유주의와 진보정치 세력 간의 각축이다(조희연, 2010: 20).

2) 집권보수정당의 혁신

제도정치와 사회의 괴리에서 발생하는 이러한 공백은 대중의 새로운 정치성을 낳았고, 이에 따라 집권당에 대한 불신이 집권당 내부에서도 표출되었다. 이에 이명박식 신보수정치와 구별되는 보수정치를 한나라당 내부에서도 구현하려고 노력하는 형국이 조성되었다. 이 과정에서 집권당인 한나라당의 위기상황이 조성되었다. 2011년 10월 26일 최구식 의원 보좌관이 서울시장 보궐선거에서 선관위 홈페이지에 '디도스 공격'을 하는 사건이 발생한 것이다. 한나라당은 이를 근본적인 위기상황으로 인식했다. 차기 대선후보인 박근혜를 중심으로 비상대책위원회가 만들어졌고, 그들은 기존 한나라당의 한계를 넘어서는 혁신을 이루기 위해 다양한 노력을 전개하였다. 2012년 1월 한나라당은 새누리당으로 당명을 변경하였고, 비상대책위원회를 중심으로 기존 의원들의 대대적인 인적 교체를 통해 이러한 위기를 극복하려는 시도가 이어졌다.

박근혜는 이명박식의 신보수적 정치가 대북 대결정책의 구도에 빠지게 되고 자영업자의 몰락 등 사회경제적 모순이 심화되는 것에 대응하여, '복지'담론을 부각시키며 새로운 보수의 정체성을 구성하기 위해 노력했다. 복지담론을 보수 집권당이 전유하려고 하는 새로운 시도는, 운동정치에 의해서 복지가 대중의 새로운 정치 지향으로 부상하는 일에 대응한 것이다.

3) 연합 정치의 부상

제도정치 자체의 공백과 반독재개혁자유주의 세력의 헤게모니 균열에 따른 공백에 대응하여, 다양한 각축이 전개되게 되었다. 먼저 운동정치의 개입전략은 '반MB연합'운동으로 표현되었다. 반MB연합은 포스트민주화체제하에서 일종의 경계정치의 성격을 가지고 있다.

2008년 4월 총선에서 보수정당은 총 185석에 달하는 압도적인 의석수를 확보하였다. 2004년 총선에서 와해된 보수의 의회독점이 다시 복원된 것이다. 이런 점에서 2008년 총선은 2007년 대선의 연장이었다. 한나라당이 153석, 자유선진당이 18석, 친박연대가 14석을 차지하여, 보수정당이 총 185석에 육박하였다. 이 선거에서 열린우리당의 후신인 대통합민주신당과 박상천 전 대표로 대표되는 구 민주당이 합당하여 통합(統合)민주당을 만들었으나, 81석을 얻는데 그쳤다. 반면 보수정당은 분립되어 선거를 치루었다. 즉 2008년 18대 총선을 계기로 이회창 전 한나라당 총재가 창당한 자유선진당은 전국 254개 선거구 중 94개 지역에 후보를 냈고 비례대표까지 합쳐 18석을 얻었다. 한나라당 공천에서 탈락한 서청원 전 의원이 만든 친박연대도 50명의 지역구 후보를 냈고 비례대표를 합쳐 14석을 당선시켰다. 정당투표에서 친박연대는 13.18%, 자유선진당은 6.84%를 얻었다. 여기에 무소속 후보 중 친한나라당 후보까지를 포함한다면 거의 2/3에 육박하는 의석을 보수정당이 점유하는 상황이 출현하였다고 말할 수 있다.

이처럼 2008년 총선에서 한나라당과 자유선진당 등 보수정당이 의회 의석의 2/3를 넘게 점유하면서 민주진보진영 전체에 강력한 위기의식이 확산되었다. 그래서 거대한 보수세력의 패권에 '연합'해서 대항해야 한다는 인식이 급부상하였다. 이른바 '연합정치', '선거연합' 등의 담론이 그것이다. 급진진보정당이나 정치세력들에게도 연합정치에 어떻게 응전할 것인가는 중요한 과제였다.

이 연합정치는 제도정치와 운동정치의 독특한 상황을 반영한다. 즉 제도정치 내에서 개혁자유주의정당의 단일 리더십이 균열되고, 제도정치 내의 리더십을 둘러싼 개혁자유주의 세력과 급진세력의 경쟁이 한편에 존재한다. 다른 한편에는 위력적인 보수정당에 대항하여 이들 두 세력이 연합하는 것을 의미한다. 의회의 2/3를 보수세력이 장악했음에도 불구하고 보수의 지배가 헤게모니적으로 작동하지 않는 상황과 반독재중도자유주의 세력의 야권 리더십이 균열된 상황에서, 배제적·폭력적인 '적'에 대항하여 반독재중도자유주의 세력 및 진보정치세력 일반의 연합이 요구되는 상황이 나타나게 되었다. 만일 민주주의 블록 내부에서 반독재중도자유주의 세력의 리더십이 유지되었다면, 반대로 그것을 진보세력이 '대체'할 수 있는 주체적 역량이 성숙되었다면, 연합의 당위성이 크게 부각되지 않았을 것이다. 그렇게 보면 현재의 연합정치 국면은 보수 헤게모니의 불안정성, 중도자유주의 세력의 야권 리더십의 균열, 진보정치의 대체 능력의 부재라는 요인이 어우러져서 나타난 것이라고 판단할 수 있다. 사실 2008년 총선에선 '연합'이 정면으로 논의되지 않았다. 그러나 2010년을 경유하면서 신보수주의 정부의 권위주의에 대항하는 대안적인 연합블록의 구성 전략이 반복적으로 출현하고 있다.

진보정치세력의 입장에서 보면, 그동안 진보정치세력화의 지향은 개혁자유주의 세력으로부터의 분립이었다. 1987년 '민중후보', 1997년 '국민승리 21', 2004년 민주노동당 의회 진입 등 일련의 흐름 속에서 핵심적으로 추구되었던 것은 반독재중도자유주의 세력과 구별되는 '진보정당'을 만들어 내는 이른바 '진보정치세력화', 진보정당의 개혁자유주의정당으로부터의 '자립(自立)'의 과제였다. 그러나 이제 연합과 분립이라는 자기확장의 이중적 과제를 조화시켜가며 응전해야 하는 상황이 출현한 것이다.

이처럼 진보개혁 민주주의 블록 내부에서 연합과 경쟁이 공존하는 속에서, 운동정치는 반MB연합을 위한 경계정치를 구현해냈다. 그 대표적인 것이 2010년 6월 지자체 선거에서의 '5(정당)+4(시민단체)'연합이었다. 이는 운동정치가 이니시어티브를 가지고 제도정당들을 '반MB연합'으로 통합하려는 시도였다. 여기서 5 정당은 민주당, 민주노동당, 창조한국당, 진보신당, 국민참여당이었고, 4시민단체는 '희망과 대안', '시민주권모임', '민주통합 시민행동', '한국진보연대'였다.

이는, 신보수적 정치 그 자체에 대한 대중의 광범한 이반에도 불구하고 중도개혁정당에 대한 대중의 불신으로 인하여 야당이 승리할 수 없는 조건 하에서, 운동정치가 개입하여 제도정치 내의 진보개혁 블록의 연합을 강제한 것이었다. 이 연합정치 국면에 대항하여 급진진보정당 내부에서는 '민주대연합이냐 진보대연합이냐'의 시각대립이 출현하였다. 민주대연합은 MB에 대항하여 전진보개혁정치세력이 연합하는 구도인 반면에, 진보대연합은 민주노동당과 진보신당 등의 급진진보정당이 먼저 연합하고 그에 따라 전술적인 선거연합을 해야 한다는 것이었다. 진보대연합은 무조건적인 반MB연합이 균열된 민주당의 헤게모니를 복원시켜 준다고 하는 인식 위에 서 있었다.

이처럼 운동정치의 개입에 의한 진보개혁적 정당들 간의 선거연합이 시행되는 것과 함께, '제도정치와 사회의 괴리'에 대응하여 이를 축소하기 위한 제도정치의 혁신과 변화 시도들이 전개되었다. 이는 기존 진보개혁적 정당의 재통합과 재구성으로 나타났다.

민주당으로 상징되는 개혁자유주의정당의 혁신 노력은 민주당 외부에서 전개되었다. 하나는 시민사회세력을 중심으로 하는 '내가 꿈꾸는 나라' 등의 시민정치운동의 전개였다. 다른 하나는 구 열린우리당 세력을 포함하는 세력 및 문성근 등의 제도정당 외부의 친노세력에 의한 '국민의 명령' 등이었다. 이러한 여러 흐름들은 '혁신과 통합'으로 통합되었고, 이 혁신과 통합은 2011년 12월 '민주통합당'의 결성으로 이어졌다. 개혁자유주의정당의 혁신노력은 분열된 개혁자유주의정당의 재통합과 개혁자유주의적 지향을 갖는 시민운운동세력의 영입이란 형태로 전개되었던 것이다.

이에 반해, 급진진보정당의 경우, 제도정치의 공백에 대응하는 혁신의 노력은 '통합진보정당' 형성운동으로 전개되었다. 2008년 2월 민주노동당과 진보신당의 분당 이후 통합진보정당을 만들어야 한다는 여론이 진보진영 내부에서 강화되었고, 이에 따라 '진보대통합과 새로운진보정당건설을위한연석회의'가 만들어져서 논의를 계속하였다. 이 연석회의에는 민주노동당, 진보신당, 민주노총, 진보세력연대를 위한 교수-연구자모임, 진보통합시민회의 등이 참여하였다. 이 논의가 5월 31일 일정한 합의에 도달하였고 논의에 직접적으로 참여한 6개 단체 외에 전국농민회총연대,전국여성농민회, 반빈곤 빈민연대, 빈민해

방실천연대, 전국빈민연합, 전국여성연대, 한국청년연대 등이 동의한 합의서가 만들어졌다.

그런데 이 과정에서 유시민 대표가 이끄는 국민참여당의 참여를 둘러싸고 민주노동당과 진보신당 간에 이견이 발생하였다. 전자는 국참당의 참여에 긍정적인 반면에, 후자는 이것이 급진진보정당의 자유주의정당으로의 회귀라며 반대하는 의견이 강력하게 존재하였다. 결국 5월 31일 합의를 기초로 한 통합안이 2011년 8월 민주노동당 당대회에서는 가결되었으나, 2011년 9월 4일 진보신당 당대회에서는 진보신당의 독자 존립과 통합 반대를 지향하는 독자파들에 의해 부결되었다. 이로써 민주노동당-진보신당을 중심으로 하는 통합진보정당 건설운동은 좌절되었다.

이후 (급진)진보정당 진영은 새로운 분화를 보이는 방향으로 나아갔다. 즉 진보신당에서 통합을 적극적으로 추구했던 통합파가 진보신당으로부터 탈당하여 민주노동당-진보신당 탈당파-국민참여당이 12월 21일 통합을 선언하였고 그 결과 12월 5일 통합진보당이 다수파 진보정당으로 만들어지게 되었다. 그 외부에 독자파 혹은 잔류파 진보신당, 사회당, 사회주의노동자당추진위 등 다수의 소수파 진보정당들이 분립하여 존재했다.

사회경제적 급진주의에 기반을 둔 급진진보정당 외에, 제도정치와 사회의 괴리에 대응하는 제도정치 혁신운동은 녹색당의 출현으로도 표현되었다. 녹색당은 탈성장 탈원전 탈토건을 전면적으로 내걸고, 2011년 11월 6일 발기인대회를 함으로써 출범하였다. 이는 포스트민주화 시대의 새로운 정치성을 담지하고 표현하기 위한 실천이라고 할 수 있다. 녹색당은 기존의 노동중심의 정치세력화 구별되는 신사회운동적인 급진적 정치세력화라고 할 수 있다. 이 흐름은 진보정치의 새로운 내용을 개척하는 것이라고 생각된다. 그것은 기존 진보 역시 일정하게 개발주의적 성장주의적 패러다임을 공유하고 있었다는 점에서이다.

앞서 생태민주주의적 감수성이 이명박정부의 4대강 사업과 녹색성장 전략의 허구성에 대한 반대하는 과정에서 확대된 것을 지적하였다. 이를 기반으로 '탈핵·탈성장·탈토건'을 내세운 녹색당이 출현했다고 할 수 있다. 이는 포스트민주화체제하에서의 민주주의의 구성적 각축과정이 단지 급진진보정당의 확대, 중도개혁자유주의정당의 확대로만 한정할 수 없음을 보여준다.

이러한 연합정치의 공간은 앞의 세 가지 조건에 변화가 나타나지 않는 한 중단기적으로 지속될 것이라고 보인다. 주의해야할 점은 포스트민주화체제에서 발생한 연합정치의 공간을 독재에서 민주주의로의 이행 과정과 민주화체제에서 반복적으로 출현한 진보정치의 중도개혁자유주의 정치세력에 대한 비판적 지지와 동일시하지 않는 것이다. 민주화체제의 '비판적 지지'와 포스트민주화체제의 '연합정치'의 관계 문제가 전면으로 부상한 것은 2012년 대선을 둘러싸고 발생한 민주대연합과 진보대연합 전략 간의 대립 국면이다. 이런 대립 국면을 넘어서 포스트민주화체제에서 발생한 연합정치 공간에 대한 전략적인 개입능력을 발전시키기 위해서는 연합정치의 전제조건인 포스트민주화체제 국민정치의 성격에 대한 보다 적합한 인식이 요구된다. 민주대연합을 진보대연합과 대립시키면서, 민주대연합의 폐기를 주장하는 입장은 민주대연합을 민주화체제의 비판적 지지와 동일시하는 경향이다. 이런 입장을 진보대연합 일면주의라고 규정한다면, 이런 일면주의 입장은 민주대연합의 요구가 발생한 상황 자체의 실재성을 부정한다. 이런 요구의 실재성을 부정할 경우, 진보정치는 제도정치와 분리된 운동정치 공간으로 왜소화되어 버리거나 자기성장의 기회를 놓쳐 버리게 된다. 혹은 현실과 분리되어 이에 대한 개입 능력을 상실할 위험에 직면하게 된다. 반대로 민주대연합만을 주장하는 또 다른 일면주의의 경우, 국민 정치 공간에서의 반독재중도자유주의 세력과 진보정치의 경쟁과 각축 관계를 포착하지 못하는 동시에 포스트민주화체제에서 발생한 새로운 정치성에 대응하기 위한 한국 민주주의의 발전 과제 자체에 올바로 응답할 수 없는 국면으로 진입한다. 중도자유주의정당의 영향력 하에 있는 대중들을 적극적으로 획득하는 과정에 진보정치가 적극적으로 개입하여 진보대연합을 구축할 수 있을 때에만, 포스트민주화체제를 둘러싼 현재의 민주주의 정치 경쟁은 한국 민주주의의 보다 발전된 방향으로 나아갈 것이기 때문이다.

[보론 3]

87년체제와 97년체제, 그리고 포스트민주화체제와의 상호관계

나는 2009년 손호철 교수와 97년체제와 87년체제, 97년 이후 체제 간의 상호관계에 대한 논쟁을 전개한 바 있다. 이 글에선 '체제논쟁'의 논의를 근거로, 이른바 87년체제, 97년체제, 포스트민주화체제의 관계에 대해서 서술한다.[124]

---

124 2009년 '한국사회체제논쟁'이라고 이름하는 논쟁이 있었다. 이른바 87년체제, 97년체제, 08년체제, 그 체제들 간의 상호관계를 쟁점으로 하여 손호철 교수와 나를 중심으로 하여 벌어졌던 논쟁이다. 먼저 87년체제에 대해서 그동안의 입장들을 담은 책, 『87년체제론』(김종엽 편, 2009)이 발간된 이후, 손호철이 그 책에 실린 다양한 입장들에 대해서 비판 · 비평한 손호철(2009a)가 발표되었다. 이에 대해 조희연 · 서영표(2009)의 반론이 제기되었고, 이에 대해 손호철의 재반론(2009d)이 발표되었다. 이에 대해 나의 재재반론("'한국사회체제논쟁' 재론: 97년체제의 '이중성'과 08년체제 하에서의 '헤게모니 전략'에 대한 고민", 《민주사회와 정책연구》 17호, 2010년 상반기)가 발표되었다. 이러한 기본 논쟁이 더하여 몇 차례 보조논쟁이 있었다. 즉 조희연 · 서영표(2009)의 반론이 발표된 이후, 논쟁은 인터넷 신문 〈레디앙〉으로 이어졌다. 여기서 손호철(2009e)의 반론이 있었고, 이에 대한 서영표(2009c)의 반론이 있은 후 손호철(2009f)의 재반론이 있었다. 이어 조희연(2009d)와 조희연(2009e)의 논평이 있었

87년체제는 이중적이고 구조적 한계성을 내장하고 있었다. 즉 87년체제의 성립은 군부 개발독재체제를 붕괴시켰다는 점에서 정치적 대전환을 가능케 한 사건이었지만, 그것은 53년체제와 61년체제의 프레임에 한계지워지는 것이었기 때문이다. 이에 그것이 내포하는 사회경제적 전환의 잠재력은 제한되었다.

이런 한계에 주목하여, 87년체제의 성격을 둘러싸고 '87년체제'는 없다는 견해도 제시된 바 있다(정일준, 2007). 이런 견해는 61년체제와 97년체제만이 '체제'로서의 성격을 갖는다는 것이다. 여기에는 "체제(regime)라는 것이 무엇인가?"라는 학술적 쟁점도 있는데, 일단 87년체제가 '사회경제적 구조 전환'이 아니라는 인식을 반영한다. 즉 61년체제가 구축했던 개발자본주의적 구조의 틀 내에서 유지되는 체제라는 것이다.

1. 97년체제론

손호철(2009a: 43-4)은 개발독재 체제가 87년체제의 전기를 통해 정치체제 전환을 하고 97년체제를 통해서 신자유주의적 경제체제로 전환하였으며, 이러한 정치체제, 경제체제 전환을 통하여 사회체제로 전환하였다고 본다. 이 분석에서 김대중-노무현정부는 '좌파자유주의

다. 이어 최원(2009a)가 개입한 데 대해, 이승원(2009a)와 이종보(2009)의 재개입이 있었다. 최원(2009a)에 대한 조희연(2009f)가 게재된 후, 최원(2009b)와 최원(2009c)의 글이 게재되었다. 이후 서강대 사회과학연구소가 주최한 토론회('한국사회체제론'을 다시 생각한다. 서강대 다산관, 2009년 11월 13일)에서 오프라인 토론회도 개최되기도 했다.

정부'이고 이명박정부는 '우파자유주의'정부로 규정된다. 손호철은 87년체제를 단지 정치체제로서의 한정된 의미만을 가지며, 정작 사회체제(정치+경제체제)로서의 성격은 61년체제와 97년체제가 가지고 있다고 보는 것이다. 손호철(2009a)은 체제 개념이 내포하는 모호성을 뛰어넘어 경제체제, 정치체제, 사회체제 등의 부분체제 대해서 이론적·현실적으로 보다 명확한 분석을 제시함으로써 기존 논의를 발전시키는데 중요한 기여를 했다.[125] 여기서 사회체제는 경제체제와 정치체제의 결합체로 제시된다. 이에 근거해서 손호철은 87년체제와 97년체제를 구분하는데 전자는 이전의 61년체제와 경제적으로는 급격하게 단절하지 않았지만 정치적으로 완전히 다른 성격을 띠게 됨으로써 독자적으로 구분되는 체제로 이론화될 수 있다. 반면 97년체제는 87년체제와 정치적 성격을 공유하지만 경제적으로 완전히 다른 단계로 진입했기 때문에 독자적인 사회체제로 인식될 수 있다(손호철, 2009a: 43-44). 더욱 중요한 것은 97년체제의 성격은 이명박 정권의 수립 이후에도 바뀌지 않았기 때문에 08년체제를 논의하는 것은 의미가 없다. "권위주의의 회귀와 경제정책의 우경화가 나타나고 있지만 이것이 97년체제의 특징인 제한적 민주주의와 신자유주의를 벗어난 것이 아니라는 점"에

125 1권 1장에서도 서술한 바 있는데, 2007년 초 '진보논쟁'이 전개된 바 있었다. 처음 참여정부 하의 '민주주의의 위기'의 원인과 참여정부 평가를 둘러싼 논쟁은 조희연(2007d, e)이 최장집(2006)을 비판하는 식으로 시발되었는데, 이에 대해 손호철 교수(2007a)가 개입하고 그 이후 인터넷 신문 '레디앙'과 '한겨레신문'에서의 논쟁(조희연, 2007f; 손호철, 2007b; 조희연, 2007g; 손호철, 2007c; 조희연, 2007h), 노무현 대통령의 개입적 발언(2007), 기타의 지식인들의 참여(이병천, 2007)로 진행된 바 있었다. 여기서의 논점은 진보논쟁 과정에서의 손호철 교수 대 조희연의 논점의 연장선상에 있다고 할 수 있다.

서 97년체제의 하위체제일 뿐이라고 주장하고 있다(손호철, 2009a: 45). 이러한 손호철의 입장은 '97년체제 중심론'이라고 불릴 수 있다.[126]

나의 시각에서 보면, 이러한 견해는 87년체제의 '제약된 한계'를 표현하는 의미에서는 타당하나, 87년체제 자체의 거시 역사적 성격과 총체적 성격을 표현하는 데에는 한계가 있다고 생각된다. 만일 사회경제적 구조전환이 없다는 점에서 '체제'로서의 성격을 부정하게 되면, 아래로부터의 민중투쟁이나 사회운동적 투쟁이 행한 역할이 전적으로 체제규정에서 배제되기 때문이다. 심지어 80년대 반파쇼투쟁 속에서는 다양한 반자본주의적 투쟁도 존재하였다. 87년 6월 민주항쟁은 그 자체가 복합적 성격을 갖는 투쟁의 총체였다.

사실 61년체제의 경우를 보더라도, 61년 5·16 군사쿠데타를 할 당시 박정희 군부세력들은 그 자신의 독립적인 사회경제적 프레임을 담지한 것은 아니었다. 어떤 의미에서 국가권력을 장악하기 위한 '반공주의적' 명분을 갖는 '쿠데타'일 뿐이었다. 실제 박정희는 50년대에도 2차례 쿠데타 시도를 했고, 그것이 실패했다가 궁극적으로 세 번째 쿠데타에 성공한 것이었으며 쿠데타 이후 권력을 장악하고 국가권력을 계속 장악하기 위하여—국내외적 제약과 선택을 통하여—수출지향적인 개발주의적 성장전략을 실행하는 방향으로 나아간 것이다.

87년 6월 민주항쟁에서 정점에 이른 반독재민주주의 운동은 자유민주주의적 지향을 갖는 '민주주의 우파'와 급진민주주의적 지향을 갖

126 이에 대한 나의 입장은 굳이 이야기하자면, '87년체제~97년체제의 복합적 관계론'이라고 표현할 수 있을 것 같다.

는 민주주의 좌파로 구성되어 있었음은 앞서 지적하였다. 87년체제의 이중적 구조화에 의해서 이러한 급진민주주의적 지향은 주되게 제도정치세력이 아니라 운동정치로 이월되게 되었고, 급진민주주의적 운동정치에 의한 제도정치의 위협과 압박 형태로 87년 이후의 민주주의의 구성적 각축이 진행되게 만들었다.

내가 볼 때, 오히려 87년체제는 61년에서 87년까지의 개발독재적 체제로부터 '민주주의적 체제'로의 전환적 사건이었는데, 이러한 전환에는 다양한 잠재력이 존재했다. 단지 '87년체제'가 없다는 논의의 '합리적 핵심'을 수용하는 입장에서 보게 되면, 87년체제가 정치적 전환이 아니라 그로 인한 사회경제적 전환을 단행하지 못했다는 점에서 기인한다. 그것은 체제의 한계가 아니라, 체제 내에서 행위 하는 반독재 개혁자유주의 세력의 한계로 파악되어야 한다.

이런 점에서, 87년체제는 정치적 체제 전환의 계기였고, 정치적 체제의 사회경제적 내용을 둘러싼 투쟁의 '열려진 공간'이라고 보는 것이 정확할 것이다. 이 열려진 공간의 기본 각축구도는 아래와 같았다. 87년 6월 민주항쟁으로 획득한 민주주의를 '사회경제적 차원'으로 확장하여 87년체제의 사회경제적 내용을 진보적으로 채우고자 하는 아래로부터의 민중세력과, 반대로 민주주의를 '최소주의'적인 것으로 특별히 정치적인 차원으로 한정하면서 자본주의를 침식하지 않는 형식적인 민주주의로 존치시키고자 위로부터의 자본세력과 보수세력이 각축하게 된 것이다. 이것이 바로 민주주의의 구성적 각축의 진정한 의미이다.

원래 87년, 97년, 08년체제를 이야기하는 이유는 87년 6월 민주항쟁, 김대중정부의 수립, 이명박정부의 수립이라고 하는 '정치적 사건'들을 계기로 하는 각종의 변화들의 상호관계를 해명하고자 하는 것이었다. 그런 점에서 나는 87년체제, 97년체제, 08년체제는 모두 일차적으로-는 '정치 레짐'으로서의 성격을 갖는다고 본다. 그러나 정치 레짐은 경제적 심급의 운동과 분리되어 분석될 수 없다. 문제는 87년, 97년, 08년이라는 정치적 계기와 경제적 레짐의 변화가 항상 일치하는 것은 아니라는 점이다. 손호철도 지적하고 있듯이 97년체제의 경제적 성격은 이미 김영삼정부 시절부터 시작되었다고 볼 수 있다(2009a: 39). 혹은 카치아피카스가 광주항쟁을 '반신자유주의혁명'의 선구적 형태라고 규정하고자 했을 때, 경제체제적 전환이 이미 70년대 말부터 준비되고 있다고 하는 의미이다.

나는 87년, 97년, 08년체제는 장기적인 구조변동이 표현되는 정치체제로 파악하되, 우리는 이러한 정치 치제를 경제적 심급의 운동과의 연관 속에서 설명하는 방식이 적절하다고 본다.

2. 독재에서 민주주의'체제'로의 거대한 전환, 87년

이런 점에서 87년체제를 단지 87~88년의 국면에서 바라보기보다는 거시 역사적 관점에서 조명하는 것이 필요하다고 생각된다. 그래서 나는 87년체제를 '(부르주아) 민주주의' 체제의 정치경제적 구성을 둘러싼 각축의 맥락에서 보고자 한다. 즉 87년의 전기(轉機)는 61년체제라고 하는 개발독재(종속적 파시즘)의 '파국적 위기'(이는 개발독재에 대한 민중들의 혁명적 이반과 저항으로 구성되었다)에 의해서 개발독재 체제가 "'민주주의' 체제"로 전환하게 된 계기였다. 이 민주주의는 이른바 한국형 '부르주아 민주주의'의 복원의 의미를 가지고 있다. 지배의 정치적 장치로서 '민주주의'가 민중들의 투쟁에 의해서 지배세력에 강제된 사건이었다. 60·70년대 한국의 '부르주아적' 체제가 파시즘적 형태로 존재하고 있었다면 이제 '민주주의적' 형태로 작동하게 된 것이다.

87년 이후-97년과 08년체제의 성립을 포함하여-변화과정은 이 복원된 민주주의 하에서 어떠한 경제체제적 내용을 가질 것인가, 그리고 이러한 민주주의 내에서 어떠한 '정합적인' 정치-경제-대중규율 체계를 구성할 것인가를 둘러싸고 각축이 전개되었고 전개되고 있다. 다시 말하면, '한국형 부르주아'체제(곧 민주주의적 형태로 작동한다는 점에서 부르주아 민주주의 체제이다)의 정치경제적 구성을 둘러싼 각축과정이라는 것이다.

87년체제에는 중요한 두 가지 요소가 있었다. 한편에는 개발독재에 대항하는 투쟁 속에서 주체화되고 저항적 존재로 전화된 민중이 있었고, 다른 한편에는 개발독재 체제를 통하여 성장한 새로운 자본권력과 시장권력이 존재하였다. 전자가 지배의 물적 토대가 변화하였음을 의미한다면, 후자는 지배의 대중적 토대가 변화한 것을 의미한다. 이런 의미에서 87년 6월 민주항쟁은 '이중의 해방'을 낳았다고 할 수 있다. 절대권력을 가진 독재로부터의 민중의 '해방'이 하나이고 자본과 시장의 '해방'이 또 다른 하나이다. 이후는 바로 이 두 가지 해방된 힘 간의 각축과정이라고 할 수 있다. 바로 이러한 두 거대한 힘의 상호작용 속에서 어떤 '부르주아 민주주의' 체제가 형성될 것인가를 둘러싸고 긴 '사회적·계급적 투쟁여정'이 시작되는 전기였다. 이런 도정에서 이른바 97년체제와 08년체제도 존재한다. 즉 '부르주아 민주주의' 체제의 정치경제사회적 구성을 둘러싼 갈등과정에서의 정치적 전기로서의 역사적 성격을 갖는다는 것이다. 우리가 맑스의 '프랑스 3부작'에서 보게 되는 것도 어떤 의미에서 이러한 '신생 부르주아 체제'의 정치경제적 정착을 둘러싼 투쟁의 분석이다.

87년체제하에서의 중요한 갈등은 신생 부르주아 민주주의가 어떻게 경제체제적 내용을 갖는가 하는 것이고, 이를 나는 '민주주의와 자본주의의 전쟁'이라고 표현할 수 있다고 본다. 87년체제는 '민주주의와 자본주의의 전쟁'의 지형을 형성하는 것이자 향후의 전쟁의 본격적인 개시를 알리는 의미를 갖는다(조희연, 2009b: 33). 87년 6월 민주항쟁에 이르는 개발독재의 전 기간(61년체제)을 통해서, 한편에서는 개발세력과 독재세력이 동맹하여 '자본주의'를 정립시켜 냈다. 그러나 다른 한편에서 개발독재의 억압을 뚫고 민중들은 '민주주의'에 대한 열망을 지속적으로 표현했다. 그리고 이러한 열망의 정치적 표현은 현실에서는 처절한 생존권적 투쟁으로 드러났다. 전태일 열사의 분신은 이러한 생존권투쟁의 처절함을 극적으로 보여주었다. 87년을 계기로 민주주의에 대한 열망은 자유민주주의적 지향으로부터 사회주의적 지향까지 다양한 이론적 입장으로 표현되기 시작했다. 이전 시기 반독재-민주화라는 공통의 잠정적 목표 아래 공존하고 있었던 다양한 정치적 입장들이 분화되면서 절차적 민주주의를 넘어서는 경제적, 사회적 민주화가 쟁점으로 등장하기 시작하였다.

그러나 87년체제는 독재 권력의 이완에 따라 민중의 민주화(정치적일 뿐만 아니라 사회적, 경제적 민주화)에 대한 열망이 드러날 수 있는 공간을 확장했지만 동시에 자본 역시 권력으로부터의 독립이 가능하게 되는 조건을 창출했다고 할 수 있다. 국가 주도의 독점 자본주의의 해체를 둘러싼 자본과 민중세력 사이의 대결 양상이 출현한 것이다.[127] 물론 여전히 권력과 자본은 내적인 갈등에도 불구하고 민중세력을 향해서는 굳건한 동맹관계를 유지하고 있었던 바 민중세력은 상대적인 열세에 있었다. 민중세력은 스스로가 쟁취한 민주주의(제한적인 형식적 민주주의)를 확장하여 자본주의를 사회적·공적·정치적으로 규율·통제하기 위한 투쟁을 전개하였으며, 반대로 자본 세력은 새로운 민주주의 조건 자체를 '불가피한' 것으로 수용하면서 그 위에서 자본권력과 기업권력을 강화하면서 한국자본주의의 안정적 재생산을 도모하였다. 손호철의 주장처럼 87년체제하의 변화를 정치혁명으로 단순화하면 이렇듯 경제구조의 변화가 정치적, 이데올로기적 심급과 접합되는 방식을 정확히 포착할 수 없다.

여기서 거시역사적으로 보면, 87년에서 현재까지 이르는 시기는 민주주의로의 정치체제 전환이–이전의 개발독재적 체제와 달리–어떠한 경제체제적 성격을 가지면서 독특한 사회구성적 성격을 갖는 체

127 축적의 위기를 돌파하기 위한 자본의 세계적 재편 전략의 변화과정으로 이해하기도 한다. 미국의 국제적 헤게모니전략 수정의 일환으로 읽혀질 수도 있다. 초국적 자본과 미국의 입장에서도 독재정권을 지원하는 것은 민주정부를 수립하는 것에 비해 과도한 비용을 발생시키고 있었다. 권위주의적 정부를 '제한된' 민주주의 체제로 이행시키고 이 과정에서 민중적 열망을 담지하고 있었던 사회운동의 급진파를 고립시키는 것이 훨씬 '합리적' 선택이었다(Robinson, 1996).

제(손호철은 '사회체제'를 거의 '사회구성체'와 유사한 개념으로 사용하는데, '사회체제'는 정치적 · 경제적 체제로 포괄되지 않는 사회적 · 행위적 · 대중적 측면을 포괄하는 데도 사용할 수 있다)로 전환하는 과정에 있는 '과도기'적 시기로 파악되어야 한다. 부르주아 민주주의가 손호철의 표현 대로 하면 사회체제로서 안착하는 것을 둘러싼 과도기적인 각축과정에 있다고 할 수 있다.

나는 한국의 부르주아 민주주의는 아직 안정화되지 않았으며, 현재 그 내적 비일관성과 모순, 균열을 지닌 채로 갈등하고 있다고 판단한다.

특별히 자본세력과 정치세력 간의 일관성, 신자유주의적 축적체제에 대한 대중의 순응이 충분히 확보되지 않았다. 이른바 '신자유주의적 통치성'이 확립되지 않았다고 할 수 있다. 87년체제는 '부르주아 민주주의' 체제가 어떻게 정치경제적으로 안착할 것인가를 둘러싼 거시적인 변화과정이고, 97년이나 08년은 그러한 과정에서의 정치적 전기들이다. 이런 점에서 97년체제나 08년체제는 '한국형 부르주아(민주주의)체제의 정치경제적 구성을 둘러싼 역사적 프로세스'로 이해될 때 그 상호연관성과 질적 성격이 올바로 이해된다고 생각된다.

조희연 · 서영표(2009)에서도 서술한 바와 같이, 87년체제하에서의 경제체제적 가능성은 상대적으로 다양하게 열려 있었다. 개발독재의 최소 합리화적 개혁에서부터 사회적 시장경제, 미국식의 극단적인 시장주의적 모델 등 다양한 흐름과 지향들이 있었다. 개발독재적 자본주의 개혁의 연장선에서 사회적 시장경제의 지향들도 일정하게 있었다.

그러나 이것은 앞서 서술한 바와 같이 6월 항쟁 이후 6 · 29와 12

월 대선에 이르는 과정 속에서 '타협적 민주화' 경로가 확정됨으로써 그 가능성의 영역은 상당히 제한되었다. 민주주의의 구성적 각축의 지형이 제한되어 나가게 된 것이다.

87년체제는 이런 의미에서 6월 항쟁 이전까지의 투쟁과정에 내재한 급진민주주의적 요소가 주변화되면서 '타협적'으로 구성된 체제였다. 87년 이후의 자본주의와 민주주의의 전쟁은 이러한 타협적 프레임 속에서 전개되었기 때문에, 그 전쟁이 반(反)자본주의적 혁명과 같은 차원으로 비상하기보다는 '체제 내적 개혁운동'의 형태로 전개되었다.

급진민주주의적 지향은 예컨대 노동운동 내에서 급진적 운동으로, 노동운동의 개혁운동으로, 각종 사회경제적 개혁투쟁으로 이월되어 전개되었다. 물론 이 시기의 사회경제적 차원에서의 급진민주주의 투쟁은 노동운동에 의해서만 표현된 것이 아니라, 예컨대 목회자들의 전경련 점거투쟁(실패) 같은 식으로도 표현되었고, 노동조합 운동 내에서의 좌파적 전통의 지속으로도 표현되었다고 생각된다.

그리고 이러한 운동이 급진적 투쟁으로, 혁명적 투쟁으로 전개되지 않은 것은 87년체제의 이중성으로 말미암은 것이다. 87년체제에서 '지배의 승리'의 측면이, 80년대 반파쇼투쟁과 87년 6월 민주항쟁의 급진적인 정치·경제적 성격을 제약하는 형식으로 작동하였던 것이다.

나아가 97년체제의 성립을 통하여 87년체제의 경제적 가능성은 많은 부분 주변화되고 경제위기 극복이라는 명분하에서 신자유주의적 프레임에 갇히게 된다.

그러나 그렇다고 하더라도, 87년체제를 순수한 정치체제로만 보고, 61년체제와 97년체제를 경제적 체제(사회체제)로 보아서는 안 될 것이다. 87년체제는 정치적 성격과 경제적 성격을 동시에 갖고 있었다. 그리고 97년체제 역시 그것이 50년만의 반독재민주정부라고 하는 정치적 전환의 성격을 동시에 가지고 있다.

나의 시각에서 보면, 손호철의 견해는 '경제주의'적 해석이며, 87년체제가 오로지 정치혁명(정치체제 변화)으로만 규정되기 때문에, 87년체제하에서의 경제체제를 둘러싼 투쟁과 저항의 역사와 잠재성이 온전히 주목되지 않는다고 생각하며, 그런 점에서 '민주주의의 사회경제적 차원'까지 주목해야 한다고 생각한다.

87년체제는 그 자체가 정치적 저항운동이었던 만큼 87년체제가 정치혁명이었다는 점은 인정하지 않을 수 없다. 하지만 87년 6월 민주항쟁에는 70년대 이후 민중부문으로부터 제기된 사회·경제적 변화의 요구가 존재했음을 주목해야 한다고 나는 생각한다. 반독재민주화운동 속에도 (지배적 요소로서의) 자유민주주의적 지향과 그것을 뛰어넘는 급진민주주의적 지향(인민민주주의, 민중민주주의, 사회주의를 포함하여)이 공존하고 있었는데, 이러한 사실은 정치적 민주화를 넘어서는 사회적, 경제적 민주화에 대한 서로 다른 입장들이 존재했다는 것을 보여준다. 경제적 개혁을 둘러싼 서로 다른 입장들이 각축하고 있었다는 것이다. 민주화 이후의 과정에서 이렇듯 서로 다른 입장들은 충돌할 수밖에 없었다. 이런 의미에서 87년체제는 경제적 계기들을 포함하고 있었다.

87년의 경제적 성격은 단지 투쟁이 드러나는 형태, 또는 경제적 쟁점이 이슈화되는 방법에만 국한되는 것은 아니다. 비록 매우 제한된 형태이지만 87년 이후 경제적 개혁조치들이 도입된다. 손호철(2009a)의 표현 대로 '제한적인 형식적 민주주의'가 자유민주주의적 지향을 갖는 자유주의 세력 주도하에 도입되었지만 급진민주주의 세력도 '위로부터의 민주개혁'을 급진적으로 확대하기 위한 투쟁을 전개하였다. 이러한 급진 민주주의적 세력들의 아래로부터의 투쟁과 자유주의자들의 '개혁주의'가 결합되면서 87년체제는 경제적 심급에서도 비록 제한된 형태이지만 어느 정도의 진전을 성취했다. 노동자의 권리, 일반적인 인권의 확장 등 개혁적 조치들이 이루어진다. 사실 87년에서 97년체제까지의 시기는 87년체제의 이중성 중에서 민주주의를 확장하여, 자본주의를 규율·통제하고자 하는 흐름이, 비록 자본과 권력의 힘을 압도하지는 못했지만 스스로를 표현할 수 있는 충분한 힘과 공간을 확보하고 있었다. 그것은 노동자들의 실질임금의 상승 같은 현상으로도 표현된다. 민주노총의 조직적·정치적 발전의 시기도 바로 이 시기에 포함된다. 87년체제 내에서의 투쟁은 과거 개발독재 시대의 유산과 새로운 신자유주의적 경제 질서 출현의 과도기적 상황을 둘러싼 각 계급 간의 경제투쟁의 성격을 띠고 있었다는 것이다(물론 87년 6월 민주항쟁이 6·29선언에 의해서 소강상태로 돌입하면서 '선거민주주의'적 경쟁구도로 전환되고 그 결과 기존 지배블록이 해체되지 않고 유지되면서 진행된다는 점에서 구조적 한계를 가지고 있음을 인정한다).

결국 87년체제를 순수히 정치체제로서만 파악하는 것은 87년체제의 이중성을 잘못 인식하는 것이며, 87년체제는 6월 민주항쟁에서 정점에 이른 반독재민주주의 운동과 그것이 담지하는 이슈에 대한 특수한 제도화의 과정으로 파악해야 한다고 생각한다.

3. 97년체제의 이중성

97년체제가 신자유주의적 경제체제로의 전환적 계기라는 손호철의 분석은 97년체제 분석의 중요한 출발점을 구성한다. 이는 대단히 중요한 통찰로서 나는 전적으로 수용한다. 단지 나는 그것을 '경제환원론적'으로 설정할 필요는 없다고 생각한다. 이런 점에서 나는 외환위기를 계기로 한 신자유주의적 경제구조 개편을 '토대'로 하는 97년체제의 양면적 성격을 고려하는 분석이 필요하다고 생각한다. 나는 97년체제는 61년 이후 최초로 '야당정권'이 수립되는 정치적 전기(轉機)이며, 그런 점에서 이는 87년체제에서 제기되었던 정치적 요구들이 부분적으로 실현되었다고 생각한다. 이점에서 97년은 87년체제를 규정했던 정치적 대립구도가 일단락된 것을 의미한다. 87년 민주화운동 시기 국민적 공감을 얻었던 형식적 민주주의의 성취라는 점에서 부분적으로 87년체제의 발전이라는 성격을 가지고 있었지만, 민주주의의 성격과 정의를 둘러싼 새로운 투쟁 국면이 형성된 것이다. 손호철이 지적한 신자유주의적 개방의 전면화가 초래한 사회적 효과를 둘러싼 투쟁이 시작된 것이다. 나는 이 양자의 성격이 복합되어 있는 것이 바로 97년체제라고 생각한다. 그런 점에서 97년체제는 분명히 정치체제로서의 성격(형식적 민주주의 진전)과 동시에 경제체제로서의 성격(신자유주의적 개방의 전면화)을 동시에 가지고 있다. 문제는 이러한 정치적 성격과 경제적 성격이 어떻게 결합되어 있으며, 어떤 위상을 갖는가 하는 것일 것이다.

97년체제는 한편에서 독재적 보수 세력이 집권세력으로서의 지위를 박탈당하고 자유주의 세력이 집권세력이 된다는 점에서 87년체제의 발전이면서, 다른 한편에서 자유주의 정부가 신자유주의적 프레임에 포획되는 새로운 '퇴행'의 시기로 파악될 수 있다. 전자의 측면에서 97년체제는 87년체제의 부분적 실현이고, 다른 한편에서는 87년체제의 새로운 전환이고 좌절이다.[128] 손호철은 후자를 강조하고 있다.

이런 점에서 87년체제, 즉 민주화체제에서 08년체제, 포스트민주화체제로의 전환의 역사적 맥락에서 보면, 97년체제(외환 위기체제이자 반독재민주정부체제)는 민주화체제의 지배적 성격의 소멸과 새로운 모순의 등장의 의미를 가지고 있다. 민주화체제의 지배적 과제의 실현을 통한 그 지배적 성격의 소멸의 과도기적 시기이자 포스트민주화체제로의 모순적 이행을 시작한 시기라고 할 수 있겠다. 민주화체제의 상향 발전이면서 탈민주화체제의 성격의 확대과정이다.

97년체제는 체제의 정치경제적 정합성이라는 점에서 보면 이중적이고 모순적인 성격을 갖는 체제로 규정될 수 있다. 손호철은 "97년의 경제적 변화는 '유기적 변화'였고 정치적 변화는 '정세적 변화'였다" (2009d: 21)고 말한다. 나의 시각에서 보면, 오히려 이미 발생한 87년체제와 후속하는 08년체제적 성격의 혼합적 성격을 갖는다. 바로 이 점이 손호철의 견해와의 큰 차이이다. 손호철은 97년체제에서 신자유

128 97년체제가 87년체제의 부분적 실현이라는 것을 인정하더라도 이 점을 과장해서는 안 된다. 앞서 로빈슨(Robinson, 1996)의 분석에 기대어 지적했듯이 87년 이전의 독재체제의 해체는 독재체제에 대한 민중들의 저항의 분출에 의해 강요당한 측면과 함께 자본의 비용계산에 의한 '선택'에 의해서 가능했다. 이미 축적기반을 확보한 자본의 입장에서는 '부르주아민주주의적 상부구조'를 통해서 새로운 구조적 정합성을 확보하기 위한 전략적 선택이기도 했다.

주의적인 경제체제적 전환이 일어났으므로, 이미 87년에 발생한 정치체제적 변화와 결합해서 '사회체제적 전환'이 일어난 것으로 본다. 그러나 그런 의미에서 보면, '사회체제'라는 표현을 사용한다면, 08년체제가 더욱 의미 있는 전기라고 해야 할 것이다.

97년체제가 갖는 이러한 이중성과 그로 말미암는 모순이 바로 97년체제의 내적 균열과 대중의 이반을 잘 설명해 준다고 생각된다. 즉 97년체제－조희연·서영표(2009)에서 그 균열을 자세히 설명하고 있는데－는 87년체제의 정치체제의 연속성에서 민주개혁적 정치의 실현을 일정하게 추동하였지만, 그럼에도 불구하고 외환 위기 극복이라는 이름으로－한국의 자본권력이 선호한－전면적인 신자유주의적 개방을 주도하였다. 그러한 이중성과 모순성으로 인하여, 97년체제를 지지하였던 대중의 광범한 이반이 초래되게 된다(이 점은 후술한다). 이런 기준에서 보면, 08년체제는 정치경제적 정합성이 오히려 제고된 체제라고 할 수 있다. 반독재민주정부가 촉진한 신자유주의적 개방화로 '내부화'된 신자유주의적 축적체제에 기반하면서 그에 조응하는 친기업적인 우파 정치권력이 수립됨으로써 오히려 정합적인 체제 상태로 이행하게 된다고 할 수 있다. 만일 손호철의 이야기처럼 사회체제를 이야기한다면, 오히려 정치경제적 정합성에 초점을 맞추어야 하고, 97년체제라는 '모순적 징검다리'를 기초로, 오히려 정합적인 08년체제로 이행한다고 이야기하고 싶다.

그러나 나는 08년체제 자체도 '과도기성'을 지니고 있다고 생각한다. 달리 표현하면 포스트민주화체제의 지배적 성격은 확정된 것이 아니라고 하는 점이다. 오히려 그 지배적 성격을 둘러싼 각축이 전개되고 있다고 해야 할 것이다. 그것은 08년체제하에서 부르주아 민주주의 체제의 정치경제적 안정성이 달성될 수 있는가 하는 문제이기도 하다. 08년체제는 촛불시위에서 보여지듯이, 다른 의미에서 광범한 대중적 이반을 겪을 수도 있다. 이런 점에서 포스트민주화체제의 체제로서의 안정성과 일관성은 현재로서는 미확정적이다(예컨대 08년체제하에서 반신자유주의적 투쟁이 가열화되고 대중들의 광범한 이반이 나타날 수 있다).

내가 생각할 때 체제를 이야기한다면, 역사적 맥락에서 이야기해야 한다고 생각한다. 87년에 형식적 민주주의가 도입되었고, 97년체제하에서 신자유주의화가 급진적이 되었으므로 이제 사회체제로서의 체제 전환을 이야기할 수 있다고 이야기한다면, 이는 대단히 기능주의적 설명 방식일 수도 있다고 생각한다. 우리가 체제 논쟁에서 중요하게 설명해야 할 것은, 정치-경제체제 결합 속에서 하나의 체제가 만들어 내는 대중에 대한 규율과 이반의 상태를 설명하는 것이다. 내가 굳이 신자유주의를 거시역사적인 경제사적 과정으로 이해해야 한다고 한 것도 이런 맥락이다. 개념 규정하듯이 97년이 전기라고 말하기 위해서 신자유주의를 이야기하는 것은 아니다.

나아가 97년체제가 '민주개혁적 정치'와 '신자유주의적 경제'의 모순적 결합의 성격을 띠고 있었다고 한다면, 포스트민주화체제하의 이명박정부는 '신보수적 정치'와 '신자유주의적 경제'의 '정합적 결합'의 성격을 띠게 되었다고 표현할 수 있다. 반독재민주정부 하에서 '민주개혁적 정치'와 '신자유주의적 경제' 논리는 일정한 긴장을 가지고 존재하였으나, 신보수정부 하에서는 더욱 전면적으로 친화적인 관계로 변화하게 됨으로써, 자본권력과 시장권력은 자신들의 요구와 이해에 반하는 민주정부 하에서의 민주개혁의 성과로 출현한 각종 제도들-총출제 제한, 전임자 임금 지급, 노동법 상의 불리한 조항 등-을 해체·변형시키려 하게 된다.

4. 신자유주의와 체제전환

그러면 여기서 쟁점이 제기된다. 나는 손호철과 같이 97년체제하에서 신자유주의적 개방화가 전면화됨으로써 한국 자본주의가 신자유주의적 축적 체제가 정착하는 중요한 전기였다는 것을 인정하였다.[129] 그렇다면 97년을 경제체제적 전기로 보고 여기서 '사회체제적 전환'의 기점을 삼는 손호철의 분석처럼 97년체제를 신자유주의적 사회체제 형성기로 보아도 무방하지 않지 않는가.

이에 대해 나는 외환 위기 이후 한국을 포함한 동아시아의 축적체제가 신자유주의적 체제(나는 극단적인 시장자율과 개방화가 개별국민국가에서 미국식 신자유주의의 주요 지표라고 생각한다)로 전환하는 중요한 전

129 한국 자본주의는 조선 후기 및 식민지적 변화과정을 거쳐, 포스트-식민지 시기라고 할 수 있는 박정희 시기에 초기 산업화의 단계에 진입하였다. 주지하다시피 61년체제는 박정희 시대에 개발드라이브를 통해서 한국 자본주의의 초기 물적 토대가(이른바 종속적 독점자본주의의 형태로) 형성된 시기였다. 문제는 종속적 독점자본주의가 어떤 계기를 통해 언제부터 신자유주의적 지구화에 부응하는 체제로 변화하기 시작했는가이다. 손호철이 강조했던 것처럼 이러한 단절이 분명하게 드러난 것은 김대중정부에서 였다. IMF위기극복을 명분으로, 혹은 IMF프레임에 갇혀서 신자유주의적 정책의 일부로서의 금융시장의 개방 등의 조치를 취한 것이 사실이고, 그런 점에서 97년체제를 통한 신자유주의의 전면화는 부정될 수 없다.

기인 것은 분명하다는 점을 인정한다. 그러나 이 역시 개발독재적 자본주의의 거시역사적 전환이라는 맥락에서 보아야 한다고 생각한다.

손호철이 강조하는 '신자유주의와 체제 전환'의 관계와 관련하여, 나는 신자유주의라고 할 때, 두 가지 차원을 지적하고자 한다. 첫째는 개발독재 하에서의 초기 산업화 과정에서 자본권력이 강화됨으로써 '시장을 통한 자본 주도의 질서'가 확대·강화된 것을 의미한다. 개발독재(혹은 종속적 파시즘)에 의해서 주도된 자본주의화 과정이 진전되면서 개발독재 국가의 '하위파트너'로 성장한 자본권력이 이제 '제 발로 서서' 한국의 경제를 지배하게 된 것이다. 그래서 군부 개발독재세력을 '상위파트너'로 하는 상태에서 이제 스스로를 지배적 경제계급으로 정립하게 된 것이다. 이러한 과정은 이미 80년대 이후, 심지어 87년 이후 노동의 도전 속에서도 지속적으로 확대·강화되어 왔다고 생각된다. 이러한 흐름은 담론적으로 시장자율화 혹은 탈규제 등의 담론의 확산에 의해서 표현되어져 왔다.

신자유주의의 두 번째 차원은 개방화를 통해서 글로벌 신자유주의적인 자본주의 질서에 더욱 유기적으로 편입되고 이로써 한국 자본주의의 재생산과정이 국내적인 자본 권력(과 그것을 지원하는 개발독재국가 권력)만에 의해서가 아니라 외국 자본에 의해서 더욱 깊숙이 통제·지배되는 상태로 이행하게 된 것을 의미한다. 김대중정부 하에서 IMF 경제위기극복이라는 이름으로 진행된 금융시장의 개방 및 자본시장의 개방 등이 이러한 전환의 결정적 계기였음은 두말할 나위가 없다.[130]

130 그러나 이를 순수하게 '의지'문제로 표현할 필요는 없다. 손호철은 "신자유주의의 강

사실 개발독재적 자본주의는 그 내적 위기(발전국가)와 외적 압박 속에서 점차적으로 개방경제로 전환되어 갔고, 김영삼정부 이후의 '세계화정책', 그 일부로서 OECD 가입 등에 의해서 촉진되어져 왔고, UR 협상 등을 통해서도 촉진되어져 왔다. 97년 경제위기를 계기로 해서는 더욱 전면적인 개방화체제로의 전환이 가속화되게 되었다. 만일 앞으로 한미 FTA가 발효되게 되면 더 큰 변화가 나타나게 될 것이다.

이처럼 극단적인 시장자율과 개방화를 개별국민국가에서 미국 식 신자유주의의 주요 지표라고 생각할 때, 신자유주의의 내적 동력은 일차적으로 개발독재를 통하여 자본의 힘이 한국 사회를 좌우하는 독자적인 힘으로 성장한 데서 일차적으로 주어졌다. 이것을 토대로 자본주도적인 시장체제가 97년 위기를 계기로 외적으로 개방화 체제로 작동하게 됨으로써, 훨씬 더 신자유주의적 질서의 전형에 가까운 형태로

력한 전지구적 경향에도 불구하고 김영삼정부가 세계화를 내세운 신자유주의적 축적 전략을 채택하고 이를 위해 OECD 가입과 그 전제조건인 금융시장 개방을 날림으로 추진하지 않았다면, 나아가 이에 따라 97년 경제위기라는 경제적 계기가 생기지 않았다면, 그리고 그 덕으로 집권한 김대중 대통령이 이에 보답이라도 하듯이 대통령 자신이 직접 나서서 '지금은 식민지 시대가 아니기 때문에 외국 자본이 많이 들여올수록 좋다'며 신자유주의 정책을 무비판적으로 수용하지 않았다면, 한국의 경제체제는 현재와 상당히 다를 것이라고 생각한다"(2009b: 15－6)고 말하고 있다. 이는 서영표(2009b: 59)가 적절히 비판하고 있듯이 "비환원론적이고 비결정론적일지는 모르지만 선생님 스스로가 경계하고 있는 서술주의로 빠져 버리게 됩니다. 정치적 심급의 효과가 개별화된 주체로, 즉 구조적 효과와는 분리된 주체의 '의지'로 설명되고 있습니다". 따라서 "김영삼과 김대중의 '의지'의 자리에 들어가야 할 정치적 심급은 신자유주의적 경제의 전면화에 영향을 받으면서도 그것에 조응하는 또는 반작용하는 정치적 제도와 그것과 결부된 다양한 이데올로기들의 변형에 대한 분석이어야 합니다. 이러한 경제적 축적 양식, 정치적 제도, 이데올로기적 구성체의 복합적 세계 안에 존재하는 사람들의 삶의 양식은 지배적 질서에 순응하면서도 이에 대한 저항의 계기들을 내포하는 것으로 분석되어야 한다"고 말할 수 있다.

변화되었다고 보아야 할 것이다. 이전에는 한국의 자본지배를 재생산하는 중요한 힘이 미국의 정치군사적 힘이었다고 한다면, 이제 국내에서 성장한 자본권력과 글로벌 차원의 자본권력이 이제 일종의 '연합적 지배'의 형태로 한국의 자본지배를 재생산하게 되었다. 이런 변화 만큼 향후의 한국의 변혁은 일정 측면에서 지구적인 성격을 갖는다.

87년체제하에서 진행된 '자본주의와 민주주의의 전쟁'에서, 민주주의의 급진적 확장을 통하여 자본주의를 통제하고자 하는 급진민주주의적 지향이 강력하게 존재하고 있었다. 그러나 97년체제는 이것이 역전되는 것을 의미하였다. 97년체제는 자본권력과 일정한 '긴장'을 가지고 있던 반독재자유주의 세력이 외환 위기를 통해서 신자유주의적 축적체제를 불가피한 것으로 수용하면서 이른바 '신자유주의적 역사블록'의 일부로 편제되게 된 것이다. 근대화 역사블록에서 저항적 위치에 서 있었던 반독재자유주의 세력이 이제 새롭게 신자유주의적 역사블록에 편입되는 상황이 출현한 것인데, 이는 한국의 부르주아(민주주의)체제의 안정화와 정착에 있어 '일보 전진'을 의미한다. 반독재자유주의 세력은 집권세력이 됨으로써 국가 논리에 포획되고, 나아가 외환 위기를 통한 글로벌 자본주의에 포획되었다. 그럼으로써, 87년체제의 경제체제적 개혁성(그나마 취약했었고, 아래로부터의 민중운동과 시민운동의 급진민주주의적 투쟁에 의해서 강제되었던 것)은 거세당하였다. 이제 민주개혁의 논리 아래 자본주의를 통제하려는 지향보다는—부분적으로 이 논리가 남아 있지만(예컨대 '민주주의와 시장경제의 병행'의 형태로)—자본주의의 신자유주의적 재생산을 위한 기능적 역할에 적응하게 된 것이다. 이런 점에서 97년체제는 87년체제적 성격뿐만이 아니라 후속하는 더욱 전면적인 '신자유주의적 우파정치체제'의 선행적 성격을 갖게 된 것이다. 이것이 97년체제의 이중성이고 모순성이다.

여기서 손호철의 분석에 대해서 몇 가지 비판점을 곁들일 수 있게 된다. 첫째, 내가 이 첫 번째와 두 번째 차원을 이야기하는 것은 한국 자본주의의 신자유주의화 과정이 97년체제 만에 의해 전환된 것이 아니라 장기 지속적 과정의 결과이기 때문이다. 그런 점에서 97년체제를 신자유주의적 경제체제로 규정하고 역으로 그것에 의해서 모든 것을 보는 것은 본말이 전도된 것이라고 생각된다.

둘째, 신자유주의를 내부의 자본권력과 그들의 지향을 이야기하지 않고 개방의 전면화만을 통해 규정하는 것은 신자유주의의 국내적인 자본 기반을 간과하는 것이다. 나는 앞의 두 가지 요인에서도 드러낸 것처럼, 신자유주의적 축적체제로의 전환을 외환 위기를 매개로 한 개방화에서만 계기를 찾을 필요는 없다고 생각한다. 동일한 외환 위기에 대응하는 전략이 말레이시아 마히티르 전 총리가 지향한 '경제민족주의'적 전략과 한국의 김대중이 지향한 '미국식 시장주도적인 개방화' 전략으로 상이하게 구현되기도 했다. 이것은 자본권력의 강력함의 정도(한국에서는 글로벌 경영을 추구하는 대자본의 헤게모니가 강하다고 할 수 있다)가 외환 위기라는 외적 계기가 상이하게 내부화되게 만들었다. 나는 이렇게 쓴 바 있다. "한국에서...신자유주의적 정책들이 추구될 수 있었던 것은 자본 내부의 헤게모니 구성에 의해서도 규정된다. 즉 한국의 경우는 개발독재 하에서 성장한 대자본이 이미 세계경영 혹은 글로벌 자본 축적을 추구하는 상황에서 보다 적극적으로 개방화와 자율화 등의 정책을 추구하는 내부적인 힘이 되었다는 것이다. 동남아시아의 여러 나라들에서 일부 대자본들의 경우는 글로벌 자본 축적을 추구하지만 이들이 자본 내부에서 헤게모니를 갖는 것은 아니기 때문에 다수의 자본들은 민족주의적 담론에 의존하는 방식으로 신자유주의적 지구화에 대응하게 된다고 할 수 있다"(조희연, 2009g: 129). 넷째, 신자유주의는 그것이 정치세력과 정합적인 관계를 형성할 수 있느냐에 따라 상이하게 구체화된다는 점이다. 97년체제하에서 출현한 '신자유주의적 역사블록'은 지속적으로 내적으로 불안정하였다는 점을 고려해야 한다(이 긴장은 08년체제하에서는 더욱 감소하게 된다. 자본권력과 정치권력 간의 부정합성은 감소하나, 대중과의 부정합성이 증가할 가능성이 있다). 즉 체제로서의 '일관된 관계성'이 존재하지 않았다. 우리가 '선전'적 차원에서 "김대중+노무현='좌파 신자유주의', 이명박='우파 신자유주의'" 라고 이야기할 수 있겠지만, 우리가 체제 규정을 분석하는 맥락에 그냥 사용한다면, 그것은 경제주의적 분석이라고 아니할 수 없다.

나는 일관되게 97년체제는 한편에서는 정치적 변화와 다른 한편에서는 경제적 변화가 착종된 체제로 보고, 그 결합에서 나타나는 변화의 운동적 함의를 분석하는 것이 '체제론 논쟁'의 핵심이라고 생각한다.

여기서 한 가지 해명해야 할 것은, 손호철이 이야기하는 것처럼 내가 신자유주의적 축적체제로의 전환을 80년대 이후로 보고 있지는 않다는 점이다. 한국 자본주의의 신자유주의적 재편은 '거시 경제사적' 과정으로 파악되어야 한다는 점을 강조하기 위한 것이었지, 80년이나 87년 같은 하나의 시기를 기점으로 변화했다고 하는 것을 의미하지는 않는다. 더군다나 "허생이 매점을 했다고 조선을 독점자본주의로 규정"하고 싶은 생각은 없다. 내가 "신자유주의가 장기적 내지 중장기적으로 관철되도록 미리 정해져 있기 때문에 사실상 별도의 분석이 필요 없고 정치적 계기들만 주로 분석하면 된다"라고 주장하는 것도 물론 아니다. 오히려 정반대의 주장을 하고 있는 셈이다. 오히려 정치적 계기라고 하는 것은 경제체제의 방향을 둘러싼 계급적·사회적 투쟁의 '결절점'에 해당하는 것이라는 것이다.

결국 나는 이른바 87년체제(민주화체제), 97년체제(민주화체제의 상향발전이면서 탈민주화체제), 08년체제(포스트민주화체제)를 기본적으로 '정치 레짐'으로 보면서, 민주화체제의 사회경제적 성격이 변화해 가는 것으로 본다. 87년체제에는 반독재민주화운동과정에서 민중운동적 투쟁을 통해서 일정한 경제체제 전환의 성격이 내장되어 있었음에도 불구하고 87년체제의 타협적 형성과정에서 그 사회경제적 급진성이 현저히 제약되었으며, 반독재민주화운동의 주요 세력인 반독재개혁자유주의 세력이 신자유주의적 구조 조정을 선도하는 97년체제하에서 민주화체제의 사회경제적 기반이 약화되었다.

맺음말

요약과 전망

맺음말

요약과 전망

나는 이 책에서 민주주의와 그 변화과정을 제도정치와 운동정치의 역동적 상호작용과정으로 분석하였다. 제도정치가 정당정치, 의회정치, 선거정치 등으로 상징된다고 할 때, 민주주의를 이 제도정치의 과정에서만 접근하는 시각이 정치학 및 사회과학 일반에서 지배적이다. 그러나 이 제도정치의 구성과 경계는 고정적인 것이 아니며 비(非)제도정치인 사회운동, 시민사회운동과의 관계 속에서 부단히 재구성되며 역동적 변화를 경험한다.

나는 이 책에서 일관되게 제도정치의 위기를 만들어 내는 대중의 역동성을 운동정치가 수렴해 내면서 제도정치의 구성과 경계를 균열시켜 낼 때, 민주주의의 새로운 발전이 가능하다고 주장했다. 왜냐하면 제도정치는 언제나 사회적 정치와 괴리되어 존재하고 심지어 사회민주주의 하에서도 사회적 요구들은 제도정치 내로 충분히 반영되지 않기 때문이다. 더구나 지구화 시대라는 조건 안에선 이런 간극과 균열은 더욱 더 확장된다. 한국의 제도정치는 한편으로는 '고전적 민주주의'의 실현 과제를 안고 있고, 다른 한편으로는 개방화와 지구화, 신보수정부의 등장 등으로 인한 새로운 도전들 속에서 민주주의를 발전시켜야 하는 과제와 직면하고 있다. 이 양자가 중첩되어 제기되는 현실 속에서 운동정치와 제도정치의 대안적인 관계를 구상하기 위한 실천이 필요할 것이다. 제도정치와 운동정치의 병행 접근을 통해 한국 민주주의를 분석하고자 한 일차적인 이유가 여기에 있다. 이 책은 바로 이런 병행 접근의 방법론의 관점에서 제도정치와 운동정치의 상호작용을 중심으로 한국 민주주의가 어떻게 변화해 왔는가를 분석하고자 하는 시도이다.

이 책은 '한국적' 정치사회학을 정립하고자 하는 시도였다는 점을 다시 강조해 두어야 할 것 같다. 나는 대학에서 정치학과 사회학의 중첩영역, 혹은 정치현상에 대한 사회학적 분석이라고 할 수 있는 정치사회학의 영역에서 강의하고 연구작업을 진행하여 왔다. 그러나 주로 외국의 이론을 '한국의 미래현실'을 조명해줄 준거로 소개하거나 그에 비추어 한국현실을 분석하는 경향이 많았다. 이런 분석 속에서 언제나 서구 역사와 그것을–특정하게 분석한–이론은 '보편적'으로 간주되었다. 그와 동시에 우리의 현실은 특수하거나 예외적인 것으로 인식되었다. 이 책은 해방 이후의 한국민주주의의 역동적 변화를 특수하고 예외적인 한국적 현실을 준거로 하여 이른바 '보편적 이론'으로 정립하려는 시도라고 해야 할 것이다. 많은 정치분석과 심지어 정치평론에서 민주주의를 '정당 중심의 민주주의'로 상정하고 한국의 정치현실을 재단하고 비평하는 경우가 많다. 그러나 이 책에서 나는 '정당 중심의 민주주의는 없다', 그리고 서구의 현실도 한국의 현실을 보편적 준거로 하여 재분석해보면 한번도 정당 중심의 민주주의로 작동한 적이 없다고 말한다. 그러면서 정당정치와 운동정치(더 넓은 의미에서는 사회적 정치)와의 역동적 상호작용의 관점에서 민주주의 변화과정을 볼 때 더욱 총체적인 상을 얻을 수 있다고 주장하고 분석한다.

1) 병행 접근의 방법론을 위한 전제

나는 1장의 이론적·개념적 논의에서, 민주주의를 왜 병행 접근의 방법론을 통해 바라보아야 하는지 설명했다. 먼저 통상적인 민주주의론을 재해석했다. 사회구성원에 영향을 미치는 집단적인 의제의 공적 결정을 둘러싼 집단 및 개인의 상호관계와 활동을 '정치'라고 한다면, 시민혁명을 정점으로 하는 아래로부터의 투쟁으로 전근대적 지배는 인민이 정치의 주체로 참여하는 새로운 질서, 즉 '근대 민주주의적 정치'로 전환되었다. 근대 시민혁명이 가져온 변화의 핵심적인 측면은, 지배에 있어 '정치'가 생겨나게 된 것이다. 이것은 양면적인 효과를 가지고 있다. 즉 상층계급에게만 한정되던 정치가 인민에게 개방되고 또한 인민이 정치의 주체가 되었다는 것을 의미하지만, 반대로 그것은 대표자 정치-정당정치-의회정치 등으로 '정치'가 한정됨으로써 정작 인민이 위임한 '제도화된 정치'(협의의 정치)가 '정치'의 전부가 되고, 인민 자신이 자신의 문제를 둘러싸고 행하는 다양한 정치적 행위는 '비(非)정치'가 되는 것이다. 이런 점에서 근대 대의민주주의는 근원적으로 (정치의 출발로서의) 인민과 정치를 발생시키는 사회가 괴리되어 존재하는 체제로 파악되어야 한다. 이것을 근대 민주주의의 '원형적 결손(deficiencies)'이라고 규정했다. 이런 성찰에서 볼 때, 근대 대의민주주의에서의 정치와 비정치의 경계, 정치의 내포와 외연은 가변적이고 '사회적으로 구성'된 것이다. 제도정치는 인민의 자기 정치 중 일부이고, 이와 같은 인민의 자기 정치를 사회적 정치로 규정하였다. 운동정치는 사회적 정치의 일부로서 조직화된 사회운동이 인민의 정치를 자임하여 전개하는 것이다.

다음으로 근대 민주주의 하에서의 정치를 이해하는 데 중요한 점은, 근대 민주주의 정치와 그 일부로서의 제도정치가 현실에서 내부로부터 자본권력 등 다양한 권력들에 의해 부단히 식민화되고 포획된다는 점이다. 즉 민주주의는 자본주의(자본권력과 시장권력)와 기타 다양한 사회적 차별체제의 기성권력들에 의해서 부단히 포획되면서 기존의 지배와 모순되지 않는 방향으로 견인·변화된다. 반대로 기성 권력들에 의한 제도정치의 포획을 상쇄하는 운동정치의 도전과 위협이 있을 때, 즉 인민의 계급적·사회적 저항이 있을 때 제도정치는 그만큼 인민의 다양한 계급적·사회적 요구를 표현할 가능성을 갖게 된다. 여기서 정치를 둘러싼 구성 투쟁이 전개되는 것이다.

이러한 민주주의의 구성적 투쟁의 두 방향을 '정치의 국가화'와 '정치의 사회화'라고 표현하였다. 정치의 국가화라고 하는 것은 정치라고 하는 장이 국가화된 지배에 대한 동의가 창출되는 장으로 기능하도록 하려는 시도이며, 반대로 정치의 사회화는 정치를 사회와 일치시키도록 하는, 즉 정치가 사회적 요구를 실현하는 장이 되도록 하고 동시에 정치가 사회적 주체들의 직접적인 자기통치가 되도록 하는 시도를 의미한다. 민주주의의 구성적 각축은 바로 정치의 국가화 대 정치의 사회화의 두 가지 방향 간의 각축이다. '정치의 사회화'를 추구하는 운동이 앞서 언급한 사회적 정치(social politics)이다. 그 일부로서 운동정치도 존재한다.

다음으로 '정치의 국가화'의 기제들로서 금단(禁斷), 배제(排除), 선택적 포섭(包攝)을 지적하였다. 금단은 특정한 정치활동을 정치공동체의 (의사)합의에 의해서 비정치의 영역으로 유폐시키는 것이고, 배제란 강압적 수단에 의해서 특정한 정치활동을 제도정치의 장으로부터 억압하는 것이다. 또 선택적 포섭이란 정치와 사회의 괴리가 극단화된 위기상황을 극복하기 위하여 사회의 요구와 인자를 제도정치에로 흡수 통합하는 과정이다. 정치의 국가화는 이러한 금단, 배제, 선택적 포섭의 기제를 통하여 제도정치를 안정화시키고자 한다. 정치의 사회화는 당연한 '금단'의 지형을 해체하고자 하며, '배제'의 지형에 저항한다. 민주화가 시작된다는 것은 '배제의 기제'가 중단되고 그동안 배제되었던 정치세력에게 제도정치가 개방된다는 것을 의미한다. 여기서 제도정치의 지배적 세력은 선택적 포섭을 통해 제도정치의 재안정화를 도모한다. 반대로 운동정치는 선택적 포섭에 의한 안정화에 도전하면서 금단의 지형 자체를 해체하고자 하며 선택적 포섭을 뛰어넘는 '제도정치의 급진적 확장'을 추구한다. 이처럼 '선택적 포섭' 대 '민주주의의 급진적 확장'의 각축이 민주화 이후의 투 트랙 과정의 핵심적인 특징이다. 이러한 각축과정에 대한 분석이 이 책의 본론이다.

이 책에서는 제도정치라는 표현을 사용했다. 이는 협의에서 의회정치, 정당정치, 선거정치를 의미하는 것이지만, 광의로는 협의의 제도정치를 통해서 재생산되는 지배체제라고 할 수 있다. 협의의 제도정치라고 하더라도 그것은 특정한 국가와 경제와의 결합 속에서 존재한다. 국가관료와 자본권력의 이해가 특정한 방식으로 제도정치권력과 결합되어 존재하기 때문이다. 따라서 국가와 경제의 재생산 논리는 특정한 형태로 제도정치에 반영되어 존재하게 된다. 제도정치는 근대 민주주의의 근간인 인민의 정치성을 대의하는 중심적인 장이기는 하지만, 그러한 제도정치는 인민의 정치성을 구성해 내는 또 다른 운동정치에 의해서 영향을 받고 상호작용하면서 전개된다. 즉 민주주의의 구성적 각축과정은 단일경로가 아닌 병행 경로로 전개된다.

정당은 기존의 지형 위에서 '지지경쟁'을 하는 국가장치이고 운동은 그러한 지지경쟁의 '지형' 자체를 변화시켜 지지경쟁의 방향과 성격을 변화시키기도 하며, 제도정치 내의 정당들 간에 지지가 배분되는 기존의 방식을 변화시키기도 한다. 제도정치와 운동정치의 병행 각축은 대중의 정치성(性)을 특정한 방향으로 전유하고 수렴하고 구성하기 위한 각축이 된다. 특정한 국가체제와 경제체제는 대중의 사회경제적 삶의 구조로서 작동한다. 대중은 그 구조 하에서 살아가면서 다양한 정치적인 요구와 이해, 지향과 기대 등을 갖게 되고 이것을 나는 정치성(통상 '정치적인 것'이라고 표현하는 것)이라고 이야기할 수 있다고 본다. 대중의 잠재적 정치성을 정당은 자신을 지지하는 정치적 선호로 전환시키고자 하며, 운동은 기성정당에 대한 '반(反)정치성'으로 전유하여 기존 정당질서의 변화의 동력으로 구성하고자 한다.

민주주의의 구성적 각축이 다른 단계로 변화하는 것은 기존의 제도정치의 형상이 균열·위기를 맞게 됨으로써 새로운 형상이 출현한다는 것이다. 여기서 하나의 제도정치의 형상이 안정적으로 재생산되려면, 제도정치 내의 지배정당과 주변정당 간의 '타협적 공존'이 존재하며, 제도정치와 비정치의 경계가 상대적으로 고정화되어야 한다. 반대로 그것이 균열된다는 것은 제도정치 내의 지배정당과 주변정당 간의 타협적 공존이 위기를 맞게 되고, 정치와 비정치의 경계(제도정치의 경계)가 도전을 받고 해체되는 것을 뜻한다.

민주주의의 구성적 각축은 이런 점에서 보면, 현존 권력들이 기존 제도정치 내에서의 세력관계를 안정화시키고 제도정치와 비정치의 거리를 확대하여 비정치에 의한 제도정치의 교란이 발생하지 않도록 만들고자 하는 노력을 한편으로 한다. 그리고 다른 한편에는 운동정치에 의한 원심력이 제도정치 내의 진보적 블록을 견인함으로써, 진보블록이 제도정치 내에서 지배적 세력과의 타협적 공존을 선택하는 것이 아니라 비제도정치와 연계하게 되는 상황을 창출하려는 노력이 존재한다. 이것이 병행 접근의 기본 구조이다. 민주주의의 구성적 각축과정에서 사회운동의 역할이 그 향방을 결정하는 데 대단히 중요하다. 물론 나는 사회적 정치 혹은 인민의 자기정치를 운동정치가 다 대표하는 것이 아니라는 점도 인정하였다. 그러나 '조직화된' 운동정치는 '제도화된 정치'를 변화시키는 데 있어 중요한 매개체가 된다.

운동정치가 제도정치를 위협하는 역량을 갖는다는 것은 사회운동이 '제도정치의 경계'를 해체하면서, 사회운동이 제도정치에 대한 개입력 혹은 제도정당들을 '정치의 국가화'를 수행하는 '국가장치'로부터 '정치의 사회화'를 위한 매개장치로 견인하는 역량을 갖는다는 것이다. 이러한 역량을 '경계정치(boundary politics)'의 형성 역량이라고 표현하였다. 이 책에서 또 하나의 핵심개념이다. 경계정치는 제도정치 내의 타협적 공존이 해체되면서 제도정치와 운동정치의 경계에서 나타나는 정치이다. 경계정치적 현상 자체가 민주주의가 하나의 지형에 고착화되지 않고 보다 높은 단계로 이행할 수 있는 계기이자 징후가 된다. 사회운동 혹은 운동정치가 스스로를 경계정치로 전환시켜 낼 수 있는 역량이 얼마나 되는가, 혹은 스스로가 경계정치가 될 수 있는가하는 것이 '제도정치와 운동정치의 상호작용을 중심으로 하는 민주주의의 구성적 각축'의 향방에 결정적인 요인이다.

경계정치는 제도정치와 제도정치 외부의 정치 사이에 놓여 있으면서, 제도정치와 비제도정치적 성격을 동시에 가지고 있는 정치이다. 정치와 비정치의 경계가 구성적이라고 할 때, 제도정치 내부의 지배적 세력은 정치와 비정치의 경계를 고정화하며 양자 사이의 담을 높게 쌓고자 한다. 반대로 저항세력이나 제도정치 외부의 세력은 이 고정화된 경계를 해체하면서 제도정치의 변화를 도모하게 된다. 이런 점에서 경계정치는 두 개의 흐름 사이에 위치하게 된다. 경계정치가 부재하다는 것은 이미 제도정치와 비제도정치의 경계가 확연하며 그만큼 제도정치가 비제도정치를 배제하는 방식으로 안정화되어 있다는 것이다. 반대로 경계정치의 존재는 현존하는 제도정치가 문제에 직면하고 있음을 보여준다.

나는 이 책에서 민주주의를 보는 다양한 시각과 나의 시각의 차이, 그리고 최장집과 나의 시각의 차이를 드러내기 위하여, '민주화 이후의 민주주의'를 보는 시각을 민주주의의 자유화론, 민주주의의 민주화론, 민주주의 외피론, 민주주의의 급진화론으로 나누었다. 민주주의의 자유화론은 기본적으로 서구식 자유민주주의와 자유시장 모델을 기준으로 삼는 것으로 경제적 자유주의 지향과 정치적 자유주의 지향으로 나눌 수 있다. 다음으로 최장집의 입장을 '민주주의 민주화론'으로 규정하였다. 이 견해는 기본적으로 민주주의의 제도적 규칙이 정착되어가고 동시에 사회적 갈등이 제도정치의 공간에서 가공 · 타협 · 수렴되는 상태로 민주주의가 발전해야 한다고 판단한다. 다음으로 민주주의를 자본주의의 정치적 외피로 보는 사고유형이 존재한다. 경제환원론적 맑스주의의 관점이 여기에 대응하는 것이다. 이러한 견해와 차별화하여, 나의 입장을 '민주주의의 급진화'론으로 정식화하였다. 이것은 '민주주의의 자유화론'에 대한 비판을 출발점으로 하는데, 민주주의 외피론처럼 민주주의를 비(非)본질적인 것으로 파악하지 않고, 나아가 '민주주의 민주화'론을 넘는 민주주의론의 급진적 재구성을 지향한다. 나아가 민주주의 급진화론은 '사회주의 민주주의 비판'을 수용하면서도 민주주의를 본질주의적으로 폐기해버리는 것이 아니라, 민주주의를 급진화하고 '자유민주주의의 외부'로 나아가는 방식으로 해결하고자 하는 것이다.

다음으로 나는 민주주의 민주화론에 선 최장집의 입장은 정당 중심의 민주주의를 표준으로 상정하고 이를 통해 사회적 갈등을 수렴하는 것을 지향하고 있다고 보았다. 나는 그가 정당의 사회적 기반을 강조하는 차원을 넘어서서, 정당민주주의의 한계를 지적하고 그것을 넘어서고자 하는 운동정치의 역동성을 폄하하는 것에 대해서 비판적 입장을 취하였다. 나는 정당정치, 의회정치를 포함하는 제도정치가 한번도 '인민의 정치'와 일체화된 적이 없으며, 제도정치는 사회적 정치와의 불일치와 괴리, 거기에서 파생되는 대중의 저항 및 운동정치의 도전을 동력으로 하여 확장적 자기발전을 한다고 보았다.

그런 점에서 나는 급진민주주의의 입장에 서기 때문에, 근대 민주주의하에서의 '정치의 이중성'을 인식하고–정치를 부정하지 않으면서–'정치의 급진적 확장과 재구성'을 통해 근대 민주주의를 부단히 급진적으로 재구성할 것을 지향하는 입장에 선다는 점을 서술하였다. 나아가 나는 최장집에 대한 계승과 비판의 저점을 드러내기 위해서, 전기 최장집과 후기 최장집을 나누고, 전자의 비판적 계승의 입장에 선다는 점을 서술하였다. 특별히 후기 최장집은 정당 중심 민주주의론으로 급속히 기울었다고 나는 판단하였다.

2) 한국 민주주의 분석을 위한 시기 구분과 정치세력 규정 및 쟁점

나는 해방 8년사를 거쳐서 형성되는 체제를 극우반공분단체제라고 보았다. 이것이 이른바 1953년체제이다. 이 체제는 1960년 4·19혁명과 1961년 5·16군사쿠데타를 계기로 하여 개발독재체제로 변화했다. 이를 '1961년체제'라고 부른다. 이후 1987년 6월 민주항쟁을 계기로 형성된 한국 사회는 이른바 '민주화체제'이다. 이것이 1987년 6월 민주항쟁을 계기로 성립하였다는 의미에서 '87년체제'로 부른다. 1987년 이후의 민주화체제는 1997년까지의 '변형권위주의정부' 시기(노태우와 김영삼 대통령 시기), 1997년 12월부터 2007년까지 반독재민주정부 시기(김대중과 노무현 대통령 시기)로 구성된다. 1997년 외환 위기와 김대중 반독재야당의 집권으로 출현하게 되는 이후의 체제를 '97년체제'라고 부르기로 한다. 이 반독재민주정부 시기는 2007년 12월 대선에서 보수정당 후보인 이명박 후보가 대통령으로 당선됨으로써 새로운 시기로 이행하게 된다. 이명박정부를 나는 '권위주의적 신보수정부'라고 규정하며, 이를 단지 정부 변화라는 차원이 아니라 '정치변동의 사이클 전환'이라고 하는 의미에서 포스트민주화체제로의 이행으로 파악하였다. 현재는 포스트민주화체제하에서의 민주주의의 구성적 각축이 진행되고 있는 국면이다.

특히 나는 87년 이후의 시기가 민주주의의 구성적 각축의 역동성과 본질을 잘 드러내 준다고 보고, 87년 6월 민주항쟁 이후의 시기를 4개의 경합국면으로 나누어 분석하였다. 먼저 제1경합국면은 87년 6월 민주항쟁으로부터 90년 3당 합당까지의 시기이며, 제2경합국면은 3당 합당 이후부터 97년 대선·외환 위기까지의 시기이다. 제3경합국면은 민주정부 10년의 시기이며, 제4경합국면은 이명박정부 이후의 시기이다. 여기서 각 경합국면은 '지형' 변화를 기준으로 한다고 할 수 있다. 시민사회－사회운동－제도정치의 상호작용의 관계구조가 일정한 고정성을 띨 때 우리는 하나의 지형이 존재한다고 말할 수 있다. 지형은 전환적 저항사건이나 전환적 체제 재편사건에 의해서 형성된다. 특히 나는 90년 3당 합당을 민주주의의 구성적 각축에서 중요한 전기로 보았다.

다음으로, 민주주의를 둘러싼 네 가지 이슈와 세 가지 세력을 나누었다. 나는 체제의 모순이 대중의 삶에 각인되는 정치성을 쟁점화시켰던 이슈영역을 반권위주의 이슈(반권위주의정치 혹은 협의의 민주주의

정치), 계급정치 이슈(계급정치), 생활세계 이슈(생활세계정치), 민족문제 이슈(민족주의 정치) 영역들로 나누었다. 바로 이러한 이슈영역에서 제도정치와 운동정치는 일종의 '전유' 각축을 벌인다. 반독재민주주의 운동은 이런 점에서 4가지 주제에서의 저항적 흐름들의 연합이었으며, 이러한 이슈를 둘러싼 제도정치와 운동정치의 연합이었다고 할 수 있다. 즉 반독재민주주의 운동은 첫 번째 민주주의를 억압하는 권위주의와 독재에 대한 저항운동이라고 하는 성격을 지배적으로 가지고 있기는 하지만, 그 속에는 개발독재 하에서의 억압된 계급적 이해를 둘러싼 저항운동, 비록 민주화 이후까지도 전면화되지 못했지만 생활세계적 이슈영역에서의 저항적 운동, 민족문제 이슈를 둘러싼 저항적 민족주의 운동으로서의 성격이 혼합되어 있었다. 이상이 민주주의 운동의 네 가지 이슈라고 한다면, 이 이슈에 대응하는 입장에 따라 보수세력(conservative), 중도개혁자유주의 세력(liberal), 급진진보세력(radical)이란 정치적 범주가 존재한다. 당연히 반독재민주주의 운동은 기본적으로 개혁자유주의 세력을 중심으로 하면서 급진진보적 세력, 그리고 부분적으로 온건보수주의 세력까지 포괄하는 운동이었다고 할 수 있다. 여기서 김영삼은 우파 자유주의, 김대중이나 노무현은 좌파 자유주의 세력이라고 표현할 수 있을 것이다.

3) 53년체제와 61년체제

특정 시기의 정치 변동이 놓여지는 '지형'에는 여러 층위가 있는데, 거시역사적 조건은 당면 시기 정치변동의 일종의 '심층적 지형'이라고 할 수 있다. 하나의 체제는 이전 체제의 역사적 유산, 극복되지 않은 헤게모니적 유산의 기초 위에서 작동한다. 한국전쟁 이후의 남한사회는 '반공규율사회'로 구조화 되었다. 극우반공주의가 의사(擬似) 합의처럼 되어 국가와 사회의 작동원리와 대중의 행동원리를 규정하게 되었다. 나아가 그것이 지배집단에 의한 대중의 규율과 통제의 주요 기제로 작동하게 되었다.

이러한 상황은 50년대 체제하에서 제도정치가 사회적 정치를 억압하는 기제로서 '금단의 기제'가 작동할 수 있게 하였다. 즉 한국전쟁 이후 한국 사회가 극우반공주의적 구조화되면서 급진주의적 정치는 금단의 영역에 배치되었다. 운동정치, 특히 급진적 운동정치는 비합법적인 활동, 반국가적인 활동으로 치부된다. 극우반공분단체제하에서 금단의 기제에 의해서 억압된 정치는 경계정치로 존재할 수 없게 되었다. 그만큼 당연히 제도정치는 불구화될 수밖에 없었고, 그 결과 민주주의는 반(反)민주주의적인 것으로서 허구화될 수밖에 없었다. 역설적으로 투 트랙적 상호작용을 거세하고 민주주의를 제도화된 통치만으로 절대화하는 체제는 결국 대중들에 의해서 반민주주의적인 것으로서 도전받게 된다는 것을 4·19혁명은 잘 보여주고 있다.

61년 5·16 군사쿠데타를 전기로 하여 한국 사회는 극우반공분단체제에서 개발독재체제로 이행하였다. 5·16은 전환적 체제 재편 사건이다. 한국의 지배체제는 이제 50년대식의 '극우반공분단체제'만이 아니라-물론 그것을 계승하면서도-새롭게 조국근대화를 전면화한 '개발독재'의 형태로 작동하게 되었다. 군부가 갖는 막강한 물리력과 군부적 조직체계를 이식한 '현대적' 국가체계에 의해서, 박정희 개발독재체제는 50년대와는 비교할 수 없을 정도로 강력한 '통제국가'를 만들어 냈다.

개발독재체제는 개발주의적 동원체제로서의 성격을 가졌다. 개발주의적 동원은 제도정치가 개발 혹은 조국근대화라는 이름으로 사회적 정치를 특정한 방식으로 동원하고 유도한다. 이러한 개발주의적 동원과정에서 대중과 사회운동은 동원의 대상이 되었고 국가시책에 부응하는 형태로 행동할 것으로 요구받았다.

그러나 70년대에 들어서면서 개발독재체제하에서 제도정치와 운동정치의 상호관계는 변화해 갔다. 개발독재체제하에서 제도정치는 점차 '배제의 정치'로 고착화되어가게 된다. 따라서 제도정치는 협소해지고, 지배에서 정치는 소멸해갔다. 이는 역으로 운동정치의 공간을 확대하였다. 제도정치와 운동정치의 상관관계를 여기서도 확인할 수 있다. 박정희 시대 및 전두환 시대를 일관하여, 개발독재체제에 의한 제도정치의 협애화가 진행되고, 제도정치로부터 반권위주의파 혹은 반독재파가 축출되었다. 이에 따라 이 가운데 일부가 운동정치로 전환되었고, 그 결과로 '제도정치인의 참여에 의한 운동정치의 풍부화'가 나타났다. 금단의 기제와 달리 이러한 배제의 기제는 대중적 지지를 폭넓게 받는 것이 아니었기 때문에, 제도정치의 배제화로 인하여 운동정치가 확장된 것이다. 그리고 역으로 기존의 제도정치 내에서의 타협적 공존이 위협받게 되면서 '재야(在野)'라고 하는 경계정치가 출현하였다. 재야 현상이야말로 운동정치가 경계정치로서 제도정치를 위협하면서 제도정치의 변화를 추동하는 강력한 동력으로 존재하는 대표적인 현상이다.

개발독재정치는 개발주의를 전면화하면서 50년대 극우반공주의에 의한 '금단의 정치'를 혁신하고자 하였는데, 이 과정은 50년대 지형에서 억압되었던 계급정치와 민족주의 정치를 일정하게 개발독재정치가 변형·전유하는 과정이기도 하였다. 즉 산업화와 개발이라고 하는 새로운 담론을 통해서 기존 사회경제적 모순을 해결하겠다고 나선 것이다. '경제적 민족주의'는 개발독재세력의 이런 전유의 핵심 매개였다.

그러나 70년대 이후 개발과 산업화 추진의 '성공의 위기'가 나타나게 되었다. 이에 따라 70년대 이후 개발의 모순에 대응하는 민중운동이 등장하고 확산되었으며, 반독재민주주의 운동 또한 민중(民衆) 정체성이 강화되었다. 이는 한국 운동정치가 계급정치의 속성을 부분적으로 통합하게 되었음을 뜻한다. 물론 이때의 계급정치는 '장시간-저임금 노동'의 완화 등 '자유주의적 계급정치'로서의 성격이 강하였다는 한계를 가졌다.

그러나 이러한 상황은 광주항쟁 이후 80년대에 들어서면서 또다시 변화하였다. 80년대 변혁운동의 '복원적 태동'과정에서 등장한 반미자주파와 평등파, 민족해방파(NL)와 CA(제헌의회파) 등은 급진민족주의적 정치와 급진적 계급정치가 운동정치의 내부로 진입하는 과정의 산물이었다. 그럼에도 개발독재 체제하에서 생활세계정치는 충분히 활성화되지 못하였다. 이러한 생활세계의 모순에 대응하는 다양한 운동들은 그 자체로 인정받기보다는 반독재운동의 일부로서 규정되곤 했다.

80년 광주학살과 광주항쟁은 이런 점에서 이후의 '제도정치의 사회적 지형'에 중대한 변화를 촉발하는 사건이었다. 70년대까지 지배적인 운동정치는 자유주의적인 반권위주의정치(협의의 민주주의정치) 운동이었고, 민족주의정치와 계급정치를 충분히 내포화하고 있지 못했다. 하지만 광주항쟁 이후 운동정치는 급진화되어, 반독재민주주의 운동정치는 점차 급진민족주의적 정치와 급진적 계급정치적 요소를 포함하는 방향으로 발전했다. 80년대를 경유하면서 반독재민주주의 운동의 반독재개념에는 독재체제의 북한 인식에 맞서는 민족의 또 다른 일부로서 북한을 바라보는 인식 그리고 독재체제의 유지와 재생산을 미국의 개입 결과로 바라보는 인식이 통합되어 있었다. 이는 북한문제와 미국문제에 있어서 운동정치가 급진민족주의적 성격을 획득해 갔기 때문이다.

80년대 전두환 정권 시대를 거치면서, 배제된 제도정치와 급진적 운동정치는 전면적으로 결합하여 국민적인 운동정치로 발전하게 된다. 이에 따라 운동정치는 통제된 제도정치를 압도하게 되었고, 결국 저항은 지배를 압도하게 되었다. 87년 이후 민주주의 이행이 가능하게 된 조건이 형성된 것이다. 80년대의 반독재민주주의 운동은 바로 배제된 제도정치와 운동정치의 연합이 개발독재체제를 전복시켜 가는 과정이었다고 할 수 있다. 이 정점에 87년 6월 민주항쟁이 위치한다. 이를 통해서 87년체제, 즉 민주화체제가 성립하게 된다.

4) 87년 민주화체제의 제1 경합국면

민주화체제하에서 제도정치와 운동정치의 상호작용의 성격은 변화하였다. 민주화체제 이전 지배세력은 제도정치 내에서 지배체제에

도전하는 세력을 금단하거나 배제하는 방식 곧 '제도정치의 외부화' 방식을 채택했다. 그런데 이제는 오히려 그 외부를 내부화하는 방식 곧 '선택적 포섭'의 방식이 전면화되었다. 그 목표는 선택적 포섭을 통해 제도정치를 재(再)정당화하고 이를 통해 '정치를 통한 지배의 재생산'을 원활하게 하는 것이었다. 이에 따라 운동정치의 이슈들 중 일부는 '선택적 포섭'의 대상이 되었다. 민주화체제하의 운동정치는 이런 선택적 포섭에 대응하기 위해 민주화체제에서 발생된 새로운 모순을 운동정치와 결합시키는 방향으로 급진적인 확장을 모색하게 된다. 이런 의미에서 민주화 이후의 체제하에서 투 트랙 민주주의는 제도정치의 선택적 포섭 대 운동정치의 '급진적 확장'의 각축과정이 되었다. 나는 87년 이후 이러한 선택적 포섭과 운동정치의 확장을 향한 각축과정을 4개의 경합국면으로 나누어 분석하였다.

먼저 '1차 경합' 국면은 이른바 '87년체제'(민주화체제)의 형성과 그를 둘러싼 각축기에 해당한다. 이 국면은 80년대 중반 이후 반독재민주화운동의 고양으로 인해, 기존의 독재체제(독재 하의 배제의 정치의 지형)가 균열되는 지형 안에서 태동하였다. 제1경합국면은 이 지형 위에서 87년 6월 민주항쟁과 6·29선언의 각축, 후속 각축으로서의 87년 대선과 88년 총선의 각축이 전개되는 국면을 가리킨다. 전자를 통해 이른바 87년체제가 '1차 구성'되었고, 후자를 통해 '2차 구성'이 이루어진다.

87년 6월 민주항쟁과 6·29선언을 계기로 한국은 개발 독재체제에서 민주주의 체제로 전환하게 된다. 60년대 이후의 반독재민주화 투쟁은 87년 6월 민주항쟁에서 그 절정에 이르렀고, 반대로 개발독재체제는 최고의 위기에 직면하였다. 이처럼 독재체제에 대한 전국민적 항쟁이 거듭되면서, 이에 응전하여 직선제 수용 등 8개 항의 시국수습방안을 담은 노태우의 6·29선언이 발표되었다. 이 선언으로 6월 민주항쟁은 소강국면으로 접어들었다.

1차 변형의 단계는 87년 6월 민주항쟁이라고 하는 아래로부터의 투쟁과 6·29선언이라고 하는 위로부터의 응전이 결합되어 6월 민주항쟁이 타협적으로 종결되는 단계이다. 이로 인해 87년 민주화체제는 이중적 성격을 갖게 되었다. 독재에서 민주주의체제로의 거대한 전환이 이루어졌지만, 독재 권력집단은 아래로부터의 힘에 의해 '단절'적으로 타도되지 않았다. 이 때문에 독재 권력집단은 자신이 보유한 제도적·비제도적 권력을 통해, 이후 민주주의의 구성적 각축과정에 폭넓게 개입하는 동시에 이를 제약할 수 있었다. 나는 이를 '위로부터의 보수적 민주화'의 경로라고 말한다.

하지만 '위로부터의 보수적 민주화'는 구 독재 지배세력에게도 일정한 한계를 부여하게 된다. 왜냐하면 6·29선언을 통해 6월 민주항쟁을 중단시키는 데는 성공하였지만, 이 과정에서 민주주의를 수용할 수밖에 없었기 때문이다. 민주주의는 이 과정에서 반독재운동만의 정치적 구호나 표현이 아니라, 구 독재 지배세력의 활동 또한 제약하는 효과를 발휘하게 되었다. 곧 민주주의가 특수집단의 구호에서 전체 집단 모두의 활동 조건이 되었다. 나는 이를 '민주주의 헤게모니 블록'의 출현이라고 표현하였다. 따라서 이후의 민주주의의 구성적 각축과정은 구 지배블록의 주도성이 완전히 상실되지 않은 '위로부터의 보수적 민주화'라고 하는 거시 구조적 한계 안에서 민주주의 헤게모니 블록에 내재된 역동성이 충돌하는 과정으로 전개될 수밖에 없었다. 민주주의 헤게모니 블록은 민주주의와 민주개혁을 지지하는 대중의 친(親)민주주의적·반(反)권위주의적 정치성, 구 독재적 지배블록의 도덕적 기반의 균열 및 민주주의 담론의 헤게모니적 지위, 사회운동 영역에서 민주개혁운동의 헤게모니적 지위, 이를 기반으로 반독재자유주의 세력이 제도정치 영역에선 대표성을 확보하고 시민사회와 운동정치에 대해선 헤게모니를 행사할 수 있는 요소 등으로 구성된다.

6월 민주항쟁 이후, 87년체제의 성격을 규정짓는 또 다른 구성적 각축이 12월 대선에서 전개되었다. 12월 대선의 결과 군부 출신인 노태우 후보가 6월항쟁의 핵심 요구 중 하나였던 직선제 방식으로 당선되면서, 구 독재체제의 변형주의적 재편 경로가 열리게 되었기 때문이다. 이에 87년 6월 민주항쟁에서 극적으로 표출된 민주화 열망은 87년 12월 대선을 거치면서 '좌절'하게 된다. 6월 민주항쟁으로 군부독재체제를 퇴진시켰지만 12월 대선에서 '민선군부정부'가 성립하게 되면서, 대중의 열망은 현실에서 좌절로 귀결된 것이다. 바로 이 열망의 좌절로의 귀결이 이후 민주주의 구성적 각축 과정을 규정하는 조건 중 하나가 되었다. 이를 나는 "능동혁명적 기대와 그에 대응하는 지배의 수동혁명적 변형의 괴리 사이에서 발생하는 '미시적 역동성'"이라고 표현하였다.

87년 대선 이후, 민주주의의 새로운 구성적 각축은 88년 4월 총선 국면에서 전개되었다. 6공화국 출범 후, 여야는 4월 총선을 향한 경쟁으로 돌입하였다. 4월 총선은 이른바 지역주의적 정당 질서를 출현시켰다. 지역주의적 정당 질서의 출현은 민중들의 강렬한 민주주의 열망이 투표를 통해 표출되는 조건과 김영삼, 김대중 양김의 분열을 활용하려는 통치 전략이 맞물리면서 발생한 '의도하지 않은 결과'였다. 이것은 군부지배 블록에 양면적인 영향을 미쳤다. 군부지배 블럭은 3김의 분열을 활용하여 87년 대선에서 승리할 수 있었다. 그러나 역설적으로 이 전략은 3김과 각 지역 대중들과의 결합을 더욱 공고화 하는 결과를 낳았다. 그리고 이는 88년 총선에서 여소야대가 출현하고 지역주의 정당구조가 고착화되는 조건이 되었다. 민선군부정부는 선거를 통해 집권에 성공했지만, 여소야대의 지역주의 정당구조로 인해 지속적인 정치적 불안정과 직면할 수밖에 없었다. 바로 이 정치적 불안정성의 증폭이 이후 3당 합당을 불러온다.

제1경합국면의 제2소시기는 88년 4월 총선 이후 3당 합당까지의 시기를 가리킨다. 이 소시기에, 구 독재적 지배블록은 위로부터의 개혁을 통해서 주도권을 갖는 '변형권위주의 정치질서(민선군부정부의 성립으로 인한 '제도정치의 1차 변형')'를 안정화시키고자 했고, 반대로 반독재민주주의 블록은 그러한 변형권위주의 정치질서의 허구성을 뛰어넘어 한 단계 높은 민주주의를 실현하고자 했다. 이것이 민선권위주의 정치질서 하에서의 정치의 국가화 대 정치의 사회화의 각축이다.

민선군부정부라고 하는 1차 변형질서(1차 수동혁명적 질서)의 존재론적 불안정에 대응하여 구 독재적 지배블록이 선택한 전략이 바로 3당 합당이었다. 3당 합당은 87년 이후 한국정치사에서 대단히 중요한 체제 전환 사건이었다. 3당 합당은 88년 4월 총선에서의 제2야당과 제3야당이 된 통일민주당의 김영삼과 신민주공화당의 김종필이 민정당과 합당한 사건이다. 이는 민선군부정부라고 하는 '1차 변형 정치질서'에 뒤이은 '2차변형 정치질서'라고 할 수 있다. 이 3당 합당은 구 보수적 지배세력의 입장에서 보면, 6·29선언에 의해서 반독재민주주의 블록을 분열시키고 이후 이를 지역주의 정당질서로 대체하는 데는 성공하였지만, 여소야대의 구조가 '예기치 않게' 출현하는 조건에서, 1차 변형질서와 사회의 간극을 추가적 '혁신'조치를 통해서 축소하고자 하는 시도였다. 또한 이는 위로부터의 개혁을 통해서 아래로부터의 민주주의의 요구를 선택적으로 수용하여, 큰 틀에서는 아래로부터의 저항을 제한·봉쇄하고자 하는 시도이기도 하였다.

3당 합당은 정치세력의 이념적 성격이라는 점에서 보면, 독재의 배경을 갖는 보수적 정치세력과 반독재민주화운동의 배경을 갖는 자유주의 우파의 결합이었다. 3당 합당이라고 하는 '제도정치의 혁신적 재구성'을 통하여, 87년 6월 민주항쟁으로 위협을 받았던 지배체제는 심대한 불균형을 극복하고 일정한 안정성을 회복할 수 있었다. 결국 제1경합국면은 87년 6월 민주항쟁을 출발점으로 해서, 90년 3당 합당을 통해서 일정하게 마무리되었다고 말할 수 있다.

5) 87년 민주화체제의 제2경합국면

다음으로 '2차 경합' 국면은 90년 3당 합당 이후 김영삼정부 하에서 진행된 전 기간의 각축을 의미한다. 3당 합당 이후 구 독재적 지배블록은 3당 합당적 질서 안으로 운동정치의 요구를 수용하면서도, 제도정치 야당과의 타협적 공존을 통해 운동정치의 도전을 차단하고자 했다. 개혁을 저항의 영역이 아니라 제도정치와 통치의 영역으로 수렴하고자 한 것이다. 87년체제에서 지배블록은 주도권을 쥐고 민주주의를 구성해 나갈 수 있었다. 3당 합당은 바로 이런 지배블록의 주도권하에 지배블록 안으로 반독재민주주의 진영의 중요한 인물, 세력, 이슈를 포섭(co-optation)하는 과정이었다. 이런 3당 합당을 통한 지배의 혁신에 대응하는 운동정치의 급진적 도전이 응축된 것이 91년 5월 투쟁이었다. 91년 5월 투쟁은, 87년의 좌절과 90년 3당 합당에 대한 사회운동진영 및 시민사회 내부에서의 거대한 저항, 혹은 3당 합당식 '전향의 정치'에 대한 좌절과 저항의 표현이었다. 개발독재체제에 대한 저항 속에서 발전해 온 대중의 저항적 정치성은 3당 합당 형태의 제도정치 재편에 의해 수렴될 수 없었다. 특별히 조직화된 사회운동과 운동정치 집단 내부에서는 더욱 그러하였다. 그것이 바로 91년 5월 투쟁으로 출현하였던 것이다.

하지만 3당 합당에 의한 지배의 혁신에 대한 대중들의 불만과 이탈이 표면화되기 이전에 출현한 운동 공동체의 '선도적인' 저항은 3당 합당적 변형정치질서를 위기에 빠뜨릴 수 없었다. 반대로 위기는 문민정부 내부로부터 나왔다. 즉 문민정부가 주창하는 세계화 정책과 대자본의 무분별한 확장이 초래한 새로운 위기가 지배블록의 균열을 가속화하였고, 이 균열이 전환의 조건을 잉태한다. 이런 관점이 이 국면에 대한 나의 새로운 인식 중 하나이다.

대기업은 문민정부의 세계화 정책을 '글로벌 경영'과 '글로벌 기업 확장'의 계기로 활용하였다. 이 때문에 문민정부 중후반은 대기업의 방만한 확장의 시기가 되었다. 그러나 '규제받지 않은' 무분별한 확장 전략은 국민경제적 위기를 동반하였다. 87년 이후 민주화와 함께 역설적으로 국가의 경제 통제 능력은 약화되었는데, 이를 대자본이 자본 축적의 계기로 활용하면서 나타난 위기였다. 이것이 이후 1997~8년 외환 위기의 내적 요인이 되었다.

제2경합국면에서 민주주의의 구성적 각축은, 3당 합당으로 조성된 새로운 지형 위에서 시작했다. 3당 합당으로 인한 지배의 혁신은 87년체제의 등장 이후 운동정치의 공세적 위치를 약화시켰고, 운동정치의 도전이 지배의 위기를 촉진하는 단계로 나아가지 못하게 했다. 이 속에서 김영삼정부는 아래로부터의 민주주의 개혁의 요구를 위로부터 전유하는 각종 개혁을 펼쳤고, 이는 제도정치 내에서의 지배블록의 이니시어티브를 강화했다. 그러나 역설적으로 3당 합당적 질서는 그것이 '민주화를 넘어 세계화'를 추진하고자 하는 자유주의 우파정부의 변화와 이를 배경으로 무분별한 확장 전략을 추진하고자 한 대자본의 결합 과정에서 창출된 균열로 인해 위기에 직면하였다. 즉 3당 합당적 질서와 문민정부는 민주화의 요구를 일정하게 위로부터 전유하고 해결해 갔지만 반대로 친세계화정책을 무분별하게 추동하게 되는 과정에서 발생한 위기(외환 위기 등)로 인하여, 민주주의가 새로운 구성적 각축의 단계로 이행한 것이다.

6) 87년 민주화체제의 제3경합국면: 97년체제

다음으로 '3차 경합' 국면은 김대중정부와 노무현정부로 이어지는 '민주정부 10년'의 시기이다. 87년 6월 민주항쟁 이후의 시기를 민주화의 시기라고 한다면, 전반기 10년과 후반의 10년은 상이한 성격을 갖는다. 후반기 10년은 97년 외환 위기와 97년 12월 대선에서 반독재세력에 의한 민주정부의 성립이라는 두 계기에 의해서 조성되었는데, 이를 이른바 '97년체제'라고 부를 수 있다.

나는 97년체제를 '민주개혁적 정치와 신자유주의적 경제의 모순적 결합'의 체제로 규정하였다. 97년체제는 이런 의미에서 이중성을 갖는 체제이다. 전자의 측면에서 보면, 61년 이후 최초로 '야당정권'이 수립되는 정치적 전기의 국면이었다. 따라서 97년체제는 87년체제가 지향했던 민주개혁 민주주의 운동의 '상향(上向)발전'이라고 볼 수 있다. 그러나 다른 한편에서 반독재자유주의 좌파 정부가 신자유주의적 프레임에 포획되는 새로운 '변형'의 시기로 파악할 수 있다. 반독재중도개혁자유주의 정치세력의 좌파(우파는 3당 합당에 포섭됨)가 집권세력이 되는 동시에, '정치적 자유주의 세력의 신자유주의화'(neoliberalization of political liberals)가 발생하면서 97년체제의 이중성이 발생한다.

87년체제가 손상된 두 헤게모니의 교착적 상황이고, 3당 합당이 이러한 교착적 상황을 지배의 혁신을 통해 보수세력의 이니시어티브 하에 타개하기 위한 시도였다고 한다면, 97년 말 김대중의 대통령 당선은 이러한 헤게모니 교착상태의 전향적 해체를 향한 출발점이었다. 내가 97년체제의 양면성을 보고자 하는 이유도 여기에 있다.

반독재자유주의 좌파세력이 지배블록에 참여하게 된다는 것이 바로 이 국면의 민주주의의 구성적 각축 지형 변화의 중요한 내용을 이룬다. 2차경합에서 3차경합으로의 전환과정에서 출현한 이 새로운 지형은 이전의 지형과 다르다. 이전의 지형이 '보수=집권세력, 진보개혁=저항세력'이라고 하는 성격을 지니고 있었다고 한다면, 새로운 지형은 반독재민주주의 세력이 집권세력이 되는 방향으로 변화하는 것이었다. 이에 따라, 국민정부 하에서는 이전 시기에 비해서 반독재민주주의 블록의 저항의제였던 것들이 국가정책으로 통합 수용되는 정도가 확장되었다. 내무부나 공보처가 폐지되었고 안기부, 검찰, 경찰 기능의 재조정 등 국가기구 개혁에서부터, 여성부 신설, 국가인권위원회 설치 등 개혁의제를 담당할 국가기구도 만들어졌다. 또한 냉전적인 대북대결정책을 남북평화공존정책으로 전환하는 2000년 6·15남북정상회담이 이루어졌다. 대북정책의 이런 전환은 가장 중요한 변화 중 하나였다.

97년체제하에서 민주개혁 정치의 진전은 대중들의 태도에도 중대한 변화를 가져오게 된다. 먼저, 87년 6월 민주항쟁을 통해 대중들은 독재적 정권으로부터의 '해방'을 경험했다. 그리고 이제 6월항쟁의 일부를 구성하였던 반독재세력의 집권을 경험하게 되었다. 이런 경험은 과거와 같은 국가적 통제와 규율로부터 대중들이 상대적으로 자유롭게 되는 경험, 즉 일종의 '공포로부터의 해방의 경험'으로 작용하게 되었다. 이런 운동정치 공간의 확장에 영향을 받으면서 사이버공간, 생활세계 영역들에서 역동성이 확장되었고, 다양한 소수자운동이 출현하는 조건 또한 되었다.

김대중정부에 의해서 진보개혁적 운동정치의 의제가 정부정책이 되어 실현되는 것과는 정반대로 '외환 위기 극복'이라는 명분 하에서 개방화, 민영화, 노동시장 유연화 등으로 상징되는 신자유주의적 정책이 전면적으로 실시되기 시작하였다. 이러한 신자유주의적 개방화 경제기조의 전면화는 이미 이전 시기를 통해서 진행되어져 온 한국 자본주의의 변화, 즉 개발독재적 자본주의로부터 신자유주의적 자본주의로의 전환이 전면화되고 가시화되는 것을 의미하였다.

한국 자본주의의 신자유주의적 전환이 불러온 파괴적 결과는 시민사회에 잠재적 저항성을 확대하기는 하지만, 잠재적 저항성이 '반(反)정치적 정치성'으로, 그리고 기성정치에 대한 저항적 정치성으로 표현되지는 않았다. 특히 첫 번째 반독재민주정부라는 정당성이 저항의 표현을 제약한 것으로 보인다. '민주개혁적 정치'에 대한 열망이 신자유주의적 경제의 파괴적 결과에 대한 저항을 억제하는 효과를 발휘했기 때문이었다.

김대중정부에서 노무현정부로 '반독재민주정부' 시기가 연장되는 것은, '보수적인 사회적 정치'의 능동화가 촉발되기는 했지만 제도정치를 위협하는 경계정치로서의 역할까지는 확장되지 못했음을 의미한다. 김대중정부 시기에는 반독재민주정부－진보개혁적 사회운동－반독재민주화운동과정에서 유지된 시민사회의 진보적 헤게모니의 구도가 크게 보면 유지되었다. 여기에 2002년의 구조적·전략적·우연적 요인(월드컵, 효순이·미선이 사건 등)이 결합하면서, 민주정부 5년의 시기에서 민주정부 10년의 시기로 이행하게 된다. 즉 노무현정부의 출범이다.

김대중 세력과 노무현 세력은 기본적으로 앞서의 분류에 따르면 개혁자유주의 좌파세력이라고 할 수 있다. 물론 차이는 있다. '저항적' 자유주의 세력 내부에서도 김대중 세력은 '주류'적 자유주의 좌파세력이라고 한다면, 참여정부 주도세력은 '비주류'적인 자유주의 좌파세력이라고 할 수 있다. 이 점이 참여정부의 주도집단에 존재하는 독특한 비주류적 급진성의 존재 기반인 동시에, 나아가 반독재민주주의 운동에 내재한 네 번째 쟁점, 즉 사회적·문화적 급진주의의 일정한 요소들이 출현·정치화되는 조건이 되었다. 이러한 비주류적인 급진성은 김대중정부가 실현했던 수준의 민주개혁적 정치를 넘어서서, 더욱 한 단계 높은 '비타협적인 민주개혁적 정치'를 구현하려는 열망을 잉태했다.

이런 상대적으로 비타협적인 민주개혁적 정치는 한나라당과의 대립을 더욱 촉발시켰다. 노무현 세력과 한나라당 사이의 갈등이 격렬하게 되면서, 2003년 후반과 2004년 초반에는 참여정부가 추진하는 정책을 둘러싸고 제도정치 내의 타협적 공존이 불가능하게 되었다.

제도정치 내의 타협적 공존이 불가능하게 되었던 상황에서, 제도정치 내의 변화과정은 거대한 정치적·사회적 '내전'의 형태로 전개되게 된다. 이것을 탄핵 반대투쟁이 잘 보여주고 있다. 탄핵사건이야말로 제도정치가 폐쇄적 공간이 아니며 사회적 정치의 일부로서 제도정치와 사회적 정치가 투 트랙적으로 상호작용한다는 것을 잘 보여주는 사건이었다. 탄핵은 제도정치 내의 여러 정당들 간의 관계가 사회적 정치의 기대와 현저히 괴리되는 경우, 제도정치 내의 재정렬이 대중의 분노를 일부로 하는 사회적 정치의 개입을 통해 이루어질 수 있음을 보여준다. 탄핵 반대운동이 전개되는 속에서 2002년 4월 총선이 치루어졌다.또한 탄핵 반대투쟁을 통해서 역설적으로 '보수의 의회독점'이 균열되었다.

그런데 반독재개혁자유주의 좌파세력이 의회다수파가 되고 보수의 의회 독점이 균열된 이후, 개혁자유주의 세력이 주도하는 '타협적 공존'의 지형(개혁자유주의 세력이 다수파로 존재하는 다원적 경쟁구도)이 출현할 수도 있는 가능성이 있었다. 하지만 나는 중도개혁자유주의 세력이 주도하는 상대적으로 진보적인 타협적 공존의 지형은 형성되지 못했다고 평가하였다.

4월 총선 이후 4대 개혁(국가보안법, 사립학교법, 과거사법, 언론관련법) 입법 투쟁은 역설적으로 이를 관철하려는 세력 대 이에 대항하는 보수세력에 의한 사회적 내전으로 전환되었다. 이 사회적 내전을 통해 보수적 정치세력과 사회세력은 4대 개혁입법에서 가장 중요한 국가보안법의 폐지를 좌절시켰다. 그리고 사립학교법은 제도정치 내의 정당들 간의 타협에 의해서 가결되었으나, 보수적인 사회적 정치 내의 강경그룹(종교 사학 등)이 비토전략을 통해—여기에 박근혜로 상징되는 비타협적인 보수정치지도자의 투쟁에 의해 도움을 받아—사립학교법을 사실상 무력화시켰다. 보수는 제도정치 내의 각축을 사회적 내전으로 확산시켜, '승리'한 것이다. 탄핵 반대투쟁이 진보적인 '사회적 내전'이었다고 한다면, 4대 개혁 반대투쟁은 보수적인 '사회적 내전'이었다고 할 수 있다.

여기서 나는 제4경합국면으로의 이행을 촉발하는 균열과 위기가 제1, 제2경합국면과는 상이하게 전개되었다는 점에 주목하였다. 즉 민주화체제가 보장하였던 민주주의 블록의 헤게모니적 지위는 노무현정부에 접어들어 균열되었고, 이로 인해 민주화체제의 전환적 위기 국면이 조성되었다. 그 위기는 한편에서는 민주개혁의 의제들이 실현되면서 고갈되어가는 상황의 반영이고, 다른 한편으론 민주개혁에도 불구하고 민주개혁의 한계로 인해 발생하는 새로운 문제, 곧 신자유주의 정책의 확산 등과 같은 문제의 반영이었다.

이러한 전환적 위기는 '민주주의 헤게모니 블록의 위기'로 이어졌다. 위기는 다양한 양상으로 표현되었다. 즉 시민사회 내에서의 헤게모니적 지위의 균열, 사회운동 영역에서 민주개혁운동의 헤게모니적 지위의 균열과 상호관계의 변화, 제도정치영역에서 반독재개혁자유주의 세력의 대표성의 위기 등이 그것이다. 나아가 보수적 시민사회세력이 능동화되어, 그동안 시민사회 내에서 헤게모니적 지위를 갖는 진보개혁적 시민사회 세력에 도전하는 등 시민사회의 갈등적 분화도 확산되었다.

이와 같은 시민사회와 운동정치 내의 균열의 확대를 기반으로 하면서, 민주주의 블록의 균열과 위기는 최종적으로 제도정치의 균열확대로 나타나게 되었다. 1997년 선거와 2002년 선거에서 반독재개혁자유주의적인 후보는 단순히 제도정치 내의 역동성에 의해서만이 아니라, 제도정치–사회운동–시민사회를 가로지르는 연대성을 통해서, 특히 제도정치를 압박하는 시민사회와 사회운동의 동력을 배경으로 승리할 수 있었다. 그러나 이 지형이 해체된 상황이 바로 2007년 선거였다. 그 결과 이명박 후보가 '압승'했다. 하나의 체제가 균열되면, 기존의 체제에의 의해서 규율되었던 대중들의 다양한 요구와 이해, 지향들이 표출된다. 이러한 것들이 어떤 경로로 정치화할 것인가엔 다양한 가능성이 존재한다. 이명박 후보의 대통령 당선을 계기로 성립된 신보수정부는, 과거 정부에서 발생한 다양한 이반들과 모순적인 대중들의 이해와 요구들을 우익적 방향에서 헤게모니적으로 접합하는 데 성공하여 등장할 수 있었다. 이명박정부의 성립은 87년체제하에서의 민주주의의 구성적 각축의 지형이 전환되어 '포스트민주화체제'라고 하는 새로운 지형이 출현한 것을 의미한다.

7) 포스트민주화체제: 민주화체제의 제4경합국면

노무현정부의 위기에서 신보수정부로서의 이명박정부가 등장했고, 이로 인해 제도정치-운동정치-시민사회의 관계가 변화했다. 민주주의 구성적 각축의 지형이 제4경합국면으로 진입한 것이다. 이 경합국면은 현재까지 지속되고 있다. 나는 이명박정부로 상징되는 권위주의적 신보수정부의 등장을 단지 정권 담당세력의 변화가 아니라, 87년 민주화체제가 포스트민주화체제로 이행하는 계기로 파악한다. 포스트민주화체제로의 이행은 민주주의(혹은 민주주의개혁)를 시대정신으로 했던 역사정치 공간이 소멸하면서, 그 공백 안에서 새로운 각축이 진행되는 체제를 말한다.

포스트민주화체제의 제도정치와 운동정치의 각축을 분석하는 데 있어 중요한 점은, 무엇보다 자본권력이 더욱 강화된 속에서 제도정치와 운동정치가 각축하고 있다는 점이다. 그런데 이 각축이 제도정치 내부에서 헤게모니 지위를 점유하고 있는 반독재중도개혁자유주의 세력의 약화와 더불어 진행되고 있다는 점이 강조되어야 한다. 시민사회-사회운동-제도정치 수준을 접합할 수 있는 헤게모니집단이 부재하는 상황으로 진입한 것이다. 이런 조건은 보수정치세력 대 진보개혁정치세력 간의 각축, 진보개혁정치세력 내부에서의 각축을 더욱 역동적이고 복합적으로 만들었다고 할 수 있다.

다음으로 나는 다음과 같은 질문을 제기했다. 포스트민주화 시대에 제도정치와 운동정치의 상호작용이 어떻게 변화하는가? 또한 정치의 국가화 대 사회화의 각축의 내용과 경계는 어떻게 변화하는가? 선택적 포섭을 통한 기제는 어떻게 변화하는가? 이 질문에 답하기 위해 나는 이명박정부를 다음과 같은 두 측면에서 접근했다. 하나는 민주정부 시대의민주주의가 '후퇴'한 측면이고, 다른 하나는 민주정부 시대의 민주주의로부터 '변화'한 측면이다. 이중 어느 한 측면만을 일면화하면, 포스트민주화체제의 정치적 역동성을 충분히 포착하지 못할 수 있다. 물론 여기서 포스트민주화라는 규정은 기본적으로 후자가 지배적인 측면이라고 전제한 것이다.

포스트민주화체제는 네 가지 이슈영역을 둘러싼 제도정치와 운동정치의 경계, 그리고 주도권 또한 변화시킨다. 먼저 일반적인 수준에서 포스트민주화체제는 반권위주의정치가 운동정치에서 갖는 중심적 지위를 약화시켰다. 단순하게 말한다면, 87년 민주화체제에서 반권위주의는 민주주의제도의 확장에 대한 요구였다. 그런데 신보수정부는 기존의 민주주의제도들을 파괴하기보다는, 그 제도를 형식화하는 방법을 통해 공동화시켰다. 혹은 통치에 유리한 방식으로 왜곡 변형시켰다. 하지만 민주주의제도의 형식적인 유지 자체가 과거와 같은 반권위주의 저항정치로의 회귀를 억제했다.

둘째, 포스트민주화체제에서 발생하는 제도정치와 사회의 괴리 중심엔 계급정치 쟁점이 존재한다. 한국 민주화체제는 계급정치의 이슈들을 충분히 내부화하지 못한 상태였다. 이런 조건에서, 신자유주의적 지구화의 영향으로 새롭게 악화된 계급정치적 상황이 출현했다. 이는 제도정치와 사회의 괴리를 증폭시키는 동시에 제도정치 불안정의 새로운 조건이 되었다.

셋째, 포스트민주화체제 하에서는 생활세계정치가 운동정치에서 차지하는 비중이 더욱 커졌다. 전통적인 쟁점인 반권위주의나 분배, 복지 등으로 환원할 수 없는 다양한 생활세계의 쟁점들이 등장했고, 이를 둘러싼 새로운 운동정치가 출현했다. 소수자운동의 출현과 촛불시위의 등장은 이런 변화를 보여주는 예일 것이다.

넷째, 포스트민주화체제의 중요한 또 하나 특징은 민족주의정치가 운동정치에서 갖는 비중이 축소되었다고 하는 점이다. 특히 북한체제의 내적 속성이 남한 운동정치와 민족주의와의 결합 관계를 불안정하게 만드는 요소 중 하나가 되었다. 3대 세습이나 북한 인권 문제, 탈북과 같은 문제들이 발생하면서, 남한의 급진 운동정치세력들이 북한체제를 대안적 체제로 수용할 수 없었고 오히려 북한체제에 맞선 비판적 입장이 강화되어 갈 수밖에 없었기 때문이다. 또한 민족주의정치의 한 축인 북한문제가 민족주의 관점과 실천을 통해 충분하게 해명될 수 없었다. 하지만 또 다른 민족주의 정치의 한 축인 미국문제는 달랐다. 보수의 친미적 기조에 대항하는 운동정치적 역동성이 일정하게 존재하고 있기 때문이다. 그러나 한미관계는 전통적인 민족주의 정치의 인식 너머로 나아가고 있었다. 왜냐하면, 한미관계 또한 포스트민주화체제 속성을 공유하게 되었기 때문이다. G20 가입을 통해 표현되는 것처럼, 한국은 이제 미국의 종속 대상으로서가 아니라, 전 지구적 세계체제의 일부로서 존재하게 되었다. 강자 미국과 약자 한국, 지배와 종속의 단순 대립관계를 통해 한미관계를 파악하던 민족주의 정치와 현실 사이의 간극이 커진 것이다.

포스트민주화 시대에 나타나는 이런 대중들의 정치적 요구와 이해, 지향의 변화는 민주화체제하에서 고정되어 있던 제도정치의 균열을 낳았고, 이것은 '제도정치의 공백' 현상으로 귀결되었다. 나아가 민주주의 블록 내부에서 반독재중도개혁자유주의 정치세력의 헤게모니를 균열시키게 된다. 그 결과 제도정치와 운동정치 간에, 그리고 제도정치 내부에서 더욱 치열한 각축이 나타나게 되었다. 민주주의의 구성적 각축이 다차원적으로 나타나게 되는 것이다. 바꾸어서 말한다면, 참여정부로부터 이반된 다양한 이해와 요구들을 '의사헤게모니' 수준에서 접합했던 신보수 정치 또한 다차원적인 균열과 저항에 노출된 것이다. 이와 같은 신보수 정치 헤게모니의 다층적 균열과정은 '제도정치와 사회'의 괴리를 강화하게 되었고, 이 균열 공간에서 새로운 정치성이 출현하게 된다. 단순하게 말한다면, 포스트민주화체제하에서의 상황은 민주개혁적 정치의 균열에 이은 신보수적 정치의 새로운 균열이라고 하는 상황을 기반으로 하고 있다.

포스트민주화체제하에서는 신보수적 정치의 균열에 따라, 시민사회의 정치성들이 특정한 방향성 하에서 수렴되지 않고 부유하는 양상을 띠게 된다. 이른바 안철수 현상이나 박원순 현상도 이러한 현상의 일환이라는 점을 언급하였다. 민주화체제하에서는 민주주의 블록이 헤게모니적으로 존재하였고, 그런 점에서 이러한 정치성들이 민주개혁의 진전이란 담론 안으로 전유되고 수렴될 수 있었다. 그 이후 민주화체제의 전환적 위기에 따라서 신보수적 정치가 부상했지만, 신보수적 정치가 대중의 요구와 기대를 충족하는 것은 아니었다. 이 때문에 정박처(碇泊處)를 상실한 대중의 새로운 요구와 기대가 새로운 정치성의 형태로 출현하고 있다. 이 때문에 제도정치와 사회의 괴리에서 발생하는 부유(浮遊)하는 정치성을 획득하려는 각축이 치열하게 전개되었다. 이러한 각축과정에서 보수세력이 주도하는 '우파적인 헤게모니적 접합'이 지배적이 될 것인가, 개혁자유주의 세력이나 비(非)보수정치세력이 주도하는 '좌파적인 헤게모니적 접합'이 지배적이 될 것인가라는 경합국면이 펼쳐졌다. 이 각축에서 결국 진보개혁적 의제들-경제민주화나 무상보육 등 복지 의제 등-을 전유한 보수세력이 승리하면서, 박근혜정부라고 하는 '2기' 신보수정부 시대가 출현하였다. 물론 이상의 논의의 연장선 상에서 볼 때, 2기 신보수정부의 통치 기반은 그 '전유'의 기조가 상실되고 '국가정체성의 정치(국정교과서 등 '종북대국가정체성에 충실한 국민'을 나누는 통치기조가 지속되면서)'에 집착하면서 균열되어져 갔다.

8) 포스트민주화체제의 향후 전망

포스트민주화체제를 관통하는 경합국면은 상이한 두 주체의 각축을 기반으로 한다. 한편에는 개발독재 및 1987년 이후의 과정을 통해서 성장한 거대한 계급적·사회적 기득권세력이 존재하고, 다른 한편에는 대단히 높은 수준의 평등주의적 의식을 가지고 있으면서 민주화 20년, 반독재'민주정부' 10년에 실망하는 대중이 존재한다. 포스트민주화체제의 경합이 진보적인 방향으로 타개된다면 한국 사회는 87년체제 20년 동안 진행된 자유민주주의 개혁 단계에서 '사회적 민주주의' 개혁 단계로 이행할 것이다. 반대로 보수적인 방향으로 타개된다면, 한국 사회는 보수적 지배질서가 안정화·공고화되는 방향으로 나아가게 될 것이다. 현재 그것을 둘러싼 치열한 각축이 전개되고 있다. 2007년 이명박정부와 2012년 박근혜 정부의 탄생이 한국 신보수 지배질서의 안정화 가능성의 방향을 열어낸 것이라면, 반대로 2007년 이후 신보수정부가 직면하고 있는 연속적인 위기는 신보수 지배질서 내로 통합되고 있지 못한 대중의 또 다른 열망이 존재한다는 것을 보여준다(조희연, 2012: 9~11).

포스트민주화체제가 87년 민주화체제 이후의 또 다른 체제로의 이행을 위한 경합국면이라는 점에서 포스트민주화체제를 '주도'하는 정치세력은 한국의 신보수주의이다. 여기에서 질서를 '주도'하는 정치세력과 '지배'하는 정치세력의 차이를 구별하는 것이 유용하다. 질서를 주도하는 정치세력은 질서의 방향을 규정하고 이를 추동하는 집단이지만, 이 과정을 공고화하지 못하고 다른 정치세력의 도전에 직면한다. 이에 반해 질서를 '지배'하는 정치세력은 다른 정치세력의 도전에도 불구하고 자신이 규정한 방향과 이를 위한 이행의 과제를 전체사회에 부과하는 정치세력을 말한다. 이런 관점에서 본다면 신보수정부의 탄생은 전체사회의 질서를 주도하는 정치세력의 교체를 의미하지만, 신보수정부가 전체사회의 질서를 지배하지 못하는 교착 국면의 발생으로 인해 포스트민주화체제가 형성되었다고 볼 수 있다. 이 과정의 핵심은 한국 사회의 신보수가 대중을 새롭게 순응시키면서 현존하는 체제에 통합할 수 있을 것인가의 문제이다. 포스트민주화체제의 향후 질서에 대한 전망과 한국 민주주의의 발전을 위한 전략적인 개입의 과제에 대한 분석은 바로 이러한 한국 신보수와 대중과의 불화로부터 출발한다. 신보수가 주도하는 한국의 포스트민주화체제는 대중의 높은 기대수준을 포용하는 식으로 구조화되어 있지 못하며, 더욱이 신자유주의적 지구화의 영향으로 인해 더욱 가혹한 체제로 작동함으로써 지속적인 정치적 불안정을 잉태하고 있다. 동시에 포스트민주화체제를 구성하고 있는 하위체제들의 불화로 인해 이런 불안정은 더욱 강화되고 있다. 포스트민주화체제의 향후 전망은 포스트-민주화체제에 구조적으로 내재되어 있는 바로 이러한 불화와 균열의 요소를 둘러싸고 진행되는 다원적인 정치사회세력들의 정치경쟁의 결과에 따라 좌우될 것이다.

반독재민주정부에 대한 실망과 좌절을 배경으로 출범한 포스트민주화 시대의 신보수정부 하에서 과연 남한에서 저항의 역동성이 축소될 것인가, 정치변동의 역동성이 퇴조할 것인가 하는 것은 흥미로운 쟁점이다. 포스트민주화 시대는 반독재와 민주개혁을 뒤로 하고 신자유주의적 지구화의 세계적 흐름에 조응하는 형태로 친기업적·친시장적인 사회를 창출하려는 기득권세력 및 자본세력과, 그에 대항하여 자신들의 사회경제적 요구를 확대관철하고자 하는 민중의 거대한 각축의 시대라고 할 수 있다. 이것이 민주주의의 구성적 각축의 내용이다. 몇 가지 점에서 저항의 역동성이 재생산되면서 남한사회가 역동적인 나라로 지속되는 것으로 보인다.

첫째, 높은 평등주의적 기대를 갖는 민중의 요구를 충족하는 구조를 창출하지 못하는 보수 및 신보수세력의 제한된 능력이다. 80년대 서구의 신보수정부는 60·70년대 복지국가 시대의 과잉'복지'를 비판하면서, 이를 역전시키려는 시도로 출현하였다. 즉 서구의 신보수정부는 복지국가의 '보수적 개혁'이란 성격을 띠고 있다. 하지만 한국은 전(前)복지국가적 상태여서, 복지에 대한 대중적 요구가 강력하게 존재하고 있다. 반독재민주정부의 사회경제적 실패로 신보수정부가 성립하였지만, 그것은 오히려 '자신들의 사회경제적 요구를 실현하지 못하는 진보정부에 대한 비판'의 성격, 즉 진보적 성격을 띠고 있다. 그런데 신보수정부는 이러한 복지를 포함하는 사회경제적 요구를 실현하는 방향보다는, 60·70년대 개발독재의 '고성장을 통한 해결'이라고 하는 정책으로 되돌아갔다. 신자유주의적 지구화 시대 일국의 고성장의 혜택이 국민경제적으로 공유되는 기제와 효과가 부재한 상태에서, 일부 대기업을 중심으로 하는 고성장만 존재할 뿐 민중들의 사회경제적 삶은 여전히 고통스러웠다. 저항을 역동화하는 사회경제적 기반은 지속되었다. 물론 이러한 현상은 남한만의 특수한 현상은 아니다. 신자유주의적 구조전환과 개방화에 따르는 '사회의 해체적 위기'가 전 세계적으로 정치를 부단히 불안정하게 만들고 있기 때문이다. 남한과 같이 민중의 평등주의적 기대수준이 높은 곳에서는 이러한 불안정, 정치적 불안정이 더욱 크게 나타나고, 포스트민주화 시대의 각축도 더욱 치열하게 나타난다고 할 수 있다.

둘째, 신보수정부가 자본운동에 대한 공적 통제보다는 국제경쟁력 강화를 위해 자본운동에 대한 지원 전략을 구사하게 되면서-시장과 경쟁을 중시하는 신자유주의적 담론에 의해 정당화되면서-(대)자본의 축적운동이 일부의 산업분야가 아니라 전체 경제분야, 대중들의 삶의 전체 영역으로 확장하게 된다는 점이다. 남한에서의 개발독재는 70년대 이후 중화학공업화의 과정에서 산업기업복합체(industrial conglomerate)인 재벌을 탄생시켰다. 이들 재벌은 개발독재 하에서 일종의 '원시적 축적'을 한 이후에 자신의 축적의 영역을 확장시켜 왔다. 그런데 87년 이후 민주화가 되면서 '재벌개혁'이라는 이름으로 이러한 자본운동에 '공적 통제'을 하려는 운동이 강하게 제기되었기 때문에, 축적영역의 확장은 상대적으로 제약되었다. 더구나 외환 위기 이후 구조조정 과정에서는 재벌들 간의 관계, 재벌 내의 서열구조, 재벌의 축적기반 등이 재조정되었다. 그러나 외환 위기가 극복되고 '국제경쟁력 강화'라고 하는 새로운 성장담론이 부상하면서, 자본 축적영역을 확대하려는 노력이 가속화되었다. 외환 위기 이후 탈(脫)관치, 시장 자율의 담론이 지배하면서, 재벌은 공적 통제의 대상 보다는 국제경쟁력 강화의 견인차로서 재인식 되었다. 특히 제조산업이나 금융영역뿐만 아니라 유통영역, 서비스 영역 등에 대자본 및 중규모 자본들이 대규모로 침투하면서, 자영업자 영역에서도 급속한 '하강분해'가 나타나게 되었다. 이러한 현상은 신보수정부 하에서 친기업적 정책이 더욱 부상하면서 더욱 가시화 되었다. 남한에서는 자영업 부문이 하층대중들의 경제활동이 이루어지는 영역인데, 자영업 영역에서 하강분해가 확대된 것이다. 자영업 하강분해가 정규직 부문에서 비정규직이 확대되는 것과 결합하면서 대중들의 사회경제적 삶이 더욱 불안정하게 되었다.

이렇게 보면 포스트민주화 시대의 남한사회는, 한편에서 높은 평등주의적 기대를 갖는 민중이 존재하는 반면에 반대로 강력한 경제적 기반을 갖고 전 경제와 전 사회를 지배화하고자 하는 대자본 권력, 기업권력이 존재하는 상황이라고 할 수 있다. 개발독재 하에서 반독재운동에 공감하고 참여하면서 자신의 평등주의적 기대의 실현을 기대했던 대중은 역으로 포스트민주화 시대가 되면서 신자유주의적 지구화를 배경으로 하는 자본운동의 확장에 의해 더욱 피폐한 현실을 대면하게 된 것이다. 여기서 기성정치에 대한 좌절과 실망, 이반이 다시 나타나게 된다.

셋째, 인터넷의 확대, 핸드폰, SNS 서비스의 확대는 기존의 기득권집단, 보수적인 언론 등에 의한 '정보 독점'을 해체시키는 효과를 동반하고, 민중들 간의 '진보적인 자율적인 소통'을 촉진하였다. 전자민주주의, 인터넷, 모바일 소통양식 및 사회적 커뮤니케이션 통로의 확산 등이 정치적으로 어떤 효과를 가질지는 단순하지는 않다. 그러나 중요한 것은 이것이 국가, 경제, 정치의 기득권적 지위를 갖는 집단에 대해 부여하던 '정보독점'을 균열시키는 데 결정적인 역할을 하고 있다는 점이다(김홍열, 2013). 이와 관련하여, 민주정부 하에서 인터넷이 발전하고 그를 활용한 사이버행동주의가 강화된 것은 저항의 역동성이 '세대를 뛰어넘어 전승'되는 문제와 관련하여 중요한 효과를 갖는다. 왜냐하면 인터넷이나 핸드폰, SNS 등 새로운 소통양식에 익숙한 젊은 세대들이 신자유주의적 구조의 가장 직접적인 피해자가 되면서 인터넷 행동주의가 진보적인 방향에서 표출되는 방향으로 나아가기 때문이다.

87년 이후 민주화 과정에서 조직적 노동운동이 확대되었다. 이를 통해 일정하게 대기업부문이나 조직부문 '정규직' 노동자들은 자신들의 이해를 증진시키고 심지어 외환 위기 이후에 조직부문의 '특권'을 축소하고자 하는 기업 측의 노력에 대항해서 자신들의 이해를 방어할 수 있었다. 이에 반해 비정규직화 등 고용구조의 불안정화는 주로 '신규' 노동시장 진입자인 젊은 세대에게 집중되었다. 그런데 젊은 세대들이 인터넷이나 SNS 등 새로운 사이버 소통 양식에 익숙한 젊은 세대라는 점과 결합하면서 신세대의 저항적 역동성이 출현하고 있다.

넷째, 한국의 정치와 민주주의의 전망은 당연히 '외적 요인'들에 의해 규정되면서 현실화될 것이다. 특별히 지구적 정치와 남북관계의 불안정성에 의해서 규정되면서 현실화되어갈 것이다. 특별히 신자유주의적 지구화에 의한 국민국가적 정치와 지구적 정치의 불안정성은 한국 정치에도 큰 영향력을 미치게 될 것이다. 신자유주의적 지구화가 전세계적으로 기성의 정치를 불안정하게 하는 것은 신자유주의적 구조전환과 개방화에 따르는 '사회의 해체적 위기'가 정치를 부단히 토대로부터 불안정하고 있다는 점에서 기인한다.

그런 점에서 우리는 현 시기 위기의 세계성을 주목하지 않을 수 없다. 나는 사실 미국과 한국 등 많은 사회들에서 나타나는 정치의 위기는 금융위주의 신자유주의적 세계화라고 하는 글로벌한 조건에 의해서 상당부분 규정되기 때문에, 어떤 형태로든 신자유주의적 세계화에 대한 보완적 노력이 이루어지지 않는 한, 일국적으로는 해결될 수 없다고 생각된다. 어떤 의미에서 칼 폴라니(1944, 2001)가 일국적 차원에서 이야기했던 '악마의 맷돌'이 지구적 차원에서 작동하는 것이라고도 표현할 수 있다. 시장의 논리가 지구촌의 전사회에 확대되고 그에 대응하여 사회의 위기, 그에 대응하는 일국적 저항과 불안, 자구적 저항과 불안이 확대되는 것이다. 이것이 포스트민주화 시대의 저항의 역동성을 낳는 또 다른 요인이 된다.

물론 글로벌한 조건의 규정 하에서도 일국적 차원에서 정치를 통해 사회의 위기를 완화하는 노력이 상당한 정도 효과를 발휘할 수 있다. 그러나 그것은 근원적으로 해결될 수 없다(아마도 지구화된 신자유주의적 질서 자체에 대한 모종의 글로벌한 '사회적 민주주의'적 규율체제가 성립해야만이 재안정화의 경로로 들어서게 될 것이다). 돌이켜 보면, 20세기의 정치는 2차 대전 이후 이른바 '사회적 민주주의'의 질서의 창안을 통해서 '사회의 타협적 안정화'의 질서를 만들어냈다. 이러한 조건 위에서 정치와 민주주의도 상대적으로 안정화될 수 있었다. 그러나 80년대 이후의 신보수주의의 등장, 20세기 국가사회주의의 붕괴, 이어지는 신자유주의적 지구화의 글로벌한 조건 속에서 이러한 안정성은 해체되기 시작하였다. 현 시기의 글로벌 불안정성은 바로 전후의 사회의 타협적 균형과 안정화의 해체 위에서 나타나는 것이다(그 위기의 단적인 양상이 바로 양극화이다. 사회의 양극화와 그에 규정되는 정치의 양극화가 그것이다). 양극화를 포함하는 사회의 위기는 대중들에게 기성의 질서에 대한 분노와 좌절, 변화를 바라는 새로운 욕망을 만들어내게 된다.

그런데 사회의 위기에서 발원하는 대중의 정서가 어떤 식의 정치적 모습으로 나타날 것인가하는 데에 정치인 혹은 정치집단의 매개적 역할이 존재한다. 이러한 비(非)일상적인 정서는 정치에 의해 매개되면서 다양한 방식으로 표현된다. 2016년 미국 선거에서 주목받은 트럼프나 샌더스는 미국의 통상적인 선거정치의 지형에서는 '급진적(radical)'인 셈이다. 급진적인 정치인들에 의해 대중의 정서는–기성의 선거정치에 비해서는–특정한 '급진적인' 정치적 지향으로 가공된다. 트럼프 현상은 신자유주의적 지구화에 의해 규정되는 미국 '사회의 위기'에서 발원하는 대중의 분노와 좌절, 변화기대의 정서를 이른바 우익포퓨리즘적으로 동원하고 '전유'하는 것을 의미한다. 2016년 6월 투표에서 확정된 브렉시트(Brexit), 즉 영국의 유럽연합 탈퇴 역시 위기에 대응하는 다양한 리액션 중의 하나의 표현형태이다. 흥미롭게도 이러한 위기는 상층 보다는 하층과 노동자계급에서 더욱 전면적으로 표현되고-정치인들의 선전과 선동에 의해 매개되면서-때로는 '보수적인' 방향으로 표출되기도 한다.

한국의 정치와 민주주의의 위기로 이러한 글로벌한 현상의 일부일 수 있다. 통상 세계화나 신자유주의적 지구화의 수혜국가라고 하는 미국에서 조차 어두운 위기의 증상이 나타나고 그것을 트럼프처럼 우익적으로 전유하는 현상이 나타나는 것이야말로 현단계 위기의 지구성을 말해준다고 생각한다. 단지 글로벌 경제질서에서 한국은 여전히 상대적으로 안정적이고 상승하는 경제약진국에 해당되고, 복원된 민주주의에 대한 대중의 긍정적인 기억이 선명하기 때문에, 대중의 정치적 지향이 좌우극단주의적으로 표현되는 것이 제약된다고 할 수 있다.

한국의 정치와 민주주의의 불안정성은 남북관계의 불안정성에 의해 영향받게 될 것이다. 돌이켜 보면 70년대까지 남한과 북한의 체제경쟁은 '수평적 경쟁'의 성격을 띠고 있었다고 한다면, 80년대 이후 체제경쟁이-남한의 중간층적 시각에서 본다면-남한의 압도적인 우위로 귀결되고 북한체제의 '문명사적' 긍정성(예컨대 인권이나 체제운영방식의 문명성이라는 점에서)이 극단적으로 퇴조하게 되면서, 북한체제가 남한체제에 미치는 영향은 역설적으로 '체제우월론적 신념'을 강화하게 됨으로써 남한의 정치와 민주주의의 제약요인으로 작용하게 될 가능성이 크다(비록 진보정치세력 자체의 주체적인 '도덕적' 오류에 의해 촉발된 것이기는 하지만, 2012년 통일진보당 비례대표 부정경선 사태 이후 진보정치의 위축, 진보정치의 이른바 '게토화' 같은 현상도 남북한 체제경쟁의 조건 변화의 한 양상일 수 있다).

아무튼 남한의 정치와 민주주의의 향방은 단지 남한 내부의 일국적인 요인들의 상호작용에 의해서만 결정되는 것이 아니라, 외적 요인들에 의해 규정되고 영향받으면서 전개될 것이다. 어느 사회에나 정치와 민주주의의 재편 방향에는 두가지 경로가 나타나게 된다. 즉 위기에 대응하는 즉자적인 리액션의 방향과 전향적인 방향에서의 체제 개혁의 경로가 그것이다. 여기에 사회구성원 및 정치집단의 주체적이고 창조적인 개입행동의 몫이 위치하게 된다.

포스트민주화 시대 한국 사회의 발전 방향에 대해서는 다양한 가능성이 열려 있다. 87년 이후 민주화 과정에서 저항의 역동성은 구 독재적 보수세력이 주도하는 질서로 한국 사회가 안정화되지 못하게 했으며, 더 높은 민주주의 단계로 이행할 수 있는 동력을 제공하였다. 이러한 저항의 역동성에 힘입어 반독재민주정부 시대가 출현할 수 있었다. 그런데 반독재민주정부 하에서 반독재민주화운동과 87년 이후 민주개혁운동의 의제들 중의 상당 부분이 실현되었지만, 다른 한편에서 민주정부의 개혁에도 불구하고 사회경제적 후퇴에 대한 대중들의 실망이 커졌다. 그 결과 민중의 높은 기대에 부응하지 못하는 반독재민주정부의 통치와 정치에 위기가 나타나게 되었다. 이러한 민주정부 시대의 정치에 실망하면서 이반한 대중을 신성장담론으로 전유했던 '신보수정치'가 출현했으나, 이 역시 민중들의 또 다른 실망과 좌절이 확대되면서 위기와 불안정을 경험하고 있다.

투 트랙 민주주의의 관점에서 볼 때 민주주의는 언제나 구성적 각축의 과정에서 재구성된다. 여기서 제도정치가 제도정치세력들간의 타협적 공존으로 유지될 것인가, 아니면 운동정치가 제도정치로부터 이반된 대중의 부유하는 정치성을 부단히 전유함으로써 경계정치로 확장되어 제도정치 내의 타협적 공존을 해체시키면서 제도정치를 변화시키는 동력으로 작동할 것인가라는 문제가 중심이다. 이런 점에서 여전히 한국의 민주주의는 치열한 구성적 각축의 과정에 놓여 있다. 주지하다시피 한국의 체제는 53년 분단체제로 출범하였다. 이 분단체제의 일부로서의 한국 사회가 산업화를 달성하고 권위주의체제에서 민주주의체제로 전환했다. 그리고 그 민주주의체제의 구성적 각축의 방향을 둘러싸고 여전히 갈등하고 있다. 87년체제 이후 10년 동안의 민주정부 하에서 한국 민주주의는 중도개혁자유주의 정치세력이 주도하는 제도정치 내의 타협적 공존으로 정착하지 못했다. 또한 신보수정부 10년을 거치면서도 보수정치세력이 주도하는 타협적 공존의 방향 역시 찾지 못했다. 하지만 이는 역설적으로 표면적인 정치적 불안정성의 심층에 한국 민주주의가 한 단계 높은 민주주의로 나아갈 수 있는 구성적 각축의 동력이 존재한다는 의미이기도 하다. 그것은 그만큼 운동정치가 대중의 정치성을 전유함으로써 경계정치로 자신을 확장할 수 있다는 것, 혹은 제도정치 내의 개혁자유주의 세력이 보수세력과의 타협적 공존보다는 운동정치와의 동맹을 선택함으로써 자신의 기반을 확보할 수 있게 된다는 것, 제도정치 내의 보수정치세력과 중도자유주의 세력 간의 타협적 공존으로만 제도정치가 닫히지 않고 언제나 열린 공간으로 남아있을 가능성이기도 하다. 물론 현단계 진도정당 및 노동정치세력의 주변화 등의 요인은 이 열린 공간을 '좌익적 분출' 통로가 제약된 '기울어진 운동장'으로 만들고 있는 것도 사실이다.

한국은 전근대적 지배가 자력으로 근대적 지배로 전환하지 못하고 맞게 된 식민지 시대, 새로운 민족국가 건설을 둘러싸고 각축했던 탈(脫)식민지 시대, 60·70년대의 개발독재 시대, 87년 이후의 민주화시대, 2008년 이후의 포스트민주화 시대를 경험하면서, 저항의 역동성과 사회의 역동성이 지속된 사례라고 할 수 있다. 한국 사회의 정치와 민주주의는 현재 불안정하다. 이는 다른 의미에서 저항의 역동성이 존재한다는 것을 의미한다. 다양한 정치발전의 경로 중 어느 경로로 갈지는 열린 문제이다. 신자유주의적 지구화 시대의 어려운 조건 속에서 동아시아의 새로운 '지속가능한 복지국가' 시대를 열지 혹은 '만성적인 갈등의 사이클'로 진입할지 지켜 볼 일이다.

참고 문헌

1. 국내 문헌

2000총선시민연대 편, 『총선연대 백서』 상, 하, 2001.4.13.

4월혁명연구소 편, 『한국 사회변혁운동과 4월혁명』, 한길사, 1990.

5·18광주 민주화운동진상조사 특별위원회, 『국정조사보고서』, 1990.

강금실, "민간인 학살사건에 관한 법적인 문제점과 해결방향", 한국전쟁 전후 민간인학살 진상규명 범국민위원회 편, 『전쟁과 집단학살』, 2002.

강명세, "한국정치의 발전궤적?", 한국정치연구회 편, 『다시 보는 한국민주화 운동: 기원, 과정, 그리고 제도』, 선인, 2010.

강남식, "여성운동의 성과와 과제: 1987–2002", 『한국시민사회운동 15년사, 1987–2002』, 시민의 신문, 2004.

강남훈, "지식인운동–교수들의 민주화운동을 중심으로", 학술단체협의회 편, 『6월 민주항쟁과 한국 사회 10년』(2), 당대, 1997.

강문구, "민주적 변혁이론 지반의 심화·확장을 위하여: 김세균 교수의 '시민 사회론' 비판에 대한 토론", 유팔무·김호기 편, 『시민사회와 시민운동』, 한울, 1995a.

______, "변혁지향 시민사회운동의 가능성과 한계, 그리고 일 전망", 유팔무·김호기 편, 『시민사회와 시민운동』, 한울, 1995b.

강상현, "제주 4·3 학살사건의 사회학적 연구–대량학살 시기(1948년 10월 중순~1949년 5월 중순)를 중심으로", 서울대 사회학과 석사학위논문, 2002.

강정구, 『분단과 전쟁과 한국현대사』, 역사비평사, 1996.

______, "한국전쟁 전후 민간인학살의 실태", 한국전쟁 전후 민간인학살 진상규명 범국민위원회 편, 『전쟁과 집단학살』, 2002.

강정인, "한국 현대정치의 이념적 지형: '민족주의의 신성화'", 《한국과 국제정치》 29권 4호, 경남대학교 극동문제연구소, 2013.
강형민, "1980년대 조직운동의 전개과정에 대한 연구", 《경제와 사회》 제6호, 비판사회학회, 1990.
경실련정책위원회, 『우리사회 이렇게 바꾸자』, 비봉출판사, 2000.
고병권, 이진경 외, 『코뮨주의 선언—우정과 기쁨의 정치학』. 교양인, 2008.
광주광역시 5 · 18 사료편찬위원회, 『5 · 18광주민중항쟁』, 광주광역시 5 · 18사료편찬위원회, 1997.
______, 『5 · 18민중항쟁사』. 광주광역시 5 · 18 사료편찬위원회, 2001.
______, 『5 · 18 광주민주화운동자료총서』 제2권, 광주광역시 5 · 18사료편찬위원회, 2005.
교육혁명공동행동 연구위원회, 『대한민국 교육혁명』, 살림터, 2012.
구자호 편, 『民推史』, 민주화추진협의회, 1988.
권형철, 『한국변혁운동논쟁사』, 일송정, 1990.
그람시, 안토니오, 이상훈 옮김, 『그람시의 옥중수고 1-정치편』, 거름, 1999.
______, 『그람시의 옥중수고 2-철학, 역사, 문화』, 거름, 1999.
급진민주주의연구모임 데모스 편, 『민주주의의 급진화: 급진민주주의리뷰 데모스 No.1』, 데모스, 2011a.
______, 『연대성의 정치학: 급진민주주의리뷰 데모스 No.2』, 데모스, 2011b.
______, 『한국 급진민주주의 프로젝트: 비판과 모색 1: 급진민주주의리뷰 데모스 No.3』, 데모스, 2013a.
______, 『한국 급진민주주의 프로젝트: 비판과 모색 2: 급진민주주의리뷰 데모스 No.4』, 데모스, 2013b.
김동춘, 『근대의 그늘 : 한국의 근대성과 민족주의』, 당대, 2000a.
______, 『전쟁과 사회: 우리에게 한국전쟁은 무엇이었나?』, 돌베개, 2000b.
______, "20세기 국가폭력과 과거청산", 『인권과 평화』, 성공회대 인권평화센터, 2001.
______, "민간인학살문제의 해결방안", 한국전쟁 전후 민간인학살 진상규명 범국민위원회 편, 『전쟁과 집단학살』, 2002.
______, 『1997년 이후 한국 사회의 성찰-기업사회로의 변환과 과제』, 길, 2006.
김무용, "한국현대사와 5 · 18 민중항쟁의 자화상", 학술단체협의회 편, 『5 · 18은 끝났는가』, 푸른숲, 1999.

김보현, 『박정희 정권기 경제개발』, 갈무리, 2006.
김세균, 『한국 민주주의와 노동자-민중정치』, 도서출판 현장에서 미래를, 1995.
______, "'시민사회론'의 이데올로기적 함의 비판", 유팔무 · 김호기 편, 『시민사회와 시민운동』, 한울. 1995a.
______, "그람시를 넘어서 나아가야 한다", 유팔무 · 김호기 편, 『시민사회와 시민운동』, 한울, 1995b.
김연수, "2008 촛불항쟁 담론 연구", 성공회대 석사학위논문, 2010.
김영미, 『그들의 새마을 운동: 한 마을과 한 농촌운동가를 통해 본 민중들의 새마을운동 이야기』, 푸른역사, 2009.
김용복, 2012, "한국민주주의의 발전과 정당정치: 최장집교수의 정당민주주의론에 대한 비판적 고찰", 〈민족문화연구〉 56호, 고려대 민족문화연구원.
김용철, 『삼성을 생각한다』, 사회평론, 2010.
김유진, "민주주의이행기 과거청산의 동학", 조희연 편, 『국가폭력, 민주주의 투쟁, 그리고 희생』, 함께읽는책, 2002.
김은미, "한국 지역정치의 변화와 지역운동의 제도화", 이화여자대학교 박사학위논문, 2000.
김인걸 외 편저, 『한국현대사강의』, 돌베개, 1998.
김장한 외, 『80년대 한국노동운동사』, 조국, 1989.
김재민, "한국의 해외입약 정책연구: 국가기록물과 언론보도를 중심으로", 성공회대 사회학과 박사학위논문, 2016.
김진국 · 정창현, 『WWW.한국현대사.COM』, 민연, 2000.
김재문, 『한국전통 민주주의 이론과 법의 정신』, 아세아문화사, 2007.
김재중, "진보가 '뉴라이트'로부터 배워야 할 것들", 『한국 사회포럼 2006』, 3.24, 서울 여성플라자, 2006.
김정훈 · 조희연, "지배담론으로서의 반공주의와 그 변화-'반공규율사회'의 변화를 중심으로", 조희연 편, 『한국 사회의 정치사회적 지배담론과 민주주의의 동학』, 함께읽는책, 2003.
김정훈, "민주화세대는 어디에 있는가?", 《황해문화》 통권 53호, 새얼문화재단, 2006.
______, "민주화 · 세계화 이후 한국 시민운동의 전개와 평가", 민주화운동기

념사업회 외 주최, 6월 민주항쟁 20년 기념 학술대토론회, 서울 프레스센터 국제회의장. 6월 4일, 2007.
______, 『87년체제를 넘어서』, 한울아카데미, 2010.
김준, 『아시아권위주의 국가의 노동정치와 노동운동: 한국과 대만의 비교연구』, 서울대 사회학과 박사학위논문, 1993.
______, "대만의 민주화", 《동향과 전망》 26호, 한국 사회과학연구소, 1995.
김창진, "광주민중항쟁의 발전구조-무장투쟁과 '민중권력'", 『광주민중항쟁연구』, 사계절, 1990.
______, "시민의 저항과 무장항쟁", 광주광역시 5·18사료편찬위원회, 『5·18 민중항쟁사』, 광주광역시 5·18사료편찬위원회, 2001.
김호기, 『한국 시민사회의 성찰』, 아르케, 2007a.
______, "민주주의와 한국사회, 1945~2005", 김호기·이병천·홍윤기 편, 『다시 대한민국을 묻는다-역사와 좌표』, 한울아카데미, 2007b.
______, "쌍방향 소통 '2.0 세대'", 《한겨레신문》, 5월 14일, 2008.
김홍명·김세균, "광주5월민중항쟁의 전개과정과 성격", 한국현대사사료연구소 편, 『광주5월민중항쟁』, 풀빛, 1990.
김홍열, 『디지털시대의 공간과 권력』, 한울아카데미, 2013.
김희송, "민주화 이후 지역 시민사회의 변화와 담론투쟁: 광주광역시를 중심으로", 2012년 비판사회학회 춘계학술대회, 5월 17일. 이화여대 포스코관, 2012.
나의갑, "5·18의 전개과정", 광주광역시 5·18사료편찬위원회, 『5·18 민중항쟁사』, 광주광역시 5·18사료편찬위원회, 2001.
노무현, "대한민국 진보, 달라져야 합니다", 《국정브리핑》 2월 17일, 2007.
노영기, "'5·18항쟁과 군대'에 대한 연구", 《민주주의와 인권》 5(1), 전남대학교 5·18연구소, 2005.
노중기, "한국의 노동체제 변동, 1987-1997년", 《경제와사회》 36호, 1997/겨울호, 비판사회학회, 1997.
______, 『한국의 노동 체제와 사회적 합의』, 후마니타스, 2008.
대검찰청 공안부 편, 『좌익사건실록』, 대검찰청 공안부.
동아일보사, 『현대한국을 뒤흔든 60대사건-해방에서 제5공화국까지』, 《신동아》 1월호별책, 동아일보사, 1988.
류근일, 『권위주의체제하의 민주화운동연구: 1960-70년대 제도외적 반대세력의 형성과정』, 나남출판, 1997.
문부식, 『잃어버린 기억을 찾아서: 광기의 시대를 생각함』, 삼인, 2002.
문순홍, 『녹색국가의 탐색』, 아르케, 2006a.
______, 『정치생태학과 녹색국가 – 문순홍 유고전집2』, 아르케, 2006b.
민교협·학단협 외 편, 『독단과 퇴행, 이명박정부 3년 백서』, 메이데이, 2010.
민족민주연구소, 『국민운동본부: 민주쟁취국민운동본부 평가서(1): 자료편』, 민족민주연구소, 1989.
민주화를 위한 전국교수협의회, 『민교협 월보』 제25호, 1995년 10월호, 1995.
______, 『민교협 월보』 제26호, 1996년 1월호, 1996.
민주화실천가족운동협의회·민족민주연구소 편, 『80년대 민족민주운동: 10대 조직사건』, 아침, 1989.
민주화운동기념사업회 연구소 편, 『민주주의 강의 2』: 사상, 오름, 2007.
민주화운동정신계승연대, '민주화운동 명예회복 및 보상 등에 관한 법률 개정안', 민주화운동정신계승연대, 2001a.
______, 『국가보안법 사건 민주화운동 관련자 명예회복을 위한 공청회 자료집』, 5. 28, 2001b.
바람과 물 연구소편, 『한국에서의 녹색정치, 녹색국가』,당대, 2002.
박명림, "한국전쟁과 한국정치의 변화–국민통합, 헌법정치, 한미관계를 중심으로", 『한국전쟁과 사회구조의 변화』, 백산서당, 1999.
______, "한국헌법과 민주주의; 무엇을, 왜, 어떻게 바꿀 것인가?", 창비–시민행동 공동심포지엄, 2005. 7. 15, 프레스센터, 2005.
박사명, "동남아의 경제위기와 정치적 선택", 『동남아의 경제위기와 정치적 대응』, 폴리데이아, 2005.
박상훈, "민주화의 퇴행과 보수적 대중운동", 『한국 사회포럼 2006』, 3.24, 서울 여성플라자, 2006.
______, 『만들어진 현실–한국의 지역주의, 무엇이 문제이고, 무엇이 문제가 아닌가』, 후마니타스, 2009.
박석률, 『푸른 하늘을 향하여』, 풀빛, 1989.
박세일, 『대한민국 선진화 전략』. 21세기북스, 2006.
박세일·나성린·신도철 공편, 『공동체자유주의: 이념과 정책』. 나남, 2008.
박영균, 2012, "'민주주의 이후의 민주화론'에 대한 맑스주의적 비판", 〈민족문화연구〉 56호, 고려대 민족문화연구원.

박원순. 『국가보안법연구』 1권, 역사비평사, 1994.
______, 『역사를 바로 세워야 민족이 산다』, 한겨레신문사, 1996.
______, 『한국의 시민운동: 프로크루스테스의 침대』, 당대, 2002.
박종성, 『인맥으로 본 한국정치』, 한울, 1997.
박찬승, "선언문 · 성명서 · 소식지를 통해 본 5 · 18", 광주광역시 5 · 18사료편찬위원회, 『5 · 18 광주민주화운동자료총서』, 제2권, 광주광역시 5 · 18사료편찬위원회, 2005.
박태순· 김동춘, 『1960년대의 사회운동』, 까치, 1991.
박현채, 『민족경제론』, 한길사, 1978.
박현채 · 조희연 편. 『한국 사회구성체논쟁』, 1-4권, 한울, 1989-1992.
배규식 · 윤진호 · 조효래 · 이정희, '87년 이후 노동조합과 노동운동-한국 노사관계 시스템의 변화와 미래전망, 《한국노동연구원 보고서》 제13-155호, 2008년 4월, 2008.
백낙청, 『흔들리는 분단체제』, 창비, 1998.
백욱인. "시민운동이냐, 민중운동(론)이냐: 김세균, 강문구 토론에 대한 비편", 유팔무 · 김호기 편, 『시민사회와 시민운동』, 한울, 1995.
서동진, "근대 자본주의사회에서 동성애 정체성의 사회적 구성에 관한 연구", 연대 사회학과 석사학위논문, 1993.
______, 『자유의 의지, 자기계발의 의지: 신자유주의 한국 사회에서 자기계발의 주체의 탄생』, 돌베개, 2009.
서미라, "정치적 기회구조의 변화와 '진보적' 여성운동의 제도화 - 〈한국여성단체연합〉을 중심으로", 성공회대 NGO대학원 석사학위논문, 2002.
서　승, "동아시아에 있어서 국가테러리즘 희생자들의 명예회복 · 배상에 대한 연구", 서울대 석사학위논문, 2000.
서영표, 『런던코뮌-지방사회주의의 실험과 좌파 정치의 재구성』, 이매진, 2009a.
______, "일상적 정치공간에 대한 통찰과 추상적 이론논쟁: 손호철 교수의 "'한국 사회체제론'을 다시 생각한다"에 대한 토론", 서강대 사회과학연구소 창립 20주년 기념 학술심포지움: '한국 사회체제론'을 다시 생각한다, 서강대 다산관 101호, 11월 13일, 2009b.
______, "일상의 정치공간에 대한 통찰부족", 〈레디앙〉 2009년 9월 23일자, 2009c.

______, 『사회주의, 녹색을 만나다 – 생태주의, 사회주의, 민주주의』, 한울아카데미, 2010.
성경륭, "한국정치민주화의 사회적 기원: 사회운동적 접근", 경남대 극동문제연구소 편, 『한국 정치 · 사회의 새흐름』, 나남, 1993.
세계편집부 편, 『공안사건 기록: 1964−1986』, 세계, 1986.
손낙구, 『대한민국의 정치사회지도』, 후마니타스, 2010.
손우정, "한국 진보정치운동의 궤적(1987−2014)", 성공회대 박사학위논문, 2014.
손호철, 「'전략 · 관계적' 국가론의 비판적 고찰: 밥 제솝을 중심으로」, 『한국정치학회 월례발표회 논문집』(4). 한국정치학회, 1994.
______, "'두려움의 동원' 정치를 넘어서자", 《레디앙》 1월 31일, 2007a.
______, "반 수구'보다 '반 신자유주의'가 핵심", 《한겨레신문》 2월 9일, 2007b.
______, "몇 가지 오해와 몇 가지 반론", 《레디앙》 2월 12일, 2007c.
______, "'한국체제' 논쟁을 다시 생각한다: 87년 체제, 97년 체제, 08년 체제론을 중심으로", 〈한국과 국제정치〉 25권 2호, 여름호, 11월 13일, 2009a.
______, "문제는 '반MB연합'과 '반신자유주의연합'의 결합이다", 《한겨레신문》 6월 28일, 2009b.
______, "위기의 한국사회, 어디로 가고 있나?", 노회찬 마들연구소 주최 '이명박 정부 평가와 대한민국 위기 극복' 심포지움, 프레스센터, 1월 20일. 2009c.
______, "'한국사회체제론'을 다시 생각한다−사회학적 서술주의와 추상성의 혼돈을 넘어서", 서강대 사회과학연구소 창립 20주년 기념 학술심포지움: '한국사회체제론'을 다시 생각한다, 서강대 다산관 101호, 11월 13일(〈마르크스주의 연구〉 16호, 6권 4호, 2009년 겨울호), 2009d
______, "내가 '신자유주의 환원론자'라굽쇼?", 《레디앙》 2009년 9월 16일자, 2009e.
______, "기꺼이 '이론주의자'가 되겠다". 《레디앙》 2009년 9월 24일자. 2009e.
송건호, "분단정치 40년", 『변혁과 통일의 논리』, 사계절, 1987.
신영복 · 조희연 · 장훈교. 2007. 「비합법 전위조직운동」, 정해구 외, 『한국정치와 비제도적 운동정치』, 한울.
심지연, 『한국민주당 연구(I): 정치적 성장과정과 정치이념 및 관계자료』, 도서출판 풀빛, 1982.
______, 『한국정당정치사』, 백산서장, 2004.
안문석 · 황민섭, "시민단체의 공직후보 낙선운동의 영향력 평가-16대 총선에서의 '총선시민연대'의 낙선운동을 중심으로", 《한국정책학회보》 11권 2호, 한국정책학회, 2002.
안병욱, 「의문사와 의문사진상규명의 의의」, 『역사와 현실』, 역사비평사, 2001.
______, "의문사와 의문사진상규명의 의의", 『역사와 현실』, 역사비평사, 2001.
안병용, "1960.70년대 공안사건의 전개양상과 평가", 한국역사연구회 현대사연구반, 『한국현대사(3): 1960 · 70년대 한국 사회와 변혁운동』, 풀빛, 1991.
양조훈, "제주 4 · 3의 역사적 조명", 《제주도연구》 15집, 1998.
역사문제연구소 · 역사학연구소 · 제주4.3연구소 · 한국역사연구회 편, 제주4.3연구』, 역사비평사, 1998.
오장미경, "여성운동의 제도화, 운동정치의 확대인가, 제도정치로의 흡수인가", 《여성과 사회》16호, 한국여성연구소, 2005.
오유석, "외곽지역의 항쟁으로 본 5 · 18 민중항쟁", 학술단체협의회 편, 『5 · 18은 끝났는가』, 푸른숲, 1999.
왕혜숙 · 유석춘, 『참여연대 보고서』, 자유기업원, 2006.
유동렬, 『한국좌익운동의 역사와 현실』, 도서출판 다나, 1996.
유창선, "한국지역정당체제의 성립과 전개에 관한 연구-포괄정당적 동질성이 지역정당체제에 미친 영향을 중심으로", 연세대 사회학과 박사논문, 2001.
유팔무 · 김호기 편, 『시민사회와 시민운동』, 한울, 1995.
윤일웅, 『재야세력들』, 평범서당, 1985.
윤석규, "노무현의 불행은 삼성에서 비롯됐다: 내가 지켜본 노무현-삼성 관계", 프레시안 3월 17일. http://www.pressian.com/article/article.asp?article_num=60100316113253&section=03), 2010.
이근행, "한국 공동체운동의 형성과 전개에 관한 연구", 성공회대 NGO대학원 석사학위논문, 2006.
이나미, "한국의 보수단체의 이념적 분화", 『시민사회와 NGO』, 2(2), 가을/겨울, 2004.

이령경, "한국전쟁 전후 좌익관련 여성유족의 경험연구–여성주의 평화개념에서", 성공회대 시민사회복지대학원 석사학위논문, 2003.
이부영, "내가 겪은 사건 : 80년대 재야운동과 세 차례의 투옥–이돈명 변호사 구속사건과 박종철 고문치사 배후폭로의 진상", 《역사비평》 13호, 여름호, 역사비평사, 1991.
이병천, "신보수 시대 앞둔 진보 대 진보", 《레디앙》 2월 9일, 2007.
이삼성, 『20세기 문명과 야만』, 한길사, 1998.
이승원, "민주주의와 헤게모니: 현대 민주주의의 특징에 관한 이론적 재검토", 《비교민주주의연구》4(1), 2008.
이완범, "2008년 촛불시위의 영향: 촛불 진화 후 '중도실용' 구호를 내건 정부에 대한 시민의 '종이돌' 반격", 《정신문화연구》 제34권 제4호. 한국학중앙연구원, 2011.
이재오, 『해방 후 한국학생운동사』, 형성사, 1984.
이정희, "재야 정치집단의 민주화운동", 한국정치학회, 97년 연례학술대회 자료집, 1997년 12월 4–6일, 외교안보연구원, 1997.
이삼성, 『20세기 문명과 야망』, 한길사, 1998.
일월서각 편집부 편, 『4 · 19혁명론(2): 자료편』, 일월서각, 1983.
이종보, "민주주의 체제하 '자본의 국가 지배'에 관한 연구: 삼성그룹을 중심으로", 성공회대학교 사회학과 박사학위논문, 2010.
이종영, 『정치와 반정치』, 새물결, 2005.
이종회, "자본의 신자유주의적 공세와 한국의 시민운동", 《진보평론》 2호, 겨울호, 메이데이, 1999.
이준한, "사회운동과 민주화", 정해구 외, 『한국정치와 비제도적 운동정치』, 한울아카데미, 2007.
이창언, "분신자살(焚身自殺)의 구조와 메커니즘 연구 – 학생운동을 중심으로", 《기억과 전망》 제21호, 민주화운동기념사업회, 2009.
예춘호, 『서울의 봄, 그 많은 사연』, 언어문화, 1996.
외교안보연구원; 『암흑속의 횃불 – 7,80년대 민주화운동의 증언 1–4권』, 기쁨과 희망 사목연구소, 1997.
임영일, "한국의 산업화와 계급정치", 한국 사회학회 · 한국정치학회 편, 『한국의 국가와 시민사회』, 한울, 1992.
______, 『한국의 노동운동과 계급정치, 1987–1995』, 경남대출판부, 1998.

임영호, 『스튜어트 홀의 문화 이론』, 한나래, 1996.
임지현, "대중독재의 지형도 그리기", 임지현 · 김용우 편, 『대중독재: 강제와 동의 사이에서』, 책세상, 2004.
______ 편, 『근대의 국경 역사의 변경』, 휴머니스트, 2004.
임춘웅, "재야세력이란 누구인가", 《신동아》 6월호, 1980.
임희섭, 『집합행동과 사회운동의 이론』, 고려대 출판부, 1999.
임현진, 『한국의 사회운동과 진보정당』, 서울대학교출판부, 2009.
위평량, "재벌통제와 중소기업 활성화를 위한 개혁법안 제안과 그 배경", 2012년 비판사회학회 춘계학술대회. 5월 17일. 이화여대 포스코관, 2012.
은수미, "한국 노동운동과 시민운동의 경쟁, 그리고 헤게모니:이념과 쟁점형성을 통해서 본 사회운동의 동시성장과 정치세력화", 서울대 사회학과 석사학위논문, 2000.
______, "체제논쟁의 함의, 첫단추 끼우기", 서강대 사회과학연구소 창립 20주년 기념 학술심포지움: '한국 사회체제론'을 다시 생각한다, 서강대 다산관 101호. 11월 13일, 2009.
______, "한국의 사내 하도급: 원인과 대책", 《한국 사회정책》 18(3), 한국 사회정책학회, 2011.
______, "한국의 '노동 이중화': 중심은 있는가?", 2012년 비판사회학회 춘계학술대회, 5월 17일, 이화여대 포스코관, 2012a.
______, "새로운 노동운동의 모색", 미발표, 2012b.
______, "한국의 사내 하도급:현황과 대안", 《월간 노동리뷰》, 1월호, 2012c.
은수미 · 이병희 · 박제성, 『사내 하도급과 한국의 고용구조』, 한국노동연구원, 2011.
장훈교, "노동의 자기조절 실현을 위한 노동능력의 공통자원으로의 전화에 대한 연구: 공통자원 개념을 통한 안노티오 그람시 조절사회 개념의 재구성", 성공회대 사회학과 박사학위논문, 2014.
______, 『밀양 전쟁』, 나름북스, 2016.
전남사회문연구소 편, 『5 · 18광주민중항쟁 자료집』, 도서출판 광주, 1988.
전재호, "한국 민주주의와 학생운동–민주적 실천과 역사적 희생", 조희연 편, 『국가폭력 · 민주주의투쟁 · 역사적 희생』, 나눔의 집, 2002.
정근식, "청산과 복원으로서의 5월운동: 광주의 경험", 제주 4 · 3연구소,

2001.4.3.

정동철, “한국 사회운동의 제도화에 관한 연구 : 환경운동연합과 참여, 2001.

정성진, “반세계화의 세계화”, 《황해문화》통권 제41호, 새얼문화재단, 2003.

정일준, “87년체제는 없다”, 제10회 비판사회학대회, 10월 3일, 연세대 백양관, 2007.

정용대, “한국의 진보정당과 정치발전–생성과정을 중심으로”, 《한국정치학회보》 23집 2호, 한국정치학회, 1989.

정철희, “민중 담론과 6월항쟁의 문화적 기원”, 『상징에서 동원으로–1980년대 민주화운동의 문화적 동학』, 이학사, 2007.

______ 외, 『상징에서 동원으로–1980년대 민주화운동의 문화적 동학』, 이학사 연대의 사례”, 연세대 사회학 석사학위논문, 2007.

정해구, “군작전의 전개과정”, 광주광역시 5 · 18사료편찬위원회 편, 『5 · 18광주민중항생사』, 고령, 2001.

정해구 · 김태일, “비제도적 운동정치 연구서설”, 『한국정치와 비제도적 운동정치』, 한울아카데미, 2007.

조대엽, 『한국의 시민운동: 저항과 참여의 동학』, 나남, 1999.

조진경 외, 『한국 사회의 성격과 운동』, 공동체, 1987.

조철민, “YMCA, 흥사단, YWCA의 활동을 통해본 시민운동 행위양식의 형성과 변화의 궤적(1981–2010)”, 성공회대학교 박사학위논문, 2014.

조현연, 『한국 현대정치의 악몽 – 국가폭력』, 책세상, 2000.

______, 『한국진보정당 운동사』, 후마니타스, 2009.

조희연, “80년대 사회운동과 사회구성체논쟁”, 『한국 사회구성체논쟁』 제1권, 한울, 1989.

______, 『현대 한국 사회운동과 조직』, 한울, 1993.

______, 『한국의 민주주의와 사회운동』, 당대, 1998a.

______, 『한국의 국가 · 정치변동 · 민주주의』, 당대, 1998b.

______, “지역감정의 ‘정치적 구조화’과정에 대한 연구”, 『국가 · 민주주의 · 정치변동』, 당대, 1998c.

______, “한국 시민단체(NGO) 역사, 현황, 전망”, 김동춘 외 지음, 『NGO란 무엇인가』, 아르케, 2000a.

______, “5 · 18과 80년대 사회운동”, 광주광역시 5 · 18 사료편찬위원회,

『5 · 18 민중항쟁사』, 도서출판 고령, 2001a.
______, "'종합적 시민운동'의 구조적 성격과 변화전망에 관한 연구", 김호기 편, 『시민사회와 시민운동의 새로운 지평』, 한울, 2001b.
______, "한국의 민주주의와 사회운동의 전개: 민중운동과 시민운동의 관계를 중심으로", 『NGO가이드』, 한겨레신문사, 2001c.
______, "'국가-시장-시민사회'와 언론 · 언론개혁운동", 언론개혁시민연대 편, 『21세기 시민언론운동』, 언론개혁시민연대, 2001d.
______, "한국 지역주의의 성격과 대안적 극복방안-지역주의는 '진보적'?", 한림대 사회학과 편, 《한국 사회학평론》7호, 2002a.
______, "'과잉'과거청산인가 '과소'과거청산인가: 문부식 씨의 '우리 안의 폭력' 논의에 대한 재성찰", 《경제와 사회》, 한울, 2002b.
______, "정치적 자유화의 '축복'과 경제적 자유화의 '재앙'", 『시민과 세계』, 당대, 2002c.
______, "인간 · 사회 · 체제 · 참여행동", 조효제 편, 『NGO시대의 지식 키워드』, 아르케, 2003a.
______, "'제2기 민주화' 단계의 구조적 의미와 개혁담론의 방향", 2002 대선교수네트워크, 민교협, 학단협 외, 『2002 대선 평가토론회』, 2002. 12.23, 민주화운동기념사업회 강당, 2003b.
______, "국가의 정상화에 대응하는 사회운동의 급진화", 시민과세계 제4호, 참여연대 참여사회연구소, 2003c.
______, 『비정상성에 대한 저항에서 정상성에 대한 저항으로』, 아르케, 2004a.
______, "민주항쟁 이후 사회운동 변화와 그 특성 – 4가지 측면을 중심으로", 『한국시민사회운동 15년사, 1987–2002』, 시민의 신문, 2004b.
______, "박정희 시대의 강압과 동의", 《역사비평》통권 67호, 역사비평사, 2004c.
______, "민주항쟁 이후 사회운동 변화와 그 특성 – 4가지 측면을 중심으로", 『한국시민사회운동 15년사, 1987–2002』, 시민의 신문, 2005.
______, "장외(場外)정치, 운동정치와 '정치의 경계 허물기' – 비합법전위조직, 재야운동, 낙선운동, 광주꼬뮨". 신정완 · 조희연 외, 2006, 『우리안의 보편성』, 한울, 2006a.
______, "'87년체제'와 민주개혁운동의 전환적 위기 – 그 원인과 대안의 탐색", 《시민과세계》 제8호, 2006, 참여연대 참여사회연구소, 2006b.

______, 『박정희와 개발독재시대』, 역사비평사, 2007a.
______, "한국 '민주정부'의 위기에 대한 연구", 조희연 · 박은홍 편, 『동아시아와 한국』, 선인, 2007b.
______, "'신보수 정권' 시대의 대안적 프레임을 위한 시론–'생태평화 사회(적) 민주주의'론", 정건화 외, 《한국 사회의 쟁점과 전망–신자유주의 극복을 위한 새로운 패러다임 모색》, 박영률출판사, 2007c.
______, "'지적'의 올바름과 '진단'의 오류", 《레디앙》 1월 25일, 2007d.
______, "'제도정치 중심주의' 대 '사회중심주의'", 《레디앙》 1월 25일, 2007e.
______, "'신보수', 진보세력에게 좋은 조건인가?", 《레디앙》 2월 5일, 2007f.
______, "'정치 개혁' 넘어 '사회경제적 개혁' 향해", 《한겨레신문》 2월 12일, 2007g.
______, "반수구, 반신보수, 반신자유주의", 《레디앙》 2월 13일, 2007h.
______, "'민주화 이후 민주주의'의 복합적 갈등과 위기에 대한 새로운 접근을 위하여 – 총론적 프레임", 《동향과전망》 2007년 봄호(통권 69호), 한국 사회과학연구회, 2007i.
______, "'신자유주의 지구화 시대의 정치'와 신보수정권", 《계간 동향과 전망》 72호, 2008년 봄호, 2008a.
______, "신자유주의적 불평등/신보수정권 시대의 '복합적 반신자유주의 정치'", 《진보평론》 35호, 2008년 여름호, 2008b.
______, "'다층적인 탈독점화 과정'으로서의 민주화와 그 아시아적 유형': 민주화 이후 민주주의'의 복합적 갈등과 위기에 대한 비교정치사회학적 유형화를 위한 기초 논의", 조희연 편, 『복합적 갈등 속의 아시아 민주주의 – '정치적 독점'의 변형연구』. 한울, 2008c.
______, "서구 – 과거와 같고도 다른 '한국형 신보수 정권'", 한겨레신문, 3월 7일, 2008d.
______, "'신보수정권' 앞에서, '급진민주주의'의 관점에서 본 광주 5 · 18", 조희연 · 정호기 편, 『5 · 18민중항쟁에 대한 새로운 성찰적 시선』, 한울아카데미, 2008e.
______, "'헤게모니 균열'의 문제설정에서 본 현대한국 정치변동의 재해석", 《맑스주의 연구》 제5권 제1호 (통권 제9호), 경상대학교 사회과학원, 2008f.
______, "'87년체제' '97년체제'와 민주개혁운동의 전환적 위기", 김종엽 편,

『87년체제론』, 창작과비평사, 2009a.

______, '급진 민주주의론의 개념적·이론적 기초에 대한 시론', 성공회대 민주주의연구소 급진민주주의연구모임, 2009, 『민주주의의 외부와 급진민주주의 전략』, 성공회대 급진민주주의 세미나 창간준비 1호, 2009b.

______, "1987년 이후 한국에서의 민주화와 사회경제적 불평등의 정치사회적 동학", 조희연·김동춘·오유석 편, 2009, 『한국 민주화와 사회경제적 불평등의 동학-'사회경제적 독점'의 변형연구』, 한울, 2009c.

______, "'민주화 이후 민주주의'와 경제적·사회적 독점 변형적 재편-신자유주의적 지구화 속에서 진 민주화의 사회경제적 성격", 조희연·박은홍·이홍균 편, 2009, 『아시아 민주화와 사회경제적 불평등의 동학 – '사회경제적 독점'의 변형연구』, 한울, 2009d.

______, "'내전(內戰)형 개발파시즘'으로서의 남한 파시즘과 민주주의", 《문화과학》 58호, 문화과학사, 2009e.

______, "97년체제의 '이중성'과 08년체제하에서의 '헤게모니적 전략'에 대한 고민 – "허수아비를 만들어 부수는" 것이 아니라 성찰해야 하는 쟁점들을 만들고자", 서강대 사회과학연구소 주최 토론회('한국 사회체제론'을 다시 생각한다), 서강대 다산관, 11월 13일, 2009f.

______, "'87년체제', '97년체제'와 민주개혁운동의 전환적 위기", 김종엽 편, 『87년체제론: 민주화 이후 한국 사회의 인식과 새 전망』, 창비, 2009g.

______, 『동원된 근대화』, 후마니타스, 2010a.

______, "'한국 사회체제논쟁' 재론: 97년체제의 '이중성'과 08년체제하에서의 '헤게모니적 전략'에 대한 고민", 《민주사회와 정책연구》17호, 상반기, 2010b.

______, "국민 정치·대중 정치와의 상호작용 속에서 본 진보 정치", 《동향과 전망》통권 80호, 동향과 전망, 2010c.

______, "급진민주주의론의 정립을 위한 한 탐색-자본주의를 넘어서는 '민주주의의 급진화' 경로에 대한 연구", 《맑스주의연구》 제7권 제3호(통권 제19호), 경상대학교 사회과학원, 2010d.

______, "'외재하는 적'에서 '내재하는 적'과의 각축으로-한국 민주주의의 구성적 각축과정에 대한 일 연구", 《경제와 사회》 제86호, 비판사회학

회, 2010e.

______, "한국적 '급진민주주의론'의 개념적 · 이론적 재구축을 위한 일 연구: 자본주의와 사회적 차별질서를 넘어서는 '민주주의적 변혁주의' 탐색", 《급진민주주의리뷰 데모스 No.1: 민주주의의 급진화》, 급진민주주의연구모임 엮음, 도서출판 데모스, 2011a.

______, "지배, 정치, 헤게모니, 저항 그리고 '급진적 정치주의': 급진 민주주의의 인간론·사회론적 기초에 대한 시론", 《급진민주주의리뷰 데모스 No.1: 민주주의의 급진화》, 급진민주주의연구모임 엮음, 도서출판 데모스, 2011b.

______, "'탈독점론적 민주주의' 지표에 대한 이론적·개념적 논의와 그 구성", 《동향과전망》 2012년 가을 · 겨울 호(통권 86호), 한국 사회과학연구소, 2012a.

______, 『민주주의 좌파, 철수와 원순을 논하다』. 한울(아카데미), 2012b.

______, "대선 이후의 진보정치의 혁신 과제", 《진보평론》 55호, 진보평론, 2013.

______, 『국가폭력 · 민주주의투쟁 · 역사적 희생』, 나눔의 집, 2002.

______, 『한국 사회의 정치사회적 지배담론과 민주주의동학』, 함께읽는책, 2003.

______, 『복합적 갈등 속의 아시아 민주주의–'정치적 독점'의 변형을 중심으로』, 한울, 2008.

조희연 · 김동춘 외, 『NGO란 무엇인가–성공회대 NGO총서 1, 아르케, 2000.

조희연 · 김동춘 편, 『복합적 갈등 속의 한국 민주주의–'정치적 독점'의 변형을 중심으로』, 한울, 2008.

조희연 · 김동춘 · 오유석 편, 『한국 민주화와 사회경제적 불평등의 동학–'사회경제적 독점'의 변형연구』, 한울, 2009.

조희연 · 김동춘 · 유철규, "'민주화 이후 민주주의'의 복합적 갈등과 위기에 대한 새로운 접근", 조희연 · 김동춘 편, 『복합적 갈등 속의 한국 민주주의 – '정치적 독점'의 변형연구』, 한울, 2008.

조희연 · 박은홍 · 이홍균 편, 『아시아 민주화와 사회경제적 불평등의 동학–'사회경제적 독점'의 변형연구』, 한울, 2009.

조희연 · 서영표, "체제논쟁과 헤게모니전략–손호철의 97년 체제론에 대한 비판적 개입", 《마르크스주의 연구》 15호, 6권 3호, 2009년 가을호,

2009.
조희연 · 이창언, "대안정치성의 접합경쟁, 안철수 현상, 이정희 효과: 진보적 관점에서 본 2012년 한국대선 평가와 그 비판적 함의", 《경제와 사회》 97호, 비판사회학회, 2013.
조희연 · 조현연, "국가폭력 · 민주주의투쟁 · 희생에 대한 총론적 이해", 조희연 편, 『국가폭력 · 민주주의투쟁 · 역사적 희생』, 나눔의 집, 2002.
조희연 · 장훈교, "'민주주의의 외부'와 급진민주주의 전략: '민주주의의 사회화'를 위한 새로운 연대성의 정치학을 향하여", 《경제와사회》 통권 제82호, 비판사회학회, 2009.
조희연 · 서영표, "체제논쟁과 헤게모니전략-손호철의 97년체제론에 대한 비판적 개입", 《맑스주의 연구》 15호, 6권 3호, 2009년 가을호, 2009.
조희연 · 홍일표 · 김정훈, 『정부 · 기업 정책형성과정에서 NGO의 역할: 참여연대 경제민주화운동 사례를 중심으로』, 한국행정연구원, 2003.
전남사회운동협의회 편 · 황석영 기록, 『죽음을 넘어 시대의 어둠을 넘어』, 풀빛, 1985.
정종권, "시민운동에 대한 비판적 평가", 유팔무 · 김정훈 편, 『시민사회와 시민운동(2)』, 한울, 2001.
제민일보 4.3취재반, 『4 · 3을 말한다』, 제민일보사, 1994-8.
제주 4 · 3사건 진상규명 및 희생자 명예회복위원회, 『제주 4 · 3사건 진상조사 보고서』, 2003.
주섭일, 『프랑스의 대숙청-드골의 나치협력 반역자 처단 진상』, 중심, 1999.
진태원, "최장집과 에티엔 발리바르- 민주주의의 민주화의 두 방향", 〈민족문화연구〉 56호,고려대 민족문화연구원, 2012.
최　웅, "재야세력의 민주화운동", 조진경 외, 『한국 사회의 성격과 운동』, 공동체, 1987.
최　원, "유연화는 민주당 헤게모니로의 종속", 〈레디앙〉 10월 5일, 2009a.
______, "08체제 강조는 '결국 비지론' 의심", 〈레디앙〉 10월 27일, 2009b.
______, "김대중-노무현, 민주주의를 공격했다", 〈레디앙〉 10월 28일, 2009c.
최장집, "군부권위주의체제의 내부 모순과 변화의 동학, 1972-1986", 『한국현대정치의 구조와 변화』, 까치, 1989.
______, "한국정치균열의 구조와 전개", 『한국 민주주의의 이론』, 한길사, 1993.

______, 『한국 민주주의의 조건과 전망』, 한길사, 1996.
______, 『민주화 이후의 민주주의: 한국 민주주의의 보수적 기원과 위기』, 후마니타스, 2005.
______, "위기의 노동, 위기의 민주주의", 최장집 편, 『위기의 노동 – 한국 민주주의의 취약한 사회경제적 기반』, 후마니타스, 2005.
______, 『민주주의의 민주화: 한국 민주주의의 변형과 헤게모니』, 후마니타스, 2006.
______, "한국 민주주의의 회고와 전망". '4 · 19 50주년, 광주항쟁 30주년 기념 한겨레신문–성공회대 민주주의 연구소 공동주관 대토론회', 대한성공회 대성당, 4월 14일, 2010.
최정기, "한국의 정치변동과 사법적 처벌의 변화", 조희연 편, 『국가폭력 · 민주주의투쟁 · 역사적 희생』, 나눔의 집, 2002.
______, "광주민중항쟁과 한국의 사회변동: 광주민주항쟁의 사건사적 및 그 영향을 중심으로", 한국정치사회학회 · 한국정치연구회 · 경향신문 주최 '광주항쟁 30주년 기념 심포지움', 고려대 국제회의실, 5월 13일, 2010.
최정운, 『오월의 사회과학』, 풀빛, 1999.
______, "절대공동체의 형성과 해체", 광주광역시 5 · 18 사료편찬위원회, 2001, 『5 · 18민중항쟁사』, 광주광역시 5 · 18 사료편찬위원회, 2001.
최진섭, "한민통과 한민전", 《말》 2월호, 1991.
하만조, "공동체 운동 주체의 참여과정과 생태사회화", 성공회대 사회학과 석사학위논문, 2008.
한국기독교 교회협의회 인권위원회, 『1970년대 민주화운동』 전 5권, 동광출판사, 1987.
한국기독교사회문제연구원, 『1970년대 민주화운동과 기독교』, 한국기독교사회문제연구원, 1983.
한국기독교교회협의회, 『암흑속의 횃불–7, 80년대 민주화 운동의 증언 1–4권』, 기쁨과 희망 사목연구소, 1997.
한국기독교교회협의회 인권위원회, 『1970년대 민주화운동–기독교 인권운동을 중심으로(I)』, 한국기독교교회협의회, 1986.
______, 『1970년대 민주화운동(II)–기독교인권운동을 중심으로』, 한국기독교교회협의, 1987.

한국노동연구원, 『2011 KLI 노동통계』, 한국노동연구원, 2011.

한국전쟁 전후 민간인학살 진상규명 범국민위원회 편, 『전쟁과 집단학살』, 2002.

한국정신대연구회 편, 『한일간의 미청산과제』, 아세아문화사, 1997.

한국정치학회 편, 『한국현대정치사』, 법문사, 1995.

한국역사연구회 현대사연구반, 『한국현대사(3): 1960 · 70년대 한국 사회와 변혁운동』, 풀빛.

한국현대사사료연구소 편, 『광주5월민중항쟁』, 풀빛.

한상진 편, 『맑스주의와 민주주의』, 사회문화연구소, 1991.

한승헌, 『유신체제와 민주화운동』, 삼민사, 1985.

한홍구, 『대한민국』, 한겨레신문사, 2003.

한성훈, "'사찰' 국가의 인권침해와 시민사회의 식민화", 2012년 비판사회학회 춘계학술대회, 5월 17일, 이화여대 포스코관, 2012.

황규성, "격차 재생산 구조화의 사회적 성격", 2012년 비판사회학회 춘계학술대회, 5월 17일, 이화여대 포스코관, 2012.

황병주, "박정희체제의 지배담론과 대중의 국민화." 임지현 · 김용우 편, 2004, 『대중독재: 강제와 동의의 사이에서』, 책세상, 2004.

황윤옥, "공동육아운동 제도화경로와 탄력적 제도화", 성공회대학교 NGO대학원 석사학위논문, 2007.

호광석, 『한국의 정당정치: 제1공화국에서 제5공화국까지 체계론적 분석』, 들녘, 2005.

홍일표, "이제 다시 위태로운 모험의 기로에 선 한국시민운동", 유팔무 · 김정훈 편, 『시민사회와 시민운동(2)』, 한울, 2001.

홍석률, "4월혁명과 이승만 정권의 붕괴 과정: 민주항쟁과 민주당, 미국, 한국군의 대응을 중심으로", 고려대 주최 '4월혁명 50주년 기념학술대회'. 고려대 백주년 기념삼성관, 4월 17일, 2010.

홍성우, "3 · 1민주구국선언사건", 『현대한국을 뒤흔든 60대사건-해방에서 제5공화국까지』, 《신동아》 1월호 별책, 동아일보사, 1988.

홍성태 편, 『개발공사와 토건국가』, 한울아카데미, 2005.

허성우, "한국 민주주의 20년, 개혁주의 젠더정치학의 성과와 한계", 6월 민주항쟁 20주년 기념 학술대토론회, 6월 5일, 프레스센터 국제회의장, 2007.

______, “포스트 발전국가론과 여성주의적 개입”, 《한국여성학》 27(1), 2011.
허인, “1998년 이후 정부의 공공부문 노동통제와 노동조합의 대응 전략에 관한 연구 : 민주노총 공공연맹의 활동을 중심으로”, 성공회대 NGO대학원 석사학위논문, 2008.

2. 번역 문헌

그람시, 안토니오. 이상훈 옮김, 『그람시의 옥중수고(I): 정치편』, 거름, 1999a.
______, 『그람시의 옥중수고(II): 철학 · 역사 · 문화편』, 거름, 1999b.
네그리, 안토니오 · 하트, 마이클. 윤수종 옮김, 『제국』, 이학사, 2001.
______, 조정환 · 정남영 · 서창현 옮김, 『다중』, 세종서적, 2008.
달, 로버트, 조기제 옮김, 『민주주의와 그 비판자들』, 문학과 지성사, 1999.
달턴, 러셀. J. 『새로운 사회운동의 도전』, 한울, 1996.
달톤, R. J., 퀼러, M. 편, 박형신 외 역, 『새로운 사회운동의 도전』, 한울아카데미, 1998.
데사이, 메그나드 · 사이드, 야이하. “반자본주의 운동”, 헬무트 안하이어 외 지음, 조효제 옮김, 『지구시민사회: 개념과 현실』, 아르케, 2004.
라클라우, 에르네스토 · 무페, 샹탈. 김성기 외 옮김, 『사회변혁과 헤게모니』, 터, 1990.
랑시에르, 자크. 양창렬 옮김, 『정치적인 것의 가장자리에서』, 도서출판 길, 2008.
______. “민주주의에 맞서는 민주주의‘들’”, 아감벤 외, 김상운 외 옮김, 『민주주의는 죽었는가?: 새로운 논쟁을 위하여』, 도서출판 난장, 2010.
루시마이어, D. 박명림 옮김, 『자본주의 발전과 민주주의』, 나남, 1997.
리피에츠, 알랭. 박지현 · 허남혁, 『녹색 희망–아직도 생태주의자가 되길 주저하는 좌파 친구들에게』, 이후, 2002.
레닌, V. I. 강철민 옮김, 『국가와 혁명』, 새날 1991.
미헬스, 로베르토. 김학이 옮김, 『정당사회학–근대 민주주의의 과두적 경향에 관한 연구』, 한길사, 2003.
밀리반트, 랄프. 김영희 외 옮김, “공산주의 정권의 위기에 관한 성찰”, 『몰락 이후』, 창작과 비평사, 1994.
무어, 베링턴, 『독재와 민주주의의 사회적 기원』, 까치, 1985.

무페, 샹탈 편, 장상철 외 역,『그람시와 맑스주의이론』, 녹두, 1992.

______, 이행 옮김,『민주주의의 역설』, 인간사랑, 2006.

미헬즈, 로베르토. 김학이 옮김,『정당사회학–근대 민주주의의 과두적 경향에 관한 연구』, 한길사, 2003.

바디우, 알랭. 현성환 옮김,『사도바울: '제국'에 맞서는 보편주의 윤리를 찾아서』, 새물결, 2008.

바칸, 조엘. 윤태경 옮김,『기업의 경제학: 세상을 지배하는 절대권력의 진실』, 황금사자, 2010.

보비오, 노베르토, "마르크스주의 국가이론은 존재하는가", 구갑우 · 김영순 편,『마르크스주의 국가 이론 은 존재 하는가: 보비오 논쟁』, 의암출판사, 1992.

브라운, 웬디, "오늘날 우리는 모두 민주주의자이다...", 아감벤 외, 김상운 외 옮김,『민주주의는 죽었는가?: 새로운 논쟁을 위하여』, 도서출판 난장, 2010.

사쑨, A. S. 최우길 옮김,『그람시와 혁명전략』, 녹두, 1984.

샤츠슈나이더, E. E. 현재호 · 박수형 옮김.『절반의 인민주권』, 후마니타스, 2008.

스콧, 알랜. 이복수 옮김,『이데올로기와 신사회운동』, 한울, 1994.

슘페터, J. 이상구 옮김,『자본주의 · 사회주의 · 민주주의』, 을유문화사, 1982.

아감벤, 조르조,『호모 사케르: 주권권력과 벌거벗은 생명』, 새물결, 2008.

아감벤 외. 김상운 외 옮김,『민주주의는 죽었는가? 새로운 논쟁을 위하여』, 도서출판 난장, 2010.

앤더슨, 페리 · 보그, 칼. 김현우 · 신진욱 · 허준석 편역,『안토니오 그람시의 단층들』, 갈무리, 1995.

앤더슨, 베네딕트. 윤형숙 옮김,『상상의 공동체』: 민족주의의 기원과 전파에 대한 성찰, 나남, 2002.

오페, 클라우스, "새로운 사회운동: 제도정치의 경계에 대한 도전", 이병천 · 박형준 편저, 1993,『후기자본주의와 사회운동의 전망: 마르크주의의 위기와 포스트맑스주의 III』, 의암출판사, 1993.

오도넬, G. 한상진 옮김,『제3세계 정치체제와 관료적 권위주의』, 한울, 1990.

우드, E. M. 손호철 옮김,『계급으로부터의 후퇴』, 창비, 1993.

울리히 벡. 홍성태 옮김,『위험사회–새로운 근대(성)을 향하여』, 새물결,

1996.

_______. 문순홍 옮김, 『정치의 재발견』, 거름, 1998.

잉글하트, 로날드. 정성호 옮김, 『조용한 혁명』, 종로서적, 1983.

제솝, 밥. 이양구 외 옮김. 『자본주의와 국가』. 돌베개, 1985.

_______. 유범상 · 김문귀 옮김,『전략관계적 국가이론』, 한울, 2000.

젠시티, G. 외, 박동진 옮김, 『그람쉬, 어떻게 읽을 것인가?』, 백두, 1992.

지젝, 슬로보예. 한보희 옮김, 『전체주의가 어쨌다구?』, 새물결, 2008.

카터, 에이프릴. 조효제 옮김, 『직접행동: 21세기 민주주의, 거인과 싸우다』, 교양인, 2007.

커밍스, 브루스, "유실된 개방: 남미의 경험에 비추어 본 한국", 임현진 · 송호근 편, 『전환의 정치, 전환의 한국 사회』, 나남, 1995.

조치 카치아피카스, "역사 속의 광주항쟁", 《민주주의와 인권》 2(2), 전남대학교 5 · 18연구소, 2002.

캘리니코스, 알렉스. 정성진 · 정진상 옮김, 『반자본주의 선언』, 책갈피, 2003.

캐비어, 자빈. 이철규 옮김, 『안토니오 그람시의 시민사회』, 백의, 1994.

토크빌, 알렉시스 드. 임효선 · 박지동 옮김, 『미국의 민주주의 1』, 한길사, 2002.

______. 임효선 · 박지동 옮김, 『미국의 민주주의 2』, 한길사, 2002.

틸리, C. 진덕규 옮김, 『동원에서 혁명으로』, 학문과 사상사, 1995.

페트라스, J, H. 벨트마이어. 원영수 옮김, 『세계화의 가면을 벗겨라: 21세기 제국주의』, 메이데이, 2008.

폰투손, 요나스, "그람시와 유로코뮤니즘—계급지배와 사회주의로의 이행개념에 대한 비교연구", 페리 앤더슨 외, 김현우 외 옮김, 『안토니오 그람시의 단층들』, 갈무리, 1995.

풀란차스, N. 박병영 옮김, 『국가 · 권력 · 사회주의』. 백의, 1994.

하버마스, 위르겐, "오늘날 사회주의란 무엇인가?: 만회의 혁명과 좌파노선 수정의 필요", 김영희 외 옮김, 『몰락 이후』, 창작과 비평사, 1994.

______. 『의사소통행위이론2—기능주의적 이성비판을 위하여』, 장춘익 옮김, 나남, 2006.

하비, 데이비, 『최병두 옮김, 신자유주의—간략한 역사』, 한울아카데미, 2007.

홀, 스튜어트. 임영호 옮김, 『대처리즘의 문화정치』, 한나래, 2007.

헬드, 데이비드. 박찬표 옮김, 『민주주의의 모델들』, 후마니타스, 2010.

헬드, 데이비드 외, 조효제 옮김, 『전지구적 변환』, 창비, 1999.

3. 외국 문헌

Aabedi, Amir, *Anti-Political Establishment Parties: A comparative analysis*, Londong: Routledge, 2004.

Beck, U. *Power in the Global Age*. Cambridge: Polity, 2005.

Birchfield, Vicki and Annette Freyberg-Inan. "Organic intellectuals and conter-hegemonic politics in the age of globalisation: the case of ATTAC", edited by Catherine Eschle and Bice Maiguashca, *Critical Theories, International Relations and 'the Anti-Globlaisation Movement': The Politics of Global Resistance,* London: Routledge, 2005.

Boggs, Carl. *Social Movements and Political Power: Emerging forms of Radicalism in the West*. Philadelphia: Temple Univ Press, 1984.

Buci-Glucksmann, Christine, *Gramsci and the State*, trans. by D. Fernbach, London: Lawrence and Wishart, 1980.

Buechler, S.M. "New Social Movements Theories", Buechler, Steven M., F.K. Cylke eds., 1997, *Social Movements: Perspectices and Issues, Mountain View*, CA: Mayfield Publishing Company, 1997.

Carroll, William K., *Organizing Dissent: Contemporary Social Movements in Theory and Practice*, Canada: Garamond Press, 1992.

Cho, Hee-Yeon. "The Structure of the South Korean Developmental Regime and Its Transformation", *Inter-Asia Cultural Studies* Vol. 1 No.3. Dec, 2000.

______, "Political Sociology of Kwagŏch'ŏngsan in South Korea", *The Review of Korean Studies* Vol. 6, No. 1. June, 2003.

______, "The Democratic Reform, Social Movements and NGOs". in Cho, Hee-Yeon, Lawrence Surendra and Eun-hong Park eds., *States of Democracy: Oligarchic Democracies and Asian Democration*, Chinnai: Earthworm Books, 2008.

Cho, Hee-Yeon and Eun Mee Kim. "State Autonomy and its social Condition for Economic Development in South Korea and Taiwan', in Eun Mee Kim ed., *The Four Asian Tigers: Economic Deveolopment and the Global Political Economy*, San Diego: Academic Press, 1998.

Cho, Hee-Yeon and Jessop, Bob. "The Listian warfare state power in Korean Developmental mobilization regime in the East Asian anticommunist regimented society: a study on the characteristics of the state and accumulation regime in South Korea and Taiwan", paper presented at 'In search of East Asian Modes of Developement: Regulationist Approaches', Tunghai University, Taichung, 19-20 April, 2001.

Cohen, Jean L. and Andrew Arato, *Civil Society and Political Theory,* Cambridge, MA: The MIT Press, 1992.

Cumings, Bruce, 1989, "Abortive Abertura: South Korea in the Light of Latin American Experience", NLR 173, January/February.

Davies, C. "Toward A Theory of Revolution", *American Sociological Review*, 27(1), 1962.

Diamond, Larry. *Developing Democracy: Toward Consolidation*, Baltimore: The Johns Hopkins Univ. Press, 1999.

Friedman, Milton and Rose Friedman. *Free to Choose*, Harmondsworth: Penguin, 1980.

Friedrich, C.J. and Zbigniew Brzezinski. *Totalitarian Dictatorship and Autocracy*, NY: Praeger, 1956.

Fogel, Robert W. and Stanley L. Engerman, *Time on the Cross: Evidence and methods, Little, Brown*, 1974.

Fontana, Benetto, *Hegemony and Power: on the relation between Gramsci and Machiavelli*, Minneapolis: Univ of Minnesota Press, 1993.

Gamson, W.A. "Constructing Social Protest".Buechler, Steven M., F.K. Cylke eds., 1997, *Social Movements: Perspectices and Issues, Mountain View*, CA: Mayfield Publishing Company, 1997.

Garner, Oberta, *Social Movement Theory and Research: An Annotated Bibliographical Guide*, Pasadena, CA, Salem Press, 1997.

Giddens, A. *The Nation-State and Violence*, Cambridge: Polity, 1985.

Gills, Barry, Joel Rocamora. "Low intensity democracy". *Third World*

Quarterly 13(3), 1992.

Gurr, Tedd. *Why Men Rebel?*, Princeton, NJ: Princeton Univ. Press, 1970.

Gramsci, Antinio, trans by Quintin Hoare, *Selections from the Prison Notebooks*, New York: International Publishers, 1971.

Hardt, Michael and A. Negri. "Adverntures of the Multitude: Response of the Authors", *Rethinking Marxism*, Vol. 13, No. 34, Fall/Winter, 2001.

Harris, David, *From Class Struggle to the Politics of Pleasure: The Effects of Gramscianism on Cultural Studies*, London: Routledge, 1992.

Held, David, *Democracy and the Global Order: From the Modern State to Cosmopolitan Governance*, Cambridge: Polity, 1995.

Held, David and Anthony McGrew. *Globalization/Anti-Globalization*, London: Polity Press, 2002.

Hirsch, Herbert. *Genocide and the Politics of Memory-Studying Death to Preserve Life*, Chapel Hill: The University of North Carolina Press, 1995.

Howarth, D. and Y. Stavrakis. "Introducing discourse theory and political analysis". Howarth, D, A. J. Norval and Y. Stavrakis (ed.), *Discourse theory and political analysis: identities, hegemonies and social change*, Manchester: Manchester Univ. Press, 2000.

Howarth, David R. and Jabob Torfing eds. *Discourse Theory in European Politics*. NY: Palgrave Macmillan, 2005.

Hunt, Alan. "Rights and Social Movements: Counter-Hegemonic Strategies", *Journal of Law and Society* 17(3), Autumn, 1990.

Huntington, Samuel. *The Third Wave: Democratization in the Late Twentieth Century*, Norman: Univ. of Oklahoma Press, 1991.

Jessop, Bob. *State Theory: Putting Capitalist States in their Place*, Pennsylvania: The Pennsylvania State University Press, 1990.

Katsiaficas, Georgy. "Neoliberalism and the Gwangju Uprising", 7 July. *Seungyeonkwan Seminar Rm*, Sungkonghoe Univ., 2006.

Keane, John, *Democracy and Civil Society*, London: Verso, 1988.

Korea Journal, Vol. 42, No. 3, *Special Issue: The Issue of Settling the Past in the Modern Korean History*, 2002.

Kubik, Jan, "Institutionalization of Protest During Democratic Consolidation". D.S. Meyer and S. Tarrow. eds., *The Social Movement Society*, Lathan: Rowman and Littlefield Publishers, Inc., 1998.

Laclau, E. "Populism : what's in a name?", *Francisco Panizza ed. Populism and the Mirror of Democracy*, London: Verso, 2005.

Lapsley, Michael. "Confronting the Past and the Creating the Future: The Redemptive Value of Truth Telling". *Social Research*, Vol. 65. No. 4. Winter, 1998.

Lester, Jeremy. *Dialogue of Negation: Debates on Hegemony in Russia and the West*, Pluto, 2000.

Linz, Juan J. Transitions to Democracy, *Washington Quartely*, No.13, 1990.

Mainwaring, S., G. O'Donnell, and J. S. Valenzuela(eds.), *Issues in Democratic Consolidation: The New South American Democracies in Comparative Perspective*, Notre Dame: Notre Dame Press, 1992.

McAdam Doug. "The Political Process Model" Buechler, Steven M., F.K. Cylke eds. *Social Movements: Perspectices and Issues, Mountain View*, CA: Mayfield Publishing Company, 1997.

McCarthy, J.D. and M.N. Zald. "Resource Mobilization and Social Movements: A Partical Theory". Buechler, Steven M., F.K. Cylke eds., 1997, Social Movements: Perspectices and Issues, *Mountain View*, CA: Mayfield Publishing Company, 1997.

Meyer, D.S. and S. Tarrow. "A Movement Society: Contentious Politics for New Century". D.S. Meyer and S. Tarrow. eds., *The Social Movement Society*, Lathan: Rowman and Littlefield Publishers, Inc, 1998.

Motti, Tahi, "The Analysis of Countermovements". Buechler, Steven M., F.K. Cylke eds., 1997, *Social Movements: Perspectices and Issues, Mountain View*, CA: Mayfield Publishing Company, 1997.

Murphy, Viren. "The Democratic Potential of Confucian Minben Thought", *Asian Philosphy*, 10(1), 2000.

O'Donnell, Guillermo and Philippe C. Schmitter. *Transitions from*

Authoritarian Rule: Tentative Conclusions about Unvertain Democracies. Baltimore: The Johns Hopkins Univ. Press, 1986.

Panizza, Francisco. "Introduction", Francisco Panizza ed., *Populism and the Mirror of Democracy*, London: Verso, 2005.

Plotke, D. "What's So New About New Social Movements?", *Socialist Review*, Vol.20, No.1(Jan-Mar), 1990.

Przeworski, Adam, *Democracy and the Market: Political and Economic Reforms in Eastern Europe and Latin America*, Cambridge: Cambridge Uni. Press, 1991.

Przewoski, Adam and John Sprague, *Paper Stones: A History of Electoral Socialism*, Chicago: The Univ. of Chicago Press, 1986.

Ray, Larry, *Rethinking Critical Theory: Emancipation in the age of global social movements*, London: Sage, 1993.

Robinson, William I., *Promoting Polyarchy*, Cambridge: Cambridge University Press, 1996.

Snow, David, E.B. Rochford, S.K. Worden and R.D. Benford,"Frame Alignment Processes, Micromobilization, and Movement Participation". Buechler, Steven M., F.K. Cylke eds., 1997. *Social Movements: Perspectices and Issues, Mountain View*, CA: Mayfield Publishing Company, 1997.

Stohl, Michael and George A. Lopez eds., *The State as Terrorist: The Dynamics of Governmental Violence and Repression*, Greenwood Press: Conneticut, 1994.

Tarrow, Sidney, *Power in Movement: Social Movements and Contentious Politics,* Cambridge: Cambridge Univ Press, 1998.

Therborn, Goran, *State Apparatuses and. State Power Under Feudalism, Capitalism and Socialism,* London: NLB, 1978.

Torfing, Jacob, *New Theories of Discourse: Laclau, Mouffe and Zizek,* London: Blackwell, 1999.

Townsend, Jules. "Discourse Theory and Political Analysis: a New Paradigm from the Essex School?", *British Journal of Politics and International Relations* 5(1), 2003.

Young, *Iris Marion, Inclusion and Democracy*, NY: Oxford Univ Press,

2000.

Waterman, Peter, "The Global Justice and Solidarity Movement", Jai Sen et. al. eds., *Challenging Empires: World Social Forum*, New Delhi: The Viveka Foundation, 2004.

찾아보기

용어

ㅂ

ㅇ

ㅈ

ㅊ

ㅋ

ㅌ

ㅍ

ㅎ

찾아보기

인명

ㅊ

ㅋ

ㅌ

ㅍ

ㅎ